LOTHAR TRAMPERT ★ JIMI HENDRIX. MUSIKER POPSTAR MYTHOS

AF192250

JIMI HENDRIX

MUSIKER POPSTAR MYTHOS

EIN BUCH VON LOTHAR TRAMPERT
★ MIT FOTOS VON GÜNTER ZINT

Bibliografische Information der Deutschen Nationalbibliothek:
Die Deutsche Nationalbibliothek verzeichnet diese Publikation
in der Deutschen Nationalbibliografie; detaillierte
bibliografische Daten sind im Internet über dnb.dnb.de abrufbar.

Die automatisierte Analyse des Werkes, um daraus
Informationen insbesondere über Muster, Trends und
Korrelationen gemäß §44b UrhG ("Text und Data Mining") zu
gewinnen, ist untersagt.

Autor: Lothar Trampert
Fotos: Günter Zint
www.stiftung-guenter-zint.de
Lektorat: Stefan Melneczuk

Verlag: BoD · Books on Demand GmbH, Überseering 33,
22297 Hamburg, bod@bod.de

Druck: Libri Plureos GmbH, Friedensallee 273, 22763 Hamburg

ISBN: 978-3-7693-8942-5

NOW, IF YOU'LL EXCUSE ME, I MUST BE ON MY WAY …

★ INHALT

00 INTRO
JIMI REVISITED

Am 27. November 2025 wäre Jimi Hendrix 83 Jahre alt geworden. Gestorben ist er aber bereits vor über einem halben Jahrhundert, mit knapp 28 – nach einer kurzen, schnellen Karriere. Sein früher Tod machte den Popstar zur Ikone der damals neuen Rockmusik.

Das Drama des frühen Lebensendes war bei etlichen Künstlerinnen und Künstlern die Eintrittskarte in die Heldengalerie der Musik-Geschichte. Ja, Geschichtsschreibung ist immer Vereinfachung, und Janis Joplin, Charlie Parker, Jeff Buckley, Jim Morrison, Robert Johnson, Brian Jones, Emily Remler, Kurt Cobain, Amy Winehouse, Buddy Holly, John Bonham, Cliff Burton, Eddie Cochran, Otis Redding, Randy Rhoads, Ronnie Van Zant, Duane Allman, Hillel Slovak, Marc Bolan, Keith Moon, Cass Elliot, Bon Scott, Bob Marley, Tupac Shakur, Biggie Smalls, Stevie Ray Vaughan, Sam Cooke, Karen Carpenter, Dinah Washington, Whitney Houston und Jimi Hendrix haben es der Nachwelt extrem einfach gemacht, indem sie kurze, überschaubare Kapitel hinterließen.

Das Leben ging nach Hendrix' Tod, am 18. September 1970, einfach weiter. Auch ohne ihn. Aber er hat extreme Spuren hinterlassen, in allen musikalischen Stilrichtungen. Seine Musik, seine Sounds, seine Songs sind bis heute aus der Gitarrenmusik nicht wegzudenken.

Das verleitet immer wieder zu Spekulationen: Hätte er die Rockmusik der 70er-Jahre souliger gemacht? Bluesiger? Funky? Oder wäre er doch noch in der Band des Jazz-Trompeters Miles Davis gelandet – und was würden Mike Stern und John Scofield dazu sagen? Oder wäre er früher im Avantgarde-Jazz aktiv gewesen als Vernon Reid? Vielleicht auch in dessen Black Rock Coalition. Und hätte Hendrix Anfang der 90er-Jahre bei der britischen Techno-Dance-Formation Beautiful People mitgemacht, anstatt sich samplen zu lassen, wäre alles anders gekommen. Jimi wäre dann gerade mal

50 Jahre alt gewesen, für heutige Rolling-Stones-Verhältnisse ein halbes Kind. Oder hätte er sich schon vorher als alternder Blues-Rock-Gitarrist ins Vergessen gespielt, sich selbst entmystifiziert? Vielleicht hätte er uns aber auch irgendwann gelangweilt und Robin Trower wäre kein aktiver, kreativer Fan geblieben, weil sein Vorbild ja noch da war. Beides wäre schlimm gewesen.

All diese Spekulationen reflektieren in erster Linie die unglaublichen Facetten dieses außergewöhnlichen Künstlers, dessen Werk so bunt, so weit, so frei und offen war und geblieben ist, dass man bis heute in der Musik des Jimi Hendrix immer noch Neues entdecken kann. Oder Altbekanntes immer wieder neu deuten, denn seine Musik hat wirklich überlebt. Und die Popkultur hat nicht erst mit dem Sampling damit begonnen, sich zu wiederholen

Als ich mich zum ersten Mal systematisch mit den Aufnahmen von Jimi Hendrix beschäftigte, war die Welt eine andere. Für Musiker, Fans, Wissenschaftler und Menschen. 1989 waren eine überschaubare Handvoll Hendrix-Alben (neu als CDs, aber auch noch als Vinyl-LPs oder MCs) im Handel, es gab auch ein paar Videos (auf VHS-Kassette) und einige Bücher, die meisten davon englischsprachig. Googeln hieß damals Suchen, Recherchieren, Lesen – Genuss und Erkenntnis waren irgendwie noch mit mehr organisatorischem Aufwand verbunden.

Dieses Buch basiert auf "Elektrisch: Der Musiker hinter dem Mythos", der ersten deutschsprachigen Komplett-Analyse des Werks von Jimi Hendrix, die von 1991 an ein gutes Vierteljahrhundert im Handel war. So lange, wie Hendrix gelebt hat. Aber auch ein Standardwerk kann mal ein Update gebrauchen, insbesondere weil uns die vergangenen Jahrzehnte ja doch noch eine Menge großartiger Live-Musik dieses Gitarristen & Sängers geschenkt haben. Außerdem ein paar rare Studioaufnahmen, Amateur-Videos und -Konzertmitschnitte, von Fans akribisch recherchierte Websites, Fotobände, Biografien, Erinnerungen von Mitmusikern und Weggefährtinnen. Und immer mehr Künstlerinnen und Künstler haben Jimi Hendrix für sich entdeckt – einige von ihnen erzählen in diesem Buch davon.

Es geht auf den folgenden Seiten um Fakten, Einordnungen, Einschätzungen, aber auch um Emotionen. Ich liebe diese Musik, also schreibe ich auch mal ganz subjektiv darüber. Alleine die Auswahl eines Themas, auch eines wissenschaftlichen, historischen Themas, ist schon eine subjektive Angelegenheit – genau wie die Entscheidung, ein Buch wie dieses zu lesen.

Es geht um die Geschichte eines Musikers und Klangkünstlers, um einen legendären Gitarristen, seine Instrumente und Spieltechniken, um Einflüsse und Beeinflussungen und um ein paar legendäre Aufnahmen, die die Welt verändert haben. Vor allem geht es um seine Musik. Sie hat überlebt. ★

Viel Spaß beim Lesen – und beim Musikhören!
Besuche www.jimihendrixbuch.de

Lothar Trampert

01 FAN BOY

ERSTE BEGEGNUNGEN

Die Frage, wann und wo man seinen Lieblings-Gitarristen und/oder seine Lieblings-Sängerin zum ersten Mal gehört hat, kennt jeder Fan, der seine Begeisterung mit anderen teilt. Diese Frage habe ich selbst schon in vielen Gesprächen und Musiker-Interviews gestellt, und oft kam "Oh ... good question!" als Antwort. Meist ging es mit "I don't remember exactly, but I think it was ..." weiter – und dann kamen meist berührende Geschichten von Menschen, die Musik lieben oder eben irgendwann zu lieben gelernt haben.

Wann ich zum ersten Mal Jimi Hendrix gehört habe? Ich weiß es nicht mehr. Vielleicht liegt es daran, dass unser erstes Zusammentreffen eben nicht die Art von fassungsloser Begeisterung auslöste, wie sie Fans oft mit potenziellen Idolen erleben. Sehen, hören, berührt werden, Veränderung spüren und ab dem Tag mit einem Grinsen mehr im Repertoire durch das gerade beginnende, gemeinsame Leben gehen. Wann habe ich zum ersten Mal eine Platte von ihm gesehen oder gehört? Wahrscheinlich war es eher eine dieser Europa-LPs, die es für 5 D-Mark gab, und auf denen Hits zu hören waren, aber nicht in der Original-Version, sondern nachgespielt von unbekannten Interpreten mit weirden bis banalen Pseudonymen: "Jeff Cooper And The Stoned Wings – Tribute To Jimi Hendrix", "The Live Experience Band – Tribute To Jimi Hendrix" oder "The Purple Fox – Tribute To Jimi Hendrix" waren drei dieser Veröffentlichungen, alle von 1971, also als direkte Reaktion auf Hendrix' Tod dem Fan-Markt zugeführt.

Ich fragte meine Freunde von früher, wann sie, wann wir zum ersten Mal Hendrix gehört haben. Und eigentlich haben nur diejenigen mit älteren Geschwistern konkrete Erinnerungen. Denn ihnen hat man damals gesagt, was gut ist. Oder sie haben eine Antwort mitbekommen, auf die ins Treppenhaus gebrüllte Eltern-Frage, was für ein Krach das denn sei?! "Jimi Hendrix!"

Mein zigarrenkistengroßes Grundig-Transistorradio wurde schnell zum Musik-Erklärer. Der "Pop Shop" lief ab dem 01. Januar 1970 auf SWF3, und dazu gehörten verschiedene Sendungen wie "Openhouse", "Für wen singen wir? – Antihits aus Deutschland", und das Samstagmittag-Highlight war eine Stunde "Facts und Platten". Vielleicht habe ich ‚EXP' und das sich direkt anschließende ‚Up From The Skies' da gehört.

In Ilja Richters TV-Show "Disco 1972" lief am 11. März 1972 zwischen Christian Anders' ‚Es fährt ein Zug nach Nirgendwo' und Mary Roos' ‚Nur die Liebe lässt uns leben' ein Video von Jimi Hendrix mit ‚Johnny B. Goode', vermutlich zur Promotion des Ende 1971 posthum erschienenen Albums ‚Hendrix In The West'.

Und dann gab es noch "Pop" – gedruckten Pop: Die Zeitschrift entdeckte ich 1973, ich war zwölf. Ein Musikmagazin, farbig, mit großem, gefaltetem 60x90cm-Poster in der Mitte. In den Ausgaben 12 & 13/1973 gab es ein zweiteiliges, doppelt so großes Poster, das man sich selbst zusammenkleben musste. Von da an hing Jimi Hendrix in der Dachschräge meines Zimmers. Und immer noch ohne Musik. Es war nur dieses Bild eines Gitarristen mit geschlossenen Augen – ein Live-Foto vom Londoner Konzert am 24.02.1968 in der Royal Albert Hall, das später auf den beiden Alben 'Experience' (1971) und ‚More Experience' (1972) veröffentlicht wurde: Ein großer, dunkelhäutiger Mann mit einem gefalteten Tuch als Stirnband, mit leicht krausem Haar, sehr bunten Klamotten und einer grünen Samthose. Es gab nach diesem Poster keine modischen No-Gos mehr.

Er hatte eine E-Gitarre umgehängt, er wirkte konzentriert aber irgendwie auch verletzlich. Auf anderen Fotos, die ich später sah, war er auch noch freundlich, selbstbewusst, unsicher, lustig, nachdenklich, cool. Faszinierend. Das Poster war wichtiger als die Artikel über Hendrix in diesen beiden Pop-Ausgaben. An sie kann ich mich überhaupt nicht mehr erinnern.

Von meinem amerikanischen Nachbarn Mike bekam ich eine stark angekratzte LP mit gelbem Reprise-Label geschenkt: ‚Historic Performances Recorded At The Monterey International Pop Festival', das legendäre Split-Album mit Live-Aufnahmen vom Juni 1967. Ich hatte nur die LP, ohne Cover, sie steckte in der mit Werbung bedruckten Innenhülle. Seite 1 mit vier Tracks bestritt die Jimi Hendrix Experience, die B-Seite gehörte dem afroamerikanischen Soul-Superstar Otis Redding. Jedenfalls war diese Stimme auf der A-Seite, die einen Bob-Dylan-Titel ansagte, schon so cool, dass ich fassungslos auf die in meiner Vorstellung halbdunkle Bühne gezogen wurde. Dann die ersten Gitarren-Chords & -Licks, in Hendrix' einzigartiger Spieltechnik, verzahnt, krachend schwebend, sich immer nach mehreren Stimmen anhörend – das alles war so gewaltig, so dynamisch und auch noch phantastisch aufgenommen ... Ich war dreizehn Jahre alt und infiziert.

Hendrix wohnte mit mir in meinem Zimmer, war immer da, auch wenn ich Radio hörte und noch mehr neue Musik entdeckte. Er gefiel mir, er sah gut aus, er war echt für mich. Kein uniformierter Krautrocker mit Eierschneider-Jeans und Hippie-Jacke aus dem San-Francisco-Touristen-Shop, so wie manche andere Figuren aus dem Pop-Magazin. Er spielte auch keine Songs mit merkwürdigen Intros, Denglish-Lyrics und stereotyp nach dem zweiten Refrain angeordneten, sägenden, verstimmt klingenden Gitarren-Soli. Krautrock-kompatibel war ich wirklich nicht, als Kind. Hendrix spielte für mich überhaupt keine Songs. Er und seine Gitarre erzählten Geschichten, zu denen Bass und Schlagzeug die Bude heizten. Ich liebte seine Wärme, seine Lebendigkeit, seine Unberechenbarkeit. Und er war immer da.

Meine erste neue Hendrix-LP kaufte ich im Sommer 1975 in einem Einkaufszentrum in Béziers, in Südfrankreich. Wir machten Camping an der Languedoc-Küste, und die Einkaufsfahrt in das um gefühlt 20 Grad herunter gekühlte Mammouth war regelmäßiger Programmpunkt. In der Musikabteilung entdeckte ich die gerade erschienene Doppel-LP ‚Band Of Gypsys / The Cry Of Love', also zwei ganz späte Hendrix-Werke, mit neuem, eigentlich banalem

Cover-Artwork. Ich kannte die Originale nicht und hörte nur die Musik.

Diese drei LPs, das Poster und mein Radio waren der Anfang: Sound & Vision. Aber ich war und wurde kein Fan. Fans waren für mich wie Margit, die ältere Schwester meines Freundes Martin, die sich mit Kuli "T.Rex" und "Sweet" auf ihr Schreib-Etui kritzelte. Das mit Hendrix war etwas Anderes.

Irgendwann wollte ich dieses Poster zurück. Hat geklappt.
Klar bin ich Fan. ★

02 CAN YOU SEE ME?
JOHNNY JIMMY JAMES & JIMI

Es kommt selten vor, dass ein Mensch seinen Namen wechselt. Bei dem Musiker, um den es hier gehen soll, war das aus verschiedenen Gründen gleich mehrmals der Fall: Aus dem gebürtigen Johnny Allen wurde nach knapp vier Jahren James Marshall, er selbst nannte sich Jimmy und seine internationale Karriere in England wurde dann 1966 bekanntlich unter einer so reduzierten wie originellen Variante gestartet. Es geht um Jimi Hendrix.

HOME

Johnny Allen Hendrix wurde am 27. November 1942 in Seattle, Washington, im Nordwesten der USA geboren. Seine Eltern Al und Lucille waren Afroamerikaner mit irischen und Cherokee-Vorfahren und stammten beide aus ärmlichen Verhältnissen. Kurz nach ihrer Hochzeit im Frühjahr 1942 wurde Al zur Armee eingezogen. Seine bei der Geburt ihres gemeinsamen Sohnes gerade siebzehnjährige Frau, war der Verantwortung für das Kind nicht gewachsen. Sie war überfordert und sie hatte andere Interessen. So verbrachte Johnny Allen seine ersten drei Lebensjahre meist bei Verwandten und Freunden von Lucille.

Nachdem Al Hendrix seinen Dienst bei der Army beendet hatte und nach Seattle zurückgekehrt war, konnte er nicht wie erhofft seinen Sohn wiedersehen, denn der war inzwischen bei einer mit Lucilles Mutter befreundeten Mrs. Champ, in Berkeley, California untergebracht worden. Al fuhr also 800 Meilen nach Süden, um seinen Jungen nach Hause zu bringen. Der Traum vom intakten Familienleben scheint sich aber für ihn damals nicht mehr erfüllt zu haben. Auch nach seiner Rückkehr war Johnny Allen, nicht zuletzt aufgrund der Spannungen zwischen Mr. und Mrs. Hendrix und zeitweise exzessiver Trinkgewohnheiten, immer wieder bei Verwandten untergebracht.

Der von Lucille Hendrix bestimmte Name für ihren Sohn wurde am 11. September 1946 von Al geändert: Er beantragte eine offizielle Neueintragung in die Geburtsurkunde, und aus Johnny Allen wurde James Marshall. Nach langen Auseinandersetzungen trennten sich Al und Lucille fünf Jahre später endgültig und wurden am 17. Dezember 1951 geschieden.

James Marshall, der von seinen Freunden Buster genannt wurde, war zur Zeit der Scheidung gerade neun Jahre alt geworden. Er und sein Bruder Leon (*1948) blieben bei ihrem Vater, drei weitere Geschwister, Joseph (*1949), Cathy (*1950) und Pamela (*1951) wuchsen bei anderen Familien auf, die sie adoptiert hatten. Al Hendrix verdiente den Lebensunterhalt für sich und seine beiden Söhne mit verschiedensten Jobs, bis er eine Anstellung als Landschaftsgärtner in Seattle fand. Jimmy und seinem fünf Jahre jüngeren Bruder Leon war es möglich, eine "weiße Schule" zu besuchen, die nicht die damals verbreitete Rassentrennung praktizierte – im Süden der USA war sie in den 40er- und 50er-Jahren noch die Regel.

Jimmys Interesse am Schulbesuch scheint eher weniger stark ausgeprägt gewesen zu sein, er hatte eigentlich nur im Kunstunterricht etwas Erfolg und wechselte bis zu seinem 15. Lebensjahr mehrmals zwischen verschiedenen Elementary- und Junior High-Schools hin und her. Daneben war er Mitglied der örtlichen Pfadfindergruppe und spielte auch zwei Jahre im "Fighting Irish"-Football-Team. Außerdem soll er sich als Kind für Autos interessiert haben: Er zeichnete sie und entwarf auch eigene Modelle.

Während dieser Zeit muss sich auch sein Interesse für die Musik verstärkt haben. Angeblich war er schon früher gelegentlich mit einem Besen in der Schule aufgetaucht, um vor seinen Mitschülern eine Gitarren-Show abzuziehen. Der neue Trend hieß Rock & Roll, und an dem kam niemand vorbei, denn Radios gab es in jedem

Haushalt. Nachdem Jimmy dann noch einige Experimente mit selbstgebauten Saiteninstrumenten – Modell: Besenstiel, Zigarrenkiste und Bindfaden – durchgeführt hatte, die für seine Freunde ein weiterer Anlass für Witze über ihn waren, machte er Ernst. Zuerst brachte er sich auf einer gefundenen Ukulele ein paar Melodien und einfache Akkorde bei, und kurze Zeit später besorgte er sich dann das erste richtige Instrument: eine billige akustische Gitarre, die er einem Freund seines Vaters abkaufte.

Al Hendrix hatte (entgegen mancher Anekdoten über angebliche musikalische Frühförderung) die künstlerischen Interessen seines ältesten Sohns anfangs anscheinend eher ignoriert – vielleicht auch, weil er kein Geld übrig hatte, um ein Instrument zu kaufen. Er selbst hatte keine musikalische Ausbildung, liebte aber Musik und beherrschte die alte Sklaventradition des rhythmischen Schenkel-Trommelns mit zwei Esslöffeln. Später versuchte er es angeblich auch mal mit dem Saxophonspiel, das er jedoch nach einiger Zeit wieder aufgab.

Sein Sohn blieb dabei: Jimmy lernte jetzt also das Gitarrenspiel auf seiner selbst gekauften Acoustic, autodidaktisch. Aufgrund der Fortschritte die er machte, schenkte sein Vater ihm ein Jahr später eine E-Gitarre, auf der er, anfangs ohne Verstärker, versuchte, die im Radio gehörte Rock-&-Roll-Songs nachzuspielen. Er war fasziniert, talentiert und hartnäckig. Und kam voran.

Am 02. Februar 1958 starb seine Mutter Lucille, zu der er in den Jahren seit der Scheidung seiner Eltern kaum noch Kontakt hatte.

Hendrix' erste Band, in die er im Sommer 1958 als Fünfzehnjähriger einstieg, hieß The Velvetones, wurde aber nach drei Monaten umbesetzt und umbenannt: The Rocking Teens existierten dann bis Anfang 1959, und im Sommer des Jahres gründeten einige ehemalige Mitglieder The Rocking Kings, die überwiegend Cover-Versionen spielten und bei denen Hendrix wegen Gitarristen-Überschuss als Bassist engagiert wurde – allerdings mit seiner normalen E-Gitarre.

THE ARMY

Jimmy verließ noch im selben Jahr die High School, um eigenes Geld zu verdienen. Einige Einnahmen hatte er auch schon durch gelegentliche Auftritte mit seiner Band. 1960 wechselte er zu Thomas & The Tom Cats, die er aber 1961 verlassen musste, als er im Mai des Jahres zur Armee ging. Angeblich wurde er damals wegen Autodiebstahl verhaftet, und man stellte ihn vor die Alternative: US-Knast oder US-Army. Hendrix wählte das zweite Übel und meldete sich, mit 18 Jahren, als unfreiwillig Freiwilliger zur 101st Airborne, einer Fallschirmspringertruppe. Stationiert war er in Fort Campbell, Kentucky, und bis heute wird er auf der Website www.military.com als "famous veteran" erwähnt. Allerdings nicht nur lobend.

In Kentucky gründete er Anfang 1962 zusammen mit anderen eingezogenen Musikern die Band The King Kasuals und absolvierte regelmäßig Auftritte in den von der US-Armee betriebenen Unterhaltungs-Clubs und im Pink Poodle Club in Clarksville. Das Repertoire von Jimis neuer Formation, zu der auch der ein Jahr ältere Bassist Billy Cox gehörte (der später für Hendrix noch mal eine sehr bedeutende Rolle spielen sollte), bestand aus Top-40-Titeln – eine weitere Cover-Band also. Neben Hendrix und Cox spielten noch Drummer Gary Ferguson, Saxophonist Charles Washington und der Trompeter Jimmy Darden in der Band, später kam noch der etwas ältere Sänger Johnny Jones dazu.

Nach etwas mehr als einem Jahr war Hendrix' Karriere als Fallschirmspringer beendet – aber nicht aufgrund einer Fußverletzung, die er sich bei einem Sprung zugezogen haben will, wie er später selbst gerne erzählte. Es war wohl eher so, dass man sich nach diversen Abmahnungen "in gegenseitigem Einvernehmen" trennte, denn James Marshall Hendrix hatte sich wohl regelmäßig während seiner Dienstzeit aufs Ohr gelegt und auch ansonsten eher mit Zurückhaltung geglänzt. Die Army war nicht sein Ding. Im Juni 1962 kehrte er ins zivile Leben zurück und begann jetzt, mit vollem Einsatz, hauptberuflich als Musiker zu arbeiten. Jimmys Gitarre war damals aufgrund akuten Geldmangels oft im Pfandhaus untergebracht und wurde vor den Gigs nur ausgelöst, wenn Geld leichter aufzutreiben war als ein anderes Instrument. Überhaupt lieh er sich den größten Teil seines Equipments damals von Freunden und verschiedenen Club-Besitzern zusammen.

Nachdem Billy Cox im September ebenfalls aus der Army entlassen worden war, zogen er und Hendrix zusammen nach Clarksville, kurz darauf weiter nach Nashville. Ihre gemeinsame Band, die jetzt The King Casuals oder auch mal The Casuals hieß, führten sie weiter, arbeiteten aber darüber hinaus auch mit anderen Musikern zusammen, so zum Beispiel mit Johnny Snead & The Imperials und Bob Fisher & The Barnevilles, mit denen sie einen Monat lang The Marvelettes und Curtis Mayfield begleiteten. Hier spielten beide auch mit dem Gitarristen Larry Lee zusammen, der wie Cox sieben Jahre später wieder in einer Hendrix-Band auftauchen sollte. In diese Zeit fiel auch angeblich die erste, wenngleich nicht sehr erfolgreiche Studioarbeit von Hendrix. Er nahm an einer Recording-Session von Starday-Records für Bill Hoss Allen in Nashville teil. Die von ihm eingespielte Gitarrenspur konnte oder wollte man jedoch nicht verwenden und wurde vom Produzenten gelöscht.

THE ROAD

Im Winter zog Hendrix wieder in die Nähe seiner Heimatstadt Seattle; er lebte bei Verwandten im benachbarten Vancouver und spielte in dieser Zeit mit Tommie Chong (später eine Hälfte der Kiffer-Komiker Cheech & Chong) und Bobbie Taylor & The Vancouvers. Doch schon im Frühjahr 1963 ging er zurück nach Nashville und fand auch sofort wieder Anschluss an die dortige Musikszene. Mit der Band von Gorgeous George Odell tourte er dann durch die gesamten USA. Auch diese Combo lebte im Wesentlichen von Backing-Jobs für verschiedene Solisten. Es kam während dieser Tour auch zu ersten Kontakten mit Rock-&-Roll-Musiker Little Richard, bei dem Hendrix in dieser Zeit jedoch, wenn überhaupt, nur kurz als Aushilfsgitarrist tätig war. Im folgenden Jahr wurde Jimmy als Begleitmusiker für eine Package-Tour mit Interpreten wie B.B.

King, Jackie Wilson und The Supremes verpflichtet. In dieser Zeit beginnt auch Hendrix' stärker werdendes Interesse für den Blues, das mit ausgelöst wurde durch weitere Begegnungen, unter anderem mit den Musikern Albert King, Willie Dixon und Muddy Waters.

Anfang 1964 zog Jimmy nach New York City. Am 13. Mai 1964 war Hendrix mit dem amerikanischen Singer/Songwriter Don Covay im Studio und spielte den Titel ‚Mercy Mercy', auch bekannt als ‚Have Mercy' ein. Es ging weiter mit einer Konzerttournee und Plattenaufnahmen für die Isley Brothers, einer Soul-orientierten, damals nur mittelmäßig erfolgreichen Band hervorragender Musiker. Nach einem Gig in Nashville/Tennessee im November des Jahres verließ er die etwas überraschte Band genauso plötzlich, wie er aufgetaucht war. Im benachbarten Memphis angekommen, traf er im Stax-Studio den Gitarristen Steve Cropper, bekannt geworden durch die Band Booker T. & The M.G.'s. Hendrix erzählte später, er habe bei seinem Besuch eine Demo-Single eingespielt, was aber laut Cropper nicht stimmt. Anschließend begleitete Hendrix im Rahmen einer Package-Tour den Soul-Sänger Sam Cooke bei einigen seiner letzten Auftritte.

Die erste Hälfte des Jahres 1965 war Jimmy, jetzt auch mal unter dem Pseudonym Maurice James aktiv, wieder Mitglied der Upsetters, der damaligen Begleit-Band von Little Richard. Mit dieser Band entstanden neben den im Vordergrund stehenden Tourneen einige wenige Studioaufnahmen. Richards Manager feuerte ihn aber nach einiger Zeit wegen permanenter Unpünktlichkeit. Zwischen seinen Jobs bei Richard spielte er mit Arthur Lee und Rosa Lee Brooks in Los Angeles eine Single ein, begleitete das Soul-Duo Sam & Dave und war als Gitarrist an einigen Shows der Ike & Tina Turner Revue beteiligt. Tina Turner kann sich zwar nicht daran erinnern, ihr weirder Ex-Mann Ike konnte es aber schon, was alleine schon zu denken gibt und diese Information nur mit gebotener Vorsicht genießen lässt.

Von 1965 stammt auch die früheste Filmaufnahme von Hendrix. Mit verschiedenen Musikern, zum Teil Mitgliedern der Upsetters, spielte er für eine TV-Show in Dallas/Texas den Titel ‚Shotgun' – interpretiert vom Gesangs-Duo Buddy & Stacy. Kurz nach seiner Kündigung bei

Richard hatte er außerdem seinen ersten Plattenvertrag bei Sioux-Records in New York unterzeichnet – mit einer Laufzeit von zwei Jahren. Näheres dazu, also etwa, an welchem musikalischen Projekt Hendrix hier beteiligt werden sollte, ist nicht bekannt. 1965 absolvierte Hendrix außerdem Gigs mit Carl Holmes & The Commanders, spielte mehrfach mit der Band des Saxophonisten King Curtis, und im November/Dezember tourte er mit Joey Dee & The Starlighters.

Ende 1965 spielte Jimmy auch zum ersten Mal mit Soul- und R&B-Sänger Curtis Knights Band The Squires, mit der er in der Folgezeit Club-Konzerte und mehrere Studioaufnahmen absolvierte. Jimmy arbeitete bis Mai '66 regelmäßig mit Curtis Knight & The Squires. Es existieren auch einige Live-Mitschnitte der Band, unter anderem die erste Aufnahme bei der Hendrix auch als Sänger zu hören ist.

Über Curtis Knight lernte Hendrix auch den Produzenten Ed Chalpin kennen, der ihm, nachdem er ihn bei Aufnahmen in seinem Studio erlebt hatte, ebenfalls einen Vertrag anbot. Der verpflichtete Jimmy, was Studioaufnahmen anging, für drei Jahre nur mit Chalpins Firma PPX Enterprises zusammenzuarbeiten. Anfang 1966 kam es in diesem Rahmen unter anderem zu Aufnahmen mit der Schauspielerin & Sängerin Jayne Mansfield und dem kanadischen Newcomer Ricky Mason. Auch mit der Band von King Curtis entstanden einige Studioaufnahmen – die Bänder mit den drei Songs ‚Linda Lou', ‚Baby How About You' und ‚I Can't Take It' wurden aber bei einem Brand vernichtet. Die King Curtis Band spielte unter anderem bei einer Party von Atlantic Records in New York City, wo Hendrix am 05. Mai 1966 Percy Sledge, Esther Phillips, Wilson Pickett und Don Covay begleitete.

JIMMY JAMES

Die zwei Jahre in New York waren für Jimmy Hendrix' musikalische Entwicklung sehr wichtig: Er hatte Jobs in der Stadt, ging zwischendurch auf Tour und lernte viele unterschiedliche

Künstlerinnen und Künstler kennen. Viele verschiedene Einflüsse kamen hier auf ihn zu – Blues, Soul, Jazz, Singer/Songwriter-Folk-Rock, Poetry, Bildende Kunst, Freiheit.

Dann war ein wichtiger Schritt einfach überfällig: 1966 gründete Hendrix, jetzt unter dem Pseudonym Jimmy James aktiv, seine eigene Band The Blue Flames, zu der auch zeitweise der damals fünfzehnjährige Randy Wolfe gehörte, der später als Randy California bekannt gewordene Gitarrist von Spirit. Hier interpretierte Jimmy neben Blues- und Rock-&-Roll-Standards auch erstmals einige Titel von Bob Dylan, bei denen er sich auch als Sänger präsentierte – der Begleitmusiker wurde zum Frontman. Kein leichter Schritt, denn bisher hatte sich Hendrix, wegen mangelndem Selbstbewusstsein in Bezug auf seine gesanglichen Fähigkeiten, bis auf ganz wenige Ausnahmen, zurückgehalten. Dylans zwar dilettantischer, aber durchaus expressiver Gesangsstil, sowie seine Stimme, "die klingt, als käme sie über die Mauern eines Tuberkulose-Sanatoriums" (so Siegfried Schmidt-Joos & Barry Graves im legendären "Rocklexikon",1979), hatten es Hendrix angeblich leicht gemacht, diese Zweifel zu überwinden. In erster Linie verstand er sich aber auch weiterhin als Gitarrist. Angeblich soll Hendrix seine Band kurz auch mal in "The Rainflowers" umbenannt haben und mit Ed Sanders, Tuli Kupferberg und Ken Weaver von "The Fugs" zusammengearbeitet haben.

In den drei Monaten in denen die Band existierte erregte sie einiges Aufsehen in der Künstlerszene von Greenwich Village. Musiker wie der Bassist Jeff Baxter, der Keyboarder Al Kooper und der Gitarrist und Harmonikaspieler John Hammond Jr. (Sohn des legendären Produzenten John Hammond) stiegen für kurze Zeit ein, britische Popstars die in den USA auf Tour waren, unter anderem die Beatles, die Rolling Stones und die Animals wurden auf den Insider-Tipp Jimmy James aufmerksam und besuchten das Cafe Wha? und das Cafe A GoGo, in denen der neue Ausnahmegitarrist zu hören war. Und als Gitarrist wurde er auch der Geheimtipp des New Yorker Sommers '66.

Und das bedeutete den Wendepunkt in seiner Karriere: Der Bassist der britischen Formation The Animals, Chas Chandler, der Jimmy schon im Juli gesehen hatte, kehrte Anfang September nach einer US-Tour nach New York zurück und überzeugte ihn davon, seine Band zu verlassen und mit nach England zu kommen, um dort eine neue Gruppe zusammenzustellen. Chandler kannte den britischen Markt schon lange genug, und er sah, wie auch Animals-Manager Michael Jeffery, gute Chancen, die am Blues orientierte Musik Hendrix' kommerziell nutzen zu können. Hendrix und Chandler einigten sich, die nötigen Papiere wurden besorgt, und die Reise ins Ungewisse konnte beginnen. Deal!

Chas Chandler hatte vorher noch die bestehenden Vertragsrechte von Sioux-Records für 50 US-Dollar aufgekauft. Den Drei Jahres-Vertrag mit Ed Chalpin hatte Chas zu seinem Pech nicht weiter berücksichtigt; vielleicht war er hierüber auch gar nicht informiert. Diese Tatsache sollte ihm und Hendrix noch eine Menge Ärger bereiten.

LONDON CALLING

Am 24. September 1966 in London angekommen, ändert Chandler als erstes die Schreibweise von Hendrix' Vornamen: Jimi anstatt Jimmy hat seiner Meinung nach mehr Prägnanz, bleibt besser in Erinnerung – ein perfekter Markenname eben, der zum Aufbau eines Star-Images dazugehört. Chandler war einfach ein Mann aus dem Musikvolk, ein Musiker mit Feeling für Trends und für das Business – er besaß also genau das, was bis heute ganz oft und immer wieder fehlt, wenn es darum geht, im Umfeld von Musik Geld zu verdienen, ganz egal ob es um Songs, Instrumente oder Fachmagazine geht: Insider-Wissen, Feeling, Liebe zur Kun$t und Respekt vor dem Publikum – ohne das geht gar nichts. Zumindest nicht lange gut.

Schon in Hendrix' ersten Tagen in der britischen Hauptstadt kommt es zu mehreren Jams, unter anderem mit dem Organisten Zoot Money und einem Gitarristen namens Andrew James Somers, der

Ende der 1970er-Jahre als Andy Summers mit der Band The Police Erfolg haben sollte.

Nach einigen Sessions mit verschiedenen Musikern kristallisiert sich die Triobesetzung der "Jimi Hendrix Experience" heraus, mit dem hier erstmals Bass spielenden Gitarristen Noel Redding, sowie dem durch seine Arbeit mit Georgie Fame bekannt gewordenen, sehr Jazz-beeinflussten Schlagzeuger Mitch Mitchell, und natürlich Hendrix selbst als Gitarrist und Sänger.

Am 06. Oktober 1966 finden die ersten Experience-Proben statt, eine Woche später spielt die Band schon im Vorprogramm des französischen Rock-&-Roll-Stars Johnny Halliday bei einigen Konzerten in Frankreich, bei denen die Experience aber noch überwiegend Rhythm-&-Blues- und Soul-Standards interpretiert: ‚In The Midnight Hour' (Wilson Pickett), ‚Have Mercy Baby' (Billy Ward & His Dominoes), ‚Killing Floor' (Howlin' Wolf) – aber auch ‚Hey Joe' (Billy Roberts) und ‚Wild Thing' (Chip Taylor) sind schon im Einsatz. Johnny Halliday hatte Hendrix kurz nach dessen Ankunft in London bei einer Session mit der Brian Auger Trinity im Blaises Club gehört und war absolut begeistert.

Zurück in London geht die neue Hendrix-Band am 23. Oktober 1966 zum ersten Mal ins Studio und nimmt ‚Hey Joe' auf – die A-Seite der ersten Single. Die B-Seite ‚Stone Free' entsteht eine gute Woche später. Direkt anschließend folgen zahlreiche Konzerte in Londoner Clubs, die den Gitarristen Hendrix in kurzer Zeit auch hier, ähnlich wie einige Monate zuvor in New York, zum Star der Musikerszene machen. The Beatles, die Rolling Stones, Jimmy Page, Eric Clapton, Jeff Beck: Alle wollten ihn sehen.

Einige Veranstalter der ersten Gigs hatten übrigens ihre Schwierigkeiten mit der exotischen Schreibweise des Vornamens, aber auch mit dem Nachnamen: Sie kündigten den neuen Star als "Jimmi Hendrix" oder "Jimi Hendricks" an, oder die Band als "Jimmy Hendric's Experience". Bei einem Auftritt im Münchener Club Big Apple, wo die Newcomer vom 08. bis 11. November 1966 spielen, prangte ein opulentes Banner mit dem Namen der hier noch unbekannten Band über der kleinen Bühne: "Jimmy Hendrix Experience". Solche Unfälle sollten seltener werden.

Am 13. Dezember hat die Experience ihr Fernsehdebüt: für die Sendung "Ready, Steady, Go" spielen sie den Titel ‚Hey Joe' ein. Drei Tage später erscheint die erste Single der Band in England. Perfektes Timing, Chas Chandler! Durch diese großartige Promotion und Organisation und auch aufgrund der zahlreichen Gigs, die zwar vom kommerziellen Standpunkt aus betrachtet immer noch kaum rentabel sind, ist die Jimi Hendrix Experience jetzt auch für die Medien interessant geworden. Ende Dezember steht die zweite Fernsehaufnahme an, wieder wird ‚Hey Joe' eingespielt, jedoch diesmal verstärkt durch die Gesangstruppe The Breakaways.

Die folgenden Monate sind im Wesentlichen von harter Tour-Arbeit und ständig größer werdenden Erfolgen geprägt. Die Single ‚Hey Joe / Stone Free' steht bereits am 04. Februar 1967 auf Platz 4 der englischen Charts, ein bemerkenswerter Erfolg. Hendrix selbst ist von der Platte nicht sehr begeistert und nennt den ‚Hey Joe', "really a cowboy song. That isn't us." In diesem Zusammenhang verweist er auf die kommende LP, die schon eher die wirkliche Musik der Band, nämlich eigene Kompositionen präsentieren soll.

Die Experience spielt nun ständig in Clubs und kleineren Hallen und ist mit Fernsehaufnahmen oder im Studio mit ihrem Debüt-Album beschäftigt. Während in den ersten beiden Monaten des Jahres London und der Rest der Insel bespielt wird, wagt sich die Band im März endgültig aufs Festland: Frankreich, Belgien, Holland, Luxemburg, einige Auftritte im Hamburger Star-Club und wieder zurück nach England. Am 17. März 1967 erscheint die zweite Single ‚Purple Haze / 51st Anniversary', die im Gegensatz zu ihrem Vorgänger stärker Hendrix' Gitarrenspiel in den Vordergrund stellt.

Im April läuft die erste offizielle UK-Tour mit 26 Konzerten innerhalb von 30 Tagen – und jeweils zwei Shows pro Abend. Der Mai verläuft ähnlich hektisch: Anfang des Monats Aufnahmen in London und daran anschließend Auftritte und TV-Termine in ganz England, Frankreich, der BRD, Schweden, Dänemark und Finnland. Am 12.

Mai 1967 wird dann das Album ‚Are You Experienced' veröffentlicht und erreicht Platz 2 der Charts. Popstars!

COMEBACK

Nach einer Reihe weiterer Konzerte in Großbritannien, Frankreich, der Bundesrepublik Deutschland und Skandinavien geht es am 18. Juni 1967 darum, nach dem europäischen nun auch den US-amerikanischen Markt zu erobern. Durch Unterstützung einflussreicher Musiker wie Beatles-Bassist Paul McCartney und Rolling-Stones-Gitarrist Brian Jones, sowie des Stones-Managers Andrew Oldham, kann die in den USA noch unbekannte Jimi Hendrix Experience auf dem Monterey Pop Festival neben Top-Acts wie The Who, The Byrds, Otis Redding und anderen, ihre Musik vorstellen: Das Programm besteht auch hier nur knapp zur Hälfte aus Eigenkompositionen, die übrigen Titel stammten unter anderem von Bob Dylan, B.B. King und Howlin' Wolf, sind dem jungen amerikanischen Publikum also vertraut ... was strategisch klug geplant ist. Mit dem Resultat: Hendrix' Musik wird begeistert aufgenommen, und es werden sogar spontan weitere Konzerte in den USA angeboten, unter anderem von Rock-Impressario Bill Graham (*1931 +1991), dem Mann hinter dem Winterland und den Fillmore-Konzertsälen, der übrigens in Berlin geboren wurde und in seinem früheren Leben Wolfgang Grajonca hieß.

Der Erfolg ist insgesamt so durchschlagend, dass die erste LP ‚Are You Experienced', nun auch international, also in ganz Europa und den USA, veröffentlicht werden kann. Die Experience tourt noch bis Ende August in den USA (37 Konzerte mit insgesamt 54 Shows), arbeitet noch zwischendurch mehrfach im Studio und kehrt dann am 20. August 1967, nach zwei Monaten, wieder nach England zurück.

Nach diesem endgültigen Durchbruch in Monterey und dem Rest der Welt wird Hendrix' Erfolg zur aufreibenden Routine. Er ist mit der Experience fast ständig unterwegs und arbeitet zwischendurch am Material für seine nächsten Platten. Im November startet eine weitere UK-Tour, Anfang Dezember erscheint das zweite Album ‚Axis: Bold As Love', zuerst in England, einen Monat später auch in den USA. Im Januar 1968 folgen dann einige Konzerte in den skandinavischen Ländern, und vom 01.Februar bis Ende Mai ist die Band wieder in den USA unterwegs. Das Konzept dieser Tour ist für die Musiker und die Crew ein Härtetest: 42 Konzerte mit insgesamt 60 Shows finden alleine in den ersten beiden Monaten statt, von San Francisco bis New York inklusive einiger Auftritte in Kanada. Hier soll natürlich der Verkauf der gerade in den USA erschienen LP ‚Axis: Bold As Love' unterstützt werden. Immerhin erreicht sie zeitweise Platz 3 der amerikanischen LP-Charts, in denen die Platte insgesamt 53 Wochen gelistet bleibt. Schon im Frühjahr 1968 erscheint die dritte Hendrix-LP, die Compilation ‚Smash Hits'.

NEUE WEGE

Nach einigen ruhigen Wochen mit Aufnahmen und wenigen Konzerten in den USA, Italien, England und der Schweiz beginnt auch schon die nächste Amerika-Tour. Diesmal ist die Band von Ende Juli an vier Monate unterwegs, die nächste Platte kommt etwas verspätet zur Tour. Im Oktober erscheint, zeitgleich in Europa und den USA, die Doppel-LP ‚Electric Ladyland', die zum ersten Mal wesentlich über die Triobesetzung der Experience hinausgeht. Obwohl sie unter dem alten Namen veröffentlicht wird, sind hier zahlreiche Gastmusiker beteiligt.

Wie schon bei ‚Electric Ladyland' arbeitet Hendrix in der folgenden Zeit fast nur noch in New Yorker Studios, hauptsächlich im Record Plant. So verbringt er auch das nächste halbe Jahr, abgesehen von einigen Gigs in Europa und einem kurzen Marokko-Urlaub in den USA. In diesen Monaten ist er an vielen Club- und Studio-Jams mit bekannten Kollegen beteiligt, unter anderem mit B.B.King, Frank Zappa, Larry Young, Eric Clapton, und Jeff Beck.

Am 29. Juni 1969 findet das letzte offizielle Konzert der Jimi Hendrix Experience beim Denver Pop-Festival in Denver/Colorado statt. Hier trennt sich Hendrix von Noel Redding und damit auch für eine Zeit lang vom bisherigen Trio-Konzept. Zusammen mit Mitch Mitchell und seinem Bassisten der Army Band, Billy Cox, gründet er die unter den Namen Sky Church beziehungsweise Gypsy Sun & Rainbows bekanntgewordene neue Formation, an der noch drei weitere Musiker beteiligt sind: Gitarrist Larry Lee (der alte Bekannte aus Nashville) sowie die beiden Perkussionisten Jerry Velez und Juma Sultan. Mit dieser Band spielt Hendrix dann auch beim legendären Woodstock Music and Art Fair-Festival, das im August 1969 in der Nähe von Bethel, im Bundesstaat New York stattfindet. Mehr dazu in einem späteren Kapitel.

Im Oktober löst er die Gruppe auf und formiert die Band Of Gypsys, wieder in der klassischen Triobesetzung, die er von nun an für die Live-Auftritte beibehalten wird. Aber auch diese Formation soll nur ein sehr kurzlebiges Projekt bleiben. Für Mitch Mitchell ist der schwarze Schlagzeuger und Sänger Buddy Miles in die Band gekommen, Bassist Billy Cox war ja schon in der Woodstock-Formation dabei. Ausschnitte der ersten beiden Konzerte der Band Of Gypsys im New Yorker Fillmore East werden 1970 als LP veröffentlicht, ansonsten ist von dieser Formation nur eine erfolglose Single erschienen.

Die genannte LP, die nur den Nachnamen "Hendrix" auf dem Front-Cover trägt ('Band Of Gypsys' steht auf der Rückseite) war für das Management eigentlich nur ein erzwungenes Zugeständnis an Ed Chalpin, der erfolgreich gegen Hendrix' US-Vertrieb Warner Bros. geklagt hatte, aufgrund des 1966 abgeschlossenen Vertrags. Bereits im Juni 1968 kam es zu einer Vereinbarung, bei der festgelegt wurde, dass ein komplettes neues Album an Capitol Records im Vertrieb von Warner abzutreten sei. Dann passierte erst mal nichts. Als gegen Ende 1969 von Seiten Warners Druck gemacht wurde, entschied Hendrix-Manager Jeffery die zum Jahreswechsel 1969/1970 im Fillmore East angesetzten Shows aufzuzeichnen und für das zugesagte Album zu verwenden.

Dass kein weiteres komplettes Album von dieser Besetzung erschienen ist, ist insofern verwunderlich, da diese Band während ihrer kurzen Zusammenarbeit doch relativ oft im Studio arbeitete. Die LP ‚Band Of Gypsys 2‘, mit drei authentischen Gypsys-Songs wurde erst 1986 veröffentlicht, das komplette Live-Material der insgesamt vier Shows von Sylvester/Neujahr 1969/70 kompakt dann erst in den vergangenen Jahren. Kurz darauf fand noch ein Abschiedskonzert statt. Am 28. Januar 1970 spielt die Band Of Gypsys beim Winter Festival for Peace im Madison Square Garden in New York. Nach zwei Songs muss Jimi jedoch die Bühne verlassen: Jemand hat ihm unbemerkt einen LSD-Trip ins Getränk getan, das Konzert wird abgebrochen, Manager Michael Jeffery entlässt Buddy Miles und teilt der Presse mit, die alte Experience werde in Kürze wieder auferstehen.

STOP

Es ist kein Wunder, wenn man sich fragt, ob es sich bei dieser etwas hektischen und überstürzten Episode der Hendrix-Story nicht um eine perfekte Inszenierung von Seiten des Managements gehandelt hat. Und dessen kann man sich fast sicher sein. Mike Jeffery, der Hendrix betreute und im Wesentlichen die geschäftlichen Fäden alleine in der Hand hielt, hatte keinerlei Skrupel, wenn es ums Business ging. Er hatte gute Connections zur zweiten Generation der amerikanischen Mafia, die ins Popmusik-Geschäft einsteigen wollte und schreckte auch sonst vor Psychoterror gegen seine Schützlinge nicht zurück. Ob der Drogenfund in Hendrix' Gepäck in Toronto/ Kanada, der zu einer Gerichtsverhandlung mit Freispruch führte, sowie eine offensichtlich inszenierte Entführung mit anschließender Befreiung auch zu Jefferys Machtspielchen gehörte, kann nicht mehr geklärt werden. Einiges spricht dafür, dass er gelegentlich prekäre Situationen schuf, um dann als der Retter in der Not dazustehen. Aber die Szene akzeptierte ihn, denn er hatte Erfolg und machte Musik zu Geld. Zu sehr viel Geld.

Michael Frank Jeffery war der erfolgreiche Manager von The Animals, die sich aber 1966 aufgrund interner Streitigkeiten, an denen er nicht unbeteiligt war, aufgelöst hatte. Noch im selben Monat hatte Animals-Bassist Chas Chandler Hendrix nach London geholt und wollte jetzt selbst ins Business einsteigen und einen Künstler aufbauen – allerdings mit finanzieller Unterstützung durch Jeffery. 1968 übernahm Michael Jeffery die geschäftliche Kontrolle des Unternehmens, und Chandler war auch ganz schnell als Produzent aus dem Rennen. Später wurde Jeffery beschuldigt, große Teile von Hendrix' Gagen unterschlagen und abgezweigt zu haben, woraufhin der sich von ihm trennen wollte und gegen ihn klagte. Der direkte Kontrakt mit Jeffery war bereits am 01. Dezember 1970 ausgelaufen, aber über die US-Verträge mit Warner Brothers war er noch weitere zwei Jahre geschäftlich verantwortlich. Jimi Hendrix starb kurz vor einem angesetzten Gerichtstermin. Jeffery starb 1973 bei einem Flugzeugabsturz in Frankreich. Später stritten sich die Erben, und letztlich hat es sich als Glücksfall herausgestellt, dass sich seit 1995 die Familie via Experience Hendrix um die Regelung des musikalischen Nachlasses kümmert.

Zurück ins Jahr 1970: Hendrix selbst war einerseits ein friedlicher bis sich anpassender Mensch, der eigentlich nur seine Musik verwirklichen wollte. Es ist denkbar, dass er unter massivem Druck stand, wenn er in Interviews immer wieder die Auflösung der Band Of Gypsys als Resultat eines künstlerischen Entwicklungsprozesses darstellte. Mit dem veröffentlichten Live-Album war er jedenfalls sehr unzufrieden, denn hier wurden teilweise massive Eingriffe am aufgenommenen Material durchgeführt, so zum Beispiel Stücke aus größeren Improvisations-Zusammenhängen herausgeschnitten. Und dass Jeffery die ungeliebte Band Of Gypsys und das Live-Album überhaupt hat entstehen lassen, hatte die bereits erwähnten praktischen Gründe, um sich so relativ einfach aus den Streitereien mit Ed Chalpin heraus zu kaufen – ohne dass der eigentliche Wirtschaftsfaktor und Erfolgsgarant, die "Jimi Hendrix Experience" hiervon tangiert wurde.

Bei der Band-Of-Gypsys-Affäre handelt es sich um ein Beispiel von vielen, das zeigt, welche Bedeutung Hendrix für einige Menschen in seinem näheren Umfeld hatte: Er sollte kommerziell erfolgreich funktionieren, Punkt. Und dazu gehörte einmal, dass er nicht auf Veranstaltungen mit politischem Background spielte (wie im Madison Square Garden), dass er bei Konzerten weniger improvisationsorientierte, vom Jazz beeinflusste schwarze Musik spielte (wie eben mit der Band Of Gypsys), sondern dass er vielmehr seine bekannten Hits mit der den Fans bekannten Band (der Experience) zum Besten gab. An künstlerischer oder persönlicher Entwicklung war man nur insofern interessiert, wie sie sich in Geld umwandeln ließ. Diese Einstellung kommt allerdings auch den Geschmack des durchschnittlichen Musik-Fans entgegen, der mit klaren Erwartungen ins Konzert geht, die er auch erfüllt sehen möchte: Greatest Hits first! Ohne ‚Hey Joe' also kein ‚Machine Gun'.

IS THIS LOVE, BABY, OR IS IT JUST CONFUSION?

Im Frühjahr 1970 kommt es zu einer Neuauflage der Jimi Hendrix Experience in der Besetzung Hendrix, Cox, Mitchell; in Bezug auf Manager Jefferys Wunsch-Line-Up handelt es sich hierbei vielleicht um einen Kompromiss. Wer hier freie Entscheidungen treffen konnte und wer sie schlucken musste, bleibt unklar.

An den konzertfreien Tagen der folgenden, unter dem Motto "The Cry Of Love" stehenden Amerika-Tournee arbeitet die Band im eigenen Electric Lady Studio in New York, das sich allerdings noch im Aufbau befindet. Das Studio bedeutet für Hendrix die Verwirklichung eines seiner wichtigsten Ziele: Er wollte schon immer eine feste Produktionsstätte haben, die ihm Spielraum und künstlerische Unabhängigkeit ohne Zeitzwänge ermöglicht. Hier arbeitet er jetzt an einer zweiten Doppel-LP, die jedoch nicht mehr fertiggestellt wird.

Das Electric Lady Studio war aber kaum eine großartige Geste des Managements, das seinem Künstler optimale Bedingungen schaffen wollte. Die immer höheren Studiokosten, die dadurch entstanden, dass Hendrix zwischen den Touren sehr intensiv und vor allem sehr lange an Aufnahmen arbeiten wollte, machten ein eigenes Studio einfach zur rentableren Lösung. Darüber hinaus war klar, dass bald jeder angesehene Rockmusiker gerne hier arbeiten würde, was eine zusätzliche Einnahmequelle bedeutete.

Die US-Tour beginnt am 25. April und endet am 01. August 1970 in Honolulu/Hawaii mit Hendrix' letztem USA-Konzert. Im August arbeitet er noch einige Tage im neuen Studio und fliegt einen Tag nach der offiziellen Eröffnungs-Party, am 26. August, nach London, um neben einigen Presseterminen und Interviews nach fast anderthalb Jahren wieder in England und Europa zu spielen.

Am 30. August steht die Experience beim Isle Of Wight Festival auf der Bühne, an den folgenden Tagen in Stockholm, Goteburg, Aarhus und Copenhagen, am 04. September in Berlin, wo Hendrix auch ein Interview für den amerikanischen Militär-Sender AFN gibt, bei dem er sich sehr gedämpft und müde anhört. Vom Berliner Konzert existiert ein Mitschnitt, in dem er versucht, sich gitarristisch noch einigermaßen gekonnt durch die Songs zu retten, die Gesangsstimme klingt gebrochen. Am nächsten Abend soll Hendrix beim Festival auf der Insel Fehmarn auftreten, bei der Anreise gibt es Probleme, und die Show wird auf den kommenden Sonntagvormittag verschoben. Erst gegen 11 Uhr tauchen Jimi Hendrix, Mitch Mitchell, Billy Cox und ihr Team auf dem Festivalgelände auf, und es dauert noch einmal fast zwei Stunden, bis die Experience am 06. September um 12:56 Uhr auf der Bühne steht. Applaus und Pfiffe mischen sich, die Musiker wirken müde und spulen ihr Programm ab. Unmittelbar nach dem Auftritt verlässt Hendrix das Festival und flüchtet weiter – zurück nach England.

Jimi Hendrix ist gesundheitlich angeschlagen, als er zurück nach London kommt. Er nimmt noch an ein paar Sessions teil, taucht auf Partys auf, trifft auf Bekannte, Noch- und Ex-Freundinnen. Am Abend des 16. September steht er als Gast von Eric Burdon & War auf der Bühne des Londoner Ronnie Scott's Club und spielt Gitarre bei ‚Tobacco Road' und ‚Blues For Memphis Slim'.

Auf den letzten Fotos, die seine Freundin Monika Dannemann von ihm im Garten ihres Hotels macht, sieht Jimi müde aus. Seine schwarze Strat hängt irgendwie schwer an ihm.

Am 18. September 1970 stirbt Jimi Hendrix. Er wird nach Einlieferung in das St. Mary Abbot's Hospital in London für tot erklärt.

HOMECOMING

Am 01. Oktober 1970 fand in der Dunlop Baptist Church in Hendrix' Heimatstadt Seattle eine Trauerfeier statt, anschließend wurde er auf dem Greenwood Memorial Park & Cemetery im 20 Kilometer südlich gelegenen Renton bestattet. Bei der Beerdigung in kleinem Kreis waren Jimis Vater Al, dessen Frau June, sein Bruder Leon, seine Schwester Janie und weitere Familienmitglieder anwesend. Von seinen Musikerkollegen und Mitarbeitern nahmen Bassist Noel Redding, die Schlagzeuger Mitch Mitchell und Buddy Miles, Manager Michael Jeffery, Eddie Kramer (damals Tontechniker der Electric Lady Studios) und die Roadies Eric Barrett und Gerry Stickells teil, außerdem noch Miles Davis, Johnny Winter, und John Hammond Jr.

Jimi Hendrix ist nicht mehr da, aber ganz viel von ihm ist geblieben. Vielleicht sogar das Beste – und ein größeres Kompliment kann man einem Künstler kaum machen. Wir haben seine Musik.

Hendrix war nicht nur zu seiner aktivsten Zeit von 1966 bis 1970 ein Segen für die Musikwelt, sowohl was die Kunst angeht, als auch in punkto kommerziellem Erfolg: Nein, auch fünf Jahrzehnte nach dem seinem Tod findet sich immer wieder ein Jubiläumstermin (wahlweise sein Geburtstag, Todestag, ein Woodstock-Jubiläum, Vatertag etc.), zu dem bekannte und offiziell unveröffentlichte Aufnahmen dieses Gitarristen unters Volk gebracht werden wollen. Und natürlich auch die wenigen Original-Alben, in mit unhörbarem Erfolg remasterter

1034-bit-Auflösung, remixed, auf Vinyl reimportiert, neu kompiliert und so weiter.

Aber gelegentlich kommen dann doch noch Juwelen zum Vorschein. Beeindruckende Live-Aufnahmen oder auch einfach nur ein paar roughe Studio-Skizzen mit Fehlern, Unfällen und einem lachenden Hendrix. Eines kommt gerade bei diesen Tracks besonders gut rüber: Wenn man Jimi Hendrix' Statements in Richtung Tontechniker oder seine Monologe und Ansagen hört, spürt man, dass dieser Mensch und Musiker eine Menge Humor hatte – er wirkt in diesen Momenten einfach ausgesprochen sympathisch.

Und gerade die ganz frühen Live-Aufnahmen, die noch vor der ersten Single ,Hey Joe/Stone Free' (12/1966) entstanden, zeigen, welche Faszination von diesem Menschen ausgegangen sein muss. Hendrix war als Sänger & Gitarrist der komplette Alleinunterhalter, spielte Harmonien, Riffs, durchsetzte das Ganze mit Basslinien und gab dann beim Solo noch mal richtig Druck auf die Drähte. So hatte Mitte der 60er-Jahre noch kein anderer Gitarrist sein Instrument bearbeitet. Kein Wunder also, dass Hendrix die gesamte britische Musiker-Szene verunsicherte und zu seinen Fans machte: Auch Eric Clapton, Keith Richards, Jeff Beck, Jimmy Page, George Harrison, John Mayall und andere konnten eben noch dazulernen ...

Und irgendwie lebt Jimi Hendrix wirklich weiter: Klar, echte Sammler & Bootleg-Fetischisten sind seit mindestens einem Vierteljahrhundert kaum noch zu überraschen, denn sie kennen so ziemlich jeden Ton, der ihrem Idol jemals entglitten ist, ob er ihn der Nachwelt hinterlassen wollte oder nicht. Sofern bei der jeweiligen Session ein Aufnahmegerät in der Nähe war, entstand dann auch ein Produkt für spätere Zeiten. Denn auf dem Schwarzmarkt ließ sich nun mal jeder auch noch so verstimmte oder schlecht hörbare Jimi-Tone gut zu Geld machen. Und mal ehrlich: Wofür sonst ist Musik im Handel? Kriminell ist, wenn der Künstler beziehungsweise seine Erben davon nichts mit- und/oder abbekommen – was sich ja im Fall der Familie Hendrix positiv entwickelt hat. Und durch deren Engagement ist es in den vergangenen zwanzig Jahren zu einigen beachtlichen Veröffentlichungen gekommen. Legalen Neuveröffentlichungen. ,The Jimi Hendrix Experience' zum Beispiel, eine bereits im Jahr 2000 erschienene, bis heute hervorragende 4CD-Box, die überwiegend bisher Unveröffentlichtes präsentierte. Von Hendrix' Auftritt im Oktober 1966 im Pariser Olympia – als Opener für den französischen Rocker Johnny Halliday – über Studio-Outtakes und Probeaufnahmen bis zu Mitschnitten vom Isle Of Wight Festival, wenige Wochen vor seinem Tod. Dazu gibt's diskografische Information zu den 56 Tracks, Fotos, handschriftliche Textauszüge etc., und das alles in Hardcover-Buchform mit lila Samtumschlag. Mit unverschämten DM 150,- war diese Veröffentlichung damals nicht gerade billig, aber faszinierend, schön gemacht – und daher ihren Preis wert. Heute ist sie ein teures Sammlerstück. Diese CD-Compilation ließ ahnen, dass man als Hendrix-Fan noch mit einigem rechnen sollte – und dass ein paar Scheine in Reserve kein Fehler sind. So ist es ja dann auch gekommen – siehe die Discografie weiter hinten. Jimi lebt!

THE DRUGS DON'T WORK

Die Medien haben in der Darstellung des letzten Lebensabschnitts von Jimi Hendrix erstaunlich viel Phantasie an den Tag gelegt, wenn es darum ging, die Todesumstände seinem vom Management kreierten Image besonders harmonisch anzupassen. Demnach ist der "Wilde Mann aus Borneo", wie er bei seinem Erscheinen auf der britischen Musikszene von einer Zeitung genannt wurde, natürlich, wie für Rockmusiker üblich, aufgrund einer Überdosis Drogen aus dem Leben geschieden. Wurde als die in solchen Fällen meist verantwortliche Substanz Heroin vermutet, so bezeichneten einige Londoner Sonntagszeitungen Hendrix in diesem Zusammenhang als "Kokain-Abhängigen"; oder als Galionsfigur der Pop- und Drogenkultur schlechthin. In einem Informationsblatt, herausgegeben von der Pressestelle eines großen westdeutschen Rundfunk- und Fernsehsenders anlässlich eines Films zum zwanzigjährigen

Todestag des Gitarristen, hieß es sogar, dass er, Zitat: "...im Haschisch-Rausch erstickte..."

Der Tod in Zusammenhang mit illegalen Drogen war für die bürgerliche Presse (und nicht nur für die) schon immer ein weites Feld, auf dem man der sonst so von politischer Rücksichtnahme und Zeilenzahl-Zwängen gebeutelten Kreativität noch mal freien Lauf lassen kann. Hier scheinen schon fast der Abenteuergeist und das Pathos des Kriegsberichterstatters ein neues Terrain gefunden zu haben; wichtig gerade jetzt, da bei militärischen Konflikten heute ja scheinbar kaum noch gestorben wird. Schlimmer als diese Tatsache ist aber, dass weite Teile der Popmusik-Presse, also der Fachpresse, sich oft ebenso unkritisch bis sensationsheischend verhalten, wenn es darum geht, Auflagenzahlen oder Click-Raten zu erhöhen.

Bereits zehn Tage, nachdem Jimi Hendrix gestorben war, lag das offizielle Statement des Pathologen Prof. Robert Donald Teare vor, in dem unter Punkt 6. (Todesursache) zu lesen ist: "Inhalation of vomit; Barbiturate intoxication (quinalbarbitone); Insufficent evidence of circumstances, open verdict." Die oft unterstellte Selbstmordabsicht wurde von Medizinern aufgrund der Dosis des eingenommenen Schlafmittels immer eindeutig bezweifelt, was noch durch die Tatsache unterstützt wird, dass in seiner Wohnung genügend Schlafmittel für eine wirklich tödliche Dosis vorhanden waren. Der Pathologe ging außerdem aufgrund der Auffindungssituation davon aus, dass Hendrix schon Stunden vor der Einlieferung ins Krankenhaus verstorben war. Die amtliche Todesursache war das "Einatmen von Erbrochenem".

Kein Selbstmord, kein Mord, kein Heroin, kein Junkie-Tod.

Dieses Thema ist mindestens so tot wie die Person, um die es geht. Spekulationen, Behauptungen, Anschuldigungen, Mordphantasien – immer wieder und wieder wurden alle möglichen Aussagen, Theorien, Erinnerungslücken, strategische Lügen und menschlich-tragische, verklärte Erinnerungen nebeneinander gestellt, um zu dem selben Ergebnis zu kommen: Details des Todestages sind nicht eindeutig zu rekonstruieren, ein paar offiziell geprüfte Fakten stehen fest, und all die hirnfreien Verschwörungstheorien kann man vergessen. Sollte man vergessen.

Trotzdem hat sich die Drogentod-Theorie bis heute in einer breiten Öffentlichkeit halten können. Ein Grund hierfür sind mit Sicherheit auch die extrem voneinander abweichenden Statements von Bekannten und Musikerkollegen über Hendrix' Konsumgewohnheiten, über sein Verhältnis zum Tod, über einen oder mehrere Texte, die er kurz vor seinem Ableben verfasst haben soll und die sehr frei als Testament interpretiert wurden, sowie ganz und gar freie Erfindungen der Medien. So ist Hendrix laut einer Meldung angeblich im Appartement eines bekannten britischen Rockmusikers gestorben; einer anderen Version zufolge soll er in den USA ermordet und dann zurück nach England geflogen worden sein. Von der einen Quelle wird er als zwar sensibler, aber zu dieser Zeit doch psychisch stabiler und vorausschauender Mensch beschrieben, an anderer Stelle wird von einem gebrochenen, depressiven und suizidgefährdeten Wrack gesprochen. An letzteres hängt man sich als Headline-Hooker doch gerne mal ran: Googelt man zum Beispiel das Begriffspaar "Hendrix Heroin", begegnet man ganz weit vorne in der Ergebnisliste Journalismus der fragwürdigen Art, der mit Qualität und Faktentreue nun gar nichts mehr zu tun hat, sondern eher vor Klischees trieft, diese bedient und in der Form durchaus das gesamte Spektrum abdeckt – vom "Spiegel" über den "Tagesspiegel" bis hin zu Promi-Postillen wie der "Gala", die hier durchaus ein gemeinsames Niveau erkennen lassen.

Dass Hendrix legale und illegale Drogen genommen hat, ist sicher, ja geradezu naheliegend: Koffein, Nikotin, Alkohol, THC, Amphetamine und Opiate waren und sind weit verbreitet. Und dass Alkohol die mit Abstand gefährlichste und tödlichste Droge ist, weiß man heute auch. Aus den USA wurden in den vergangenen 20 Jahren noch zusätzlich die Opioide auf die Menschheit losgelassen, die mit ähnlichen Opferzahlen glänzen. Konsumiert wird immer und überall, von ganz normalen Menschen um einen herum, auf der Straße, in Bars, Kneipen, Restaurants, und von in der Öffentlichkeit stehenden Menschen, die sich überwiegend nicht anders verhalten als die Anonymen. Konsumiert wird immer und überall – nur spricht, schreibt und singt nicht jede(r) darüber. So wie Novalis über Laudanum (einer Opium-Tinktur), wie Frank Sinatra und Dean Martin bei als Konzerten getarnten öffentlichen Whisky-Proben, wie Hans Fallada, Charles Bukowski und William S. Burroughs in ihren Romanen und Erzählungen oder amerikanische Movie-Stars die mit Pressemeldungen regelmäßig für bestimmte Entzugskliniken werben.

Der imposante Wikipedia-Artikel "List of deaths from drug overdose and intoxication" listet sie dann irgendwann auf. Aber eben nur die wenigen bekannten Opfer.

Hendrix war kein Trinker, auch kein Junkie. Haschisch und Marihuana gehörten dagegen zu den häufiger eingesetzten Genussmitteln, während Kokain und Amphetamine eher gezielt, als Muntermacher und Party-Modedroge konsumiert wurden. Die bis 1966 frei zugänglichen LSD-Trips waren wohl eher die Ausnahme. Sein Umgang hiermit war, im Vergleich zu dem einiger seiner bekannten Kolleginnen und Kollegen, relativ kontrolliert und problemlos.

Was Opiate angeht, kann man davon ausgehen, dass Hendrix auch diese Drogen ausprobiert hat. Seine frühere Freundin Kathy Etchingham spricht davon, dass er einige Male Heroin geschnupft hat, was ihm aber nicht sehr gut bekommen sein soll. Daraufhin habe er es sein gelassen. Die nach seinem Tod aufgetauchten Meldungen, er habe "seit frühester Zeit an der Nadel gehangen" sind natürlich frei erfunden.

Drogen haben Hendrix' Leben aber sicher auch nicht einfacher gemacht. Denn bei Streitereien mit dem Management, psychischen Problemen, Erschöpfung und musikalischer Orientierungslosigkeit helfen sie langfristig überhaupt nicht. Ganz im Gegenteil.

Britische und amerikanische Behörden waren in dieser Zeit ganz besonders darauf aus, Rock- und Jazz-Musikern mit Blick auf ihren Drogenkonsum auf die Finger zu klopfen. Die Rolling Stones und die Beatles bekamen diese Bestrebungen noch relativ gemäßigt zu spüren, wenn man bedenkt, dass Jazz-Musiker wie Chet Baker oder

Art Pepper einige Zeit ihres Lebens in Gefängnissen und Entziehungsanstalten verbringen mussten. Bei Hendrix hatten die Ordnungshüter relativ wenig Glück. Im Mai 1969 wurden bei der Kontrolle am Flughafen von Toronto geringe Mengen von Heroin und Haschisch in seinem Gepäck gefunden – ob diese von ihm selbst oder von anderen (wie Hendrix behauptete) dort platziert wurden, wurde nie geklärt. Das Urteil lautete "Nicht schuldig".

Hendrix' Drogen-Image wird in den Medien wohl so lange weiter ausgeschlachtet, wie er als legendäre Musikerfigur im öffentlichen Bewusstsein existiert: Der wilde Exot, der sexbesessene schwarze Mann, der unersättliche Junkie – und zufällig auch noch ein guter Gitarrist, der singen konnte und Millionen Platten verkaufte. Man muss sich darüber im Klaren sein, dass auch heute kaum jemand, der mit Hendrix' Musik oder auch nur mit seinem Namen Clicks und Geld verdient, daran interessiert sein kann, ein Werbe-Image, das seit 50 Jahren funktioniert, wirklich komplett aufzugeben. Und immerhin konnte man diese Blaupause dann ja auch noch mal bei Kurt Cobain und Amy Winehouse nutzen.

The show must go on. ★

03 EXPERIENCE

NOEL REDDING & MITCH MITCHELL

THE NOEL REDDING EXPERIENCES

Jimi Hendrix spielte während seiner Pop-Karriere mit zwei Bassisten, die die Musik der jeweiligen Formation stark mitgeprägt haben. Während der etwas souligere, deepere Billy Cox ab Herbst 1969 bei der Band Of Gypsys und dann in der zweiten Experience-Besetzung ein solides Bass-Fundament unter Hendrix' Soli legte, hatte Noel Redding gemeinsam mit Drummer Mitch Mitchell, in den ersten drei Jahren der Jimi Hendrix Experience mit daran gearbeitet, diese Band zur Rock-Ikone zu machen.

Noel wurde am ersten Weihnachtstag 1945 im britischen Folkestone geboren. Die ersten Bands des Gitarristen hießen The Lonely Ones, The Loving Kind, es folgte Neil Landon & The Burnettes, die Anfang der 60er-Jahre in Großbritannien und Kontinental-Europa tourten. Nach dem Ausstieg von Bandleader Landon, der eine Solokarriere startete, arbeiteten die Musiker mit neuem Sänger wieder als The Loving Kind weiter, diesmal aber professionell, gemanagt von Gordon Mills, der auch Tom Jones und Engelbert Humperdinck betreute. Die Band veröffentlichte drei Singles auf beim Label Piccadilly – und löste sich auf. Noel Redding bewarb sich darauf hin für eine Audition bei Eric Burdons Band The Animals, den Job bekam er aber nicht, und auch die Animals lösten sich kurz darauf erst mal auf. Angeblich traf Noel Redding am selben Tag den gerade von Animals-Bassist Chas Chandler nach UK importierten Jimi Hendrix, der ihn wiederum einlud, an den Auditions für seine eigene Band teilzunehmen. Hendrix mochte ihn, und er wurde engagiert. Ladies & Gentlemen: The Jimi Hendrix Experience! Das war das Ende der Gemütlichkeit in der aufblühenden britischen Rockmusik – und eine steile Band-Karriere begann.

Redding blieb auch auf seinem neuen Instrument Plektrum-Spieler – was damals noch eher ungewöhnlich war. Seinen ersten E-Bass, einen semiakustischen Gibson EB-2, hatte er von Chas Chandler geliehen, und in manchen frühen Videos mit diesem großen Instrument spielt Noel es auch fast wie eine Gitarre, schlägt mehrere Saiten auf einmal an und das mit Schwung, aus dem Arm heraus. Es gab in der Zeit auch noch ein ähnliches Epiphone-Modell, mit dem Noel mal gesehen wurde. Am 18. Oktober 1966 in Paris, einem der ersten offiziellen Experience-Gigs, hatte er ganz sicher auch eine Danelectro-Longhorn-Baritone Bass-Gitarre im Einsatz, das berühmte Instrument mit dem tulpenförmigen Korpus.

Außerdem hatte er gelegentlich einen sechssaitigen Fender VI im Einsatz, eigentlich ein Hybrid zwischen Gitarre und E-Bass. The-Who-Bassist John Entwistle soll ihm dann den Sunburst Fender Jazz Bass empfohlen haben, mit dem er ab Februar 1967 auf der Bühne stand. Auf ‚Axis: Bold As Love' ist Redding außerdem noch mit einem achtsaitigen Hagström-Bass zu hören.

Was Verstärker anging, startete Noel mit einem Burns-Amp, wechselte dann schnell, wie Hendrix, zu Marshall-Stacks, was alleine schon dem Bühnenbild der Experience einen Kick gab. Und mehr Sound! Die auf der 1968er US-Tour verwendeten Transistor-Verstärker von Sunn, mit denen weder Hendrix noch Redding glücklich waren, hatten sie einem Werbe-Deal ihres Managements zu verdanken.

Nach seinem Ausstieg aus der Jimi Hendrix Experience, im Sommer 1969, gründete Noel mit seinem alten Freund Neil Landon die Band Fat Mattress – hier war er wieder Gitarrist. In den 70ern formierte er die Noel Redding Band. Beide Formationen waren wirtschaftlich nicht besonders erfolgreich.

In seiner 1990 gemeinsam mit seiner Frau Carol Appleby veröffentlichten Autobiografie "Are you Experienced? The Inside Story Of the Jimi Hendrix Experience", beschrieb Redding unter anderem, wie Hendrix, Mitchell und er selbst, in finanziellen und juristischen Dingen völlig unerfahren, vom Management und deren Anwälten vertraglich komplett "über den Tisch gezogen" wurde. 1974 war Noel gezwungen, seine wenigen Rechte an Tantiemen aus den Aufnahmen der Jimi Hendrix Experience für 100.000 Dollar zu verkaufen. Daher ging er bei den regelmäßigen Wiederveröffentlichungen der unter seiner Beteiligung entstandenen Alben ‚Are You Experienced?‘, ‚Axis: Bold As Love‘ (beide 1967) und ‚Electric Ladyland‘ (1968) leer aus.

Sonntag, 14. September 1997, in einem Londoner Hotel: Noel Redding nimmt die mitgebrachte Ausgabe des Musiker-Fachmagazins, für das er interviewt werden soll, in die Hand, blättert etwas herum und erzählt, dass er einigermaßen die deutsche Schriftsprache lesen könne. Das habe er in den 60er-Jahren, zwischen zahlreichen Gigs in Germany gelernt.

Du hast schon sehr früh in Deutschland gespielt ...
Köln war die erste Stadt, die ich kennenlernte, das war 1964, ich war 18. Damals spielte ich mit Neil Landon & The Burnettes, im Storyville, am Kaiser-Wilhelm-Ring. (lacht) Das weiß ich noch! Und in Frankfurt, Wuppertal und Duisburg habe ich damals auch gespielt ... Ja ich war noch sehr jung. Mit 17 wurde ich Profi, aber ich musste ein Jahr warten, um eine Arbeitserlaubnis für Deutschland zu bekommen.

Bei diesen Jobs warst du aber noch Gitarrist.
Klar. Angefangen habe ich mit neun Jahren mit der Geige, das war eine harte Sache. Dann habe ich Mandoline gespielt, danach versuchte ich es mit dem Banjo, und mit 12 oder 13 fing ich an Gitarre zu spielen. Ein Jahr später spielte ich in meiner ersten kleinen Band. Und mit 17 war ich, wie gesagt, Profi.

Welche Art von Musik hast du dir Mitte der 60er-Jahre angehört, also in der Zeit, bevor du Hendrix trafst?
Die frühen Sachen, das war Skiffle-Musik, eben das, was Lonnie Donegan machte – jeder kannte das. Dann hörte ich Ray Charles, Sam Cooke, Hank Marvin & The Shadows ... Ich habe schon als Kind immer Radio Luxemburg gehört, denn die spielten auch solche Sachen. Ja, und dann kamen Booker T. & The M.G.'s. Als wir dann

später in Deutschland tourten, wollten die Club-Besitzer immer "Pop Music" hören. Und als wir in Frankfurt spielten, in den Clubs, wo alle die amerikanischen GIs hingingen, hörte ich zum ersten Mal etwas vom Blues. Da kamen immer ein paar schwarze Amerikaner zu uns, sie erzählten was oder brachten mir auch mal eine Platte mit. Und ich hatte wirklich vorher noch nichts davon gehört: Blues! Ich bin ein Rock-'n'-Roll-Musiker, der vom Skiffle herkommt.

Und die Geschichte, dass du bei der Audition mit Hendrix zum ersten Mal Bass gespielt hast, stimmt wirklich?
Ja, ich war vorher nur Gitarrist. Ich hatte gerade eine Audition für einen Job bei Eric Burdon gehabt, aber den bekam jemand anders. Jemand fragte dann, ob ich nicht auch Bass spielen könne. Ich sagte: "Nein, aber ich versuche es." Und dann kam ich mit diesem amerikanischen Gentleman ins Gespräch, wir tranken ein paar Bier, und er fragte mich dann, ob ich nicht in seiner Band spielen wolle. Als Bassist! Ich hatte wirklich bis dahin noch nie Bass gespielt. That's it.

Kannst du dich noch an Details, zum Beispiel dein damaliges Equipment erinnern?
Yeah! Wir spielten drei Nummern, ohne Gesang. Ein Drummer war dabei, ein Keyboarder, Hendrix und ich. Chas lieh mir damals seinen Bass, es war ein alter Epiphone, so ein großer Semiacoustic. An den Amp kann ich mich nicht mehr erinnern ... Heute setze ich nur noch meinen Fender Jazz Bass ein, und den habe ich schon seit der Experience-Zeit. Ich spiele immer noch mit Plektrum. Und was die Amps angeht, ist mir ganz egal, worüber ich spiele. Hauptsache, das Ding ist laut! Röhre, Transistor, das macht für mich keinen Unterschied. Ich bin da nicht so kleinlich.

Mit der Experience hattet ihr anfangs einige Auftritte in TV-Shows. Wie lief das damals ab? Habt ihr immer live gespielt?
Meistens spielten wir absolut live. 1967 spielten wir aber auch Shows wie "Tops Of The Pops", und da mussten wir schon um 10 Uhr morgens hin, um einen Backing-Track aufzunehmen. Abends um 19 Uhr sang dann nur Jimi live, zu unserem eigenen Playback. Wir

haben aber immer lieber richtig live gespielt. (grinst) Allerdings hatten die Tontechniker oft eine schwere Zeit mit uns.

Es muss ziemlich laut gewesen sein.
Ja, das war es.

Und bei euren großen Gigs soll der Sound damals auch eher eigenartig gewesen sein: Viel Gitarre, etwas Schlagzeug und Gesang, fast kein Bass. Es gab auch keine PA, sondern eine Gesangsanlage ...
(Noel nickt) Mmh. Wir hatten noch nicht mal Monitore. Es war wie im Proberaum, auch wenn wir in einer großen Halle spielten. Wir fingen an mit Marshalls. In den USA hatten wir dann eine Zeitlang diese Sunn-Amps, ich hatte drei 400-Watt-Tops, dazu sechs Boxen mit jeweils 2×15"-Bestückung, und eine weitere Box hatte Jimi direkt in Ohrhöhe. Er spielte vier Marshall-Boxen über zwei oder drei Marshall-Amps. Und wie gesagt: Monitore gab es nicht.
1969 bekamen wir dann ein altes PA-System für Mitch, denn er hörte eigentlich sonst überhaupt nichts. Er wird ja auch immer gerne zitiert, dass er mir ständig auf den Fuß geguckt hat, wenn er nicht mehr wusste wo er im Song war.

Inwieweit warst du bei der Arbeit an den ersten Alben an den Kompositionen beteiligt?
Ich habe einige Songs geschrieben, von Jimi kamen aber 90 Prozent. Von mir veröffentlicht wurde ‚She's So Fine' und ‚Little Miss Strange'. An ein paar Arrangements war ich aber schon beteiligt. Jimi hat auch einige meiner Riffs verwendet, ohne meine Genehmigung. Aber was soll's ...

Er hat also Sachen von dir verarbeitet, nachdem du die Band verlassen hattest?
Ja, sie erschienen dann später: Auf ‚Crash Landing', in diesem Song ‚Midnight', das ist mein Riff. Aber auch bei Experience-Nummern wie ‚Foxey Lady' stammte einiges von mir. Für diesen Song fanden wir zum Beispiel keinen Schlussteil, und die Idee mit dem B am Ende kam von mir. Dafür hätte ich eigentlich 10 Prozent Rechte vom Arrangement bekommen müssen. (Noel lacht)

[Anmerkung: Das Album ‚Crash Landing' erschien allerdings erst 1975, also lange nach Hendrix' Tod. Es ist mehr als umstritten, weil fremde Musiker zu Outtakes von Hendrix' Stimme und seiner Gitarre diverse Songs neu eingespielt haben.]

Andererseits war diese Band ein Vorzeigebeispiel für Interaktion, und dann muss so etwas passieren, wenn man gemeinsam an Song-Ideen arbeitet.
Oh, ja! Selbstverständlich war das so. Wenn wir aufnahmen, lernten wir zuerst die Nummern im Studio. Wir übten, probierten Sachen aus, und so weiter – und Chas Chandler, unser Produzent, god bless him, nahm das einfach auf. Er nahm also unsere Proben auf. Er sagte dann manchmal: "Alles klar! Kommt mal rüber und hört euch das an!" Hendrix hat dann noch ein paar Gitarren-Sounds drübergelegt, etwas Percussion kam dazu, wir haben Backing-Vocals gesungen, das war's ... – so lief das eben!

Hast du ein Lieblings-Album der Jimi Hendrix Experience?
Ja. ‚Axis: Bold As Love'.

Da sind wir einer Meinung. Stimmt es eigentlich, dass du die Band am 29. Juni 1969 in Denver, Colorado, nach einem Gig verlassen hast?
Das stimmt.

Hast du danach noch jemals mit Jimi oder Mitch gespielt?
1970 nahm ich in New York ein Album auf, und da kam Jimi mal vorbei und spielte ein paar Tracks ein; aber da gab es auch Konflikte. Das letzte Mal, dass ich mit Mitch spielte war ... (überlegt) 1989 in Irland. Das war das letzte Mal.

Was macht er heute?
Keine Ahnung. Er lebt irgendwo in Frankreich. Keine Ahnung, was er macht ... (überlegt) Glücklicherweise arbeite ich immer noch viel.

Was hast du alles gemacht nach 1969?
Nach der Experience kam "Fat Mattress", 1971 hatte ich dann eine Band namens "Road", ein Trio. Wir lebten damals in Los Angeles.

Dann zog ich nach Irland und spielte eine ganze Zeit überhaupt nicht. Nach zwei Jahren kam dann die "Noel Redding Band" mit Leuten von Thin Lizzy und Steve Marriott; wir haben 1974/75 zwei Alben gemacht. Dann hatte ich eine Akustik-Band – man nennt das heute "Unplugged", hahaha! Von 1980 bis 1990 lebte ich mit meiner Frau Carol Appleby zusammen, sie starb bei einem Autounfall. Danach habe ich einfach sehr viel gearbeitet, in diesen letzten sieben Jahren ... Seit 34 Jahren bin ich nun schon on the road ... Ansonsten arbeite ich noch an einem Buch. Meine Frau hat ja bereits ein Buch aus meinen Tagebuchaufzeichnungen und Notizen erstellt, das 1990 erschienen ist. Und jetzt plane ich einen anderen Ansatz: Ich nehme wieder mein Tagebuch, schreibe aber zu jedem Tag meine persönlichen Kommentare, aus heutiger Sicht.

Hast du dich eigentlich jemals wie ein Popstar gefühlt?
Nein. Ich bin auch nie auf der Bühne rumgesprungen, und Mitch natürlich auch nicht. Wir waren immer die Leute hinter dem Frontman. Klar, Jimi hätte es nicht ohne uns machen können auf der Bühne: Wenn er ein Solo spielte, hat Mitch oft mitgezogen, und wenn sie wieder zurück in die Musik, in den Song wollten, dann war ich da, als Orientierung. Ich wollte auch nie Popstar sein, sondern immer nur ein wirklich professioneller Musiker.

Dieses Konzept, das du gerade beschrieben hast, machte die Experience, was das Zusammenspiel angeht, auch wesentlich interessanter als andere Trios dieser Zeit, wie zum Beispiel Cream oder Taste.
Yes! Hendrix war ein Blues-Musiker, Mitch war ein sehr Jazz-naher Drummer, und ich war Rockmusiker. Und das war es: Blues, Jazz & Rock. Das machte diese Band einigermaßen interessant, denke ich.

Und darüber spielte Hendrix, als Sänger, Rhythm- und Lead-Gitarrist auch noch mit sich selbst.
Genau. Ich sage immer, er war der Einzige, der Rhythm und Lead zugleich spielen konnte. Und das tat er auch.

Erinnerst du dich noch daran, wann euch die ersten Bands auffielen, die sich mehr oder weniger deutlich an der Experience orientiert hatten?
Das war ungefähr ab 1968/69, da gab es ein paar solche Bands. Rory Gallagher, god bless him, war damals stark von Jimi beeinflusst.

Auf die Frage, wie es sich anfühle, der beste Gitarrist der Welt zu sein, antwortete Jimi Hendrix später mal in einem Interview: "Keine Ahnung. Da müsst Ihr Rory Gallagher fragen."
Das gilt auch für Gary Moore: Er kam zu einem unserer Gigs nach Belfast, da war er gerade 13 Jahre alt, das war 1967. Und auch dieser Typ von Thin Lizzy, Scott Gorham, hat uns 1967 in Amerika gesehen, als er 14 war; ihn habe ich später kennengelernt. Und Sting hat uns mit 15 in Newcastle gesehen – ihn habe ich vor ein paar Monaten in Italien getroffen – und er sagt, dass er sich noch sehr lebendig an die Band erinnert. Es hat ihn beeindruckt.

Was für ein Abschied war das, als du aus der Band ausgestiegen bist: eine Trennung aus persönlichen oder aus musikalischen Gründen?
Die Band hatte damals den Höhepunkt in ihrer Karriere gehabt, und ich dachte, es wäre an der Zeit aufzuhören. Chas Chandler war ebenfalls dieser Meinung und zog sich vom Management zurück. Und danach lief es ja auch wirklich nicht mehr besser. Es wurde darüber gesprochen, dass ich wieder mitspielen sollte, aber es passierte eben nicht, aus irgendwelchen Gründen.

Wann hast du deinen letzten Scheck für die Arbeit mit der Experience erhalten?
Ich habe danach nie einen Scheck oder so etwas gesehen, für all das, was ich mit der Experience gemacht habe. Ich habe nur Geld für meine beiden Songs bekommen, und das war's. Sonst gab es nichts. Gar nichts. Aber das ist eine Geschichte für sich ...

Noel Redding starb am 11. Mai 2003 im Alter von nur 57 Jahren. Auch Experience-Drummer Mitch Mitchell (*1947 +2008) und Band-Of-Gypsys-Schlagzeuger Buddy Miles (*1947 +2008) sind nicht mehr unter uns. Damit ist Bassist Billy Cox (*1941), der älteste Musiker aller Hendrix-Bands, der letzte überlebende Aktive aus dem Umfeld dieser Rock-Legende. ★

NOEL REDDING DISCOGRAFIE

Freddie Lennon: That's My Life (My Love And My Home) (1965)
The Loving Kind: Accidental Love / Nothing Can Change This Love (1966)
The Loving Kind: Love The Things You Do / Treat Me Nice (1966)
The Loving Kind: Ain't That Peculiar / With Rhyme And Reason (1966)
The Jimi Hendrix Experience: Are You Experienced? (1967)
The Jimi Hendrix Experience: Axis: Bold As Love (1967)
The Jimi Hendrix Experience: Electric Ladyland (1968)
The Jimi Hendrix Experience: Smash Hits (1969)
Eire Apparent: Sunrise (1969)
Fat Mattress: Fat Mattress (1969)
Fat Mattress: Fat Mattress II (1970)
Jimi Hendrix / Otis Redding: At Monterey (1970)
Screaming Lord Sutch: Lord Sutch And Heavy Friends (1970)
Jimi Hendrix: The Cry Of Love (1971)
Randy California: Kapt. Kopter And The (Fabulous) Twirly Birds (1972)
Road: Road (1972)
Screaming Lord Sutch: Hands Of Jack The Ripper (1972)
Dave Carlsen: A Pale Horse (1973)
Noel Redding Band: Clonakilty Cowboys (1975)
Noel Redding Band: Blowin' (1976)
Mandalaband: The Eye Of Wendor (1978)
Rakatan: Better Than That (1990)
Mountain: Over The Top (1995)

The Noel Redding Band: The Missing Album (1995)
Smoke & Fire: Smoke & Fire (1996)
Jon Tiven Group: Yes I Ram (1999)
Cork: Speed Of Thought (1999)
Martin Darvill: The Greatest Show On Earth (2000)
Out Of Phase: Acoustic Ladyland. A Tribute To Jimi Hendrix (2001)
The Hellecasters: Essential Listening, Vol. 1 (2002)
Cork: Out There (2003)
Noel Redding: Live From Bunk R – Prague (2003)
Noel Redding: The Experience Sessions (2004)
Noel Redding: West Cork Tuning (2004)

THE JAZZ MESSENGER: MITCH MITCHELL

Der Schlagzeuger der Jimi Hendrix Experience war einfach anders als andere. Er swingte, pulsierte, konnte es krachen lassen und legte permanent einen dichten Klangteppich unter die Soli seines Arbeitgebers, der von der anderen Seite, vom Bassisten Noel Redding, die rhythmisch-harmonische Achse seiner Songs geliefert bekam. Mitch Mitchell hatte Keith Moon von The Who, Ginger Baker von Cream und dem legendären Jazz-Drummer Elvin Jones, der bis 1965 Mitglied des John Coltrane Quartet war, gleichermaßen zugehört – und das spürte man jetzt, denn seine neue Band rockte einfach anders.

Mitch Mitchell hieß eigentlich John, und wurde am 09. Juli 1947 in London geboren. Als er mit gerade mal 19 Jahren Jimi Hendrix vorgestellt wurde, hatte er schon eine kleine Karriere als Schauspieler der BBC-Kinderserie "Jennings" hinter sich, hatte mit Peter Nelson & The Travelers und The Coronets gespielt, war an Studioaufnahmen von Riot Squad und Pretty Things beteiligt, wäre fast mal Schlagzeuger der Kinks geworden und landete schließlich 1965 bei Georgie Fame & The Blue Flames. Im Oktober 1966 entließ ihn die Band, und Chas Chandler lud ihn zur Hendrix-Audition ein, wo er schnell in die engere Auswahl kam, so wie auch Aynsley Dunbar. Angeblich konnten sich Chandler und Hendrix damals nicht zwischen beiden entscheiden und warfen die berühmte Münze: Mitch gewann, und seine Karriere hatte Aussicht auf einen deftigen Schub bekommen. So geschah es auch.

Als die Band circa acht Monate nach ihrem ersten Zusammentreffen beim Monterey-Festival die US-Szene eroberte, waren die drei Musiker schon mehr als perfekt eingespielt. Sie groovten einfach extrem und wirkten wie eine Einheit hinter Jimis Stimme. Und hört und sieht man sich ‚Foxey Lady' und ‚Purple Haze' in dem Mitschnitt aus Monterey an, erlebt man einen Drummer, der absolut organisch Rock und Jazz fusioniert: Trotz seines unglaublichen Beats swingt Mitch Mitchell in dieser Nummer wirklich so, wie Elvin Jones bei Coltrane auch mal rockte.

Das Schlagzeugspielen gelernt hatte Mitchell übrigens bei Multitalent Jim Marshall, und über diesen Kontakt kam es schließlich auch zustande, dass Jimi Hendrix und Noel Redding ab Ende 1966 mit den legendären Marshall-Amps auf der Bühne standen. Die Stacks aus zwei Boxen, die obere abgeschrägt mit einem Röhrenverstärker on top wurden zu Ikonen der Rockmusik. Mitch Mitchells bevorzugter Drum-Hersteller war die britische Firma Premier.

Nach Auflösung der Jimi Hendrix Experience spielte Mitch Mitchell weiter mit Jimi Hendrix, unter anderem in der größeren Besetzung "Gypsy Sun & Rainbows" beim Woodstock-Festival 1969. Nach Hendrix' Episode mit der Band Of Gypsys, bei der Buddy Miles trommelte, ging es mit einer Neuauflage der Experience weiter: Von April bis September 1970 spielte Mitch Mitchell dann zusammen mit Bassist Billy Cox und Hendrix noch eine große US- und Europa-Tour; ein Reunion-Versuch der alten Experience, mit Noel Redding, war angeblich im Januar 1970 gescheitert. Laut Mitchell wollte Hendrix nach der kräftezehrenden Tour erst mal auftanken und dann mit einem anderen Bassisten weiterarbeiten – angeblich waren Jack Casady und Jack Bruce im Gespräch, außerdem auch weitere Musiker. Dass Hendrix zunehmend an größeren Besetzungen interessiert war, zeigen auch seine Aufnahmen aus der Zeit, die posthum veröffentlicht wurden. Live im Trio umsetzbar war da lange nicht mehr alles. Und wenn es weiter in Richtung Hendrix-Songwriting gegangen wäre, und weniger in den funky-riffy-Style der Band Of Gypsys, wäre Mitch Mitchell auch in Zukunft ohne Frage der beste Drummer für Hendrix geblieben.

Schaut man sich die ersten Experience-Videomitschnitte von 1966/67 an, sieht man einen meist ernsten Noel Redding in der musikalischen Mitte ein dickes Tau ziehen, und zwei explodierende Solisten rechts und links von ihm, immer wieder lachend und sich gegenseitig antreibend. Sie kommen irgendwie als Brothers in Groove & Feel rüber, und der musikalisch gebildete Mitch Mitchell erkannte als Jazz-Fan Stärken des in vielen Stilrichtungen erfahrenen Ex-Sideman Hendrix, die anderen verborgen blieben. Diese Beziehung und überhaupt diese Band als Ganzes wurden oft unterschätzt, denn für viele Fans und Kritiker stand der bunt gekleidete, dunkelhäutige Mann mit wilder Frisur, der auch noch gelegentlich in die Saiten biss, absolut im Vordergrund.

Nach Jimi Hendrix' Tod am 18. September 1970 war Mitch Mitchell nie mehr festes Mitglied einer Band. Als Session- und Studiomusiker hat er einige großartige Alben, unter anderem mit Jack Bruce, Randy California, Muddy Waters, Roger Chapman, Robert Wyatt, David Torn, Carl Perkins, Bo Diddley und Gary Moore eingespielt. Gemeinsam mit dem Journalisten John Platt schrieb auch Mitchell seine Erinnerungen an die vier Jahre mit Jimi Hendrix auf: "Jimi Hendrix: Inside The Experience" erschien 1990.

Mitch Mitchell, der letzte Überlebende der Jimi Hendrix Experience, wurde am 12. November 2008 in einem Hotelzimmer in Portland, Oregon tot aufgefunden. ★

MITCH MITCHELL DISCOGRAFIE

The Jimi Hendrix Experience: Are You Experienced? (1967)
The Jimi Hendrix Experience: Axis: Bold As Love (1967)
The Jimi Hendrix Experience: Electric Ladyland (1968)
Martha Velez: Fiends And Angels (1969)
The Jimi Hendrix Experience: Smash Hits (1969)
V.A.: Woodstock (1969)
Jimi Hendrix / Otis Redding: At Monterey (1970)
Jimi Hendrix: The Cry Of Love (1971)
Jack Bruce: Harmony Row (1971)
Randy California: Kapt. Kopter And The (Fabulous) Twirly Birds (1972)
Ramatam: Ramatam (1972)
Muddy Waters: The London Muddy Waters Sessions (1972)
Mike Vernon: Moments Of Madness (1973)
Muddy Waters: London Revisited (1974)
Free Creek: Summit Meeting (1976)
Roger Chapman: Mail Order Magic (1980)

Muddy Waters: The Chess Box (1990)
Cardiff Reefers: Reefer Madness (1992)
Robert Wyatt: Mid-Eighties (1993)
Guided By Voices: Bee Thousand (1994)
The Rolling Stones: The Rolling Stones Rock And Roll Circus (1996)
Robert Pollard: Not In My Airforce (1996)
Omatic: Dog Years (1996)
David Torn: What Means Solid, Traveller? (1996)
Carl Perkins: Go Cat Go! (1996)
Bo Diddley: 30th Anniversary All Star Jam (1996)
The Hollies: At Abbey Road 1966-1970 (1997)
Junior Brown: Long Walk Back (1998)
Scott Holt: Dark Of The Night (1999)
Bruce Cameron: Midnight Daydream (1999)
Michele Mitchell: Offering (2001)
Noel Redding: The Experience Sessions (2004)
Tim Hinkley: Hinkley's Heroes (2005)
Bo Diddley: Rock 'N' Roll All-Star Jam 1985 (2009)
Local H: Best Of Local H: The Island Years (2011)
Boston Spaceships: Let It Beard (2011)
Bo Diddley: Absolutely The Best Live (2011)
Gary Moore: Blues For Jimi (2012)
Betty Davis: Columbia Years 1968-1969 (2016)

04 MUSIC
DIE KLASSISCHEN HENDRIX-ALBEN

ARE YOU EXPERIENCED

Mit dem Debüt-Album der Experience bin ich früher nie so ganz warm geworden – es kam in meinem Ranking immer nach ‚Axis: Bold As Love', nach ‚Electric Ladyland' und ‚Monterey'. ‚Are You Experienced' markierte mit ‚Band Of Gypsys' für mich damals Anfang und Ende einer Geschichte, die in der Mitte am spannendsten war. Das sehe ich inzwischen nur noch bedingt so, denn bei genauerer Betrachtung ist vieles in Hendrix' Karriere organischer und verbundener, als man glaubt.

Jimi Hendrix war seit seiner Ankunft in London, am 24. September 1966, die musikalische Sensation der Stadt. Noch am selben Tag hatte er einen improvisierten Soloauftritt im Londoner Szene-Club "Scotch Of St. James". Weitere Club-Gigs und Auditions folgten, irgendwann stand die Besetzung der Jimi Hendrix Experience. Gemeinsam mit Noel Redding (b) und Mitch Mitchell (dr) spielte er die ersten Songs ‚Hey Joe' und ‚Stone Free' ein, die Single wurde noch im Dezember 1966 veröffentlicht und landete bis zum Februar 1967 auf Platz 4 der UK-Pop-Charts. Es folgte ganz schnell ‚Are You Experienced' – die Debüt-LP der Jimi Hendrix Experience wurde am 12. Mai 1967 veröffentlicht und erreichte Platz 2 der Charts.

Das Album startet furios mit einem Gitarren-Feedback, das in den treibenden Groove von ‚Foxey Lady' übergeht, es folgt mit ‚Manic Depression' ein echter Rock-Kracher mit starken Riffs und einem virtuosen Gitarrensolo. Dann ‚Red House', ein Slow Blues mit schnellen, flüssigen Licks, eindrucksvollen Bendings und individuellen Fingervibrati – inspiriert von Gitarristen wie B.B. King oder Buddy Guy. ‚Can You See Me' reißt den Hörer zurück in die Rock-Welt, und dann folgt ein originärer Hendrix-Track auf den nächsten: Songs mit virtuosen Parts, mit bisher kaum gehörten

Sound und einem Mix aus abgedrehten, psychedelischen Pop-Songs und bodenständigem Rhythm & Blues. ‚Fire' rockt dann noch mal gewaltig, im balladesken ‚May This Be Love' und in ‚Remember' kommen Hendrix' Soul-Einflüsse durch, und mit ‚3rd Stone From The Sun' liefert das Album auch noch eine sehr individuell swingende, psychedelische Jazz-Nummer, mit Geräuschen, etwas Sprechgesang und einem unglaublichen Groove. Das hat Hörspiel-Potenzial! Ähnlich abgefahren, aber noch vielschichtiger kommt ‚Are You Experienced', der Titel-Track dieses Debüts rüber, der fast nahtlos überleitet zu den beiden folgenden Alben, die noch kommen sollten.

Hört man ‚Are You Experienced', dann ‚Axis: Bold As Love' und anschließend ‚Electric Ladyland' direkt hintereinander, erlebt man sehr plastisch, was ein sich entwickelnder Personalstil ist. Ebenso deutlich wird aber: Die Handschrift war von Anfang an da, die Tinte wurde nur dunkler, der Strich fetter. Und das lag vor allem daran, dass die Studiotechniker nach diesem Debüt sehr viel intensiver und kreativer daran arbeiteten, Hendrix' Ideen akustisch umzusetzen.

Und Jimi Hendrix hat mit Begeisterung die Möglichkeiten der Studiotechnik genutzt, die sich seit Mitte der 60er-Jahre rasant entwickelten. Die Begegnung mit dem Toningenieur Eddie Kramer gehörte zu den glücklichsten seines Lebens. Kramer hat Hendrix einfach ermöglicht, Vorstellungen, die er theoretisch hatte, praktisch umzusetzen: blubbernde Unterwasser-Sounds, Phasing-Effekte oder die ersten WahWah-Versuche, noch ohne Fußpedal, mit Handarbeit am Klangfilter. Er hatte in dieser frühen Phase mit den richtigen Leuten zu tun. Und mit einem erfolgreichen ersten Album plus ein paar Singles hatte Hendrix' Stimme jetzt ganz sicher mehr Gewicht. Er, seine Ideen, seine Musik waren das Erfolgsrezept. Und weitere Erfolge wollten alle Beteiligten.

Auf der US-Veröffentlichung war das Tracklisting des Debüt-Albums etwas anders, weil man auch die erfolgreichen UK-Singles ‚Hey Joe', ‚Purple Haze' und noch ‚The Wind Cries Mary' unterbringen wollte. Es fehlten demnach ‚Can You See Me', ‚Remember' und ‚Red House' auf der amerikanischen Veröffentlichung von ‚Are You

Experienced'. Diese Unterschiede wurden dann 1968 bei der Compilation ‚Smash Hits', die wieder in zwei Versionen erschien, kompensiert. Keine falsche Entscheidung, vielleicht sogar ein wirklich gutes Konzept – wobei interessant ist, dass man in den USA ausgerechnet auf den Blues ‚Red House' verzichtete. Keine Frage: Hendrix hätte in seiner Heimat mit dieser Musik nicht starten können. Und Popmusik war im Amerika der 1960er-Jahre schon noch sehr von der früheren Rassentrennung beeinflusst – sie ist es bis heute. In England hatte sich eine Musikszene entwickelt, eine Musiker-Szene muss man fast sagen, die sehr Blues-affin war und sich intensiv mit der afroamerikanischen Musik beschäftigt hatte.

Und Hendrix brachte noch viel mehr mit: Soul, Jazz, Funk, Psychedelic Pop und eine Blues-Auffassung, die diese neueren Strömungen reflektierte. Außerdem war er kein Theoretiker, denn er wurde damals aus seinem Job als Backing-Musiker diverser Bands heraus verpflichtet. Er hatte gelebt und gelernt, was er jetzt in den Clubs von London den richtigen und wichtigen Leuten vorstellte. Das war im Grunde genommen "Social Media Promotion" in Handarbeit. Und da gab es Leute, die wussten, wie man Musik vermarktet, auch wie man eigenwillige Künstler vermarktet. Hendrix-Entdecker und -Importeur Chas Chandler kannte das Business von der Musiker- wie von der Management-Seite. Neue Kunst an den Konsumenten zu bringen, auch das ist hohe Kunst, und ich würde mal behaupten, in diesem Business-Bereich gab es schon immer weit weniger kompetente Leute, als es gute Künstler gab.

Hendrix, der Mensch und seine vielschichtige, emotionale Musik waren da natürlich eine Herausforderung. Blues, Rock, Soul, Funk, und wenn man ein Stück hört wie ‚Third Stone From The Sun', hört man ein Jazz-Trio. Ja, die Experience war irgendwie ein Jazz-Trio! Ich hab's mir immer so vorgestellt: Der eigentliche Mittelpunkt der Band war Noel Redding: Seine Basslinien bildeten die stabile Achse. Mitch Mitchell hat einfach ein unheimlich dichtes, swingendes Schlagzeug um diese Achse herum gespielt, und Hendrix hat mindestens zwei Gitarren auf einmal darübergelegt und auch noch dazu gesungen. Er hat die Räumlichkeit, die Plastizität und die Energie dieses Band-Sounds geprägt. Dazu kam die Interaktion, das spontane Reagieren der Musiker aufeinander, das ganz sicher nicht nur live ein Faktor war. So sind auch in Studio-Jams aus Skizzen und Ideen Songs entstanden. Kompositionen im ursprünglichen Sinn des Wortes.

Ein weiterer Aspekt, der diese Formation von anderen unterschieden hat, war ihr gewaltiger Sound, der ein physisches Erleben von Musik möglich gemacht hat. Durch die Lautstärke, den Schalldruck, das breite Frequenzspektrum zwischen wummerndem Bass und schrillen Feedbacks war der Hörer zumindest live auch körperlich gefordert. Vor einer BBC-Session hatte sich Hendrix im Studio etwas eingespielt, und die Techniker im Regieraum konnten angeblich die Welt nicht mehr verstehen: Sie dachten, der ganze Signalweg des Pultes oder das Mikro wäre defekt, weil sie immer nur Verzerrung hörten. Verzerrte Gitarrenklänge? Es war für einige der Herren damals undenkbar, dass so etwas gewollt sein konnte. Selbst nicht von diesem schrillen jungen Mann vor ihrer Scheibe.

Hendrix' Kreativität, Individualität, seine virtuose Spielweise und seine ganze Erscheinung haben damals die britische Gitarren-Elite um Jimmy Page, Jeff Beck, Pete Townshend und George Harrison sprachlos gemacht. Wobei sich Jimi ganz sicher umgehört hatte, was die Kollegen so anstellten: Er kannte Claptons Band Cream, die Beatles, The Who, die Yardbirds und natürlich The Animals, die Hit-Band seines Entdeckers Chas Chandler. Manchmal hat man das Gefühl, er habe all diese Musik einmal ganz tief inhaliert, analysiert, ausgearbeitet und sie dann selbst auf der Gitarre umgesetzt. Und das klang bei ihm aber eben anders, denn aufgrund seiner Erfahrungen als Tour-Musiker war Hendrix' Gitarren-Rock mit all seinen Effekten, Verzerrungen und Feedbacks immer mit afroamerikanischer Musik aufgeladen.

Heute weiß ich: ‚Are You Experienced' war Part One of this revolution – zwei weitere Teile sollten folgen.

JIMI PLAYS MONTEREY

Im Fall von Jimi Hendrix ist der Live-Einstieg in sein Gesamtwerk ganz einfach: Zuerst die Klassiker! Das heißt, chronologisch korrekt reinhören mit ‚Jimi Plays Monterey' (1967), ‚Woodstock' (1969), ‚Band Of Gypsys' und ‚Isle Of Wight' (1970) – denn diese Mitschnitte sind durch die Bank großartig und waren überwiegend auch noch vom Künstler autorisiert. Besonders schön ist, dass es alle genannten Konzerte inzwischen auch als Video auf DVD beziehungsweise Blu-ray gibt.

Hier geht es um den ersten, legendären Mitschnitt vom Monterey International Pop Music Festival, das vom 16. bis zum 18. Juni 1967 stattfand. Mehr als 200.000 Besucher waren vor Ort, und damit war Monterey wohl das erste Mega-Rock-Festival, zwei Jahre vor Woodstock, mit Acts wie The Who, Big Brother and the Holding Company (mit Sängerin Janis Joplin), der Steve Miller Band, The Electric Flag, The Butterfield Blues Band, Canned Heat, Eric Burdon & The Animals, Jefferson Airplane, The Byrds und Ravi Shankar. Das Festival gilt auch als erste große Veranstaltung der Flower-Power-Love-&-Peace-Generation Kaliforniens und als Meilenstein der Hippie-Kultur.

Aus dem oben genannten Mitschnitt wurde allerdings erst einmal kein echtes Hendrix-Album, sondern eine sogenannte Split-LP: Auf ‚Historic Performances Recorded At The Monterey International Pop Festival' waren auf Seite A vier Live-Songs der damals in den USA noch relativ unbekannten Jimi Hendrix Experience zu hören, auf Seite B gab es fünf Songs des afroamerikanischen Soul-Superstars Otis Redding, der hier mit Booker T. Jones (org), Steve Cropper (g), Donald Duck Dunn (b) und anderen auftrat.

Schaut man sich Hendrix' LP-Tracks an, könnte man vermuten, dass da jemand (Künstler und/oder Management) auf Nummer-sicher gehen wollte: ‚Like A Rolling Stone' war ein Bob-Dylan-Hit, ‚Rock Me Baby' ein B.B.-King-Klassiker und ‚Wild Thing' (eine Komposition des US-Amerikaners Chip Taylor, das die britische Band The Troggs 1966 zum Hit coverten), ebenfalls eine angesagte Nummer. Das mit

2:30 Minuten kürzeste Stück des gesamten Albums war ein Hendrix-Original: ‚Can You See Me'. Die anderen fünf Tracks seines Auftritts (‚Killing Floor', ‚Foxey Lady', ‚Hey Joe', ‚The Wind Cries Mary' und ‚Purple Haze'), von denen wiederum zwei Cover-Versionen waren, sollten erst sehr viel später auf LP/CD erscheinen.

Hendrix' Auftritt in Monterey fand am letzten Festival-Abend (am 18. Juni 1967) statt. Brian Jones, damals Gitarrist der Rolling Stones, sagte The Jimi Hendrix Experience an diesem Abend an. Nur wenige Zuhörer kannten diese neue Band aus England. Der aus beruflichen Gründen anwesende The-Who-Gitarrist Pete Townshend kannte die Experience von diversen Club-Auftritten allerdings sehr gut, und aus dem Grund soll er alles versucht haben, damit seine Band nicht direkt nach Hendrix auf die Monterey-Bühne musste. Diesen schwierigen Job erledigten an dem Abend Scott McKenzie und The Mamas and the Papas ...

Der Monterey-Auftritt der Jimi Hendrix Experience war eine Naturgewalt, ein langer Sturm mit kurzen Atempausen, ein einziger Energieschub. Man spürt, dass die drei Musiker alles gaben und einfach angstfrei ihr Ding machten, wo andere auf Sicherheit gespielt hätten, wären sie in der Situation des fast unbekannten Newcomers gewesen. Mit so viel Authentizität und Energie war ein Teil des Publikums sichtlich überfordert – man sieht im ‚Live At Monterey'-Video auch etwas ratlose Gesichter. Kein Wunder: Diese Band war laut, rau, spielte Songs und Geräusche, Rock, Soul und Blues, und der gut aussehende bunte Herr am Mikrofon war auch noch ein sympathischer, cooler und choreografisch unberechenbarer Bühnendarsteller. Nie vergessen: Es war eine andere Zeit – und Jimi Hendrix kam schon damals aus einer noch ganz anderen Zeit.

Und dann ‚Wild Thing', eine für diese Zeit schon fast punkige Hymne: Eine coole Ansage – Hendrix droht grinsend damit, die englische und amerikanische Nationalhymnen zu kombinieren – ein paar knarzende Geräusch von seiner Gitarre, die er zu einem Feedback-gesteuerten, instrumentalen oder eher geräuschlastigen Intro ausbaut. Und dann diese unverkennbaren drei Heavy-Rock-Akkorde. Beim eigentlichen Song hält er sich nicht allzu lange auf und zitiert im Gitarrensolo ‚Strangers In The Night' – den Nummer-1-Hit von Frank Sinatra, der hier mal, wie Hendrix selbst, wirklich als Wesen aus einer ganz anderen Welt erscheint. Dass Hendrix diese Melodie nur mit seiner Greifhand mit Hammer-On/Pull-Off-Technik intoniert, könnte man als cooles Statement in Richtung der eher biederen Sinatra-Schlagerwelt begreifen. Das machte er doch mit einer Hand! Es folgen ein paar Turnübungen mit krachender Gitarre, dann geht's weiter im Song, und beim nächsten Refrain hängt die Gitarre dann hinter seinem Rücken, und er spielt einfach weiter. Kurz danach bewegt er sich in Richtung Marshall-Box, und man versteht, warum diese an der rechten Seite nur noch aus rohem Holz besteht: Hendrix springt mit der Gitarre gegen die Box, reibt die Saiten und den Gitarrenhals an ihr entlang, wobei das Marshall-Stack, begleitet von krachenden Sounds und Feedbacks, fast nach hinten umkippt.

Irgendwann liegt seine bunt bemalte Stratocaster auf dem Bühnenboden, Hendrix schlägt kurz auf sie ein, die Feedbacks dröhnen und pfeifen weiter, während er den Vibratohebel exzessiv bis zum Anschlag drückt. Dann steht er kurz auf, geht ein paar Schritte zurück und hat plötzlich eine Flasche mit Feuerzeugbenzin in der Hand, das er auf seine Gitarre spritzt. Dann küsst er sie und zündet sie an. Kurz danach reißt er das immer noch schreiende Instrument hoch und schlägt es mit voller Wucht auf den Boden der Bühne – nach dem sechsten oder siebten Aufprall reißt der Korpus vom Gitarrenhals ab. Die Überreste des Instruments, zuerst den Hals seiner bunt bemalten Strat, wirft Hendrix dagegen fast vorsichtig, anscheinend mit vorherigem Blickkontakt, zu jemandem ins Publikum.

In der Doku sieht man später die Gesichter zweier anscheinend verstörter junger Frauen. Und Michelle Phillips von The Mamas And The Papas meinte nur: "Ich war im Publikum. Und ich war schockiert. So etwas hatte ich in meinem ganzen Leben noch nicht gesehen."

Als ich mir das Monterey-Live-Album zum ersten Mal angehört habe, war schon alleine dieses Klangerlebnis einzigartig. Ja: So etwas hatte ich in meinem ganzen Leben noch nicht gehört. Und wer später versuchte, Jimi Hendrix auf etwas WahWah und brennende Gitarren zu reduzieren, hatte diese Klanggewalt nicht gefühlt. Denn ohne Frage hatte diese ganze eben beschriebene Show-Einlage eine ebenso intensive akustische, musikalische Relevanz. Hendrix spielte ‚Wild Thing' so, wie dieses unbekannte wilde Wesen vielleicht war, bevor der Amerikaner Chip Taylor den Song über ihn/sie/es schrieb und die britische Band The Troggs ihn 1966 zum Hit machte.

Das Album ‚Jimi Plays Monterey', mit allen Songs der Show, erschien erst im Februar 1986. Ein großartiges, posthumes, Jimi-Hendrix-Live-Meisterwerk, wie gesagt mit fulminantem Cover-Song-Anteil. Apropos Cover: Auf demselben war eine brennende Fender Stratocaster zu sehen, eine andere als die, die Hendrix im trashigen Finale von ‚Wild Thing' mit Feuerzeugbenzin übergossen, dann angezündet hatte und später kurz und klein schlug. Das Klischee als schlecht designte Verpackung. Wie gut, dass der legendäre Filmemacher D.A. Pennebaker vor Ort war, und fast den gesamten Auftritt dokumentierte; nur ‚Can You See Me' fehlt, da musste er wohl den Film wechseln. Seine Aufnahmen erschienen ebenfalls 1986 zum ersten Mal als VHS-Video. Und dieser fast 20 Jahre vorher in Kalifornien entstandene Konzertmitschnitt gehört nicht nur zu den Highlights im Gesamtwerk der Jimi Hendrix Experience, sondern setzte auch noch einmal musikalische und audiovisuelle Maßstäbe für jedes Rock-, Blues-, Crossover-Trio, das folgte.

1992 wurde eine feine 4CD-Box mit 88-seitigem Booklet veröffentlicht, die das gesamte Festival sehr schön dokumentiert. Alle Hendrix-Tracks sind hier vertreten. Im selben Jahr erschien auch beim zeitweise grenzwertig bis extrem fragwürdig agierenden Wuppertaler Label ITM die CD ‚Jimi Hendrix Live At Monterey Pop Festival', für die man die neun bekannten Songs einfach nur in eine neue Reihenfolge gebracht hatte. Diese "inoffizielle Hendrix-CD" war (wie auch ein Woodstock-Mitschnitt aus dem ITM-Katalog) damals in Deutschland ganz regulär im Handel. Was das offizielle Hendrix-Label Polydor, bei dem ich zu diesem Thema mal nachfragte, nicht weiter interessierte ... Damals boomte die Branche noch.

2007 erschienen die Aufnahmen als ‚The Jimi Hendrix Experience: Live At Monterey' erneut auf CD, mit neuem, von Hendrix-Produzent Eddie Kramer erstelltem Stereo-Mix, und außerdem auch als DVD in wirklich guter Bild- und Ton-Qualität. Die DVD enthält neben den bekannten Bild- und Tonaufnahmen einen überarbeiteten Stereo-Mix, neue Kamera-Perspektiven, Backstage-Material und so weiter.

Jimi & Monterey bleibt ein Phänomen: Ein beeindruckendes Set von Sänger/Gitarrist/Performer Hendrix, Mitch Mitchell (dr) und Noel Redding (b) ist hier nachzuerleben. Und dieser Festival-Gig war ohne Frage ein wichtiger Schritt in Richtung Weltkarriere. Und dass The Jimi Hendrix Experience überhaupt hier auftreten durften, hatte die im Oktober 1966 formierte und bis dahin nur in England und Europa erfolgreiche Band Paul McCartney und Brian Jones zu verdanken, die beide im künstlerischen Beirat des Monterey-Festivals saßen. Freunde und Fans sind eben eine feine Sache!

AXIS: BOLD AS LOVE

"Angenommen, es gäbe so etwas wie eine Zeitmaschine, und du säßest in einem Raum mit Hendrix und hättest die Gelegenheit, dich mit ihm zu unterhalten. Wonach würdest du ihn fragen?" Das hat mich mein Kollege Michael Frank in seiner großartigen Radiosendung "Castles Made Of Sand – Eine Lange Nacht zum 75. Geburtstag von Jimi Hendrix" gefragt, die am 25. und 26. November 2017 im Deutschlandfunk ausgestrahlt wurde.

Spontan wollte ich antworten, "Are there, or are there not flying saucers or UFOs?" Diese Frage wurde Mr. Paul Caruso in ‚EXP', dem ersten Track des Hendrix-Albums ‚Axis: Bold As Love' gestellt. Der erwiderte: "As you all know, you just can't believe everything you see and hear, can you? Now, if you'll excuse me, I must be on my way." Und dachte: Was hat sich dieses Album eingebrannt!

Jimi Hendrix und ‚Axis: Bold As Love' haben mich auf ganz unterschiedliche Wege gebracht. Denn nach diesen knapp 40

Minuten Musik hatte ich gelernt, dass die Grenzen zwischen Rock, Jazz, Blues, Soul, Song, Sound und Experiment fließend sind, dass Musik auch Hörspiel sein kann, ergänzt von eigenen Bildern des Hörerhirns – die human-analoge Vorstufe des MTV-Clips. Heute weiß ich, dass damals auch das psychedelische Cover-Artwork von ‚Axis: Bold As Love' geholfen hat, die Gedanken fliegen zu lassen. Die etwas langweiligere Verpackung des nur sechs Monate vorher erschienen Hendrix-Debüts ‚Are You Experienced' hatte das schon ähnlich trippige Potenzial noch gut getarnt – vermutlich um den Musikmarkt nicht auch noch visuell in Schockstarre zu versetzen. Und Hendrix' Auftauchen in der Londoner Musikszene im Herbst 1966 war ein großer Knall, für manche ein Schock. Da stand plötzlich dieser 23-jährige, dunkelhäutige Typ auf der Bühne, und spielte weder Blues, noch Soul, noch Jazz, sondern rockte, wie man es von Eric Clapton, Jimmy Page, Jeff Beck, den Beatles und Stones bis dahin noch nicht gehört hatte. Hendrix rockte den Blues, den Jazz, den Soul, später noch ein paar Klassiker, Nationalhymnen und die Freiheit der Kunst.

Die Aufnahmen für das zweite Album fanden im Mai, Juni und Oktober 1967 statt, im Dezember 1967 erschien dann Jimi Hendrix Experience: ‚Axis: Bold As Love'. Nach dem bereits erwähnten Minihörspiel ‚EXP', in dem übrigens Drummer Mitch Mitchell den Radiomoderator spricht, hebt Jimi mit seinem Raumschiff Fender Stratocaster ab, um in ein Universum von Feedbacks, Hallräumen, extremem Vibratohebel-Einsatz und unglaublichen Geräuschen zu entschwinden. Zurück am Boden, geht's weiter mit dem jazzig swingende ‚Up From The Skies': Hendrix kombinierte hier den Einsatz des WahWah-Pedal mit einem klaren, unverzerrten Gitarrenton – das kommt sehr cool jazzig und zugleich funky rüber.

Und dann kommen die Rocker: ‚Spanish Castle Magic' erinnert vom Drive fast an ‚Purple Haze', ‚Little Miss Lover' hätte auch zu Led Zeppelin gepasst, und ‚She's So Fine' zu The Who. Wie bereits erwähnt: James Marshall Hendrix hatte sein neues Wirkungsfeld genauestens studiert. Er wusste, wo er was ernten konnte. Sehr viel origineller und einfach mehr Experience war ‚If 6 Was 9', ein Track, der sich über einen bluesigen wie hypnotischen Riff-Part zu einem

Jimi-Jam entwickelt, in dem Hendrix mit Hilfe der damals noch rudimentären Mehrspurtechnik verschiedene Gitarrenspuren ineinander fließen und miteinander spielen lässt, und das mit deftigem Einsatz von WahWah, Verzerrung und Echo-Effekten.

Das Kontrastprogramm hierzu bildeten die heute klassischen, zeitlosen Rock-Balladen ‚Castles Made Of Sand‘ und ‚Little Wing‘. Letzteres wurde bekanntlich extrem oft gecovert, und ab dem 05. Oktober 1987, dem Tag der Veröffentlichung des Sting-Albums ‚… Nothing Like the Sun‘, war mein am häufigsten gesprochener Satz gerichtet an verklärte Fans des Ex-Polizisten: "Nein, ‚Little Wing‘ ist nicht von Sting!"

Wie bereits erwähnt, klang das kaum ältere Debüt ‚Are You Experienced‘ noch etwas rustikaler, erdiger – bei ‚Axis: Bold As Love‘ kam nun immer stärker die Studiotechnik ins Spiel beziehungsweise der kreative Umgang mit den damals noch überschaubaren Möglichkeiten der Aufnahmemöglichkeiten. Wichtigster Mann neben Hendrix war Techniker Eddie Kramer, der Jimis Sound-Ideen, die er angeblich häufig mit Hilfe von Farben umschrieb, technisch umsetzte.

‚Axis: Bold As Love‘ erschien in Großbritannien am 1. Dezember 1967, in den USA erst im Januar 1968, weil man dort noch mit dem Verkauf des Debüts beschäftigt war. Angeblich hatte man in UK beinahe das lukrative Weihnachtsgeschäft verpasst. Laut der Liner-Notes der 1997er-Reissue von ‚Axis: Bold As Love‘, hatte Hendrix die fertigen Master-Bänder für LP-Seite 1 verlegt, und man war daher gezwungen, diese Songs innerhalb einer Nacht komplett neu abzumischen. Für ‚If 6 was 9‘ musste aus Zeitgründen angeblich ein älterer Rough Mix herhalten. Ob das nun eine nette Geschichte oder eine wahre Begebenheit ist, lassen wir mal offen. Das Resultat klingt jedenfalls hervorragend – vom ersten bis zum letzten Ton. Und das bis heute. Jimi Hendrix, Noel Redding, Mitch Mitchell und Eddie Kramer waren hier einige Riesenschritte weiter gegangen. Sie waren mit diesem Album Pop-Avantgarde, das sowohl in künstlerischer, als auch in aufnahmetechnischer Hinsicht.

ELECTRIC LADYLAND

Es kracht, und du hast Angst um deine Boxen. Jetzt blubbert dir eine verfremdete Alien-Stimme entgegen, spitze, scharfe Geräuschfetzen fliegen dir rechts und links um die Ohren ... und dann: "Have you ever been, to Electric Ladyland?" fragt Jimi Hendrix. "Nein", antworte ich. "Aber jetzt bin ich angekommen ..." Ich höre diese coole Begleitgitarre mit wunderbaren Curtis-Mayfield-Licks, dahinter ein paar singende Melodielinien, die sich langsam nach vorne schwingen. Diese Nummer ist auch ein halbes Jahrhundert später noch ein genialer, zeitloser Neo-Soul-Track, den man auch von Prince oder José James für eine Sensation gehalten hätte.

Und dann: ,Crosstown Traffic', die beste Rock/Rap/Funk-Crossover-Nummer der 60er-Jahre. Das konnte Hendrix mindestens so gut wie ein verzerrtes WahWah-Solo mit Feedback- und Whammy-Traktierung, Stilmittel über die er oft ausschließlich definiert wird. Nach dem Applaus kommt der Blues – aber der Hendrix-Blues: avantgardistisch, virtuos, jazzig, formal absolut ungewöhnlich, extrem im Ausdruck ... was für eine Musik! Heute wissen wir: ,Voodoo Chile' hat die Rock-Welt verändert – und die Jazz-Welt über den Hendrix-Fan Miles Davis absolut revolutioniert.

Wir sprechen über The Jimi Hendrix Experience, eine Band, die mit einer Cover-Nummer einen Single-Hit hatte, danach mit ,Are You Experienced' (1967) einen modernen, psychedelischen Blues-Rocker geschaffen hatte, um mit dem Nachfolger ,Axis: Bold As Love' noch im selben Jahr die durch den Debüt-Erfolg gewonnene künstlerische Bewegungsfreiheit für wunderbare Klangexperimente und Spielereien zu nutzen, die weit über ,Hey Joe' hinausgingen – und um dann mit ,Electric Ladyland' (1968) komplett zu explodieren: Ja, diese Musik und dieses Album, mit dem noch heute jeder Künstler zum Genie erhoben werden würde, egal ob Jazzer, Rocker, Progger oder Alternativer, ist mittlerweile über 50 Jahre alt. Die, je nach Quelle, am 16. oder am 25. Oktober 1968 veröffentlichten Aufnahmen entstanden allerdings schon früher in mehreren Produktionsphasen im Juli und Dezember 1967, weiter ging's im

Januar '68, und von April bis August 1968 wurde das Werk dann fertiggestellt.

Aufgenommen wurde ‚Electric Ladyland' in den Olympic Studios und den Mayfair Studios in London, außerdem im New Yorker Record Plant. Und verantwortlich für diese Produktion war erstmals der Künstler selbst: Jimi Hendrix hatte anscheinend in den wenigen Monaten seiner erfolgreichen Karriere extrem viel gelernt. Er konnte umsetzen, was ihm im Kopf umherschwirrte, ganz sicher aber auch, weil er sich auf die Hilfe der Ton-Ingenieure Garry Kellgren und Eddie Kramer verlassen konnte.

Ob die Auswahl der Singles – ‚Burning Of The Midnight Lamp', das Dylan-Cover ‚All Along The Watchtower', das bereits erwähnte ‚Crosstown Traffic' und zuletzt ‚Voodoo Child (Slight Return)' Hendrix' erste Wahl war, könnte man bezweifeln; dass er sich die Cover-Gestaltung komplett anders vorgestellt hatte, ist belegt und wird unter anderem im Booklet der empfehlenswerten ‚40th Anniversary Collector's Edition' dieses Albums dokumentiert, das ursprünglich, also 1968, als Vinyl-Doppel-LP im Klapp-Cover erschien. Hendrix wollte auf dem Cover weder den nackten Damen-Fanclub der britischen Veröffentlichung noch die pseudopsychedelische Porträt-Alternative aus dem brüstefeindlichen Amerika; er hatte sich eine hippieeske Idylle mit Musiker-Kollegen und spielenden Kindern gewünscht ... In den USA landete ‚Electric Ladyland' auf Platz 1 der US-Billboard-Charts, in England immerhin auf Position 6 der Verkaufslisten.

Wo "Experience" draufstand, war mit diesem Album nicht mehr nur Experience drin: Denn die Credits verraten neben Jimi Hendrix ("lead vocals, guitar, piano, percussion, comb and tissue paper kazoo, electric harpsichord, bass on ‚Have You Ever Been ...', ‚Long Hot Summer Night', ‚Gypsy Eyes', ‚1983', ‚House Burning Down', and ‚All Along The Watchtower'") und seinen beiden Mitmusikern Noel Redding ("backing vocals, bass, acoustic guitar and lead vocals on ‚Little Miss Strange'") und Mitch Mitchell ("backing vocals, drums, percussion, lead vocals on ‚Little Miss Strange'") noch Kollegennamen wie Jack Casady (er spielt den Bass auf ‚Voodoo

Chile'), Brian Jones, Al Kooper, Dave Mason, The Sweet Inspirations, Steve Winwood, Buddy Miles und viele andere mehr. Das klingt nach erster Liga, und vor allem hatte der im britischen Exil zum Star gewordene Amerikaner Hendrix hier auch mal wieder ein paar Kollegen aus der alten Heimat im Studio.

Und was für eine Musik ist da entstanden! Der frisierte Rock & Roller ‚Come On', das hyperexotische ‚Gypsy Eyes', das klassisch inspirierte ‚Burning Of The Midnight Lamp', und dann ‚Hot Summer Night', eine extrem funky rockende Pop-Nummer, Hippie-kompatibel und für Gitarristen ein einziger Vergnügungspark dank der erstmals wirklich exzessiv genutzten Mehrspur-Aufnahmetechnik plus regelmäßig auftauchender Stereo-Spielereien. Die Kinder hatten Spaß!
Noch einen Schritt weiter ging das jazzige Hörspiel ‚Rainy Day, Dream Away', das im Grunde genommen manchen HipHop-Track der 80er-Jahre skizziert hat, nur in Hand- und Saitenarbeit. Gegen Ende wird das Album immer abgedrehter, trippiger, phantasievoller – solche Sounds hatte man zumindest in der Popmusik noch nie gehört. Und so virtuose, bluesige und trotzdem extrem moderne, soulful & funky gespielte Gitarren, die kannte zumindest der weiße Mitteleuropäer überhaupt nicht.

Beendet wird der Trip durchs Electric Ladyland dann mit dem Bob-Dylan-Song ‚All Along The Watchtower', einem Meisterwerk im Single-Format – da stimmte einfach alles. Aber Hendrix wäre nicht Hendrix, wenn er nach der Pop-Single nicht noch mal als Soundscaper & Improvisator auf die Bühne käme, als der Mann, den wir, solange es noch laute Musik gibt, immer mit einer Wand aus Marshall-Stacks, einer Stratocaster und zwei, drei Effekt-Sounds in Verbindung bringen – plus noch viel, viel mehr, wie dieses geniale Album belegt: ‚Voodoo Chile (Slight Return)' ist nämlich nicht von Stevie Ray Vaughan (und auch nicht von Sting). Nein, auch dieser Song stammt vom genialen Sänger, Gitarristen, Songwriter, Produzenten, Performer Jimi Hendrix. Und nach nur zwei Jahren im Pop-Geschäft ein solches drittes Album abzuliefern, das kann man nur auf Genialität zurückführen.

In einem Interview mit Gero Probst für das Fachmagazin Gitarre & Bass (Ausgabe 10/2005) erzählt Toningenieur Eddie Kramer (*1942) über die Aufnahmen der ‚Electric Ladyland'-Songs ‚Crosstown Traffic' und ‚Voodoo Chile': "Die Basis des Songs, das heißt die grundlegenden vier Spuren, wurden bereits in London im Jahr 1967 aufgenommen, kurz bevor Jimi in die USA ging. Dann haben wir das Vierspur-Tape auf ein 12-Spur-Tape überspielt und die restlichen Spuren genutzt, um weitere Instrumente und Vocals aufzunehmen. Am Ende hatten wir dann ein 16-Spur Master."

"Fast immer gibt es bei Jimis Aufnahmen versteckte Dinge, die man zunächst nicht hört", berichtete Eddie Kramer weiter. "Im Fall von ‚Crosstown Traffic' ging es zum Beispiel mit einigen Jazz-Akkorden los, die ich auf einem Piano vor mich hin klimperte und die Jimi sehr gefielen. Dann kam er auf die Idee, ein Kazoo für die prägnante Intro-Melodie zu verwenden. Am Ende sang er sogar durch eine Art Butterbrotpapier, was einen noch krasseren Sound erzielte! Schlussendlich hatten wir so viele Ideen und so wenig Spuren, dass wir sogar den Bass und die Lead-Gitarre auf eine Spur zusammenlegen mussten! Das war dann einer der Songs auf diesem Album, die sich nicht ohne Weiteres live umsetzen ließen."

Man hat sich oft die Frage gestellt, warum die geniale, kurze ‚Voodoo Chile'-Version auf ‚Electric Ladyland' so abrupt endete. "Wahrscheinlich weil sie danach nicht mehr gut genug war, oder aber weil uns das Tape-Material ausging", meinte Kramer lachend.

Zu ‚Voodoo Chile (Slight Return)' erzählt Kramer weiter: "Die Situation war so, dass Jimi in einem nahegelegenen Club namens The Scene jammte und nach guten Musikern Ausschau hielt. Die Idee war, einige beeindruckende, ihm ebenbürtige Musiker zu finden und ins Record-Plant-Studio zu bringen, um an den Aufnahmen mitzuwirken. Wir hatten uns darum gekümmert, dass zu diesen Zeitpunkten immer alles vorbereitet war, sodass Jimi nur seine Gitarre einstöpseln musste. Das bedeutete, alle Amps waren warm und ready, alles war perfekt mikrofoniert. Es wurde ein, zwei Mal geprobt – dann ließ ich das Band rollen. Nach zwei, drei Takes hatten wir alles im Kasten. Warum? Na, weil Jimi vorher alles pedantisch geplant und komponiert hatte! Und was er jetzt nur noch von seinen Mitstreitern brauchte, war der perfekte Vibe, also die

Inspiration und die Dynamik. Es passierte spontan, und doch stand alles unter absoluter Kontrolle von Jimi – das ist in diesem Falle überhaupt kein Widerspruch. Auch die Vocals hat Jimi live eingesungen – hier gab es keinerlei Overdubs!"

‚Electric Ladyland' ist eines der seltenen Beispiele eines klar konzipierten Albums, das vor Freiheiten und Farben nur so strotzt. Konzept und Kreativität, Planung und Improvisation schließen sich nicht aus. Insbesondere, wenn geniale Ideen den Künstler an die Grenzen des technisch Machbaren bringen, und trotzdem niemand aufgibt. Keine Frage, dass der Co-Produzent und kreative Möglichmacher dieses Meisterwerks, Eddie Kramer (*1941), mit Hendrix auf dem Sockel stehen darf. Kramer war übrigens auch später noch an jeder Menge Großtaten von Acts wie Kiss, Mott The Hoople, den Rolling Stones, Curtis Mayfield, Led Zeppelin, Derek & The Dominoes, Cactus, Joe Cocker und Santana beteiligt. Er erhielt mehrere Grammy-Awards, unter anderem für die Mitarbeit am Soundtrack der Dokumentation "Martin Scorcese Presents The Blues: Jimi Hendrix". Beteiligt war er auch am Album ‚Stone Free:" A Tribute To Jimi Hendrix', mit Tracks von Jeff Beck, Eric Clapton, The Cure, Buddy Guy, Spin Doctors und anderen. Ein weiteres Projekt, an dem Eddie Kramer seit einiger Zeit arbeitet, ist ‚Acoustic Experience', mit Hendrix-Songs interpretiert von Künstlerinnen und Künstlern wie Jason Mraz, Crosby & Nash, Mike McCready, Brandi Carlile, Grace Potter, Raphael Saadiq, Heart oder Shinedown. Thank you, Eddie Kramer.

WOODSTOCK

Der auf dem Woodstock-Festival entstandene und später Oscar-prämierte Dokumentarfilm von 1970 ist wahrscheinlich verantwortlich dafür, dass heute überhaupt noch jemand von diesem Event spricht. Denn der Kinofilm und auch die beiden Album-Veröffentlichungen (mit insgesamt 5 LPs) machten aus dem amerikanischen Konzertereignis einen weltweit wirkenden Rock-Mythos. "Woodstock Music & Art Fair presents An Aquarius Exhibition – 3 Days Of Peace

& Music" hieß die Veranstaltung in Bethel im US-Bundesstaat New York, übrigens mit vollem Namen, die planmäßig vom 15. bis 17. August 1969 stattfinden sollte, aber erst am Morgen des 18. August endete.

Die dreistündige Film-Dokumentation (die später als Director's Cut noch mal eine knappe Stunde drauflegte) hat ab 1970 in den Kinos der westlichen Welt einige Künstler endgültig zu Superstars und Ikonen gemacht: Joe Cocker, Alvin Lee, Santana und Hendrix wurden unsterblich. Kurios: Einige der in Woodstock aufgetretenen Künstler verweigerten die Veröffentlichungsrechte für Alben und Videos – und wurden erst mal vergessen. Kaum jemand weiß, dass auch Johnny Winter und Blood, Sweat & Tears in Woodstock auf der Bühne standen. Vor ca. 400.000 Besuchern traten an drei Tagen 32 Bands und Solisten aus Folk, Rock, Psychedelic, Latin, Funk, Blues und Country auf.

Das Finale des letzten Festivaltags sollte eigentlich Sonntagnacht über die Bühne gehen, aber alles hatte sich wegen eines Unwetters verschoben. Erst um ca. 9:00 Uhr des folgenden Montagmorgens (dem 18. August 1969) betrat der als Top-Act engagierte Jimi Hendrix die Bühne. Mit einer neuen Band: Zu Gypsy Sun & Rainbows gehörten Mitch Mitchell (dr), Billy Cox (b), Larry Lee (g) und die Perkussionisten Jerry Velez und Juma Sultan. Mit Gitarrist Larry Lee hatte Hendrix schon 1962 bei The King Kasuals gespielt, und der aus dem Vietnamkrieg zurückgekehrte Musiker war froh über diesen Job. Die Band-Gage war mit 18.000 US-Dollar angeblich die höchste dieses Festivals; das 3-Tages-Ticket kostete übrigens 18 Dollar. Mit den Songs ‚Purple Haze' ‚Villanova Junction' und ‚Hey Joe' endete das Festival kurz nach 11 Uhr vormittags. Angeblich waren an diesem Morgen nur noch ca. 35.000 Besucher auf dem Gelände, 90 Prozent der Zuschauer waren demnach also schon abgereist oder lagen im Koma. "Wer sich erinnern kann, war nicht dabei", lautete später der Merksatz (nicht nur) für Woodstock-Veteranen. Als Erinnerungshilfe kann man auf folgende Medien zurückgreifen, die im vergangenen halben Jahrhundert erschienen sind:

+ Woodstock: Drei Tage im Zeichen von Liebe & Musik (Kinofilm, USA 1970)
+ Woodstock: Music From The Original Soundtrack And More (3 LPs, 1970)
+ Woodstock Two (2 LPs, 1971)
+ Woodstock: Three Days Of Peace And Music (4 CDs, 1994)
+ Jimi Hendrix: Woodstock (CD, 1994)
+ Jimi Hendrix: Monday Morning. Jimi At Woodstock (CD, 1995)
+ Jimi Hendrix: Live At Woodstock (2CD/2DVD, 1999)
+ Jimi Hendrix: Live At Woodstock. Definitive 2DVD Collection. Mit alternativen Kamera-Einstellungen und dem zusätzlichen Track ‚Hear My Train A Comin‘‘ (2 DVDs, 2005)

Noch eine Anmerkung zum Line-Up von Gypsy Sun & Rainbows (die gelegentlich auch ‚Sky Church‘ genannt wurden): Ich höre die beiden Percussionisten eigentlich so gut wie nie, wenn die Band spielt, und auch Gitarrist Larry Lee ist im Mix meist ‚unauffällig‘ bis nicht vorhanden. In ‚Red House‘ hört man im Hintergrund seine Begleit-Riffs. Angeblich hat Lee noch ein Medley aus ‚Gypsy Woman‘ und ‚Aware Of Love‘ sowie seinen eigenen Song ‚Mastermind‘ gespielt – zwischen ‚Red House‘ und ‚Lover Man‘ beziehungsweise ‚Izabella‘ und ‚Fire‘ – diese Titel wurden wohl nicht mitgeschnitten.

Bei ‚Foxey Lady‘ ist die zweite Gitarre dann deutlicher zu hören, allerdings scheinen Jimi & Larry ihre Instrumente hier nicht mehr gleich gestimmt zu haben; es klingt schon etwas schräg. In ‚Jam Back At The House‘ spielen beide Gitarristen dann wirklich zusammen und ihre Unisono-Parts und Larry Lees Solo sind deutlich zu hören – eine sehr eigenwillige Jazz-Rock-Nummer, die von ihrer komplexen Riff-Struktur an das über ein Jahr früher entstandene ‚South Saturn Delta‘ erinnert, das Hendrix (g/b) und Mitch Mitchell (dr) mit einem vierköpfigen Bläsersatz eingespielt hatten.

Bei einigen Tracks könnte Hendrix auch nur mit Mitch Mitchell (dr) und Billy Cox (b) gespielt haben. Oder wurden die Mitmusiker einfach nur im Mix versenkt? Bei ‚Star Spangled Banner‘ und

der ‚Woodstock Improvisation' nach dem ‚Purple Haze'
Zwischenspiel hat Hendrix ganz sicher überwiegend alleine gespielt
und damit seine Genialität als Instrumentalist und spontaner
Improvisator mehr als bewiesen. Das muss aber schon harte Kost
vor dem Frühstück gewesen sein, an diesem Morgen in Bethel.

Aber dann folgte die Versöhnung: ‚Villanova Junction' ist eindeutig
der coolste Track dieser Show und eigentlich die Chill-Out-Nummer
dieses Festivals. Zur Zugabe ‚Hey Joe' sieht man dann einzelne
Besucher an der Bühne vorbeiziehen. Hendrix wirkte müde.

Im Abspann der 2005 erschienenen 2DVD-Version dieses Live-
Mitschnitts erzählt Mitch Mitchell, dass es nach Woodstock eine
Erlösung war, wieder nur mit Billy Cox und Hendrix im Trio zu
spielen. Das Experiment Gypsy Sun & Rainbows ist ganz sicher
nicht gescheitert, aber es war anscheinend in der Form zumindest
live nicht ausbaufähig für Hendrix. Seine Plattenfirma und sein
Management dürften sich gefreut haben, denn sie waren jedem
Experiment abseits der Single- und Album-Erfolge eher abgeneigt.
Die Band Of Gypsys war dann ein paar Monate später das nächste,
ebenfalls kurze Experiment, und dann war die zweite Experience-
Besetzung wieder am Start. Bis zum Ende der Geschichte ...

Wer die an dem Woodstock-Gig beteiligten Musiker wirklich mal frei
jammend erleben will, sollte sich die vermutlich in der Woche vor und
kurz nach dem Woodstock-Festival entstandenen Mitschnitte
anhören, die unter den Titeln ‚Impromptu' ‚Home At
Woodstock' ‚Gypsys Sun And Rainbows' und im italienischen 3-LP-
Set ‚The Jimi Hendrix Story' aka ‚Jimi Hendrix: At His Best' (1972),
ab Anfang der 70er-Jahre, sagen wir mal "geduldet halblegal"
veröffentlicht wurden. Der Titel ‚At His Best' ist allerdings ein frommer
Wunsch, denn hier wird sehr frei gespielt, aber zwischen bekiffter
Langeweile und langweiligsten Längen gibt es auch geniale
Momente. Auch wenn die Liner-Notes einiger dieser Platten mit
improvisierten Aufnahmen das Jahr 1964 als Entstehungsdatum
angeben, ist mit Sicherheit davon auszugehen, dass es sich hierbei
um Sessions mit Mitgliedern der Woodstock-Band und Gästen (wie
Mike Ephron) handelt. Die falschen Angaben gehen vermutlich

darauf zurück, dass Hendrix seit dem Jahr 1965 ständig an Plattenverträge gebunden war, was einer Veröffentlichung dieser Aufnahmen aufgrund urheberrechtlicher Bestimmungen im Weg gestanden hätte. Mit diesem Trick konnte die vorliegende Session schon 1972 von italienischen Labels (SagaPan, Joker und andere) auf den Markt gebracht werden. Niemand fühlte sich zuständig. Bis Supersister Janie Hendrix Mitte der 90er die Szene betrat, endlich für ihre Familie das Geschäft übernehmen konnte und ordentlich aufräumte ... Aber das ist eine andere Geschichte.

BAND OF GYPSYS

Nachdem Hendrix sich drei Alben lang, alle technischen Möglichkeiten nutzend, kontinuierlich künstlerisch und klangtechnisch weiterentwickelt hatte, mit den ‚Smash Hits' zwei in UK und USA leicht unterschiedlich kompilierte Best-Of-Verwertungen am Start hatte, war es wohl an der Zeit für eine Veränderung. Nach dem Woodstock-Experiment mit einer größeren Besetzung wollte er aber anscheinend wirklich wieder zurück zum Trio. Bassist Billy Cox hatte zwischenzeitlich Noel Redding abgelöst, und jetzt war plötzlich mit Buddy Miles ein Drummer am Start, der primär trocken, hart und funky spielte, ganz im Gegensatz zum ebenso genialen Experience-Drummer Mitch Mitchell, der eher pulsierte, swingte und wild rumwirbelte. Buddy Miles war auch schon bei ‚Electric Ladyland' in zwei Nummern zu hören gewesen, aber jetzt wurde ganz neu angesetzt: "The Band Of Gypsys" hieß dieses neue Trio, das in der Silvesternacht und an Neujahr 1969/70 insgesamt vier Shows im Fillmore East, New York spielte. Aus den Mitschnitten aller Shows landeten schließlich sechs Songs auf Jimis erstem eigenen Live-Album, das wie die Band hieß. Kein ‚Hey Joe', kein ‚Purple Haze', kein ‚Foxey Lady', kein ‚All Along The Watchtower' – von all diesen großen Hits war auf dieser LP nichts zu hören.
Das Album startete mit dem hypnotischen ‚Who Knows', einem treibenden Groove-Monster, das auf einem einzigen bluesigen Unisono-Riff basiert. Wesentlich eingängiger wirken das von Buddy

Miles gesungene ‚Changes' und ‚We Gotta Live Together' – beide sehr cool und sehr funky. "Das aggressive ‚Machine Gun' ist die zentrale Nummer des Albums, die auf über zwölf Minuten ausgedehnt wird. Richtig scharf kommen immer wieder die abgedämpften Staccato-Einwürfe, mit denen Hendrix die Salven eines Maschinengewehrs imitiert. In den Solo-Parts beeindrucken Gitarren-Feedbacks, die mit expressiv-brutalen Vibratohebel-Attacken kombiniert werden, ähnlich packend wie die Dive-Bombs in ‚Star-Spangled Banner' vom Woodstock-Festival. Im Kontrast dazu standen die eher ruhigen Strophen-Parts, deren bluesige Vibes an die Hendrix-Nummer ‚Voodoo Chile' erinnern", schrob der Musikjournalist Arnd Müller 2017 über das Album. Und weiter: "Durch die neuen Songs zog sich eine düstere Härte, die man so von Hendrix noch nicht gehört hatte. Vielleicht spiegelt sich darin wider, dass ‚Band Of Gypsys' in einer schwierigen Phase entstanden war. Um Vertragsauflagen gegenüber seinem Ex-Manager Ed Chalpin zu erfüllen, war Hendrix gezwungen, für Capitol-Records noch ein letztes Album abzuliefern – eigentlich schlechte Voraussetzungen um kreativ zu sein."

Doch trotz widriger Umstände ging Hendrix mit diesem Album erneut einen künstlerischen Schritt nach vorne – oder vielleicht doch nur in eine andere Richtung? Hendrix hatte viel Musik gespielt, erlebt, durch Freunde kennengelernt, und er probierte alles aus, was ihm in den Kopf kam. Nach den wegweisenden Studio-Experimenten auf ‚Electric Ladyland' standen auf der Bühne nun Groove und Improvisation im Vordergrund. Die Modernität der Songs ist nicht zu überhören, gleichzeitig aber auch nicht ihre Verwurzelung im Blues. ‚Machine Gun' ist vom Feeling her ein alter Field-Holler-Blues, den er elektrifizierte. Und die Verschmelzung von Rock- und Funk-Elementen verweist in Richtung von viel später erfolgreichen Bands wie Red Hot Chili Peppers, Living Colour oder auch Rage Against The Machine. Ganz sicher hat dieses Album auch Allround-Talenten wie Prince und Lenny Kravitz musikalische Perspektiven aufgezeigt.

‚Band Of Gypsys' war, abgesehen von der Monterey-Split-LP, das letzte zu seinen Lebzeiten erschienene Hendrix-Album. Und es zeigte, wie eigentlich fast jeder zweite Song dieses Künstlers, einen neuen Weg. Daher gehe ich davon aus, dass es nicht sein neuer Weg für alle Zeiten geworden wäre, hätte er das Jahr 1970 überlebt. Außerdem zeigt eine der bislang letzten Hendrix-Veröffentlichungen, dass Jimi sich auch im Fillmore durchaus nicht komplett von der Vergangenheit verabschieden wollte: ‚Songs For Groovy Children: The Fillmore East Concerts' ist auf einer schönen kleinen Papp-Box zu lesen, die fünf CDs und ein 40-seitiges Booklet beinhaltet – und es geht um genau die insgesamt vier Live-Konzerte der Band Of Gypsys vom Nachmittag und Abend des 31.12.1969 beziehungsweise 01.01.1970, bei denen Jimi Hendrix mit Bassist Billy Cox und dem Drummer & Sänger Buddy Miles im New Yorker Fillmore East auftrat. Die Aufnahmen liegen nun angeblich erstmals in korrekter Reihenfolge und von Eddie Kramer neu abgemischt vor. Allerdings doch nicht ganz komplett, wie sich herausstellte: So sollen von der zweiten Show vom 31.12.1969 ganze fünf Stücke fehlen (‚Burning Desire', ‚Stepping Stone', ‚Power Of Soul' und die Zugaben ‚Voodoo Child' und ‚Purple Haze'), bemängelte Rezensent Cadish aus Deutschland am 24. November 2019 auf der Amazon-Website. Und die beiden angeblich neu entdeckten Versionen von ‚Steal Away' und ‚Lover Man' von der zweiten Show des Neujahrstags sollen in Wahrheit Soundcheck-Mitschnitte sein. Rund die Hälfte der 43 Tracks war bisher offiziell unveröffentlicht, und dürfte zumindest in der hier gebotenen Klangqualität noch nicht zu haben gewesen sein. Was aber auch heißt, dass man im vergangenen halben Jahrhundert eine Menge Band-Of-Gypsys-Material irgendwo untergemischt hat. Interessant sind die wechselnden Setlists der Konzerte dieses extrem groovenden Trios, das schon sehr funky und jazzig zur Sache gehen konnte und bei Improvisationen nicht auf die Uhr schaute. Ende Januar 1970 hatte sich das geniale Power-Trio allerdings auch schon wieder getrennt.

Was uns bleibt, ist immerhin noch ein weiterer, echter Live-Meilenstein der Rock-Historie, der neben den 1970 erstveröffentlichten, sechs sehr homogenen Tracks, die das Bild dieser Band geprägt haben – ‚Who Knows', ‚Machine Gun', ‚Changes', ‚Power To Love', ‚Message Of Love', ‚We Gotta Live Together' – jetzt aber auch andere Schlüsse ermöglicht. Denn bei Betrachtung der Setlists der vier Shows wird schnell klar:

Eigentlich war es eher so, dass man einem mehr oder weniger klassischen Hendrix-Experience-Programm eine Handvoll Band-Of-Gypsys-Tracks beigemischt hatte. Denn an den beiden Abenden wurden auch Songs wie ‚Lover Man‘, ‚Hear My Train a Comin'', ‚Bleeding Heart', ‚Earth Blues‘, ‚Burning Desire', ‚Fire‘, ‚Stone Free‘, ‚Foxey Lady‘, ‚Voodoo Child (Slight Return)‘, ‚Wild Thing‘, ‚Hey Joe‘, ‚Purple Haze‘, ‚Izabella‘, und ‚Ezy Ryder‘ gespielt. Also Blues, Klassiker und Neues aus dem Hendrix-Repertoire. Aber es klang anders: Hört man ‚Stone Free‘ vom 2nd-Set der Neujahrs-Show, groovt die ganze Nummer auf eine bisher ungehörte Art, die Backing-Vocals sind souliger. Ich finde das Schlagzeugspiel von Buddy Miles hier nicht besser, als das von Mitch Mitchell auf älteren Aufnahmen. Er interpretierte die Rolle des Drummers im Trio eben nur komplett anders, auf seine eigene Art. Im Jazz wäre das keine große Erkenntnis, im Rock & Pop ist aber die produzierte Hit-Single oft das Maß aller Dinge und jede neue, individuelle Interpretation ein Ereignis. Natürlich arbeitete Hendrix bei diesem Projekt Band Of Gypsys mit der Individualität seiner Mitmusiker. Er hatte den Song komponiert, er hatte die Band komponiert und jetzt wurden neue Erkenntnisse und Produkte geerntet. Der für seine kreative Personalpolitik bekanntere Jazz-Trompeter & Bandleader Miles Davis hat genau dieses Modell Jahrzehnte lang noch wesentlich exzessiver betrieben.

Hendrix ging mit dieser Band einen neuen Weg – ganz sicher nicht unberührt von den abgedrehten Miles-Davis- und Lifetime-Aufnahmen der endenden 60er-Jahre, vielleicht sogar auch ein bisschen von nicht endenden Soli John Coltranes in seiner späten Phase. Was er hier aus ‚Stone Free‘ macht, ist ein Trip in eine ganz andere Richtung: raus aus den Pop-Charts, aus dem Blues-Rock, wirklich etwas in Richtung Jazz-Rock à la ‚A Tribute To Jack Johnson‘. Da dieses Miles-Davis-Album damals aber noch überhaupt nicht eingespielt war und auch erst am 24. Februar 1971 erschien, könnte man vermuten, dass vielleicht auch der Mann mit dem Horn hier genau zugehört hatte und am 18. Februar 1970 seinen Gitarristen John McLaughlin und vor allem Sonny Sharrock gesagt haben könnte, wo es langgeht. Natürlich wäre es spannend gewesen, Hendrix in der Band von Miles Davis zu hören, aber das hätte nicht funktionieren müssen. Die Jams von Jimi mit John McLaughlin sind beispielsweise belanglos, obwohl hier die Weltspitze miteinander Musik machte.

Wieviel Jazz war Jimi? Wo wollte er hin? Was ist wahr, was ist Legende? Wirklich definitiv wahr ist, das sind die Handvoll Original-Alben, die wir von Hendrix haben, und da kann man schon eine Menge raushören – und auch was das Thema "Jazz" angeht. Wenn man überlegt, dass schon beim ersten Album ‚Are You Experienced?', das Ende 1966 aufgenommen wurde, mit ‚Third Stone From The Sun' eigentlich eine sehr coole jazzige Nummer zu hören war – auf dem Debüt-Album eines jungen Musikers, der bis dahin zwei Singles veröffentlicht hatte und der zum Popstar gemacht werden sollte – dann ist das schon bemerkenswert. Es ist aber auch ein Indiz für die Offenheit dieser Zeit zwischen 1965 und 1975.

Wenn man diese Live-Aufnahmen von ‚The Fillmore East Concerts' anhört, hat Hendrix eigentlich an vielen Stellen wie ein Jazz-Musiker gespielt. Er hat schon früher meist nach dem klassischen Prinzip Thema-Improvisation-Thema agiert, und in seiner späteren Phase haben die Improvisationen immer mehr Raum eingenommen. Es gibt Jimi-Momente, die sind irgendwie auch John-Coltrane-Momente. Man weiß ja, dass Hendrix ein sehr interessierter Musiker war, dass er auch über sein Umfeld sehr viel unterschiedliche Musik kennenlernte. Und das wird ihn inspiriert haben. Ich denke, Zeitgeist, Karriereverlauf und künstlerische Genialität haben sich da zum richtigen Zeitpunkt getroffen. Und der Freigeist traf auf Menschen, die das Business-Handwerk kannten und beherrschten.

Hendrix war mehr als ein bisschen WahWah und Feedback – Hendrix kreierte eine neue Welt des Gitarrenspiels. Und er hat gute Songs geschrieben: Kompositionen, die auch ohne Texte funktionieren, die aber – was die musikalischen Themen angeht – eigentlich nicht so spektakulär waren wie seine Umsetzung dieses eigenen Materials. Und das ist wiederum ein guter Ansatz, wenn andere Künstler sich dieser Musik annähern. Dann kommt das Kronos Quartet und sagt: "Wir machen's jetzt auch mal!" und interpretiert ‚Purple Haze'. Das ist im Grunde genommen eine Art der

Annäherung, die viel von Hendrix hat. Dylans ‚Like A Rolling Stone'
aus Monterey ist ein gutes Beispiel. Er hat den Song zu seiner
eigenen Musik gemacht.

In einem Interview mit Markus Setzer (erschienen im Musiker-
Fachmagazin Gitarre & Bass, 10/2005) erzählte Band-Of-Gypsys-
Bassist Billy Cox von der Zusammenarbeit mit Hendrix. "Jimi und ich
haben ja nicht nur viel zusammen gespielt. Wir haben uns auch
einfach sehr gut verstanden. Wir waren Freunde, Seelenverwandte.
Wir waren den ganzen Tag zusammen und haben wahnsinnig viel
Zeit miteinander verbracht. Es ist ja nicht so, dass die Musik unser
Job war. Sie war das, was wir zu allererst und immer machen
wollten. Unser Lebensinhalt .... Kennengelernt hatten wir uns schon
früh, das war Ende 1961. Wir waren beide in der Army, bei der 101
Luftlandetruppe in Fort Campbell, Kentucky. Ich bin in der Kaserne
an einem Fenster vorbeigelaufen und hörte jemanden Gitarre
spielen. Ich hörte gleich, dass etwas ganz Besonderes von ihm
ausging. Das Spiel war zwar noch sehr unreif und roh, aber es ging
eine fesselnde Energie davon aus. Ich bin zu ihm rein, stellte mich
vor und sagte, dass ich Bass spielen würde. Und ich fragte, ob wir
nicht mal jammen sollten? Als wir gespielt hatten, befand er mich für
gut und wir gründeten eine Band: The King Casuals. Wir haben
einfach gejammt und drauflos gespielt. Manchmal sind wir bei einem
Riff hängen geblieben. Jimi nahm es auf und spielte unisono mit, er
verarbeitete es. Dann solierte er und kam zurück. So sind unsere
Songs entstanden ..." So gesehen waren die sechs Tracks der
originalen LP-Veröffentlichung von ‚Band Of Gypsys' gleichermaßen
ein Schritt vor und ein Trip in die eigene Vergangenheit. Die Army-
Band lag erst acht Jahre zurück, von denen jedes Hendrix' Leben
sehr verändert hat: Der Weg zurück ins zivile Leben, in die
Professionalität, in zahlreiche Jobs als Tour-Musiker und dann Ende
'66 nach London, wo die drei schnellsten Jahre seines Lebens
ansetzten und an ihm vorbeirauschten. In der Neujahrsnacht mit der
Band Of Gypsys begann sein letztes, kurzes Lebensjahr.

MORE LIVE

Auf Monterey, Woodstock und die Fillmore-Konzerte mit der Band Of Gypsys wurde ja bereits ausführlich eingegangen – diese Mitschnitte erschienen zumindest teilweise, als Jimi Hendrix noch lebte. Hier noch ein paar weitere Live-Tipps für Alben, die nach Hendrix' Tod auf den Markt kamen. Es handelt sich durchweg um empfehlenswerte Aufnahmen in genießbarer bis sehr guter Klangqualität. Hinweise auf nicht offiziell veröffentlichte Bootlegs finden sich im Anhang.

1967

• THE JIMI HENDRIX EXPERIENCE: BBC SESSIONS

Diese wirklich hörenswerten Aufnahmen aus den Jahren 1967 und drei Tracks aus der Lulu-Show von '69 zeigen Jimi und Band pur, straight und live im Rundfunkstudio. Es handelt sich hierbei um die berühmten BBC-Tapes, die, klanglich überarbeitet, einen aufschlussreichen Einblick in die frühe Arbeit der Experience bieten. Ein Teil dieser Mitschnitte wurde 1989 schon mal als ‚Jimi Hendrix Experience: Radio One' veröffentlicht.

Der Gesang wurde sehr gut aufgenommen und abgemischt, die Qualität der Gitarrenspur schwankt etwas. Man hat tatsächlich den Eindruck, dass die BBC-Techniker hier mit dem gewollt verzerrten Signal überfordert waren, oft stimmen auch die Lautstärke-Relationen zwischen Begleitung und Soli nicht so ganz. Oft scheint es so, die Techniker hätten manche verzerrte Soli leiser gedreht. Ebenfalls interessant: Einige Gitarrensoli sind hier mit Hall zu hören. Ob das Signal hier technisch verfremdet wurde (mit Hallplatten) oder man ein zweites Mikrofon im Treppenhaus stehen hatte (so hört es sich teilweise an) bleibt ungeklärt. Bei der hier zu hörenden Version von ‚Fire' hat man dann insgesamt nicht mit Reverb gespart.

Diese Veröffentlichung von 2010 enthält zwei Audio-CDs mit insgesamt 35 Titeln (plus Ansagen von Alexis Korner und Lulu), dazu gibt es ein sehr schönes Foto-Booklet mit detaillierten Angaben zur Musik plus eine DVD mit diversen Interviews (unter anderem mit

Bassist Noel Redding und Autor David Sinclair) und dem Hendrix-Auftritt in der Lulu-Show. Erstklassiges Live-Material ohne Publikum.

1968

● **THE JIMI HENDRIX EXPERIENCE: LIVE 1968 PARIS / OTTAWA**
Aufnahmen aus dem L'Olympia Theatre in Paris vom 29. Januar 1968 und aus dem Capitol Theatre in Ottawa, vom 19. März 1968. Mit drei bis dato unbekannten Mitschnitten.

● **THE JIMI HENDRIX EXPERIENCE: MIAMI POP FESTIVAL**
Ein Konzertmitschnitt vom 18. Mai 1968, in der originalen Experience-Besetzung mit Mitch Mitchell (dr) und Noel Redding (b). Und keine Frage, diese Live-Aufnahmen von ‚Hear My Train A Comin'‚, ‚Tax Free', ‚Fire' und eine unglaublich scharf arrangierte Version von ‚Hey Joe' – das alles zeigt einmal mehr die Weltklasse des Live-Musikers Hendrix, auch wenn sein Gesang an diesem Abend nicht immer optimal war.

● **THE JIMI HENDRIX EXPERIENCE: LIVE IN WINTERLAND**
Aufnahmen aus der Winterland Arena in San Francisco; eine Auswahl aus über sieben Stunden Material, die auch als Bootlegs vorliegen.
Nach einer einzelnen LP, einer CD und einer Doppel-CD erschien 2011 die große, schwere Pappbox aus dickem Karton mit einem Foto-Booklet im Album-Format und acht LPs (in 180g-Vinyl-Qualität) mit 15 Seiten Musik; auf der B-Seite von LP 8 findet man ein Interview mit Jimi Hendrix, vom 16.11.1968. Die 35 Songs, die man auf den restlichen LPs hören kann, stammen von den legendären Hendrix-Konzerten vom 10. bis 12. Oktober 1968 im Winterland, San Francisco. Mit Hendrix auf der Bühne stand die klassische Experience-Besetzung – Noel Redding (b), Mitch Mitchell (dr) – und auch das Repertoire bietet die bekannten Standards, plus Verneigungen vor Cream, Dylan und dem Blues. Zu diesen qualitativ sehr gelungenen Mitschnitten vom Front-Mixer gehört auch eine

frühe Version von ‚Star Spangled Banner'. Eddie Kramers Remastering lässt sich wirklich hören, ein paar zumindest offiziell noch nicht veröffentlichte Tracks sind auch dabei, und wer diese Musik auf Vinyl genießen möchte, kommt an diesem schönen, gewichtigen Paket nicht vorbei. Klasse gemacht!

Natürlich gab's das Ganze auch noch für Vinyl-Allergiker, in einem ebenfalls wertig gemachten, hochformatigen Buch, das vier CDs in wirklich guter Tonqualität enthält. Insbesondere das dritte Winterland-Konzert ist umwerfend, vor allem die Version von Dylans ‚Like A Rolling Stone'. Auf CD 4 finden sich weitere Tracks aus diesen Shows, plus ein Interview mit Hendrix. Einige gekürzte beziehungsweise sinnlos beschnittene Tracks wurden von Hardcore-Hendrixianern bemängelt; so etwas ist natürlich angesichts komplett vorhandener Mitschnitte unsinnig. Alles in allem trotzdem ein grandioses Must-Have!

1969

• JIMI HENDRIX: STOCKHOLM CONCERT

Die Doppel-CD liefert einen überwiegend gut klingenden Mitschnitt des Trios Jimi Hendrix/Mitch Mitchell/Noel Redding, aufgezeichnet am 09. Januar 1969 im Konserthuset in Stockholm. Vielen Jimi-Fans ist diese Aufnahme schon lange von zahlreichen Bootlegs bekannt: Hendrix widmete in seiner Begrüßung das Konzert der amerikanischen Deserteur-Vereinigung – Applaus! – es war die Zeit des Vietnam-Kriegs. Zu hören sind Songs wie ‚Killing Floor', Spanish Castle Magic', Hey Joe', ‚Fire', ‚Voodoo Chile', Red House', Creams ‚Sunshine Of Your Love' etc. CD2 liefert dann den Mitschnitt der zweiten Show vom selben Abend – hier ist dann unter anderem auch eine Version von ‚Star Spangled Banner' zu hören, das später in Woodstock Furore machte. Lohnt sich!

● JIMI HENDRIX: HENDRIX IN THE WEST

Verschiedene Live-Aufnahmen der beiden Experience-Besetzungen. Um fünf Songs erweitert erschien das ursprünglich Ende 1971 veröffentlichte Album dann später auf CD; zum DigiPak im Standard-Format gehört ein 24-seitiges Booklet, mit schönen Fotos, detaillierten discografischen Angaben – perfekt!

1970

● THE JIMI HENDRIX EXPERIENCE: LIVE AT BERKELEY

Diese CD liefert Aufnahmen vom 30. Mai 1970, eingespielt mit Band-Of-Gypsys-Bassist Billy Cox und dem mal wieder cool swingenden Mitch Mitchell am Schlagzeug. Guter Sound, interessante Songs (unter anderem ‚Hey Baby (New Rising Sun)‘, ‚Machine Gun‘, ‚Lover Man‘ und ‚Star Spangled Banner‘) und eine echte, großartige Konzert-Atmosphäre. Über 67 Minuten Hendrix im DigiPak, mit schönem Booklet.

● JIMI HENDRIX EXPERIENCE: FREEDOM. ATLANTA POP FESTIVAL

Zwei CDs, ein feines Foto-Booklet, beides steckt im DigiPak und der Sound der 16 Live-Tracks vom 04. Juli 1970 ist auch noch großartig. Zur Experience gehörten damals neben Sänger, Gitarrist & Entertainer Hendrix, Bassist Billy Cox und Drummer Mitch Mitchell. Und was dieses prototypische Power-Trio hier zeigt, ist schlicht gesagt umwerfend, das insbesondere, weil hier auch live seltener gehörte, in den Studio-Versionen vielschichtig angelegte Stücke zu hören sind wie ‚Spanish Castle Magic‘, ‚Room Full Of Mirrors‘, Bob Dylans ‚All Along The Watchtower‘, ‚Freedom‘ und auch ‚Hey Joe‘. Unglaublich, wie tight dieser Besetzungs-Mix aus Band Of Gypsys und Experience hier zusammen spielt – mal abgesehen von dem kleinen Tonart-Unfall im Intro von ‚All Along The Watchtower‘, dessen erste Takte auch noch vom Ton einer Filmkamera stammen, weil die Bandmaschine für den Live-Mitschnitt noch nicht laufen wollte. Spielerisch und was die klangliche Dichte angeht, ist dieses Trio unglaublich, und dieser Hendrix-Live-Mischnitt gehört ganz sicher zu den besten dieses legendären Musikers. Großartig!

• JIMI HENDRIX: ISLE OF WIGHT

‚Isle Of Wight' ist ein weiteres großartiges Live-Album, aufgenommen zweieinhalb Wochen vor seinem Tod, veröffentlicht ein Jahr danach. Die Aufnahmen vom 31. August 1970 sind bluesig, jammig und gitarristisch grandios und auch wirklich eigenständig. Da stelle sogar ich mir gelegentlich die eigentlich dumme Frage, was er noch alles hätte machen können, wollen, sollen ... Denn hier zeigte sich ein enormes Potenzial zwischen der Ur-Experience und der Band Of Gypsys. Das Cover-Foto dieses Albums stammte übrigens vom 04. September 1970 aus der Berliner Deutschlandhalle. Warum machte man so einen Quatsch? Schade auch, dass diese Aufnahmen schon um einiges schlechter klingen als die aus Monterey. Aber nicht energieärmer.

• JIMI HENDRIX EXPERIENCE: LIVE IN MAUI

Und dann gab es noch eine weitere Live-Überraschung mit wirklich tollem Hendrix-Material: Ende 2020 erschien ‚Jimi Hendrix Experience: Live In Maui'. "Was für unglaublich intensive Bilder!", dachte ich schon beim ersten Ansehen des Trailers zu dieser neuen Hendrix-Live-Veröffentlichung. Man fliegt förmlich durch das Geschehen und spürt den Vibe zwischen den drei Musikern auf der kleinen Bühne und dem hippieesken Open-Air-Publikum im Grünen. Sieht passagenweise fast wie eine größere Garten-Party aus. Die Dokumentation von John McDermott, die man zu dem 2CD- oder 3LP-Vinyl-Set mit Live-Aufnahmen auf einer beiliegenden Blu-ray bekommt, heißt "Music, Money, Madness ... Jimi Hendrix In Maui", und ist wirklich sehenswert. Denn hier erlebt man einen gut gelaunten, entspannten und wirklich beeindruckend spielenden Jimi inklusive Experience bei ihrem Besuch in Hawaii, Ende Juli 1970 – also nur gut sechs Wochen vor Hendrix' Tod.
Verarbeitet wurden alle existierenden 16mm-Farbfilm-Aufnahmen zweier Live-Sets der Band (beide von einem Nachmittag), die man jetzt, optisch und klanglich aufbereitet, in Stereo oder sogar in einem 5.1-Surround-Mix genießen kann. Zu dieser letzten Experience-Besetzung gehörten neben Hendrix (g/voc) noch sein alter Freund

und Band-Of-Gypsys-Kollege Billy Cox (b) sowie Ur-Mitglied Mitch Mitchell (dr); die Aufnahmen wurden von Hendrix' Engineer Eddie Kramer neu gemischt, gemastert hat Bernie Grundman. Eine absolut gelungene, sehr kraftvolle Produktion. Die Setlist umfasste neben Experience-Klassikern auch Material der Band Of Gypsys und der größeren Woodstock-Formation. Keine Frage, dass die genialen Hendrix-Live-Mitschnitte aus Monterey, Woodstock, Atlanta, dem Fillmore und von der Isle Of Wight hier noch eine wunderbare Ergänzung bekommen haben. Und eigentlich war das alles ein Glücksfall: Hendrix' Management hatte ursprünglich ein zeitgeistig-esoterisches Film-Projekt mit dem Titel "Rainbow Bridge" geplant, zu dem er nur Teile des Soundtracks beisteuern sollte. Warner Bros. hatten schon viel Geld dafür locker gemacht und dementsprechend auch hohe Erwartungen. Mangels Konzept und guter Ideen beschloss man dann kurzfristig, doch noch die Musiker in den Film einzubauen. Am Hang des erloschenen Vulkans "Haleakala" wurde schnell eine kleine Bühne aufgebaut und ein kostenloses Konzert veranstaltet; aufgrund von Mundpropaganda fanden sich dann auch ein paar hundert Zuhörer dort ein und erlebten zwei packende Hendrix-Sets. In die Arbeiten am Film "Rainbow Bridge" waren die Musiker ansonsten nicht involviert. Sie reisten weiter nach Europa, spielten beim Festival auf der Isle Of Wight und in Fehmarn, und dann ging es zurück nach London.

Man muss sich immer wieder klar machen, dass zwischen Hendrix' Ankunft in London am 24. September 1966 und seinem Tod am 18. September 1970 nur vier Jahre liegen, in denen er drei Studio-Alben, einen Live-Mitschnitt und eine 'Smash Hits'-Compilation veröffentlichte – Alben, die die Rock-Musikwelt revolutionierten und Millionen Gitarristen auf neue Ideen brachten.

Umso erfreulicher war dieses neue Hendrix-Live-Produkt, das sich in die wirklich gelungenen Veröffentlichungen der vergangenen zehn, fünfzehn Jahre einreiht, die mit den teils grenzwertigen Resteverwertungen der frühen 70er nichts gemein haben. Somit gehören diese jetzt endlich offiziell verfügbaren Live-Aufnahmen aus Maui, aus der letzten Phase von Hendrix' kurzem Leben, eindeutig zu den authentischsten und musikalisch beeindruckendsten.

Eine späte, aber gelungene Überraschung. ★

05 MACHINE GUN

GITARREN AMPS SOUNDS STUDIOS

Tech-Talk! Es geht um die Hardware, die Jimi Hendrix bei der Arbeit im Einsatz hatte: Gitarren, Verstärker, Effektgeräte inklusive der verwendeten Technik im Studio. Keine Angst, wir wissen alle, dass nicht die Technik die Musik macht, sondern die Musikerin und der Musiker. Aber in diesem besonderen Fall bestand da doch offensichtlich eine engere Verbindung zwischen Kreativität und Technologie, als viele glauben. Hier ein Überblick der Werkzeuge, mit denen Jimi Hendrix seine großartigen Ideen in Musik umgesetzt hat.

STRATOCASTER

Mit einem bestimmten Gitarrenmodell der Rockmusik wird der Name Jimi Hendrix wohl für alle Zeiten in Verbindung gebracht werden: der Fender Stratocaster, einer E-Gitarre, die ab 1954 im Handel war. Die anhaltende Popularität dieses Instruments, das bekanntlich auch noch heute in vielen Varianten verschiedenster Hersteller (gemeinsam mit diversen Gibson-Modellen & Kopien) den Markt beherrscht, ist nicht zuletzt auch sein Verdienst. Hendrix bemerkte dazu einmal: "Die Stratocaster ist die beste Allround-Gitarre für die Sachen, die wir machen. Man kann mit ihr die ganz scharfen Höhen und diesen tiefen Bass-Sound hinkriegen ... Ich hab's auch mal mit der Telecaster probiert, und sie hat nur zwei Sounds, einen guten und einen schlechten – und ein sehr schmales Klangspektrum."

Hendrix spielte, obwohl er Linkshänder war, fast ausschließlich die normalen Rechtshändermodelle der Strat und anderer Gitarrentypen. Sonderanfertigungen für Linkshänder waren in den 60er-Jahren ohnehin nur schwer erhältlich, und in seiner von chronischer Geldnot gekennzeichneten Anfangszeit wären sie für ihn wohl auch zu teuer gewesen. Hinzu kommt, dass von den Billigfabrikaten, die er zu Beginn seiner Laufbahn verwendete, überhaupt keine Linkshändermodelle hergestellt wurden. So hatte er kaum eine andere Wahl, als die ihm zur Verfügung stehenden Instrumente nach folgendem Muster umzubauen: Die Saitenreiter der Bridge seiner Stratocaster mussten nur neu justiert werden. Der Sattel (Nut) wurde neu montiert, und zwar exakt seitenverkehrt, musste dann aber noch nachbearbeitet werden. Anschließend wurden die Saiten in umgekehrter Reihenfolge aufgezogen, und schon war das Lefthand-Sondermodell fertig. Bei Gibson-Instrumenten wie der Flying V, der Les Paul oder der SG, musste der Sattel komplett neu angefertigt werden. Da bei diesen Modellen der Steg (die so genannte Tune-o-matic-Bridge) in der Regel leicht schräg eingebaut ist, reichte es nicht, ihn einfach umzudrehen – da mussten zumindest die einzelnen Saitenreiter extrem nachjustiert werden, um die richtige Einstellung der Saitenlänge und damit die Oktavreinheit zu erzielen. Eigentlich müsste man den Steg versetzen, also neu montieren, um ihn im Linkshänder-Einsatz in die korrekte Position zu bringen. Von so einem Umbau ist aber im Fall der Hendrix-Instrumente nichts bekannt.

Aufgrund dieser Veränderungen beziehungsweise der veränderten Art das Instrument zu halten, lagen nun Lautstärke- und Tonregler sowie Tonabnehmer-Wahlschalter und Ausgangsbuchse der Gitarre oberhalb der Saiten; das Gleiche gilt für den Vibratohebel. Über die klanglichen Unterschiede zwischen einer "normal" gespielten Stratocaster und einem nach Art des Linkshänders Hendrix verwendeten Rechtshändermodell ist viel spekuliert worden. Einige Gitarristen, wie etwa Steve Miller, weisen auf den speziellen Sound hin, der durch Hendrix' eigentümliche Spielweise entstanden sei. Miller, der Rechtshänder, spielt nicht umsonst ein umgedrehtes Linkshändermodell. Da der Bridge-Pickup der Strat anders als die beiden übrigen Tonabnehmer leicht angewinkelt montiert ist, werden die hohen Saiten näher am Steg abgenommen als die Bass-Saiten. Je näher am Steg eine Saite abgenommen wird, um so brillanter klingt sie. Das bedeutet, dass der typische Klangcharakter der hohen Saiten des Instruments noch verstärkt wird; das Gleiche gilt für die tiefen Saiten, die daher an einer etwas obertonärmeren Position abgenommen werden. Wird nun die Gitarre umgekehrt besaitet, so werden die Bass-Saiten näher am Steg, also höhenlastiger, abgenommen, während die hohen Saiten etwas wärmer klingen. Dieser Unterschied ist ohne Zweifel hörbar, jedoch nicht sonderlich gravierend; abgesehen davon spielt er auch nur bei einer von drei möglichen Einstellungen des Pickup-Wahlschalters überhaupt eine Rolle.

In den Jahren 1967 und '68 bevorzugte Jimi Hendrix Stratocaster-Gitarren mit einem Rosewood-Griffbrett; ihre Hälse waren etwas dünner als die der später benutzten Strats, die meist Maple-Necks besaßen, deren Hals und Griffbrett also aus Ahornholz gefertigt war. Fast all diese Instrumente stammten aus den Baujahren 1964 bis 1968, waren also relativ neu und sozusagen von der Stange gekauft. Nix vintage, könnte ich jetzt einen kleinen Exkurs beginnen, Kollegen! Hendrix' Strats klangen also damals so, wie eben eine neue Strat damals klang. Klang, wenn er sie spielte und aufnahm. Und wer sich heute eine 50 Jahre alte Fender zulegt, hört garantiert nicht den Sound von damals – eher schon den Soundtrack und die Narben des langen Lebens dieser Gitarre.

In den vier erfolgreichen Jahren seiner Karriere besaß Hendrix eine unüberschaubare Anzahl von Fender Stratocasters, die sich im Wesentlichen nur durch die Art ihrer Lackierung oder Bemalung voneinander unterschieden; der Grund für den häufigen Wechsel liegt darin, dass die meisten dieser Instrumente irgendwann defekt waren, gestohlen wurden, oder von Hendrix selbst an andere Musiker verschenkt wurden. Circa 20 verschiedene Strats sind auf Fotos zu identifizieren, Jimi-Klassiker sind natürlich die weiße Woodstock Strat und die schwarze mit Maple Neck, die er auf Fehmarn spielte. Nicht zu vergessen die ehemals Fiesta-Red-lackierte Monterey-Strat, die Hendrix vor der Verbrennungs-Show bunt bemalt hatte.
Interessant ist, dass alle frühen Hendrix-Strats Rosewood-Griffbretter hatten. Ab Ende 1968 bevorzugte Hendrix dann Fender-Instrumente mit Maple-Fingerboards.

Nur von wenigen Instrumenten, die nachweislich in Hendrix' Besitz waren, ist heute der Verbleib bekannt; Sammler, die eine seiner Gitarren bei "Sotheby's" oder einem anderen Auktionshaus in England oder USA erworben haben, wollen meist anonym bleiben, vermutlich wegen der zunehmend in den Bereich des Irrsinns kletternden Preise. Eine 1968er Hendrix-Strat – weiß, mit Maple-Neck, also genau das Modell, das man immer mit Hendrix assoziiert – soll bereits im Frühjahr 1990 in London aus dem Besitz des Experience-Schlagzeugers Mitch Mitchell für 198.000 britische Pfund an einen italienischen Sammler verkauft worden sein.

Doch auch Fälschung und offener Betrug sind im Geschäft mit den Reliquien von Superstars wie Hendrix an der Tagesordnung. Beim Gros der Instrumente und Verstärker, die heute als angeblich authentisches Hendrix-Equipment auftauchen, dürfte es nahezu unmöglich sein festzustellen, inwieweit die Behauptung, es handle sich um ein Original, zutrifft. Denn nur von wenigen Hendrix-Gitarren sind die Seriennummern bekannt, und auch Rechnungen oder Kaufverträge liegen in den seltensten Fällen vor. Wenn alle angekokelten Monterey-Strat-Reste, die mal auf dem Markt waren, authentisch waren, hatte Hendrix dort wahrscheinlich die halbe Stadt mit brennenden Gitarren beheizt.

Einige wenige echte Hendrix-Gitarren befanden sich zuletzt im Besitz von Al Kooper, ZZ-Top-Gitarrist Billy Gibbons und Hendrix' 1996 verstorbener Freundin Monika Dannemann: deren schwarze Strat mit Maple-Griffbrett, die Hendrix beim Fehmarn-Festival gespielt hatte, ist auch auf den letzten Fotos des Gitarristen zu sehen, die Monika am Tag vor seinem Tod im Garten ihres Hotels gemacht hat. Diese Gitarre hat ihr Lebensgefährte, der großartige Gitarrist und Hendrix-Fan Uli Jon Roth bekommen; offiziell ist er der Verwalter dieses Erbes. Vater Al Hendrix besaß einen Fender-Jazz-Bass, auf dem Jimi gespielt hat, Frank Zappa hat sich eine Strat, die Hendrix einst auf einer Bühne anzündete, restaurieren lassen, und Buddy Miles ist angeblich ebenfalls stolzer Eigentümer einer Original-Jimi-Hendrix-Fender-Stratocaster.

Andere Personen aus Hendrix' Umkreis haben ihre Erinnerungsstücke bereits vor vielen Jahren gegen hohe Schecks eingetauscht: So verkaufte Ex-Manager Chas Chandler eine Gibson J-200 Acoustic, Chef-Roadie Eric Barrett versilberte eine schwarze Gibson Flying V, Mitch Mitchell veräußerte neben der genannten Strat noch eine Washburn-Acoustic sowie einen Fender-Champ-Gitarrenverstärker. Selbst Brian Eno, der Hendrix für einen der wichtigsten Musiker und Komponisten dieses Jahrhunderts hält, kam einmal in die Verlegenheit, eine von dessen Strats zu Geld machen zu müssen.

Hendrix selbst hatte im Grunde ein völlig unbekümmertes, fast anspruchsloses Verhältnis zu seinen Instrumenten; er konnte, wenn es sein musste, mit jeder Gitarre zurechtkommen – was wohl nicht zuletzt darauf zurückzuführen ist, dass er in seinen frühen Jahren überwiegend auf Instrumenten der untersten Preisklasse spielen musste, die ja in der Regel nicht gerade leichter zu handhaben sind. In dieser Zeit und mit einfachstem Equipment entwickelte er auch seinen Stil und seinen Sound, machte erste Feedback-Experimente und was ihm sonst noch so gerade einfiel. So war seine Spielweise auch in späteren Jahren nie davon abhängig, dass ihm HiTech-Instrumente zur Verfügung standen – sie war talentiertes Handwerk pur. Zudem war die handelsübliche Standard-Strat zu seiner erfolgreichen Zeit bereits ein ziemlich perfektes Instrument, das den Bedürfnissen der meisten Gitarristen mehr als gerecht wurde. Allerdings hatte Hendrix auch keine Probleme, wenn er auf andere Gitarrentypen wie etwa eine Gibson Les Paul oder, für Sessions, auf eine halbakustische Gretsch zurückgreifen musste, die ja beide von der Strat wesentlich abweichende Griffbretter und Hälse besitzen. Fest steht jedoch, dass die Stratocaster für Hendrix in jedem Fall die erste Wahl war.

Die heute weitverbreitete Vorliebe für alte Instrumente aus den 50er-Jahren teilte Hendrix, wie bereits erwähnt, nicht. Damals besaßen sie ja auch noch nicht die Aura des "Antiken", später "Vintage" genannt, sondern hatten eher den derben Charme von Gebrauchtware. Hendrix besaß später zwar angeblich zeitweise einige Strats aus den späten 50ern, doch waren sie für ihn keine anderen Instrumente als die neuen Fender-Gitarren. Angeblich hat er sich dazu wie folgt geäußert: "Alle sind ganz verrückt nach der sieben Jahre alten Telecaster und der zwölf Jahre alten Gibson und der 92 Jahre alten Les Paul. Sie stehen im Moment auf diese alten Sachen, aber das ist bloß eine Modeerscheinung. Auf den heutigen Gitarren lässt sich genauso gut spielen."

Eine vom Hersteller Fender für ihn gefertigte Linkshänder-Strat besaß Hendrix angeblich erst um 1969, und öffentlich hat er dieses Instrument anscheinend nicht gespielt. Es ist auch kein Foto von ihm mit dieser Gitarre bekannt. Ein Wechsel wäre auch unsinnig gewesen, denn er hatte sich ja über Jahre an die Bedienung einer umgedrehten Standard-Strat (wie auch der Duo-Sonic, Jaguar oder Jazzmaster) von der Stange gewöhnt hatte. Versuche mal spontan als Rechtshänder mit einer umgedrehten Linkshänder-Strat zu spielen! Gar nicht so einfach ...

FRÜHE VÖGEL

Die Gitarren, die Hendrix spielte, bevor er 1966 seine erste Strat bekam, lassen erkennen, dass er sich allmählich von billigster Massenware in Versandhaus-Qualität zu solideren Modellen hocharbeitete. Die Supro Ozark, die ihm sein Vater 1958 im Myers Music Shop in Seattle kaufte (nach anderen Quellen erst 1959), war eine Solidbody-Gitarre mit einem einspuligen Tonabnehmer, einem Ton- und einem Volume-Regler. Auf diesem 89 Dollar teuren Instrument spielte Hendrix bei den Rocking Kings in Seattle, bis es ihm ein Jahr später gestohlen wurde. Anderen Quellen zufolge war die erste Gitarre, die Jimi besaß, eine Silvertone-Solidbody; belegen, etwa mit Hilfe von Fotos aus dieser Zeit, lässt sich diese Angabe allerdings nicht. Die Supro Ozark spielte er jedenfalls bis Ende 1960, möglicherweise sogar bis Anfang '61 – dann wurde auch sie ihm gestohlen.

Sein nächstes Modell war eine Danelectro Bronze Standard von ähnlicher Bauweise, die er gleichfalls nur ein Jahr besaß. Auch bei diesem Kauf unterstützte ihn sein Vater. Jimi lackierte die ursprünglich kupferfarbene Gitarre rot und schrieb den Namen seiner Freundin Betty Jean auf den Body. Während seiner Army-Zeit musste er sich mit einer 20-Dollar-Gitarre der Marke Kay begnügen, dem billigsten Instrument, das überhaupt zu haben war. Die Kay, die ebenfalls nur einen Pickup besaß, erinnert von ihrer Formgebung her ein wenig an die Gibson-Firebird-Serie, die jedoch zu jener Zeit noch nicht auf dem Markt war (sie kamen erst 1963).

Gerüchteweise spielte Hendrix während seiner Army-Zeit auch noch eine Höfner Colorama, die er einem aus Deutschland zurückgekehrten G.I. abgekauft haben soll. Das Doublecut-Modell geistert als Ex-Jimi-Gitarre mal in Sunburst mit zwei Toaster-Pickups, dann auch in Rot mit den Rauten-Logo-Tonabnehmern durchs weltweite Netz. Es existiert auch ein vermutlich 1966 oder '67 entstandenes Foto, auf dem Jimi mit einer weiteren Höfner-Gitarre, der Club 50 zu sehen ist. Hendrix hat diese E-Gitarre aber vermutlich nur irgendwann kurz in die Hand gedrückt bekommen, denn sie ist für den Rechtshänder-Einsatz besaitet.

Ganz kurz besessen oder auch nur geliehen hatte Hendrix 1962 eine Ibanez Jet King JTK1, mit der er auf einem Foto aus dem Pink Poodle Club in Clarksville zu sehen ist – wobei es sich dabei auch um ein fast baugleiches Modell von FujiGen, Kawai Teisco oder Guyatone gehandelt haben könnte; die beiden letztgenannten Hersteller produzierten schon in den 1960er-Jahren für Ibanez, FujiGen erst ab Anfang der 70er-Jahre. Von 2004 bis 2007 hatte Ibanez eine Neuauflage der Jet King im Programm.

Nachdem Hendrix auch seine rote Danelectro, die er sich von seinem Vater aus Seattle nach Clarksville, Tennessee, hatte schicken lassen, nach kurzer Zeit wieder verkauft hatte, beschaffte er sich 1963 eine Epiphone Wilshire mit Vibrato – seine erste Gitarre, die über zwei Pickups verfügte. Interessant ist in diesem Zusammenhang, dass Hendrix' Kollegen von den King Casuals zu der Zeit bereits auf Modellen wie der Fender Telecaster und der Gibson SG spielten, die für Jimi noch unerschwinglich waren; auch Billy Cox besaß schon einen Fender Precision Bass. Möglicherweise war dies ein Grund, weshalb Hendrix seine Gitarren schon in dieser frühen Zeit hin und wieder neu lackierte oder bemalte; auf diese Weise ließen sich seine Cheapo-Instrumente wenigstens optisch etwas aufwerten.

Die Wilshire muss Hendrix geraume Zeit gespielt haben, denn erst auf Fotos aus dem Jahr 1964 ist er mit einem anderen Instrument zu sehen. Bei den Isley Brothers scheint sich dann seine finanzielle Situation etwas gebessert zu haben, denn er erwarb seine erste Fender Duo-Sonic, die immerhin knapp 100 Dollar kostete (eine Strat war damals erst ab 289 Dollar zu haben). Die Duo-Sonic war eine Art von Low-Price-Version der Stratocaster, mit, wie schon der Name erahnen lässt, zwei Tonabnehmern bestückt. Angeblich hat Hendrix nachträglich eine Epiphone-Tremtone-Vibrato-Einheit in das Instrument eingebaut; auf den meisten Fotos aus dieser Zeit ist ein Vibrato-System jedoch nicht erkennbar.

Während seines Engagements bei Little Richard griff er außerdem gelegentlich auf eine Fender Jazzmaster (Stückpreis: 220 Dollar) zurück, die ebenfalls ein Vibrato-System besaß; zumindest ist er auf Fotos mit diesem unter Umständen auch geliehenen Instrument zu sehen. Seine Hauptgitarre blieb jedenfalls die Duo-Sonic, und auch auf Fotos von Anfang 1966, die Hendrix mit Curtis Knight & The Squires zeigen, spielte er diese Gitarre. Knight selbst berichtete zwar, Hendrix habe schon damals eine weiße Strat und, seltener, eine semiakustische Gretsch eingesetzt, diese Information ist jedoch (wie vieles andere aus dieser Quelle) zu bezweifeln und auch nicht durch Fotos zu belegen. Erst Mitte 1966, als sich Hendrix bereits von den Squires getrennt hatte, tauschte er die Duo-Sonic gegen seine erste Fender Stratocaster ein; das nötige Kleingeld lieh er sich von einer Freundin. Im Spätsommer 1966, während seiner Zeit mit den Blue Flames, soll er bei Auftritten im "Cafe Wha?" noch gelegentlich eine Telecaster gespielt haben; für diese Behauptung einiger Biografen existieren allerdings ebenfalls keine Belege. So war relativ sicher die Stratocaster, sein späteres Hauptinstrument und Markenzeichen, auch die Gitarre, die er spielte, als er von Chas Chandler entdeckt wurde.

FLYING V, SG & LES PAUL

In den Jahren von 1967 bis 1970 konnte sich Hendrix aufgrund seiner Erfolge endlich das Equipment leisten, das er schon immer haben wollte und das er für seine Musik auch benötigte. Hinzu kam, dass ihm schon bald Experten wie Roger Mayer zur Seite standen, die mithalfen, seine Musik auch in technischer Hinsicht besser zu realisieren.

Die Fender Stratocaster blieb für Hendrix während dieser ganzen Zeit die wichtigste Gitarre. Sein bekanntestes Zweitinstrument war – ab Sommer 1967 – die Gibson Flying V. Die Entscheidung zwischen Gibson- und Fender-Gitarren war zeitweise für viele Musiker beinahe eine Frage der Weltanschauung. Allein der pfeilförmige Korpus der Flying V wirkte optisch wesentlich härter als der weich geschwungene Body der Stratocaster. Das gesamte Design der Flying V muss 1958, als sie auf den Markt kam, einen geradezu revolutionären Eindruck gemacht haben. Darüber hinaus unterscheidet sich dieses Gibson-Modell in einigen technischen Punkten von der Strat, zum Beispiel durch den eingeleimten Hals und die Pickups: Die V verfügt über zwei Humbucker mit je einem Klang- und einem Volumenregler. Wegen der vom eher brillanten Fender-Sound abweichenden wärmeren Klangcharakteristik setzte Hendrix die Flying V vor allem für Blues-Aufnahmen und ruhigere Stücke ein.

Wahrscheinlich hat Hendrix drei Gitarren dieses Typs besessen: Vom Sommer 1967 bis Anfang 1969 spielte er eine Flying V mit Punkteinlagen im Griffbrett, die er selbst bemalt hatte. Es existiert ein weiteres Foto mit einer ähnlichen Flying V, die nicht bemalt ist, das am 18. Mai 1969 im Backstage-Bereich des Madison Square Garden entstand. Die dritte bekannte Gibson Flying V, eine schwarze Linkshändergitarre, bekam er erst Anfang 1970 in den USA; vermutlich war es eine Sonderanfertigung der Herstellerfirma speziell für ihn, sozusagen ein kleines Werbegeschenk. Mit diesem Instrument trat Hendrix am 25. April 1970 im Los Angeles Forum zum ersten Mal öffentlich auf, außerdem existieren Fotos vom Konzert am 8. Mai aus dem University Of Oklahoma Field House. Im

Videomitschnitt von der Isle Of Wight, vom 30. August, kann man sich dieses spezielle Instrument ganz genau ansehen, unter anderem in ‚Red House‘: goldene Hardware, weißes Schlagbrett, eingefasstes Griffbrett mit einer Variation des Split-Diamond als Perlmutt-Inlays, und auf dem Trussrod-Cover der Kopfplatte stand nur "Custom". Eine ganz besondere Sonderanfertigung für einen ganz besonderen Gitarristen.

Nicht nur die Flying V, auch alle anderen Instrumente, die Hendrix neben der Strat spielte oder gespielt haben soll, wurden von ihm nur bei einzelnen Songs eingesetzt: Die zwölfsaitige Zemaitis-Acoustic, mit der er in Joe Boyds Film "Jimi Hendrix: See My Music Talking" eine ungewöhnliche Version des Songs ‚Hear My Train A-Comin'‘ spielt, war nicht sein Eigentum, sondern ihm eigens für diese Aufnahme vom 19. Dezember 1967 geliehen und für diesen Anlass neu (für Linkshänder) besaitet worden. Es gab aber auch einige Akustikgitarren in Hendrix' Besitz, die er aber nicht auf der Bühne einsetzte: Während der US-Tour 1967 kaufte er eine 1951 Epiphone FT79 Steelstring, zwei Jahre später kaufte er bei Manny's eine 1968er Martin D-45, die nach Hendrix' Tod Noel Redding vermacht wurde; Noel soll noch eine weitere D-45 und eine Thornward Parlor Acoustic von Hendrix besessen haben. Angeblich hatte Hendrix auch noch eine Washburn-Steelstring, eine Gibson J-200 in Sunburst-Lackierung und eine Gibson Dove.

Zurück zu den E-Gitarren: Auf Fotos von 1968 ist Jimi mit einer schwarzen Gibson Les Paul Custom, vermutlich Baujahr 1956 zu sehen; diese eher seltene Gitarre ist noch mit den serienmäßigen schwarzen P-90/Singlecoil-Pickups bestückt. Während der Blues- und Jazz-orientierten Sessions, die 1969 mit John McLaughlin, Dave Holland, Larry Young, Buddy Miles und anderen stattfanden, war diese Gitarre, wenn man McLaughlin glaubt, Hendrix' wichtigstes Instrument.

Bei seinem Konzert am 31. Mai 1968 im Hallenstadion in Zürich spielte Hendrix eine gelbe Gibson Les Paul Special mit zwei Pickups, ebenfalls aus den 50er-Jahren. Dieses TV-Yellow-Modell sieht man auch auf einem Foto der Studio-Session, bei der der Titel ‚South

Saturn Delta' entstanden sein muss – Hendrix sitzt neben einer
vierköpfigen Bläser-Gruppe.

Eine 1967er Guild Starfire V spielte Hendrix am 19. Mai 1968 in der
Wreck Bar in Sunny Isles Beach, Florida. Der Club-Gig,
wahrscheinlich war es nur eine Jam-Session, fand nach dem Miami
Pop Festival statt.

Eine angeblich bereits 1963 von Hendrix erworbene 1955er Les Paul
Custom mit Bigsby-Vibrato, die in Seattle im Museum of Pop Culture
zu sehen ist, würde ich ihm nicht zuschreiben – denn er hatte
definitiv damals kein Geld für ein solches Instrument und ist auch auf
keinem Foto damit zu sehen. Ähnlich verhält es sich mit der Mosrite
Joe Maphis 12/6 Doubleneck, die zeitweise im MoPOP-Museum in
Seattle ausgestellt war. Ob er sie wirklich im New Yorker Manny's
Music Shop gekauft und bei den Aufnahmen zu ‚Spanish Castle
Magic' (vom Album ‚Axis: Bold As Love' 1967) eingesetzt hat, ist
umstritten.

Sicher ist, dass Hendrix vor dem Auftritt in Monterey im Juni 1967
eine schwarze Fender Jaguar geschenkt bekam – von Rolling-
Stones-Gitarrist Brian Jones, der die Experience bei dem Festival
auch ansagte. Jimi hat die Gitarre nach der Rückkehr nach London
im Herbst bei Aufnahmen in den Olympic Studios eingesetzt.

Ein Foto, vermutlich aus einem Studio, existiert von Hendrix mit einer
semiakustischen E-Gitarre, mit einem F-Loch und kleinem Korpus:
Dabei handelt es sich um eine Bartell Black Widow (wahrscheinlich
Baujahr 1969), die Jimi angeblich von Produzent Harvey Gerst
bekam – er tauschte sie gegen eine seiner Fender Strats ein. Gerst
war wie Hendrix Linkshänder. Ob seine Gitarre eine
Sonderanfertigung des Gitarrenbauers Paul Barth war oder ein
Serienmodell, ist nicht bekannt. Die kalifornische Firma Acoustic
Control Corporation, die diese Instrumente im Vertrieb hatte, ließ die
Black Widow dann kurze Zeit später in Japan von Matsumoku
herstellen.

Zu den selten eingesetzten Instrumenten zählt auch die weiße Gibson SG Custom mit Gold-Hardware, drei Humbucker-Pickups und einem Maestro-Vibrato. Das von Hendrix um 1968/69 gespielte Modell war weiß lackiert und wurde etwa 1967 gebaut. Die SG stellte für ihn im Wesentlichen eine Alternative zur Flying V dar, wurde also im Studio und auf der Bühne für Blues-Nummern eingesetzt. Wahrscheinlich hat er dieses auffällige Instrument zum ersten Mal am 09. Januar 1969 bei seinem Konzert in Stockholm für ‚Red House‘ eingesetzt. Anfang September 1969 tauchte Jimi Hendrix dann in der "Dick Cavett's TV Show" im US-Fernsehen mit der weißen SG auf und spielte ‚Izabella‘, ‚Machine Gun‘ und ‚Hear My Train A Comin''. Gibson hat dieses Modell vor einigen Jahren als Hendrix-Special zusammen mit der Flying V neu aufgelegt.

Hendrix soll noch eine weitere Gibson SG Custom besessen haben: Ein 3-Pickup-Modell in Walnut-Finish, das er bei einem Gig im New Yorker Ungano's Club im Januar 1970 spielte, wo er unter anderem mit Elvin Bishop jammte. Diese SG soll ein Geschenk der Club-Besitzer gewesen sein.

Es existiert noch ein Foto, auf dem Hendrix eine Rickenbacker-4005-Semiacoustic im Arm hält – die gehörte aber sehr wahrscheinlich dem ebenfalls abgebildeten The-Who-Gitarristen Pete Townshend.

Zwei weitere Instrumente hat Jimi Hendrix gelegentlich im Studio eingesetzt, immer dann, wenn er, wie etwa während der ‚Electric Ladyland‘-Sessions, Teile der Bass-Tracks selber einspielte: einen Sunburst Fender Jazz Bass aus dem Jahr 1965 und einen Hagström-8-String-Bass. Sowohl Hendrix als auch Noel Redding besaßen einen Hagström-Bass, der zum Beispiel in ‚Spanish Castle Magic‘ und ‚Little Miss Lover‘ von der zweiten LP ‚Axis: Bold As Love‘ zu hören ist, hier allerdings gespielt von Redding. Der E-Bass war jedenfalls ein von Hendrix gern benutztes Session-Instrument; nach Konzerten in größeren Städten suchte er meist mit Mitch und Noel gern noch lokale Live-Clubs auf, wo das Trio dann mit den anwesenden Musikern jammte. Bei diesen Gelegenheiten war dann allerdings häufig Redding der Mann an der Gitarre; dieses Instrument spielte er ja schon wesentlich länger als den Bass. Als

Begleitmusiker von Hendrix stand der Gitarrist Redding permanent in dessen Schatten. Hendrix war sich dieser Tatsache bewusst und versuchte Noel daher bei spontanen Club-Jams nach Feierabend ein wenig zu featuren. Netter Chef.

MODIFIKATIONEN

Da es sich bei allen genannten Gitarren und Bässen um gewöhnliche Serienmodelle aus mehr oder minder standardisierter Industriefertigung handelt, stellt sich die Frage, ob an diesen Instrumenten nachträglich irgendwelche Modifikationen vorgenommen wurden, die entscheidenden Einfluss auf Hendrix' Gitarrenspiel oder seinen Sound gehabt haben könnten.

Techniker Roger Mayer, der für die Sound-Einstellung und Instandhaltung des Experience-Equipments verantwortlich war, erklärt, dass die meisten Strats bis auf die umgekehrte Besaitung sowie die entsprechend neu installierten Sättel und Bridges nicht verändert wurden. Großer Wert wurde darauf gelegt, dass die E-Gitarren mechanisch gut funktionierten, das heißt, dass sie sauber justiert waren, so dass beim Spielen kein Saitenschnarren oder ähnliche unerwünschte Geräusche zu hören waren. Was physisch nicht optimal schwingt, kann auch elektrisch verstärkt nicht viel besser klingen – denn auch die E-Gitarre ist prinzipiell ein akustisches Instrument, wenn auch ohne oder mit reduziertem Resonanzkörper. Also wurden die saitenführenden Teile mit höchster Präzision eingestellt, um ein optimales Schwingungsverhalten und Oktavreinheit zu gewährleisten. Der Halsansatz der Gitarren wurde von überschüssigen Farbresten gesäubert, um eine gute Hals-Korpus-Verbindung und somit ein maximales Sustain zu erzielen. Aufgeraute Bundstäbchen und Griffbrett-Partien wurden glattpoliert; dies geschah jedoch relativ selten, da die Instrumente meist nicht so lange in Gebrauch blieben, dass solche Verschleißerscheinungen hätten auftreten können. Ehe ein solcher Fall eintreten konnte wurden sie meist ohnehin wegen anderer Defekte ausgemustert, da Hendrix sie während des Spielens oft in extremer Weise beanspruchte. Defekte oder zerstörte Gitarren wurden zerlegt, die noch verwendbaren Einzelteile wurden zur Reparatur anderer Gitarren benutzt oder in völlig neuer Kombination zusammengebaut.

Veränderungen wurden hingegen am Vibrato-System der Stratocaster vorgenommen: Bei einigen Gitarren wurden zwei der fünf Stahlfedern entfernt, um eine leichtere Gängigkeit und so noch extremere "Verstimmung" der Saiten zu ermöglichen. Sicher ist jedoch, dass diese spezielle Modifikation nicht, wie oft behauptet wird, an sämtlichen von Hendrix gespielten Strats vorgenommen wurde. Aufgrund der Tatsache, dass die rückseitige Abdeckung der Gitarre immer entfernt wurde, um einen schnelleren Saitenwechsel zu ermöglichen, sind auf den meisten Fotos, auf denen Hendrix diesen Typ spielt, alle fünf Federn zu erkennen. Die Vibrato-Hebel einiger Gitarren bog sich Hendrix so zurecht, dass sie nicht nur die ihnen zugedachte Funktion erfüllten, sondern er selber auch in der Lage war, mit dem Hebel die Saiten zu berühren. Durch den Kontakt einer schwingenden Saite mit dem Metallhebel oder der aufgesetzten Hartplastikkappe konnten auf diese Weise spezielle Klangeffekte erzeugt werden. Der Hebel durfte sich also nicht in allzu großem Abstand von den Saiten befinden.

Grundsätzlich dürfte Jimi H. aber die Veränderungen am Vibrato-Arm auch aus anderen Gründen vorgenommen haben. Wegen der Verwendung eines Rechtshändermodells befand sich ja nun der Hebel bei der Benutzung durch den Linkshänder Hendrix nicht wie gewohnt unterhalb, sondern oberhalb der Saiten. So wollte er möglicherweise durch das Verbiegen lediglich erreichen, dass der Hebel in eine spieltechnisch günstigeren Position kam und leichter zu bedienen war. Auf manchen Fotos erkennt man tatsächlich, dass der Hebel auf sehr unterschiedliche Weise verändert worden war – über Sinn und Zweck lässt sich jedoch innerhalb der oben beschriebenen Grenzen nur spekulieren. Und Experimente waren diesem Musiker ja nicht fremd.

Bei dem bereits angesprochenen Tonabnehmer-Wahlschalter soll gelegentlich die Einrastfeder, die die drei Schaltstellungen (für die drei Tonabnehmer der Strat) fixiert, entfernt worden sein, damit die genannten Zwischenstellungen effektiver zu erzielen waren. Spekulation oder Wahrheit?

Eine weitere Besonderheit betrifft das Aufziehen der Saiten. Die tiefe E-Saite wickelte Hendrix in umgekehrter Richtung um die Stimmwirbel als die übrigen fünf Saiten. Durch die so erzielte Verkantung an der Saitenführung sollte vielleicht verhindert werden, dass sie bei besonders kräftigem Anschlag aus dem Sattel sprang. Diese Gefahr war einmal aufgrund der typischen Spielweise von Hendrix gegeben, die sich durch einen ungewöhnlich kräftigen Anschlag der Bass-Saiten auszeichnete, aber auch wegen der umgekehrten Besaitung der Rechtshänder-Strats, die mit sich brachte, dass der Stimmwirbel der tiefen E-Saite nun am weitesten vom Sattel entfernt war. Ein absolut zwingender oder auch nur einleuchtender Grund für diese besondere Art der Saitenbefestigung ist jedoch nicht ersichtlich.

Darüber hinaus erwähnt Hendrix' Gitarrentechniker Roger Mayer einige Experimente mit neu gewickelten Tonabnehmerspulen. Der Grund für diese Versuche: Durch eine erhöhte Anzahl von Umwicklungen verstärkt sich einerseits die Ausgangsleistung, zum anderen verändert sich das Klangbild; es verliert an Höhen und klingt mittiger. Einige Biografen wollten in diesen relativ beschränkten Experimenten den Schlüssel zum typischen Hendrix-Sound erkannt haben – was immer das auch sein soll. Also eine keineswegs überzeugende Erklärung: Denn kaum ein Gitarrist hat Ende der 60er-Jahre mit so vielen verschiedenen Sounds gearbeitet wie Jimi Hendrix. Die genannten wenigen Pickup-Modifikationen dürften schon allein deshalb keine besondere Rolle gespielt haben, weil Hendrix dafür bekannt war, dass er bei Sessions mit fast jedem beliebigen Equipment "seinen Sound" erzielen konnte. Und dieser Sound muss daher von anderen oder zumindest mehr Faktoren abhängig gewesen sein als nur von irgendwelchen Besonderheiten der Tonabnehmer seiner Gitarren. Keine Frage, das hatte wohl eher was mit der Spieltechnik dieses Virtuosen zu tun.

Ebenfalls nicht von grundlegender Bedeutung war die von Mayer gelegentlich veränderte Verdrahtung des Innenlebens der Gitarren:

Durch Überbrücken beziehungsweise Abklemmen des Tonreglers der Strat wurde der Signalweg verkürzt, so dass der Pickup-Sound als nahezu unverfälschtes Signal aus der Gitarre kam. Klangregler und Schalter besitzen nämlich den unangenehmen Nebeneffekt, dass sie das Klangbild des Instruments geringfügig verändern, indem sie bestimmte Frequenzbereiche abschneiden. Abgesehen davon, dass derartige Modifikationen meist nur an den im Studio eingesetzten Gitarren durchgeführt wurden, spielen auch sie keine wesentliche Rolle für Hendrix' Gitarrenspiel.

Eine weitere beliebte Theorie zum Thema "Das Geheimnis des Hendrix-Sounds" bezieht sich auf einen Schalter am hinteren Halsansatz der Gitarre, den Jess Hansen, Mitbegründer des "Jimi Hendrix Archive", bei Hendrix' letztem Konzert in Seattle gesehen haben will. Interessanterweise geisterte diese Einzelbeobachtung lange Jahre, auf vielfache Weise weiterinterpretiert, hartnäckig durch die gesamte Hendrix-Literatur, obwohl Hansen nicht eine einzige hörbare Klangveränderung zu beschreiben weiß, die auf Hendrix' angeblich mehrmalige Betätigung dieses mysteriösen Schalters während des Konzerts hätte zurückgeführt werden können. Nun, wahrscheinlich hat sich Jimi, in bester Michael-Jackson-Manier, während dieses Gigs nur ab und an mal an sein hinter der Strat gelegenes, zweitliebstes Instrument gegriffen – und sonst gar nichts. Zudem ist den damaligen Hendrix-Roadies Eric Barrett und Gerry Stickells wie auch seinem Techniker Roger Mayer, die alle mit Hendrix' Equipment bestens vertraut waren, nichts von der Existenz eines solchen Schalters oder einer ähnlichen Modifikation bekannt.

SAITEN

Nach Roger Mayers Angaben verwendete Hendrix für seine Gitarren handelsübliche Saiten des Typs Fender Rock & Roll Light Gauge (die exakte Bezeichnung lautete in den 60ern "Fender Rock N' Roll 150 Strings") mit den Saitenstärken .010, .013, .015, .026, .032, .038, eine Kombination, die sowohl Transparenz im Bassbereich als auch kraftvolle Höhen garantierte, zwei Grundvoraussetzungen für die Realisierung von Hendrix' Sound-Vorstellungen. Möglicherweise hat er darüber hinaus für kurze Zeit noch Esquire-Saiten benutzt, was sich aus der Tatsache schließen lässt, dass er gegen Ende 1968 Werbung für diesen amerikanischen Hersteller machte. Oder machen musste: Manager Michael Jeffery, der auch den Deal mit den für die Experience vollkommen ungeeigneten Sunn-Amps eingefädelt hatte, war da rücksichtslos.

Mit den extrem dünnen Saitensätzen, die Hendrix oft angedichtet werden, hätte er zweifellos Probleme gehabt. Diese Fehlinformation kam von Buddy Miles und wurde von Michael Bloomfield weitererzählt. Außer auf die Gefahr des Reißens oder der Verstimmung weist Roger Mayer in diesem Zusammenhang auch auf die Abhängigkeit des Output-Levels einer E-Gitarre von der Dicke der benutzten Saiten hin, die da vor dem Tonabnehmer-Magneten schwingen. Je stärker die Ausgangsspannung des Instruments, desto leichter lässt sich der angeschlossene Verstärker übersteuern, sind also zum Beispiel Verzerrungs-, Rückkopplungs- und Obertoneffekte möglich. Garantiert eine Saite von der Stärke .010 die (theoretisch) 100-prozentige Ausgangsleistung der Gitarre, so hat die Saitenstärke .009 nur noch 80 Prozent und eine .008-Saite, mangels Masse, gerade noch 64 Prozent zu bieten. Das Hochschrauben der Tonabnehmer mit dem Ziel, sie näher an die Saiten zu bringen, hilft nicht unbedingt, diesen Leistungsverlust ganz auszugleichen, da auf diese Weise das Magnetfeld, in dem die Saite vibriert, verengt wird, was sich besonders beim Saitenziehen unangenehm bemerkbar macht. Zusätzlich kann sich durch eine zu starke magnetische Wirkung der Tonabnehmer eine Verschiebung in der Obertonstruktur eines gespielten Tons einstellen, die sich als Intonationsabweichung bemerkbar macht: Es klingt dann einfach verstimmt. Die Tonabnehmer von Hendrix' Gitarren waren nach Mayers Angaben verhältnismäßig tief gesetzt, um diese Probleme auszuschalten. Gegen die oft zitierte Verwendung extrem dünner Saiten (unter anderem einer .008er Banjo-Saite als hohes E) spricht außerdem die Tatsache, dass Hendrix seine Gitarre oft um einen Halbton tiefer als normal gestimmt hat. Dafür sind dünnere Saitensätze als die .010er eigentlich ungeeignet, denn sie sind extrem verstimmungsanfällig und beim Akkordspiel mangels

Saitenspannung problematisch in der Intonation. Tiefer gestimmt klingt die Gitarre insgesamt voluminöser, und das Saitenziehen (Bending) wird erheblich erleichtert.

Hendrix' Plektrum-Einsatz ist von weitschweifigen Vermutungen der genannten Art glücklicherweise verschont geblieben. Spezielle "Jimi-Hendrix Picks" sind, jedenfalls bisher, nicht aufgetaucht. Nach Angaben seines Händlers Henry Goldrich verwendete Hendrix mittelstarke Plektren von verschiedensten Herstellern – einfach das, was er gerade, im wahrsten Sinne des Wortes in die Finger bekam. Eine geradezu verdächtige Unbefangenheit für eine Rock-Legende ...

VERSTÄRKER

"It was 99 % Marshall". Mit dieser Kurzformel des Technikers Eric Barrett ist das Thema "Hendrix-Amps" im Wesentlichen bereits abgehandelt. Seit Beginn seiner Plattenkarriere in England hat Jimi Hendrix, bis auf wenige Ausnahmen, ausschließlich Marshall-Verstärker gespielt. Dabei handelte es sich um Vollröhren-Gitarrenverstärker ohne irgendwelche Zusatzeffekte wie etwa die bekannten Hall- oder Tremolo-Einheiten, ausgerüstet nur mit Lautstärkereglern und einer relativ wirkungsarmen Klangregelung. Das typische Klangcharakteristikum dieser klassischen Röhrenverstärker besteht bekanntlich in der Möglichkeit der harmonischen Übersteuerung, die sich am deutlichsten in der sogenannten "Englischen Einstellung" zeigen: Alle Regler des Marshall-Amps werden bis zum Anschlag nach rechts aufgedreht. Was Boxen und Lautsprecher betrifft, verwendete Hendrix 4x12"-Cabinets mit serienmäßig eingebauten Celestion-, seltener auch Eminence-Speakern. Auf manchen Hendrix-Fotos sind unter den Marshall-Tops auch Sound-City-Boxen (vermutlich bestückt mit den gleichen Speakern) zu sehen. Erst ab Anfang 1970 wurden die Celestions durch die hochwertigeren JBL-Lautsprecher ersetzt; sie waren bedeutend widerstandsfähiger als ihre Vorgänger, die bei voll aufgedrehtem Marshall-Top oft und gern ihren Geist aufgaben.

Zusätzlich wurden noch bei einigen frühen Gigs in England WEM-Lautsprecher-Boxen benutzt, die aber wahrscheinlich nur Monitor-Funktion hatten.

Der Vorläufer des Marshall-Amps wurde bereits 1962 in England vom Techniker Ken Bran entwickelt. Dieser Verstärker war von seiner Leistung (er lieferte nur 35 Watt), Röhrenbestückung und gesamten Konzeption her noch nicht mit dem heute als klassisch angesehenen Marshall-Modell vergleichbar. Jim Marshall versuchte in der Folgezeit, die Grundidee dieses "Urtyps" im Hinblick auf die Ansprüche der ihm bekannten Gitarristen zu variieren. So entstand Ende 1965 für den Who-Chef Pete Townshend das erste Marshall Stack – also ein Verstärker-Top mit zwei 4x12"-Boxen. Erst 1966 wurde der Verstärker mit der noch heute üblichen Röhrenbestückung (EL34) versehen. Jimi Hendrix war somit einer der ersten Gitarristen, die diesen Gitarrenverstärker und seinen neuen Sound bekannt gemacht haben.

Schon kurze Zeit, nachdem die Experience-Besetzung mit Mitch Mitchell (dr) und Noel Redding (b) feststand, stattete er Jim Marshall (bei dem sein früherer Schlagzeug-Schüler Mitch Mitchell zeitweilig als Verkäufer angestellt war) einen Besuch ab und bestellte gleich zwei Marshall-Super-100-Amps und vier 4x12"-Boxen. Mit einem Teil dieses Equipments stand er schon bei den ersten Experience-Konzerten in Frankreich (ab dem 13. Oktober '66, im Vorprogramm von Johnny Halliday) sowie bei den anschließenden BBC-Fernsehaufzeichnungen auf der Bühne.

Während Hendrix zum Zeitpunkt dieser ersten Gigs und Studioaufnahmen meist nur über ein 100-Watt-Topteil mit der zugehörigen Lautsprecherbox spielte, steigerte sich sein Verstärkereinsatz kontinuierlich: Schon kurze Zeit später standen regelmäßig beide bei Jim Marshall gekauften Stacks auf der Bühne die Regel. Ein Beispiel für die Ausmaße von Hendrix' Gitarren-Anlage bei seinen größeren Konzerten: Am 24. Februar 1969 spielte er in der Londoner Royal Albert Hall mit sieben Marshall-Tops und 14 Boxen. Die gesamte Anlage wurde zusätzlich mit Hilfe von Mikrofonen über die hauseigene PA-Anlage verstärkt. Einschränkend ist natürlich zu sagen, dass diese PA-Systeme weder in ihren Ausmaßen noch im Hinblick auf ihre Aufgabe den heute üblichen entsprachen. Hendrix hat, im Gegensatz zur heutigen Praxis, die für das Publikum bestimmte Lautstärke mit Hilfe seiner Anlage, also unmittelbar von der Bühne aus und nicht erst durch die PA, erzeugt, der damals noch eher die Funktion einer "Gesangsanlage" zukam. Trotzdem waren die Kapazitäten, die er dazu einsetzte, beachtlich. Hendrix' Ziel war ohne Zweifel eine sehr hohe Lautstärke; in den großen amerikanischen Konzerthallen oder bei Open-Air-Veranstaltungen verwendete er später sogar gleichzeitig bis zu fünf der inzwischen entwickelten 200-Watt-Tops plus drei 100-Watt-Tops, gekoppelt mit je ein bis zwei Boxen. Laut Eric Barrett standen während der späteren Hendrix-Tourneen stets zwölf, gelegentlich bis zu 18 Verstärker mit einer entsprechend großen Anzahl Boxen zur Verfügung. Ein Grund dafür war natürlich die extreme Materialbeanspruchung, die unter anderem auf die "Englische Einstellung", die regelmäßig ihre Opfer forderte, zurückzuführen war. Der Kritiker Albert Goldman wies in einem Artikel aus dem Jahr 1968 auf Hendrix' beachtlichen "Verstärkerkonsum" hin, indem er die fiktive Konzertansage einflocht: "Jimi Hendrix, Ladies and Gentlemen, in: The dance of the dying amp!"

Die riesigen Wände aus Lautsprecherboxen, die in den späten 60er-Jahren erstmals auf den Rock-Bühnen zu sehen waren, müssen dem damaligen Publikum wie ein neues Show-Element oder wie Architektur vorgekommen sein; denn bis dahin war eigentlich noch jeder Gitarrist in der Lage gewesen, seinen Kofferverstärker eigenhändig zum Gig zu tragen. Mit dem Beginn der Marshall-Sound-Revolution war jedoch endgültig die Erfindung des Gitarren-Roadie fällig.

Neben den Marshall-Amps setzte Hendrix auf seiner zweiten USA-Tour auch Fender-Dual-Showman-Tops und mit je zwei 15"-JBL-Lautsprechern bestückte Boxen ein. Dieses Equipment machte jedoch anfangs einige Schwierigkeiten: Die Verstärker waren unzuverlässig und sehr viel anfälliger als die Marshalls. Außerdem hatte Hendrix zu bemängeln, dass sie im Hinblick auf die Lautstärke nicht die gleiche Leistung brachten und auch nicht so übersteuerungsfähig waren. Fender-Amps verhielten sich schon damals zu Marshalls wie die Beatles zu den Stones – zwei Welten, und oft nur eine Glaubensfrage, was denn nun "besser" ist. Und auch 15"-JBL-Lautsprecher liefern klanglich andere Ergebnisse als 12"-Celestions. Da war man auf der US-Tour von Management-Seite wohl zu kompromissbereit, was das bereitgestellte Equipment anging. Grund des Problems dürfte gewesen sein, dass man die hohen Transportkosten des schweren Equipments von England nach Amerika umgehen wollte. Außerdem betrug die Netzspannung in UK 240 Volt / 50 Hz, in den USA 110 Volt / 60 Hz, was zu weiteren technischen Problemen hätte führen können.

Noch ein kurzer Blick zurück: Abgesehen von den unbekannten Gitarren-Amps, die Hendrix in seinen ersten Bands in Seattle einsetzte, hatte er nach seiner Entlassung aus der Army im Jahr 1962 für einige Zeit einen Twin-Twelve-Combo von Silvertone im Einsatz. Im Übrigen soll er sich in den meisten Fällen kurzfristig bei Freunden oder in Läden einen Amp für bevorstehende Gigs ausgeliehen haben.

Auf Fotos mit der Band von Curtis Knight ist Hendrix 1965/66 mit einem Supro-Combo, Modell S6420 Thunderbolt, zu sehen – und mit einem Blackface Fender Twin Reverb, einen Gitarren-Kofferverstärker mit zwei 12"-Lautsprechern plus eingebautem Hall- und Tremolo-Effekt. Der Twin Reverb war damals der amerikanische Standardverstärker, der von Musikern der verschiedensten Stilrichtungen eingesetzt wurde. Hendrix hat dieses Modell insbesondere auf Sessions, aber auch im Studio immer wieder gespielt. Den Twin Reverb und den ähnlich konzipierten Super-Reverb-Kofferverstärker kannte Hendrix ohne Zweifel bereits seit den frühen 60er-Jahren, und man darf davon ausgehen, dass er bis zu seiner Übersiedlung nach England fast ausschließlich Fender-Modelle gespielt hat, die auf dem US-Markt am erfolgreichsten waren.

Bei den allerersten Experience-Proben setzte Hendrix kurzzeitig die englischen Burns-Kofferverstärker ein, die Mitch Mitchell beschafft hatte. Dabei handelte es sich ebenfalls um Röhrenverstärker, die allerdings nur 30 Watt Leistung über einen 12"-Speaker abstrahlten und somit nur bedingt Hendrix' Sound- beziehungsweise Lautstärke-Vorstellungen entsprachen. Dann kam Jim Marshall ins Spiel, und in der Regel wurden von Ende 1966 bis 1970 nur noch Marshall-Stacks verwendet, hin und wieder – vor allem im Studio – ergänzt durch Fender Twins oder Dual Showmans für cleanere Sounds.

Noch ein paar Anmerkungen zu den wenigen Ausnahmen von der Marshall-Regel: In der kurzen Zeit von November 1967 bis Ende Januar 1968 setzte Hendrix auf der Bühne zusätzlich ein Sound-City-Stack ein, dessen Konzept dem der Marshalls entsprach, das jedoch einen etwas klareren Sound mit weniger Verzerrung lieferte – der Grund, weshalb der Sound City, wie es heißt, auch im Studio für einige Rhythmusgitarren-Tracks der zweiten Hendrix-LP verwendet wurde. Im Live-Kontext war dieser Verstärker als Sidefill-Monitor-Anlage im Einsatz und Ziel von Hendrix' berühmt-berüchtigten Gitarrenattacken, denen so manche Box zum Opfer fiel. Jimis große Liebe scheint der Sound City allerdings nicht gewesen zu sein.

Über die mögliche Verwendung weiterer Verstärkertypen existieren nur wenige ergiebige Informationen. Roger Mayer erwähnt die zeitweilige Kombination der Marshall-Verstärker mit den ähnlich konzipierten, aber brillanter klingenden Hiwatt-Amps, die dem Zweck diente, im Studio einen gleichzeitig transparenten und sustainreichen Ton zu erzielen. Der Hiwatt-Amp besaß also in diesem Zusammenhang eine ähnliche Funktion als Sound-Zutat wie der oben beschriebene Sound City oder die Fender-Combos.

Eine weitere kurze und eher unerfreuliche Episode war die der bereits erwähnten amerikanischen Sunn-Verstärker, die während der USA-Tour im Februar 1968 ihren Anfang nahm. Sunn-Firmenchef Buck Munger sah damals in Hendrix, der seiner Meinung nach mehr mit seinen Verstärkern als mit der Gitarre spielte, einen idealen Werbeträger und bot ihm beziehungsweise seinem Management daher einen Endorsement-Vertrag an. Dieser sah vor, dass sich Hendrix für fünf Jahre an die Firma band und sich verpflichtete, in dieser Zeit ihre Produkte auf der Bühne einzusetzen.

Der Vertrag betraf außerdem die gesamte Experience-Besetzung, also auch die Backline von Bassist Noel Redding sowie Teile der Monitor- und PA-Anlage. Sunn versorgte die Band in sehr großzügiger Weise mit allem Equipment, das sie benötigte. Hendrix verwendete jedoch die zur Verfügung gestellten Teile schon nach kurzer Zeit nur noch in Kombination mit seinen Marshall-Anlagen, auf die er auch in Zukunft nicht verzichten wollte. Denn die Sunn-Amps waren in technischer und klanglicher Hinsicht völlig anders konzipiert. Firmenchef Buck Munger sprach von einem "almost surfer sound", der einen weitaus größeren Höhenanteil als die üblichen Verstärker aufwies.

Interessant ist in diesem Zusammenhang, dass die Gitarrenverstärker anfangs über Sunn-100-F-Boxen betrieben wurden, die neben einem 15"-JBL-Lautsprecher auch über ein zusätzliches Hochtonhorn verfügten, die beide über eine Frequenzweiche getrennt waren. Von ihrer Grundkonzeption her entsprachen sie damit eher PA-Boxen. Diese Konzeption war und ist jedoch für die elektrische Gitarre völlig unüblich, ganz besonders im Hinblick auf den von Hendrix favorisierten verzerrten Röhren-Sound, der im Wesentlichen, um noch relativ ausgewogen zu klingen, auf eine perfekte Übertragung des mittleren Frequenzbereichs angewiesen ist und die frequenzmäßige Limitierung durch einen Gitarrenlautsprecher braucht. Eine verzerrte Gitarre, über solche Hochtöner wiedergegeben, klingt relativ unangenehm, ihr Sound ähnelt dem einer übersteuerten HiFi-Anlage.

Lustig: Außerdem wollte Gitarrist Hendrix auch nicht auf die beim Marshall übliche "englische" Einstellung aller Regler nach rechts verzichten, die bei den Sunn-Verstärkern aber nur neue Probleme wie einen hohen Nebengeräuschpegel zur Folge hatte. Bevor die Sunn-Techniker ihre Versuche, sich aus den genannten Gründen dem Konzept der britischen Verstärker weiter anzunähern, beenden konnten, hatte sich Hendrix bereits den Rest seines Marshall-Equipments, das er seit Anfang April 1968 wieder ausschließlich benutzte, nach New York einfliegen lassen. Noel Redding, der mit seinem neuen Bass-Verstärker zufrieden war, kam zwar auch weiterhin seinen vertraglichen Verpflichtungen nach, ansonsten wurden die Sunn-Geräte aber nur noch für die Monitor-Anlage eingesetzt. Nach knapp anderthalb Jahren wurde der Kontrakt mit Sunn dann vorzeitig beendet.

Sinn und Zweck dieses Sunn-Intermezzos in der Hendrix-Karriere sind bis heute nicht ganz klar. Hendrix war mit seinen Marshall-Amps grundsätzlich sehr zufrieden, und in Bezug auf die von ihm in den USA zusätzlich verwendeten Fender-Anlagen gab es, nachdem die anfangs auftretenden Probleme behoben waren, höchstens noch Beanstandungen im Zusammenhang mit der Lautsprecherbestückung. So stellt sich die Frage, aus welchen Gründen der Vertrag mit Sunn überhaupt zustande kam, insbesondere da die Mängel dieser auch für Hendrix' Sound-Vorstellungen einfach nicht kompatiblen Produkte, von Anfang an so offensichtlich waren. Die Vermutung liegt nahe, dass auch hier möglicherweise das Management mehr zu sagen hatte als der Künstler selbst. Denn, dass man unter den geschilderten Umständen auf den angebotenen Fünfjahresvertrag einging, lässt beinahe auf Ignoranz schließen. Die Tatsache, dass Hendrix' Musik wesentlich mit einem fest umrissenen Sound-Konzept zu tun hatte, das technisch realisiert werden wollte, scheint zumindest einigen Verantwortlichen nicht bewusst oder eben egal gewesen zu sein. Falls Hendrix den Vertrag eigenhändig unterzeichnet hat, was eher unwahrscheinlich ist, standen ihm jedenfalls schlechte Berater zur Seite und/oder er unter Druck. Denkbar ist aber auch, dass die Tatsache, dass The-Who-Gitarrist Pete Townshend zeitweilig ebenfalls auf Sunn-Equipment spielte (über seine Erfahrungen mit diesem Verstärkertyp ist nichts bekannt), ein Grund für Hendrix' anfänglich etwas unkritisches Interesse an den Produkten dieser Firma war.

Der an der Produktion von ‚Electric Ladyland' beteiligte Techniker Phil Brown erwähnte noch einen Vox AC30-Combo, mit dem Hendrix die kompletten Overdubs des Tracks 'All Along The Watchtower' eingespielt habe – das wären dann die Lead-Parts und/oder die gedoppelten Harmonien. Abgenommen wurde das Lautsprechersignal von zwei Neumann-U67-Mikrofonen und einem AKG C12A, die in verschiedenen Abständen positioniert waren.

Über gravierende Modifikationen der von Hendrix verwendeten handelsüblichen Verstärker ist nichts bekannt. Der Elektroniker Tony Franks veränderte angeblich bei einigen 100-Watt-Marshall-Tops den Verstärkungsfaktor im Preamp-Bereich und erzielte so eine um etwa 30 Prozent erhöhte Leistung und ganz sicher auch ein günstigeres Übersteuerungsverhalten. Abgesehen davon wurden verhältnismäßig oft die Röhren ausgetauscht, deren Leistung aufgrund der Tatsache, dass die Verstärker durchweg bis zum Anschlag aufgedreht wurden, rasch nachließ. Henry Goldrich von Manny's, einem bekannten Musikladen in New York City, verstärkte die Gehäuse- und Chassis-Konstruktionen einiger Tops und installierte auch häufig neue und bessere Röhren. Und John Downing, einer von Hendrix' Roadies, kennzeichnete im Januar 1969 das gesamte Marshall-Equipment mit dem aufgesprühten Signet "J.H.EXP".

Der gemeinsame Nenner aller aufgeführten Verstärkertypen ist ihr auf der traditionellen Röhrentechnik basierendes Konzept, die im Allgemeinen die Möglichkeit der Klangverzerrung durch Übersteuerung bietet – eine wesentliche Komponente von Hendrix' Musik. Entscheidend in diesem Zusammenhang ist jedoch, ähnlich wie bei den Gitarren, dass Hendrix schon vor seiner "offiziellen" Entdeckung vor allem in Musikerkreisen als herausragender und im Hinblick auf seine Sound-Konzeption revolutionärer Gitarrist angesehen wurde. Er konnte also in musikalischer Hinsicht auch mit den damals zur Verfügung stehenden relativ bescheidenen Mitteln das bieten, was später viele Chronisten und Kritiker in erster Linie auf sein gigantisches Instrumentarium zurückführten. Somit muss sein Konzept um einiges komplexer gewesen sein, als es die Theorie vorsieht, dass es nur aus einer "Wand" von Lautsprechern bestand. Hier spielten zweifellos noch andere Faktoren eine Rolle.

EFFEKTE

Gerade im Hinblick auf die Verwendung von Klangeffekten, speziell von Gitarren-Effektgeräten, ist oft über geheimnisvolle, noch unbekannte Sonderanfertigungen spekuliert worden, ohne die Hendrix' Sound-Experimente angeblich nicht möglich gewesen wären. Beschäftigt man sich eingehender mit dem Effekteinsatz in seiner Musik, dann wird zunächst einmal deutlich, dass zwischen der Live-Situation auf der Bühne und der Arbeit im Studio große Unterschiede bestanden.

Bei Live-Gigs kam es darauf an, mittels weniger zuverlässiger, hintereinandergeschalteter Geräte einige brauchbare Sound-Varianten herzustellen. Viele dieser Sounds erzeugte Hendrix in erster Linie mit Hilfe des Lautstärkereglers und des Tonabnehmer-Wahlschalters seiner Gitarre, die in Verbindung mit einem voll aufgedrehten Röhrenverstärker neben ihren ursprünglichen Funktionen auch noch Faktoren wie Verzerrungsgrad, Feedback, Klangfarbe, Tonansatz, etc. beeinflussen können. Der Gitarrist Michael Bloomfield, der Hendrix schon vor seinem großen Durchbruch in New York mit den Blue Flames erlebte, bemerkte dazu: "Er fabrizierte jeden Sound, den ich je von ihm gehört habe ... mit einer Stratocaster, einem Fender-Twin-Verstärker, einem Maestro-Fuzz-Gerät, und das war alles – er brachte alles andere durch extreme Lautstärke zustande."

Neben dieser grundsätzlichen Möglichkeit der Klangbeeinflussung setzte Hendrix ab 1967 auf der Bühne in der Regel nur zwei Effektgeräte ein: das Arbiter Fuzz Face und ein Vox-V846-WahWah-Pedal. Hendrix hat Verzerrer meist in ihrer Doppelfunktion benutzt: den harten und aggressiven Klang des transistorisierten Fuzz setzte er mit hoher Ausgangsleistung als vorverstärktes Signal zur noch extremeren Übersteuerung des Marshall-Röhrenverstärkers ein. Dadurch wurde der Klang des Verzerrers etwas entschärft, da er von der weicheren Röhrenverzerrung teilweise überdeckt wurde.

Das Arbiter-Fuzz-Face wurde in England hergestellt und war seit Ende 1966 auf dem Markt. Wegen seines runden, flachen

Metallgehäuses mit in verschiedenen Farben erhältlicher Hammerschlag-Lackierung wurde es oft "Tretmine" genannt – und der Begriff hat sich ja dann für Boden-Effektgeräte etabliert. Das Fuzz Face besaß einen Lautstärkeregler, der das Ausgangssignal bestimmte, einen Regler, mit dem das Sustain beziehungsweise der Verzerrungsgrad eingestellt wurde, sowie den üblichen On/Off-Fußschalter. Aufgrund der eingebauten Transistoren hatte das Fuzz-Face den Nachteil, dass es, wenn man es eingeschaltet hatte, häufig Radiosignale empfing und die dann über den Verstärker wiedergab. Hendrix setzte es wahrscheinlich schon ab Ende 1966 immer wieder auf der Bühne ein.

Das erste Gerät dieser Art, das Hendrix benutzte, soll das von Mike Bloomfield genannte Maestro-FZ-1-Fuzz-Tone gewesen sein. Bis Anfang 1966 scheint Jimi jedoch überhaupt keinen Verzerrer besessen und nur mit der Verstärker-Übersteuerung gearbeitet zu haben. Den Maestro-Fuzz-Tone setzte er zum ersten Mal während seiner Zeit bei Curtis Knight & The Squires ein: Dieser besaß außer dem üblichen On/Off-Schalter, dem Lautstärke- und dem Sustain-Regler, noch einen weiteren Schalter, mit dem man zwischen zwei Grund-Sounds wählen konnte. In England hat Hendrix dieses Gerät aller Wahrscheinlichkeit nach jedoch nicht mehr benutzt. Dagegen soll er das amerikanische Mosrite-Fuzzrite, das dem Arbiter Fuzz Face vom Sound her sehr ähnlich war, noch zwischen 1969 und 1970 im Studio verwendet haben. Relativ sicher ist auch die Verwendung eines Marshall Supa Fuzz, denn Hendrix hat dieses Effektgerät im Januar 1967 bei Sound City, London gekauft; die Quittung wechselte vor einigen Jahren bei einer Auktion den Besitzer. Jimi hatte diesen Verzerrer jedenfalls bei seinem Gig am 24. Januar 1967 im Londoner Marquee Club auf der Bühne.

Angeblich verfügte Hendrix bei Studioaufnahmen zeitweise über bis zu 16 verschiedene Verzerrertypen, die ihm Techniker Roger Mayer für unterschiedliche Spielsituationen konzipiert hatte. Bass-Riffs, Singlenote-Spiel in hohen Lagen oder durchgeschlagene Rhythmusakkorde beispielsweise erforderten für den Sound-Ästheten Hendrix unterschiedliche Verzerrungsgrade, Klangfarben und Frequenzgänge. Während handelsübliche Verzerrer aufgrund starker Veränderungen des hohen Frequenzbereiches die eigentliche Klangcharakteristik des Instruments meist überdeckten, trat dieses Problem bei der von Mayer entwickelten speziellen Transistorschaltung nicht auf. Eines dieser Geräte, den von Mayer im Jahr 1967 konzipierten Axis-Fuzz, setzte Hendrix zusammen mit dem Arbiter-Fuzz-Face auch beim Woodstock-Festival sowie bei Konzerten der Band Of Gypsys ein.

Roger Mayer hatte Hendrix im Januar 1967 im Londoner Bag O'Nails Club kennengelernt. Nachdem im Mayer von seiner Arbeit und dem Octavia erzählt hatte, soll Hendrix kurz darauf die bereits eingespielten Solo-Parts der Tracks ‚Purple Haze' und ‚Fire' noch mal mit dem neuen Gerät overdubbed haben. Ab dem zweiten Album ‚Axis: Bold As Love' arbeiteten die beiden dann eng zusammen, und Roger Mayer, der sich neben den Effektgeräten auch um Modifikationen und Reparaturen an den Amps und Gitarren kümmerte, war neben Produzent Eddie Kramer der wichtigste Partner für Hendrix.

Und dann war da natürlich noch das WahWah-Pedal! Ein hervorragendes Beispiel für Hendrix' Art des Wah-Einsatzes enthält das Intro des Songs ‚Rainy Day, Dream Away ...' von der Doppel-LP ‚Electric Ladyland' (1968). Auf der Bühne verwendete Hendrix das Vox-WahWah ab dem Sommer 1967. Die allererste Studioaufnahme mit dem Pedaleffekt ist wahrscheinlich ‚The Burning Of The Midnight Lamp' vom 7. Juli 1967. Bei der Aufnahme des Titels ‚I Don't Live Today' (vom Debüt-Album ‚Are You Experienced', 1967), der bereits im Februar des selben Jahres eingespielt worden war, hatte Hendrix dieses Effektgerät noch nicht zur Verfügung gestanden. Der Sound wurde hier über einen von Hand geregelten Filter (Klangregler) nachträglich erzeugt; in technischer Hinsicht handelte es sich also um den gleichen Vorgang, wenn man davon absieht, dass der Effekt nicht über ein Fußpedal gesteuert wurde.

Dieses Gerät, wie auch das Fuzz-Face, spielte Hendrix durchgehend bis 1970; nur für eine kurze Zeit wich er aus bis heute unbekannten Gründen auf das im Prinzip baugleiche Jennings Cry Baby aus. Auch das im Studio häufig benutzte Uni-Vibe der amerikanischen Univox

Company verwendete Hendrix auf der Bühne seltener. Beim Uni-Vibe handelt es sich um ein ursprünglich für elektronische beziehungsweise elektromagnetische Orgeln entwickeltes Gerät zur Simulation des Klangeffekts eines rotierenden Lautsprecherkabinetts; es sollte die schweren und unförmigen Leslie-Speaker-Cabinets, die bis dahin denselben Effekt auf mechanischem Weg erzeugt hatten, ablösen. Bei beiden Geräten ist die Geschwindigkeit des Rotationseffekts, beim Uni-Vibe zusätzlich auch dessen Intensität regelbar. Hendrix, der früher häufiger Leslie-Systeme eingesetzt hatte, soll diese noch eine Zeitlang in Kombination mit dem Uni-Vibe verwendet haben, bevor er sich endgültig für letzteres entschied. Das Leslie besitzt gegenüber seiner elektronischen Kopie allerdings den Vorzug, dass der Motor des rotierenden Lautsprechers (beziehungsweise der rotierenden Schallblende um den Lautsprecher) nach dem Einschalten allmählich bis zur gewünschten Geschwindigkeit beschleunigt und nach dem Abschalten in gleicher Weise "ausläuft", während das Uni-Vibe von Anfang an die gewählte Effektrate wiedergibt. Dieses Feature wurde erst sehr viel später "in the box" angeboten. Durch ein zusätzlich angeschlossenes Fußpedal konnte jedoch die Effektgeschwindigkeit auch während des Spielens stufenlos verändert werden. Mit Hilfe eines Fußschalters konnte man zwischen dem beschriebenen Rotationseffekt und einem Vibrato-Sound wählen. Das erste Uni-Vibe konnte offenbar auch nicht wie andere Effektgeräte mit Hilfe eines Fußschalters überbrückt werden; die einzige Möglichkeit dazu bestand darin, über das Pedal die Geschwindigkeit (der Rotationssimulation oder der Vibrato-Frequenz) auf Null zu reduzieren. So hatte dieses Gerät, auch wenn der Effekt selbst nicht aktiviert war, Auswirkungen auf den Signalverlauf und damit den Sound: Grund dafür war der integrierte Vorverstärker, der, sobald das Uni-Vibe einmal in die Effektkette integriert war, arbeitete. Der Gitarrenton wurde auf diese Weise etwas weicher und kräftiger. Hendrix setzte das Uni-Vibe unter anderem in den Songs ‚Astro Man' (auf ‚The Cry Of Love'), ‚Hey Baby' (auf ‚Rainbow Bridge') und ‚Machine Gun' (auf ‚The Band Of Gypsys') ein. Auf der Bühne benutzte Hendrix das Uni-Vibe, abgesehen von einer Session im "Tinker Street Cinema", erstmals beim Woodstock-Festival und dort gleich in mehreren Stücken. Nach Woodstock war das Gerät fester

Bestandteil seines Effekt-Setups, auch wenn sich sein Einsatz in der Regel auf die oben genannten Titel beschränkte.

Die beschriebenen Effektgeräte – das WahWah, das Fuzz-Face und, mit Einschränkungen, das Uni-Vibe – gehörten bei Konzerten zu Hendrix' Standard-Ausrüstung, die von seinen Experimenten mit anderen Geräten unberührt blieb. Was jedoch die Frage der Schaltung der Effektgeräte bei Hendrix betrifft, gehen die Meinungen bis heute auseinander. Sicher ist, dass diese Geräte zwischen Instrument und Verstärker geschaltet wurden; die heute üblichen Einschleifwege innerhalb des Amps gab es damals ja noch nicht. Normalerweise gilt dafür die Grundregel, dass modulierende Effektgeräte (WahWah, Chorus, Phaser, Delay), die die Grundfarbe des Gitarrentons weitgehend erhalten, stets hinter die Verzerrer-Einheiten (die das Teiltonspektrum massiv verändern) geschaltet werden. Ein simples Beispiel: Die Reihenfolge "Gitarre – Verzerrer – Delay" ergibt einen verzerrten Gitarren-Sound, der mit Echoeffekten versehen ist. Die Schaltung "Gitarre – Delay – Verzerrer" produziert einen insgesamt verzerrten Echoeffekt. Ähnliches gilt für WahWah und Chorus: Ein Verzerrer hinter einem solchen Effekt vermindert in jedem Fall seine Wirkung, sprich: die Effektivität; darüber hinaus werden unerwünschte Nebengeräusche vorgeschalteter Geräte von Verzerrer-Einheiten noch verstärkt. Diese Nebengeräusche sind mit ein Grund dafür, dass Effektgeräte heute zwischen Vor- und Endstufe des Gitarrenverstärkers eingeschleift werden; das (erwünschte) Vorstufenverzerren beeinträchtigt auf diese Weise auch weniger den Effekt-Sound sondern wird Teil davon. Auf einigen Konzertfotos ist nun aber zu sehen, dass Hendrix anscheinend zuerst das WahWah und dann den Verzerrer geschaltet hatte; welchen Vorteil er darin sah, ist unklar. Eine Erklärung, die sich anbietet, ist, dass er das WahWah-Pedal und den Verzerrer nie gemeinsam einsetzte – seinen regulären verzerrten Sound erhielt er ja ohnehin von den übersteuerten Marshalls. Benutzte er mehrere Effekte, so galt beispielsweise folgende Reihenfolge: Gitarre – WahWah – Verzerrer – Uni-Vibe – Verstärker.

Zu den Effektgeräten, die in der Regel nur im Studio zum Einsatz kamen, zählte auch das bereits erwähnte von Roger Mayer entwickelte Octavia, das dem Originalsignal einer Gitarre die nächsthöhere Oktave hinzufügt. Außerdem arbeitet das Gerät insofern "anschlagdynamisch", als es – je nach Intensität des erzeugten Eingangssignals – die oberen Frequenzen stärker betont. Beispiele dafür sind Songs wie ‚One Rainy Wish‘, ‚Little Wing‘ und ‚Little Miss Lover‘ von der zweiten Hendrix-LP ‚Axis: Bold As Love‘, wobei anzumerken ist, dass der Effekt, den Hendrix als "like a whistle or a flute" beschreibt, in den genannten Titeln nicht eindeutig zu identifizieren ist. Das Octavia war bei seinen seltenen Live-Einsätzen zwischen WahWah und Verzerrer geschaltet, was gleichfalls nicht sehr sinnvoll erscheint. Eine Variante dieses Effekts ist die Erweiterung des Signals durch die Unteroktav, die deutlich auf der Live-Aufnahme des Titels ‚Who Knows‘ (auf der LP ‚Band Of Gypsys‘) zu hören ist. Da das Octavia lediglich in der Lage ist, Einzeltöne sauber zu verarbeiten, entstehen, wie man hier hören kann, beim gleichzeitigen Anschlagen mehrerer Töne höchst eigenartige Klänge, deren Zusammensetzung nicht mehr eindeutig zu analysieren ist. Bei der Band-Of-Gypsys-Aufnahme wurde jedoch mit Sicherheit ein gegenüber der früheren Octavia-Version weiterentwickeltes Gerät verwendet, denn der beschriebene Effekt ist in dieser Intensität auf älteren Aufnahmen nicht auszumachen. Roger Mayer baute für Hendrix eine ganze Reihe dieser Geräte, die von diesem jedoch ab Februar 1970 nicht mehr live eingesetzt wurden, weil sie angeblich schneller gestohlen wurden, als Mayer sie nachfertigen konnte.

In einem Artikel der amerikanischen Fachzeitschrift "Guitar Player" (09/75) erwähnt Autor Don Menn ein Effektgerät mit dem Namen "The Bag", das einige Rätsel aufgibt: Angeblich wurde es vom Spieler wie ein schottischer Dudelsack gehalten; über seine Funktion und seinen Klang ist indes nichts bekannt. Ähnliche Fragen wie zum "Bag" stellen sich auch in Bezug auf das Uni Drive der Firma Uni-Vox; ein Exemplar dieses Gerätes soll, wie es heißt, Mitte 1970 vom Hersteller an Hendrix übergeben worden sein; auch über seine Funktion ist jedoch nichts bekannt. Dass das Uni Drive, wie gelegentlich vermutet wurde, für den Orgelsound der Gitarre in den letzten Takten des Titels ‚Angel‘ (auf dem Album ‚Cry Of Love‘) verantwortlich war, ist Unsinn: Das "Uni Drive" war ein Booster/

Overdrive, also eine Distortion-Einheit im Pedalformat. Led-Zeppelin-Gitarrist Jimmy Page war ebenfalls ein Fan dieses Pedals, für das heute Preise von mehr als 600 Dollar gezahlt werden. Das Geheimnis des ‚Angel'-Gitarren/Orgel-Sounds ist da schon wesentlich spannender: Entweder handelte es sich tatsächlich um ein bis heute unbekanntes Effektgerät, das in der Lage war, den genannten Sound zu produzieren, oder Hendrix spielte seine Gitarre, um das konstante Lautstärke-Level zu erreichen, über einen Compressor/Limiter oder einen zusätzlichen Röhrenverstärker, imitierte die Klangfarbe der Pseudo-Hammond vielleicht noch mit Hilfe eines festeingestellten WahWah-Pedals oder eines anderen Filters und schickte das Signal anschließend mit Sicherheit über ein Leslie-System – den berühmten Orgelverstärker mit dem rotierenden Lautsprecher.

Sicher ist auch, dass Hendrix eine Reihe von Geräten, die er ständig benutzt haben soll, nie zu Gesicht bekommen hat. So hat sich etwa der amerikanische Hersteller Electro-Harmonix mehrfach mit Werbe-Slogans für den Verzerrer Big Muff und das Echoplex hervorgetan, die Hendrix angeblich favorisiert habe – Behauptungen, die mit ziemlicher Sicherheit nicht den Tatsachen entsprechen. Jedenfalls existiert, außer von der Firma selbst, keinerlei Hinweis darauf, dass Hendrix eines dieser Geräte jemals verwendet hat.

Roger Mayer hat nach eigenen Angaben an sämtlichen Effektgeräten, die zum Einsatz kamen, Veränderungen vorgenommen, die sich jedoch in erster Linie auf das Ersetzen verschiedener Bauteile durch qualitativ besseres Material beschränkten. Auf diese Weise sollte nicht zuletzt eine präzisere Anpassung der hintereinander geschalteten Geräte erreicht werden. Auch mit der Einstellung des Pedalwegs und des Einsatzpunkts des WahWah-Pedals – im Wesentlichen ein Problem der Mechanik – versuchte Mayer Hendrix' relativ bescheidene (Live-)Effektkombination in jeder Hinsicht zu optimieren. Fest steht, dass Mayer neben den oben genannten noch weitere Effektgeräte für Hendrix entwickelt hat, über die jedoch kaum etwas bekannt ist. Meist existierten für sie nicht einmal Bezeichnungen; vermutlich verschwanden sie nach kurzen Studio-Tests wieder in Mayers Werkstatt.

Hervorzuheben ist, dass Hendrix, obwohl er die verschiedensten Effekte einsetzte, trotzdem nur sehr sparsamen Gebrauch von ihnen machte. Abgesehen von der mehr oder weniger starken Verzerrung seines Gitarren-Sounds, die in Hendrix' musikalischer Konzeption zu eng mit seinem Instrument verbunden ist, als dass der Begriff "Effekt" noch auf sie anwendbar wäre, nahm er in vielen seiner bedeutendsten Aufnahmen kaum großartige klangliche Manipulationen vor. Die Tatsache, dass Jimis Gitarre trotz dieser Zurückhaltung immer als die Hendrix-Gitarre zu identifizieren ist, macht deutlich, dass seine Bedeutung als Musiker und Gitarrist nicht nur auf die Verwendung eines bestimmten Instrumententyps oder eines besonderen Effektgeräts zurückzuführen sein kann, sondern dass auch hier noch weitere Faktoren eine Rolle gespielt haben müssen.

Sagen wir es mal so: Der Mann hatte es einfach drauf! Und er hatte es in den Händen, im Kopf, im Blut. Im Fall von Jimi Hendrix kamen fortgeschrittenes Handwerk, eine gewachsene Liebe zur Musik und eine Menge Feeling zusammen. Und dann hatte er (und haben wir) das Glück, dass da 1966 einige Leute an ihn glaubten und ihn erst berühmt und dann zum unsterblichen Star gemacht haben. Mit 24 Jahren war Jimi Hendrix noch ein unbekannter Club-Musiker in NYC, mit knapp 28 war er tot. Vier Jahre und fünf Alben reichten ihm, die Rockmusik und das E-Gitarrenspiel zu prägen wie niemand anders vor und nach ihm.

STUDIO

Waren die ersten beiden Alben ‚Are You Experienced' und ‚Axis: Bold As Love' (1967/68) offiziell noch von Entdecker Chas Chandler produziert worden, so wurde der Sänger, Gitarrist & Komponist Jimi Hendrix für die geniale Doppel-LP ‚Electric Ladyland' auch als Producer und Musical-Director genannt. Von großer Bedeutung war bei diesen Produktionen der Tontechniker Eddie Kramer, der zwar auf keiner der aufgeführten Original-LPs genannt wurde, dessen Einfluss auf Hendrix' Studio-Arbeiten allerdings kaum hoch genug einzuschätzen ist. Was Aufnahme und Abmischung betrifft, liegen zwischen den oben genannten ersten beiden Hendrix-Alben Welten, wobei zu bedenken ist, dass die von den Tontechnikern Dave Siddle und Gary Kellgren aufgenommenen Titel des Hendrix-Debüts ‚Are You Experienced?' eine für ihre Zeit mehr als solide Arbeit darstellen. Eddie Kramer war auch erst ab ‚Axis: Bold As Love' an Hendrix' Studioarbeiten beteiligt. Berücksichtigt man seine ungemein kreative Verwendung der verschiedensten Raum- und Klangeffekte auf dieser LP, so ist kaum zu glauben, dass es sich hierbei um Kramers allererste Stereo-Aufnahmen handelt. Er hatte auch erst 1964 sein erstes Engagement in den Londoner Pye-Studios, wo er unter anderem mit Sammy Davis Jr. und The Kinks zusammenarbeitete. 1966 wechselte Kramer in die Olympic Studios, und dort wurden auch die Small Faces, The Beatles und die Rolling Stones seine Klienten. Und 1967 Jimi Hendrix.

Im Vergleich zu den heutigen Produktionsmöglichkeiten waren die Tonstudios der 60er-Jahre absolut spartanisch ausgestattet. So wurden die ersten beiden Hendrix-LPs in verschiedenen Londoner Studios – meist in den Olympic Studios sowie im Kingsway- und im Regent-Sound-Studio – noch in Vierspurtechnik aufgenommen; das heißt, mit an heutigen Maßstäben gemessen, unvorstellbarem, analogem, unterstem Homerecording-Standard. Da mit zwei Bandmaschinen gearbeitet wurde, konnten immerhin die vorhandenen Möglichkeiten noch ein wenig erweitert werden. Eddie Kramer: "Man hatte also acht Spuren. Aber im Grunde hatte man keine acht Spuren – eigentlich hatte man nur sechs. Das Schlagzeug wurde zusammen mit dem Bass auf zwei Spuren aufgenommen, weil dieser Mix perfekt sein musste; dazu eine Spur für die Rhythmusgitarre und noch eine Spur für die Lead-Gitarre. Dann überspielte man das alles auf zwei Spuren der zweiten Vierspur-Maschine. So hatte man noch zwei Spuren für Lead- und Background-Gesang übrig – und für alles andere. Und das war's. Das heißt, alles musste von Anfang an perfekt sein."

Bei dieser Methode war natürlich wegen des dabei entstehenden Nebengeräuschpegels sowie starker Einbußen im Frequenzgang ein mehrmaliges Überspielen hin und her unmöglich. Die amerikanischen Studios, in denen Hendrix später aufnahm und produzierte, waren da schon komfortabler ausgestattet: Im New Yorker Record Plant standen zunächst zwölf und später – wie im Electric-Lady-Studio – 16 Spuren zur Verfügung. Zum Vergleich: Bereits 1990 befanden sich hier insgesamt drei Studios, die mit einem Aufnahme-Equipment von je 48 Spuren ausgerüstet sind. Und schon lange ist auch hier die digitale Welt der unbegrenzten Möglichkeiten Alltag – wie in vielen Homerecorder-Kinderzimmern.

Jimi Hendrix kaufte, wenn man Zeitzeugen glauben kann, außer Gitarren und Verstärkern auch eine Menge weiterer Instrumente wie Pianos, Trompeten, Saxophone, Bässe, um sich näher mit ihnen zu befassen und vielleicht irgendwann ein Soloprojekt auf die Beine zu stellen. Dies war möglicherweise einer der wichtigsten Gründe für sein Interesse an den Electric-Lady-Studios, die zu einem Wesentlichen Teil nach seinen Vorstellungen konzipiert worden sein sollen. Sein ausgeprägtes Bedürfnis nach optimalen Produktionsbedingungen ist zugleich ein deutliches Zeichen für eine Verlagerung seiner musikalischen Interessen. Nach fast zehn Jahren on the road (davon die allermeiste Zeit als unbekannter Begleitmusiker) wollte sich Hendrix, so paradox es klingen mag, wieder mehr der Musik widmen, und dies war für ihn in erster Linie möglich, indem er im Studio experimentierte – eine Arbeitsweise, die seinen Vorstellungen wesentlich näher kam als die von kommerziellen Zwängen bestimmten Reisen von einem Konzert zum nächsten.

Der amerikanische Gitarrist Eddie Martinez charakterisiert den Studio-Musiker Hendrix sehr treffend: "Er war der erste Gitarrist, der das Tonband als seine Leinwand benutzte, um darauf Klänge zu malen." Und Eddie Kramer stellte fest: "Er beschrieb die Sounds, die er haben wollte, wie Farben, wie Klangfarben – er besaß ein umfassendes esoterisches Begriffsvokabular, sprach viel von Räumen. Es gab keine effektivere Methode, mit der Arbeit an Klängen umzugehen, denn auf dieselbe Weise arbeitete ich auch."

Hendrix war zweifellos kein gelernter Studiotechniker oder Toningenieur, aber sehr offen und interessiert. Und aufgrund seiner Zusammenarbeit mit Eddie Kramer war es ihm jedoch möglich, seine Ideen präzise zu formulieren und umzusetzen. Kramer seinerseits hatte von Anfang an zumindest die Grundprinzipien von Hendrix' Musik begriffen. Was keineswegs selbstverständlich war, wie die bereits beschriebenen Begegnungen mit den BBC-Tontechnikern zeigten. Für Eddie Kramer hingegen stellte auch die extreme Lautstärke der Hendrix-Gitarre, die bei Aufnahmen jener Zeit eher unüblich war, kein Problem dar, obgleich Hendrix auch im Studio meist über zwei 100-Watt-Marshall-Stacks mit der üblichen Bühneneinstellung spielte. Oft waren seine Türme mit verschiedenen Effektketten versehen, und teilweise wurde die Gitarre auf diese Weise sogar in Stereo aufgezeichnet. In vielen Fällen wurde sie auch ohne irgendeinen hinzugefügten Effekt aufgenommen und erst im Nachhinein mit Hall, Echo oder Phasing versehen.

Einige Gitarrensoli hat Hendrix von vornherein so konzipiert, dass sie in der endgültigen Fassung des Songs rückwärts abgespielt werden konnten, so etwa die Soli in ‚Are You Experienced?‘ (von der gleichnamigen LP) und in ‚You've Got Me Floating‘ und ‚Castles Made Of Sand‘ (vom Album ‚Axis: Bold As Love‘). Bei dieser Backward-Guitar- beziehungsweise Reversed-Tape-Technik ging er so vor, dass er die bereits aufgenommenen Musikteile, über die er sein Solo zu spielen hatte, rückwärts abhörte und dann quasi live das Gitarrensolo dazuspielte. Wurde dann der komplette Track "vorwärts" abgespielt, war natürlich der Lead-Part der Gitarre in umgekehrter Laufrichtung zu hören. Gerade diese Technik soll Hendrix ausgezeichnet beherrscht haben, denn er konnte anscheinend sehr gut abstrahieren: Angeblich wusste er immer genau, an welcher Stelle er sich in dem betreffenden rückwärts abgespielten Stück befand. Bei manchen Aufnahmen wurden auch andere Instrumente auf diese Weise abgemischt. Was das Schlagzeug angeht, ist zu vermuten, dass hier nur einzelne Sounds wie etwa die länger ausklingenden Becken "umgedreht" wurden.

In diesem Zusammenhang ist anzumerken, dass Hendrix einerseits immer wieder als äußerst disziplinierter Studio-Musiker beschrieben wird, dass er andererseits jedoch, angetrieben von einer permanenten Unzufriedenheit mit seiner Arbeit, immer neue Takes seiner Soli einspielte und sich häufig nicht entschließen konnte, eine Version zu akzeptieren. Aus demselben Grund zeigte er sich oft unzufrieden mit der Arbeit seiner Mitmusiker, was dazu führte, dass er in manchen Stücken zum Beispiel auch die Basslinien höchstpersönlich einspielte und in der Aufnahme ‚Blue Suede Shoes‘ von der posthum erschienenen LP ‚Loose Ends‘ versuchte, Drummer Buddy Miles mit Worten und Gesang die passende Schlagzeugbegleitung zu demonstrieren. Der gute Buddy hatte bei dieser Gelegenheit allerdings Aufmerksamkeitsstörungen, oder den Kanal so voll, dass er einfach nichts davon kapierte – sehr unterhaltsam!

Zum Teil nahmen Hendrix' Experimente mit Klangeffekten groteske Formen an. Als er einmal einen Unterwasser-Sound beziehungsweise seine persönliche Vorstellung davon realisieren wollte, ließ er anfangs präparierte Gitarrenlautsprecher in Wasserbehälter installieren, ein Versuch, der jedoch nicht das gewünschte Ergebnis lieferte. So unternahm Eddie Kramer schließlich doch den Versuch, diesen Effekt auf elektronischem Weg, mit Hilfe von Phasing und Klangfiltern, zu erzeugen. Die Seemöwenschreie, die sich Hendrix für das Stück ‚1983 ... (A Merman I Should Turn To Be)‘ von ‚Electric Ladyland‘ wünschte, erzeugte er in Zusammenarbeit mit Kramer durch Feedback-Geräusche der Kontrollkopfhörer, die anschließend mit diversen Effekten wie langsamen Echos und Stereo-Panning bearbeitet wurden. In ‚EXP‘ (auf ‚Axis: Bold As Love‘) wurden ebenfalls Panorama-Effekte eingesetzt; hinzu kamen hier noch andere Gestaltungsmittel wie etwa die Manipulation der Tonhöhen von auf Band aufgezeichneten Stimmen durch ständige Veränderung der Bandgeschwindigkeit. Für das Intro-Thema des Titels ‚Burning Of The Midnight Lamp‘ (auf dem Album ‚Smash Hits‘) wurde der WahWah-Gitarren-Sound mit dem Klang eines Cembalos gemischt.

Die meisten anderen Effekte, die ebenfalls nur mit Hilfe der Studiotechnik zu realisieren waren, hat Hendrix ab den Aufnahmen zum zweiten Album ‚Axis: Bold As Love' eingesetzt. Der spektakulärste Sound jener Zeit war zweifellos das Phasing. Heute wird dieser Effekt elektronisch realisiert, in den 60er-Jahren benutzte man dazu zwei Bandmaschinen, auf denen man dieselbe Aufnahme synchron abspielte und während dieses Vorgangs geringfügig die Geschwindigkeit und die Klangfarbeneinstellung einer der beiden Maschinen veränderte. Führte man nun das Originalsignal und das manipulierte Signal zusammen, so entstanden ständig variierte Verstärkungen und Abschwächungen im Klangbild, die einem sich im Raum bewegenden Klang ähnelten. Hendrix soll mit diesem Effekt immer eine Unterwasseratmosphäre assoziiert haben. Titel, in denen das Phasing eingesetzt wurde, sind zum Beispiel ‚Bold As Love', ‚Have You Ever Been (To Electric Ladyland)' und ‚House Burning Down'.

Ein weiteres Verfahren, das Automatic Double Tracking (ADT), diente dazu, der Gesangsstimme oder irgendeinem anderen aufgenommenen Signal den Klangcharakter von zwei Unisono-Stimmen zu verleihen. Singen etwa zwei menschliche Stimmen gleichzeitig dieselbe Tonfolge, führt dies aufgrund minimaler Intonationsdifferenzen und unterschiedlicher Klangfarben nie bloß dazu, dass sie sich gegenseitig verstärken. Der Grund dafür ist eben, dass sie in keinem Fall hundertprozentig gleich klingen, und dadurch entstehen Schwebungen, die dem Gesamtklang diesen typischen, chorähnlichen Charakter geben. Genau diesen Effekt sollte das ADT simulieren. In Hendrix' Werk ist es jedoch ein vergleichsweise dezent verwendetes Gestaltungsmittel geblieben, das nur in wenigen Passagen des Titels ‚One Rainy Wish' zu hören ist. Technisch wurde der Effekt realisiert, indem die Originalaufnahme der Stimme auf eine zweite Bandmaschine kopiert wurde, bei der die Abspielgeschwindigkeit mit Hilfe eines Oszillators ständig geringfügig verändert wurde; zusätzlich wurde die zweite Bandmaschine gegenüber der ersten in zeitlichem Abstand (im Millisekunden-Bereich) gestartet. Beim Zusammenmischen von Original und Kopie entstanden dann die genannten Schwebungen beziehungsweise der Choreffekt.

Das schon erwähnte Panning, das im Endergebnis den Sound zwischen den beiden Lautsprechern einer Stereo-Anlage hin und her wandern lässt, kann zum einen von Hand mit Hilfe des betreffenden Mischpultreglers erzeugt werden, lässt sich aber auch auf elektronischem Weg über einen Oszillator erzielen – in beiden Fällen entsteht der berühmte Ping-Pong-Effekt. Das beste Beispiel für einen extremen Panning-Einsatz bei Hendrix findet sich in ‚EXP' vom ‚Axis: Bold As Love'-Album.

Raumeffekte wie Echo und Hall wurden entweder mit Hilfe eines Band-Echos – zum Beispiel mit dem Echoplex – oder unter Einsatz von EMT-Hallplatten erzielt. Während die Echoeffekte, die oft auch zur Feedback-Unterstützung eingesetzt wurden, in Hendrix' klangmalerischen Kompositionen wie etwa ‚1983 ... (A Merman I Should Turn To Be)' meist sehr deutlich hervortreten, wurde der Hall eher zurückhaltend verwendet, in der Regel nur, um bestimmte Instrumente oder Stimmen aus dem Klangbild hervorzuheben. Das bekannte Intro des Dylan-Songs ‚All Along The Watchtower' ist in dieser Hinsicht schon etwas extrem ausgefallen.

Darüber hinaus standen Hendrix auch Geräte mit weniger spektakulären Effekten zur Verfügung, zum Beispiel Kompressoren und Limiter-Einheiten zur Dynamik-Begrenzung und, wie bereits im Zusammenhang mit dem Phasing erwähnt, erweiterte Klangregelungsmöglichkeiten wie der Pultec-Filter; hiermit konnte Hendrix bestimmte Frequenzanteile aus einem Signal herausfiltern und auf diese Weise neue Sounds kreieren. Anzumerken bleibt, dass die Übergänge von der üblichen Bearbeitung eines Signals über die Klangregelstufen des Mixers bis hin zur totalen Verfremdung durch aktive Filtereinheiten, die zu Effektzwecken eingesetzt wurden, durchaus fließend sind.

Für die Aufnahme der Gitarren-Parts gab es mehrere Verfahrensweisen: Zum einen – mit Hilfe eines oder mehrerer Mikrofone – die gewöhnliche Art der Abnahme der kompletten Gitarrenanlage inklusive vorgeschalteter Effekte von den Lautsprecherboxen. Zum anderen die Methode, die Gitarre direkt ans Mischpult beziehungsweise das Aufnahmegerät anzuschließen –

"Direct Injection" (D.I.) genannt. Der direkt aufgenommene "nackte" Gitarrenton konnte dann im Nachhinein noch mit Effekten bearbeitet werden, was vor allem bei einigen Gitarrenspuren der posthum erschienenen Hendrix-LP ‚Cry Of Love' geschehen ist. Hier wurden angeblich auch cleane Gitarrenspuren nachträglich durch übersteuernde Marshall-Amps gejagt und das Ergebnis dann neu aufgenommen – diesen Vorgang bezeichnet man als Re-Amping. Natürlich wurden beide Methoden auch kombiniert angewandt, indem das Gitarrensignal zunächst gesplittet wurde: Ein Anteil ging seinen normalen Weg durch Hendrix-Effektgeräte in seinen Verstärker, dessen Lautsprecher mit Mikrofonen abgenommen wurden. Das zweite, von der Gitarre abgegriffene Signal wurde clean aufgezeichnet. Beide Varianten konnten dann einzeln, nebeneinander im Stereo-Spektrum, oder zu einem neuen Sound zusammengemischt, verwendet werden.

Eddie Kramer hat in Interviews erklärt, dass er an einer totalen technischen Analyse seiner Arbeiten mit Hendrix nicht interessiert sei, was heißt, dass er nicht sämtliche Techniken und Tricks offenlegen will. Der Journalist Don Menn bemerkte hierzu: "Ein Grund dafür ist, dass Kramers eigene Arbeitsweise oft zu sehr auf Improvisation beruhte, um sie methodisch beschreiben zu lassen; ein anderer besteht darin, dass er Studiotechniken, die er als die raffinierteren Details seiner Arbeiten betrachtet, nicht ausplaudern möchte."
Wie auch immer man diese Erklärung bewerten mag: Es war in erster Linie Eddie Kramer, der für Hendrix das Instrument Studio spielbar gemacht und so die Fundamente für seine Musik auf Tonträger gelegt hat.

WORKFLOW

Einige Anmerkungen noch zu Jimi Hendrix' Arbeitsweise: Während er anfangs stets mit fertig ausgearbeitetem Material ins Aufnahmestudio ging und es dann nur noch leicht veränderte, begann er später, praktisch alles, was im Studio musikalisch passierte, mitzuschneiden; Jams und Improvisationen wurden komplett aufgenommen und anschließend auf ihre Verwendbarkeit überprüft, ganz im Sinne des von Gitarrist Robert Fripp (King Crimson) geprägten Mottos: "Rationalize after the event!" Der Zeitaufwand für die Produktion einzelner Stücke war aus den genannten Gründen äußerst unterschiedlich; je größer die technischen Möglichkeiten waren, desto ausgiebiger wurden sie auch genutzt.

Der Produzent Alan Douglas, der nur kurze Zeit mit Hendrix zusammenarbeitete, bestätigt den weitgehend improvisatorischen, auf organische musikalische Entwicklung abzielenden Ansatz der späten Hendrix-Phase, betont aber zugleich dessen Interesse an einem möglichst weitgehenden persönlichen Einfluss auf den musikalischen Gestaltungsprozess: "Er produzierte ständig Basic-Tracks, und wenn man glaubte, er würde gerade die definitive Version eines Stücks aufnehmen, war sie in Wirklichkeit keineswegs definitiv, weil er sich Gedanken darüber machte, was er noch auf elektronischem Weg mit ihr anstellen sollte. Er dachte wie ein Produzent, und das Beste, was man tun konnte, war, ihm beim Produzieren zu helfen. Man konnte nicht stellvertretend für ihn produzieren – er dachte dafür zu weit voraus."

In diesem Zusammenhang fiel Douglas nach eigenen Angaben als Produzent häufig die Aufgabe zu, das von Hendrix in Grundzügen konzipierte musikalische Material zu strukturieren, um es für die beteiligten Musiker nachvollziehbar zu machen und auf diese Weise eine Zusammenarbeit überhaupt erst zu ermöglichen. Kritisch anzumerken ist hier jedoch, dass Douglas in seinen Interview-Äußerungen oft den Anschein erweckt, als wolle er sich als der von Hendrix persönlich legitimierte Nachlassverwalter präsentieren, dem sogar quasi kompositorische Eingriffe in dessen Werk gestattet waren, auch posthum. Seine zu Recht umstrittenen Hendrix-

Veröffentlichungen ‚Midnight Lightning' und ‚Crash Landing' (beide 1975 erschienen) haben seinen guten Ruf als Produzent jedenfalls eher belastet als gefestigt. Einige später unter seiner Aufsicht publizierte Studio- und Live-Mitschnitte, die im Wesentlichen unbearbeitet blieben, waren durchaus eine Bereicherung – für den Plattenmarkt wie für den Produzenten. Aus den genannten Gründen sind Alan Douglas' Stellungnahmen zum Thema Jimi Hendrix mit Vorsicht zu genießen; seine Verdienste um die Veröffentlichung von Hendrix' Musik bleiben hiervon allerdings unberührt.

Hendrix selbst hatte oft Schwierigkeiten mit Tontechnikern und Produzenten, vielleicht deshalb, weil er nicht immer in der Lage war, jedem seine Vorstellungen verständlich zu machen. Aus diesem Grund arbeitete er sich allmählich in diesen Bereich ein und konnte so im Studio in zunehmenden Maß die Regie übernehmen. Das Album ‚Electric Ladyland' (10/1968) sollte ja erst der Anfang seiner Arbeit als selbstbestimmter beziehungsweise bestimmender Produzent und Musiker sein – leider blieb ihm ja dann keine Zeit mehr dafür.

Sein weitreichendes Interesse an den technischen Aspekten seiner Album-Produktionen äußert sich auch in der von ihm immer wieder vorgebrachten Kritik an der mangelnden Sorgfalt bei der Herstellung der Master-Folie für die Vinyl-Pressung. In einem Rundfunk-Interview von 1969 hob er gegenüber seinem Gesprächspartner Meatball Fulton außer seiner allgemeinen Unzufriedenheit mit den unzureichenden technischen Bedingungen, unter denen er zu arbeiten gezwungen war, auch hervor, dass allein wegen der mangelhaften Qualitätskontrolle bei der Master-Fertigung sein mühsam entwickeltes und zu guter Letzt auch realisiertes Sound-Ideal für den Plattenhörer nicht authentisch nachvollziehbar sei. Der amerikanische Gitarrenbauer und Popmusik-Pionier Les Paul war es übrigens, der Hendrix auf die Bedeutung dieser wichtigen Etappe einer jeden Plattenproduktion hingewiesen hatte, die zugleich auch die häufigste Ursache für Jimis chronische Unzufriedenheit mit dem klanglichen Endresultat seiner ersten beiden LPs war. Bei der ‚Electric Ladyland'-Produktion hatte er es sich deshalb nicht nehmen lassen, beim Schneiden der Masterfolie persönlich anwesend zu sein: Bei rund der Hälfte der Stücke dieses Doppel-Albums überwachte er diesen Teil des Produktionsprozesses – eine Anstrengung, die sich, vor allem im Vergleich mit der Debüt-LP, hörbar positiv niedergeschlagen hat.

Und was kann man über 30 Jahre später von Jimi Hendrix als (Studio-)Musiker lernen? Eines vor allem: Versuche alles zu verstehen und nach Möglichkeit zu beherrschen, was mit der Produktion deiner Musik zu tun hat – und mach es selbst! Zumindest so lange es niemand anders besser kann. Außerdem: Experimentiere, bis der Arzt kommt! Kunst hat sich nie anders weiterentwickelt. Und das alles war, dank immer erschwinglicherer Aufnahmetechnik und dem Medium Internet, noch nie einfacher als heute. Wenn man dann noch mit offenen Augen und Ohren durchs Leben geht, dabei Trends & Moden nicht wichtiger nimmt als nötig, vielleicht auch mal in den eigenen Kopf reinhört, ist man vielleicht bereit, seine eigene Musik zu machen.

Und dann kann es spannend werden. ★

06 DER GITARRIST

ÜBER DIE SPIELTECHNIK

Nachdem die eher technisch orientierte Betrachtung der verschiedenen Instrumente das musikalische Phänomen "Jimi Hendrix" nicht so ganz erklären konnte, soll im folgenden Kapitel die Spieltechnik seines Hauptinstrumentes E-Gitarre in allen Einzelheiten untersucht werden. Die hier beschriebenen Techniken und Tricks bestimmen nicht nur seinen Gitarrenstil, sondern sind auch in Hinblick auf Hendrix' kompositorischen Arbeiten grundlegende Gestaltungsmittel.

Im US-Magazin Guitar Player vom September 1975, zitiert Autor Don Menn in seinem Beitrag "Jimi' s favorite guitar technique" Hendrix wie folgt: "Sometimes I jump on the guitar. Sometimes I grind the strings up against the frets. The more it grinds, the more it whines. Sometimes I rub up against the amplifier, sometimes I play the guitar with my teeth or with my elbow, I can't remember the things I do."

Fußballer- und Musiker-Aussagen sind oft keine große Hilfe für den Fan, der verstehen will, was wirklich vor dem Tor oder musikalisch-technisch hinter einem Stück passiert ist. Wer sich also nicht nur mit dem Genuss des akustischen Endprodukts zufriedengeben will, sondern sich ebenso für den vorausgehenden kreativen Prozess interessiert, muss weiterforschen. Viele Mythen, gerade um Hendrix' Gitarrenspiel, bauen auf relativer Unwissenheit ihrer Urheber auf. Da Hendrix selbst sich kaum genau zu seiner Spielweise geäußert hat und das als Bauchspieler vielleicht auch gar nicht so perfekt konnte, war dieses Terrain weitgehend der Popmusik-Presse sowie den in Form von diversen Tonabnehmern und Effektgeräten den "Original-Hendrix-Sound" verkaufenden Instrumentenherstellern überlassen. Dass sich Hendrix' Gitarrenstil aus vielen verschiedenen Bestandteilen zusammensetzte, die als Einzelerscheinungen meist schon bekannt und wenig spektakulär sind, in ihrer Kombination aber trotzdem einen wirklich revolutionären musikalischen Ansatz hervorgebracht haben, soll im Folgenden aufgezeigt werden.

Don Menn, der sich als einer der ersten Musikjournalisten mit Hendrix' instrumentalen Techniken auseinandergesetzt hat, betont die Notwendigkeit, den musikalischen Gesamtzusammenhang, den diese technischen Aspekte ja bestimmen, bei einer Betrachtung nicht außer Acht zu lassen, um eine Reduzierung auf bloße Tricks und Gags zum Selbstzweck zu vermeiden: "In the hands of lesser musicians, these are mere gimmicks; in the hands of a Jimi Hendrix, however they are valuable tools of his craft – as necessary to him as properly trimmed nails are to Segovia or the right hand mute is to Atkins."

Dass diese Einzelelemente seines Gitarrenstils im Grunde genommen erst durch ihre Analyse zu solchen werden, also an sich in der Fusion des Jimi-Individualstils aufgegangen sind, macht die stilistische Geschlossenheit, aber auch die Komplexität seiner Musik aus. Hendrix' Gitarrenstil ist nicht das Ergebnis einer klaren Konzeption; dieser Stil verbindet ganz offensichtlich Einflüsse verschiedener Richtungen, die er während seiner Karriere als Musiker kennenlernte. Er ist das Ergebnis einer beständigen Entwicklung, die von der Basis des Experimentierens ausging, also vom relativ unbefangenen, autodidaktischen Zugang, durchsetzt von einer gewissen Hemmungs- und Respektlosigkeit vor dem Instrument. Aber auch das Interesse an einem individuellen musikalischen Ausdruck zeigt sich hier.

Einige grundlegende Anmerkungen zu Hendrix' Gitarrenspiel: Er war Linkshänder, benutzte aber fast ausschließlich herkömmliche Rechtshänderinstrumente, dies nicht zuletzt, weil sie sehr viel leichter erhältlich und damit jederzeit ersetzbar waren. Die Gitarren waren umgekehrt besaitet, auch die saitenführenden Teile (Bridge und Nut) waren entsprechend angepasst. Wegen dieser Haltung der Gitarre liegen die Kontrollregler und der Tonabnehmer-Wahlschalter, wie auch der Vibratohebel des Instruments, nicht mehr unterhalb der Bridge, sondern jetzt oberhalb. Bei der Fender Strat liegen bei linkshändigem Einsatz die Stimmwirbel unterhalb des

Gitarrenkopfes, was ihre Einstellung nicht gerade erleichtert. Auch die oft vermutete bessere Erreichbarkeit der Kontrollregler ist im praktischen Test nicht zu bestätigen. Der (linke) Unterarm muss in jedem Fall, um die Regler zu erreichen, noch näher und höher an den Korpus gezogen werden als beim Anschlagen der Saiten. Hierbei liegen die Regler, der Schalter und auch der Vibratohebel (wenn er nicht nach oben oder unten weggedreht ist) unter dem Unterarm, wodurch wiederum leicht der Tonabnehmer-Wahlschalter unbeabsichtigt verstellt werden kann. Ein kontrolliertes Umschalten mit Hilfe der Unterarmfläche ist jedoch kaum zu erreichen. Die anders platzierte Ausgangsbuchse ist gewöhnungsbedürftig, stört aber nicht wesentlich während des Spielens. Alles in allem bietet also eine so ergonomisch konzipierte Gitarre wie die Fender Stratocaster keine Vorteile, wenn man sie quasi "auf links dreht".

SHOWTRICKS

Show? Tricks? In diesen Bereich gehören alle Effekte und Spielpraktiken, die keine primär musikalische Bedeutung haben, also im Wesentlichen unterhaltenden Charakter besitzen und der visuellen Unterstützung der live gespielten Musik dienen sollen. Das ausgerechnet diese Showtricks bei manchen Abhandlungen über Hendrix' Gitarrenstil das eigentliche Hauptthema sind, spricht eigentlich nur für ihre anscheinend sehr gelungene Präsentation. Aus beiden Gründen sollen sie deshalb hier am Anfang vorgestellt werden, um Missverständnisse zu klären und dann möglichst auf kurzem Weg zu musikalisch relevanteren Punkten kommen zu können.

Das "blinde" Spielen der Gitarre hinter dem Kopf, das auch von Blues-Legende T-Bone Walker bekannt ist, oder das für Chuck Berry typische, zwischen den Beinen des Spielers gehaltene Instrument, sind die beiden bekanntesten Show-Effekte, die Hendrix gerne auf der Bühne einsetzte. Sie sind, wie viele andere auch, schon seit den 40er- und 50er-Jahren aus dem Blues, Rhythm 'n' Blues und Rock & Roll bekannt und wurden bereits von Musikern wie Bo Diddley oder eben Chuck Berry, zehn Jahre vor Hendrix in deren Live-Shows eingebaut. Diese unterhaltsame bis provozierende, oft eindeutig sexuelle Symbolik war in jedem Fall publikumswirksam. Der Bassist von Bill Haleys berühmten "Comets" bot auf der Bühne sogar eindeutige Kopulationsstellungen gemeinsam mit seinem Kontrabass.

Neben dem gelegentlichen Einsatz dieser beiden Effekte ist Hendrix in diesem Zusammenhang besonders aufgefallen durch sein Gitarrenspiel mit dem Mund. Ob diese Art die Saiten zum Schwingen zu bringen eine Eigenschöpfung ist, oder ob er sie bei anderen Musikern gesehen und dann übernommen hat, ist nicht überliefert. Die berühmte Anekdote über die Entstehung, besagt Hendrix sei die Idee hierzu gezwungenermaßen in einer Kleinstadt in Tennessee gekommen: "Down there you you have to play with your teeth or else you get shot. There's a trail of broken teeth all over the stage." Schon auf sehr frühen Fotos aus der Zeit mit Curtis Knight & The Squires (1965/66) ist Hendrix in dieser bekannten Pose zu sehen, die Gitarre halb sein Gesicht verdeckend, so dass die Saiten horizontal vor dem Mund verlaufen. Ob er nun aber, wie oft spekuliert wird, nur mit den Zähnen oder der Zunge, oder auch mit den Lippen spielte ist eigentlich relativ unwichtig. Wichtig ist eigentlich nur, dass dabei auch fast immer relevante Musik entstanden ist.

Hendrix zeigte jedenfalls beim Einsatz dieses Effekts genauso viel Phantasie wie bei anderen Spieltechniken auch; er probierte einfach alle möglichen Varianten aus und kombinierte sie auch miteinander. Auf verschiedenen Fotos ist zum Beispiel deutlich zu erkennen, dass er mit seiner Zunge die Saiten anschlägt, was in Tennessee ja niemand von ihm verlangt hatte. Eine weitere Möglichkeit ist, dass er die Saiten auch oder in erster Linie mit Hammer-ons und Pull-offs in Schwingung versetzt hat und überhaupt nicht ständig den Mundbereich (im weitesten Sinne) zur Klangerzeugung eingesetzt hat. Entscheidend in diesem Zusammenhang ist, dass diese Art des Saitenanschlags keine ungewöhnlichen, vom herkömmlichen Plektrum-Sound abweichenden klangliche Ergebnisse hervorgebracht hat. Sieht man Filmaufnahmen von Hendrix, zum Beispiel die Aufzeichnung von ‚Hey Joe‘, vom Monterey Festival

1967, so erkennt man überrascht, dass das bekannte Solo mit dem Mund gespielt wurde, was beim Hören der LP kaum vermutet wird. Das zweite Solo spielt Hendrix hier übrigens mit der Gitarre hinter dem Kopf. Aber auch bei anderen Filmausschnitten (Johnny B.Goode/Berkeley, Purple Haze/London, Marquee Club) ist trotz spektakulärer Posen nur ein gewohntes Hendrix-Gitarrensolo zu hören, das sich sowohl von seiner Gestaltung, als auch klanglich nicht von konventionell gespielten Passagen abhebt. Gelegentlich wird der Klang kurz etwas obertonreicher, was eventuell auf die Berührung der schwingenden Saite mit den Zähnen zurückzuführen ist (Purple Haze/Berkeley). Genauso war das Anzünden der Gitarre mit Hilfe von Feuerzeugbenzin gegen Ende eines Konzerts, was Hendrix nach dem spektakulär inszenierten Showdown in Monterey 1967 noch ein paar Mal praktizierte, in erster Linie ein visueller Gag fürs Publikum. Die Idee hierzu kam laut Noel Redding auch nicht vom Meister selbst, sondern von Keith Altham, einem Journalisten vom "New Musical Express", und bezog sich ursprünglich nur auf Hendrix' Komposition ‚Fire'.

Schon eher den musikalischen Teil der Aufführung betreffen die in einigen Konzerten von Hendrix durchgeführten Zerstörungsaktionen. Hierbei schlug er sein Instrument auf den Bühnenboden, gegen die Lautsprecherboxen oder gegen die Verstärker. Das geschah alles bei eingeschaltetem Equipment, also mit direktem, elektroakustisch verstärktem und modifizierten, klanglichem Resultat. Kam die Grundidee dieser spontanen Performance in der Performance von den englischen Kunststudenten der 60er-Jahre, die mit sogenannten "Auto-Destruction Happenings" Aufsehen erregten, indem sie zum Beispiel ein Piano mit Hilfe eines Krans aus großer Höhe auf den Boden stürzen ließen und die Überreste dann anzündeten, so hat Hendrix diese eigentlich unmusikalische Methode, die man ohne Weiteres auch mit einem PKW oder einem Kühlschrank hätte durchführen können, wirklich in einen musikalischen Ablauf integriert. Eine krachend zersplitternde, durch Rückkoppelungen pfeifende und mit überdehnten Saiten jaulende Gitarre in entsprechender Lautstärke erweitert das klangliche und visuelle Spektrum eines Live-Konzertes enorm und ist somit auch eine Erweiterung der Ausdrucksmittel des Künstlers.

Wahrscheinlich war es Gitarristen-Kollege Pete Townshend von The Who, ein Absolvent der Ealing Art School, der Jimi Hendrix mit diesen Zerstörungs-Happenings vertraut gemacht hat. Aus der Zeit vor 1967 sind von Hendrix keine ähnlichen Aktionen bekannt, was aber auch mit seiner damaligen finanziellen Situation zu tun haben kann, die solche Materialschlachten schlichtweg nicht zugelassen hätte. Im Gegensatz zu Townshend, der einen ausgeprägten Sinn für Theatralik hat, scheint Hendrix die Zerstörung eher spontan, ungeplant, als extremes Ausdrucksmittel in extremen Stimmungen eingesetzt zu haben. Von einer eher emotional als künstlerisch intendierten Aktion geht auch Chas Chandler aus, der die erste Gitarrenzerstörung angeblich bei einem frühen Experience-Gig in München (Ende 1966) miterlebt haben will, wo Hendrix seine Wut über einen Defekt an seiner Gitarre direkt am Objekt abreagierte: "Da ist er übergeschnappt und hat alles kurz und klein geschlagen, was ihm in die Finger kam. Dem deutschen Publikum hat das sehr gefallen, und da haben wir uns entschieden, die Zertrümmerungs-Orgie als Teil der Auftrittsdramaturgie beizubehalten, wenn das eine gute Presse gab oder die Situation es verlangte." Demnach waren die Bühnenexzesse nicht nur vom Management abgesegnet und genehmigt, sondern sondern zum Teil auch inszeniert.

Autor Don Menn geht trotzdem davon aus, dass Hendrix meist aus Wut und Enttäuschung über schlecht funktionierendes Equipment oder einfach aus Interesse an neuen Klangschöpfungen gehandelt hat. Hierfür spricht das Eigenleben der Instrumente, das er durch deren teilweise Zerstörung erzeugte: die relative Unkontrollierbarkeit von Feedback und Kurzschlussgeräuschen einer zerschlagenen Gitarre oder eines extrem übersteuerten Verstärkers könnten Hendrix durchaus gereizt haben, diesen unberechenbaren verselbständigten Prozess, der jedes Mal anders ausfällt, in seiner Musik wirken zu lassen. Oft waren die entstehenden Geräusche und Rückkopplungen nur noch durch das Abschalten der gesamten Anlage unter Kontrolle zu bringen.

Tatsache ist aber, dass Hendrix diese Aktionen bei der Mehrzahl seiner Konzerte und Auftritte überhaupt nicht durchgeführt hat. Geht man von einer stimmungsabhängigen, spontanen Entscheidung für oder gegen das Zerschlagen des Instruments aus, so ist dies einfach als ein improvisiertes Gestaltungsmittel zu sehen, das als letzte Konsequenz der sowieso schon an die Grenzen gehenden Belastung des gesamten Equipments eine schlüssige Beziehung zu Hendrix' ekstatischer, physischer Spielweise hat. Dagegen ist die rein musikalische Bedeutung im Vergleich zu den vielen anderen Gestaltungsmitteln dieses Gitarristen eher gering. Wichtigster Effekt dieser Aktionen war ganz klar, dass wir heute noch darüber reden.

AM INSTRUMENT

Einige Elemente der Spieltechnik von Jimi Hendrix sind untrennbar mit den Regel- und Schaltmöglichkeiten der E-Gitarre verbunden oder basieren auf der Einbeziehung unkonventioneller Formen der Klangerzeugung in sein Spiel. Genauso wie der Verstärker für ihn zum Instrument geworden war, das mehr konnte als nur ein Signal in seiner Leistung zu vervielfachen, hat er bei der Gitarre nicht nur die Saiten zur Klangerzeugung eingesetzt, sondern auch hier versucht neue Möglichkeiten zu finden oder bestehende zu kombinieren und zu variieren. Die Vibrato-Einheit der Gitarre benutzte Hendrix nur selten in der damals üblichen Art, nämlich um Einzeltöne oder Akkorde mit einem leichten Effekt zu versehen, wie es zum Beispiel die Shadows oder Duane Eddy getan hatten. Durch starkes Ziehen oder Drücken des Vibratohebels konnte er einen angeschlagenen Ton um bis zu zwei Ganztönen in seiner Höhe verändern. Das ermöglichte ihm, einfache Tonfolgen und Melodien praktisch mit dem Hebel zu spielen, ohne umgreifen zu müssen. Auch glissandoähnliche, fließend ineinander übergehende Tonbewegungen waren hierdurch, viel extremer als etwa mit Hilfe des Saitenziehens, möglich. Die Veränderungsmöglichkeit der Tonhöhe konnte noch extremer gestaltet werden durch die Kombination der Hebelbetätigung einerseits, mit dem Verstellen der Stimmmechaniken durch die andere Hand. Hierdurch konnte die Saitenspannung vollkommen gelöst werden, so dass spätestens beim Kontakt der Saiten mit den Tonabnehmern nur noch tiefklingende, metallische Geräusche zu hören waren.

Ein weiterer Effekt, den Hendrix einsetzte, war das abrupte Unterbrechen der Verbindung zum Verstärker durch schnelles Herausziehen und Einstecken des Verbindungskabels aus der Buchse an der Gitarre. Hierbei kommt es, aufgrund des momentanen Kurzschließens des Gitarrenkabels (beziehungsweise des anhängenden Verstärkers), zu kurzen, krachenden oder brummenden Geräuschen. Das war also die handgearbeitete Urform des Kill-Switch von RATMs Tom Morellos & Co. Ähnliche Geräusche soll Hendrix auch durch schnelles Ein- und Ausschalten des Netzschalters oder des Stand-by-Schalters am Verstärker erzeugt haben.

Die Kontrollregler der Gitarre setzte Hendrix ein, um stehende, vorher angeschlagene Akkorde oder Einzeltöne in der Lautstärke oder Klangfarbe zu verändern. Die in erster Linie erzeugten Crescendo/Diminuendo-Effekte, auch Swell- oder Violining-Effekt genannt, kombinierte er auch gerne mit einhändig erzeugten Tönen, die er mit Hammer-ons und Pull-offs der Greifhand produzierte, da er auf diese Art mit der anderen Hand frei die Regler betätigen konnte. Ähnliche, jedoch stufenweise Veränderungen waren durch Betätigung des Tonabnehmer-Wahlschalters möglich, mit dessen Hilfe ja ebenfalls drei in ihrer Klangfarbe unterschiedliche Sounds abgerufen werden konnten. Hendrix nutzte neben diesen vorgegebenen Schaltpositionen auch zwei mögliche Zwischenstellungen, die, mit etwas Übung, durch Balancieren des Schalters, zu erreichen sind. Der so entstehende hohle Sound ist unter anderem bei den Studioaufnahmen von ‚Little Wing‘, ‚Wait Until Tomorrow‘, sowie ‚House Burning down‘ zu hören. Auch für diese Sounds gab es später bekanntlich einen komfortableren Schalter – der 5-Weg-Strat-Pickup-Switch.

Eine weitere Möglichkeit der Klangerzeugung ist das harte Anschlagen von Hals und Korpus des Instruments. Die hierdurch entstehenden Klänge sind einmal durch die Position der Greifhand zu beeinflussen, da die Saiten der Gitarre, ob frei schwingend oder gegriffen, auf diese Art indirekt zum Klingen gebracht werden können. Es entstehen also die jeweils gewählten Töne, deren schwebender Charakter aber von dem, im Gegensatz zum direkten

Anschlagen der Saiten, ganz anderen Einschwingvorgang bestimmt ist. Die Obertonstruktur der auf diese Art und Weise erzeugten Klänge kann, je nach Intensität und vor allem je nach Position des Schlags variiert werden. Hierbei bringen auch Schläge mit den Fingerknochen ganz andere Ergebnisse, als zum Beispiel ein Anschlagen des Halses beziehungsweise des Korpus mit dem Handballen oder mit der Faust. Je nach Lautstärkeeinstellung und Übersteuerungsgrad des angeschlossenen Verstärkers, sind aufgrund der leichten Mikrofonie der Tonabnehmer nicht nur die indirekt erzeugten Saitenschwingungen, sondern auch die Schlaggeräusche selbst deutlich zu hören.

Hendrix hat die Gitarre aber nicht nur mit den Händen auf diese Art angeschlagen, sondern hierzu auch während des Spiels ab und zu seinen Unterkörper eingesetzt. War dieses rhythmische Bewegen gegen das Instrument ein alter Blues-Showeffekt, den unter anderem T-Bone Walker und Guitar Slim schon in den 50er-Jahren eingesetzt hatten, so ist er hier erst, aufgrund der durch die Übersteuerung des Verstärkers relativ empfindlich reagierenden Gitarre, deutlich hörbar geworden. Einen eigenartigen Vibrato-Effekt erzeugte Hendrix durch das Hin- und Herbewegen des mit dem Korpus verschraubten Gitarrenhalses, ein Trick, der auch von Sinti-Gitarristen bekannt ist, jedoch nicht in dieser extremen Art. Der hierdurch entstehende Sound ist mit der Vibrato-Einheit der Gitarre oder mit dem Fingervibrato der Greifhand nicht zu erreichen. Und Hendrix hat laut Don Menn wohl manchmal ganz extrem Hand angelegt: "In fact, Jimi used to wrench the neck back and forth so hard that it would sometimes come completely loose, leaving limp strings (and probably intonation problems that only someone like Jimi could deal with)."

Hendrix beschäftigte sich auch mit den Vibratofedern, die durch das Entfernen der Rückenabdeckung der Gitarre offen lagen. Durch Ziehen oder Anschlagen dieser Spiralfedern wurde einmal die Saitenspannung verändert, was eine dem herkömmlichen Vibrato ähnliche Klangveränderung erzeugte; andererseits wurden aber auch die hierdurch entstehenden schwirrenden Eigengeräusche der Federn, aufgrund der oben genannten Mikrofonie der Tonabnehmer und der Korpusresonanz, mit übertragen. Einzelbeispiele für die Verwendung dieser Tricks und Effekte sind in den Aufnahmen von Hendrix schwer zu finden, da er, wie schon anfangs erwähnt, sie als Gestaltungsmittel miteinander kombiniert oder mit konventionellen Techniken verbindet. In den Video- und Tonaufnahmen vom Monterey Festival 1967 (insbesondere bei ‚Hey Joe' und ‚Wild Thing'), sowie bei ‚Johnny B. Goode' vom Berkeley-Konzert (30. Mai 1970), sind viele der hier beschriebenen Spielmerkmale in der Praxis zu sehen.

ANSCHLAGHAND

Die Anschlagtechnik Hendrix' ist, wie bei den meisten anderen E-Gitarristen auch, in erster Linie bestimmt vom Spiel mit dem Plektrum. Andere Möglichkeiten hat er grundsätzlich nur eingesetzt, um bestimmte klangliche Effekte oder Kontraste zu erzielen. Sie wurden also in erster Linie im Sinn von zusätzlichen Gestaltungsmitteln genutzt, um das Sound-Spektrum der Gitarre zu erweitern.

Beim Plektrumspiel unterscheidet man drei Arten des Anschlags: Die meisten Gitarristen schlagen oder zupfen die Saiten von oben nach unten an (down stroke), der umgekehrte Fall (up stroke) ist relativ selten. Er findet sich in der Regel nur als Bestandteil des Wechselschlags (up and down stroke), der besonders von Jazz-Gitarristen der am BeBop orientierten Stilrichtungen sehr konsequent praktiziert wurde und wird, um ein möglichst schnelles und flüssiges Spiel zu erreichen. Hendrix spielte überwiegend down stroke, insbesondere beim linearen Solospiel. Bei schnellen Single-Note-Akzenten oder sehr jazzorientierten Soli setzt er aus den oben genannten Gründen den Wechselschlag ein, so zum Beispiel bei ‚Machine Gun'. Beim rhythmischen Akkordspiel steht natürlich auch der Wechselschlag im Vordergrund, deutliche Akzente werden jedoch meist mit Abschlagbewegungen erzielt (Beispiel: ‚Purple Haze'). Gerade beim Spiel mit dem Plektrum erzielte Hendrix sehr unterschiedliche Klangfarben durch verschiedene

Anschlagpositionen und nutzte so die Tatsache, dass die am Steg angeschlagene Saite zum Beispiel viel brillanter klingt als in der Nähe des Halstonabnehmers. Diese Unterschiede finden sich genauso bei der akustischen Gitarre, und auch hier nutzte Hendrix diese Möglichkeiten, wenn es darum ging, ein Stück klanglich interessant und abwechslungsreich zu gestalten – seltenes Beispiel ist ,Hear My Train A-Coming' von der LP ,Soundtrack From The Film Jimi Hendrix'.

Der Saiten-Anschlag mit dem Daumen ist in einigen Blues-Aufnahmen zu sehen und zu hören, so unter anderem bei dem oben genannten ,Hear My Train A-Coming', sowie bei einer Version von ,Red House', von der LP ,Isle Of Wight'. Bei beiden Aufnahmen wechselt er zwischen Daumen- und Plektrum-Anschlag ab, was besonders deutlich bei ,Red House' auffällt, da sich hierdurch die Klangfarbe der Gitarre extrem verändert- Der Sound wird durch den Daumenanschlag sehr fett und obertonarm, was Hendrix hier anscheinend aber noch durch die Einstellung der Klangregelung verstärkt. Beim Wechsel zum Daumenanschlag behält er das Plektrum trotzdem weiter in der Hand, das heißt, er versteckt es in der Innenhand. Hierbei handelt es sich um einen Trick, der eigentlich relativ einfach zu lernen ist, der gleichzeitig aber in der Literatur unter "Palming the pick", immer etwas geheimnisvoll und oft als unerklärbar dargestellt wird. Wahrscheinlich hat Jimi das Plektrum (wenn er es nicht einsetzte) zwischen Ringfinger, kleinem Finger und Handfläche gehalten, denn auf diese Art ist es am einfachsten wieder in die Ausgangsposition, also zwischen Daumen und Zeigefinger zu bekommen. Außerdem sind, wenn das Plektrum in der Handfläche gehalten wird, außer dem Daumen noch Zeige- und Mittelfinger frei, sodass sogar Harmonien gezupft werden können. Nur mit den Fingern, also etwa im Sinne der klassischen Gitarre, hat Hendrix nicht gespielt; auch das im Folk und Country-Blues geläufige Fingerpicking hat er nicht eingesetzt.

Einen weiteren Effekt, der besondere Klänge hervorbringen kann, beschreibt Stevie Ray Vaughan unter der Bezeichnung "King Tone". Der Name kommt daher, weil er diesen speziellen Ton zum ersten Mal bei den Gitarristen Albert King, Freddie King und Mr. B.B. King gehört hatte: "...but Hendrix took it farther. It's a breathy tone, it sounds more like bells but it's not harmonics. It's just a way of playing with the skin of your fingers and part of your fingernail and part of your pick sometimes. It's not a harmonic and it' s not a false note, it's just a very, very pure tone. And he'd get it like in the beginning of ‚Castles Made Of Sand'. That's that tone."

Was Stevie Ray Vaughan hier beschreibt, ist technisch betrachtet eine Mischung aus dem angeschlagenen oder gezupften Ton und einem, durch eine Art künstliches Flageolett hervorgehobenen Teilton. Insofern ist dieser Klang doch mit den angesprochenen Harmonics verwandt, der erzeugte Klang beinhaltet jedoch auch noch den herkömmlichen Grundton in seiner gewohnten Obertonstruktur. Auf die beschriebene Art und Weise können, je nach Position des Anschlags, verschiedene Teiltöne hervorgehoben werden. Dabei geht man am besten so vor, dass während des Anschlags mit dem Plektrum die Außenseite des Ringfingers der gleichen Hand ganz leicht die betreffende Saite berührt, um so den Flageolett-Ton zu erzielen. Je stärker die Saite auf diese Art abgedämpft wird, umso geringer ist der Anteil des Grundtons am entstehenden Klang. Bei starker Übersteuerung des Gitarrensignals kann so auch ein Umkippen des angeschlagenen Tons in einen höheren Teilton erreicht werden, was zum Beispiel bei ‚Star Spangled Banner' in der Version vom Woodstock-Festival gut zu hören ist.

Einen anderen Effekt, den Hendrix jedoch nicht allzu oft angewendet hat, ist das sogenannte "Plek Tapping". Im Solo von ‚Machine Gun' (LP: Band Of Gypsys) kombiniert er das Hammer-on/Pull-off der Greifhand mit dem Aufschlagen des Plektrums auf die schwingende Saite und auf das Griffbrett. Dies entspricht vom Grundprinzip her dem Finger-Tapping Eddie van Halens, hat aber aufgrund des Einsatzes der scharfen Plektrumkante einen größeren Geräuschanteil und somit ein ganz anderes klangliches Resultat.

GREIFHAND

Im folgenden Abschnitt soll auf einige häufig verwendete Spielmerkmale der Greifhand eingegangen werden, die für Hendrix' Gitarrentechnik wesentlich sind. Am bekanntesten ist wohl seine schon mehrfach erwähnte Hammer-on/Pull-off Spielweise. Von Hammer-on spricht man, wenn ein gespielter Ton durch Aufschlagen eines Fingers der Greifhand auf die schwingende Saite um einen weiteren Ton ergänzt wird. Dieser zweite Ton wird jedoch nicht extra mit dem Plektrum angeschlagen, sondern entsteht nur durch den beschriebenen Aufschlag. Das Gegenstück zu dieser Technik ist das Pull-off, das meist hiermit kombiniert wird. Hierbei wird ein gegriffener und angeschlagener Ton, kurz nachdem er angeklungen ist, durch schwungvolles Abziehen des greifenden Fingers in eine, ein oder mehrere Bünde tiefer liegende Note der gleichen Saite, übergeführt. Die Saitenschwingung bleibt wie beim Hammer-on erhalten, ohne dass der entstehende Ton erneut angeschlagen werden muss. Beide Techniken setzte Hendrix bei Single-Note- und Akkordspiel ein, wobei die akkordorientierte Spielweise wohl am bekanntesten geworden ist und auch am charakteristischsten für ihn war. In Balladen wie ‚Little Wing' oder ‚The Wind Cries Mary' hat Hendrix hierdurch, in Verbindung mit einer speziellen Akkordgrifftechnik, eine wirkliche Verschmelzung von melodischen und harmonischen Elementen erreicht. Hierzu später mehr.

Das "One handed playing", (Beispiel: ‚Johnny B. Goode' von der LP: ‚In The West', sowie ‚Star Spangled Banner' in der Aufnahme vom Woodstock-Festival) bei dem nur die Greifhand eingesetzt wird, basiert im Wesentlichen auf den beiden oben genannten Techniken. Andere Möglichkeiten, die Saiten einhändig in Schwingung zu versetzen, sind Effekte wie Bending, Sliding oder das Fingervibrato. Hendrix Vibratotechnik wird oft nur unter dem Aspekt der Verwendung des Vibratohebels der Stratocaster gesehen, der natürlich vergleichsweise spektakulärer ist. Sein Fingervibrato gehört jedoch mit Sicherheit zu seinen ausgereiftesten Spielmerkmalen und verrät das Studium der großen Blues-Gitarristen wie Albert und B.B. King. Neben der klassischen Technik, die im Wesentlichen auf der horizontalen Bewegung des Handgelenks aufbaut, erzeugt er den

Effekt ebenso durch vertikales Bewegen der Saiten über das Griffbrett beziehungsweise die Bünde, was weitaus extremere Tonhöhenveränderungen ermöglicht. Beide Verfahrensweisen wurden auch zusammen angewendet und selbstverständlich, wie alle genannten und noch zu nennenden Effekte und Spielweisen, immer wieder neu kombiniert.

Für das Vibrato setzte Hendrix überwiegend den ersten oder den dritten Finger ein. Aufgrund seiner relativ kräftigen Hände konnte er den Effekt aber ebenso mit dem zweiten oder vierten Finger erzielen. Für den Einsatz beim Akkordspiel nutzte er entsprechend die ganze Greifhand, wobei sich die entstehenden Tonhöhenschwankungen, eventuell aufgrund minimaler Verstimmungen zwischen den einzelnen gegriffenen Tönen, durch leichte Schwebungen vom Hebel-Vibrato unterscheiden. Für den Einsatz dieser in fast allen Stücken mehr oder weniger präsenten Technik, gibt es entsprechend viele Beispiele; so ist unter anderem bei ‚Voodoo Child (Slight Return)‘ das einfache Vibrato mit dem dritten Finger mehrfach zu hören, während beim WahWah-Intro von ‚Still Raining, Still Dreaming‘, (beide von ‚Electric Ladyland‘) überwiegend der erste Finger im Einsatz ist. In den Anfangstakten von ‚Red House‘ (LP: ‚Are You Experienced‘) ist der beschriebene Einsatz der gesamten Greifhand sehr deutlich erkennbar. Dieses Stück ist in den verschiedensten Versionen immer ein gutes Beispiel für den vielfältigen Einsatz des Fingervibrato, und es zeigt außerdem den Traditionsbezug beziehungsweise Hendrix' Weiterentwicklung der Gitarrenspielweise innerhalb des Blues.

Unter Bending versteht man das Verändern eines Tons durch Ziehen der betreffenden Saite, was, ähnlich wie beim vergleichbaren Fingervibrato, mit allen vier Fingern der Greifhand möglich ist, wobei aber in der Praxis meist nur der dritte und der vierte Finger genutzt werden. Die Saite kann bevor, während oder nachdem sie angeschlagen wurde, gezogen werden, und so, je nach Kraft und Gefühl, um bis zu einigen Ganztonschritten in der Tonhöhe (nach oben) verändert werden. Gefühl ist hierfür insofern notwendig, um den maximalen Belastungspunkt der Saite nicht zu überschreiten, und so das Reißen zu verhindern. Michael Bloomfield zu Hendrix'

Einsatz des Bending: "Jimi was a super expert at bending strings and sustaining notes. Sometimes he would bend seven or eight frets and know where he was going, not like a lot of guys who are just jerking their strings around. In seven frets there are seven half-half steps [quarter-tones], that's fourteen possible notes he could find within seven frets. He would hear where he was going, he wasn't just bending out in space somewhere. He had an immense vocabulary of controlled sounds."

Neben dem Ziehen von Einzeltönen gibt es noch die vor allem im Blues zu findende Variante, bei der auf zwei, meist nebeneinander liegenden Saiten eine Quart gegriffen, und der tiefere Ton des Intervalls, um einen Halbton, also bis zur Terz gezogen wird. Durch die Reibung der beiden gleichzeitig angeschlagenen Töne entsteht ein leicht klagender bis jammernder Klang, der in Kombination mit Vibrato-Effekten noch charakteristischer wird. Das oft als Octave- oder korrekter als Unison-Bending bezeichnete und später vor allem von Carlos Santana bekannte Ziehen zweier Saiten bis zum Einklang, ist der andere typische Bending-Effekt. Hier wird anstatt einer Quart eine kleine Septime gegriffen, und der tiefere Ton entsprechend bis zum Einklang erhöht (unter anderem zu hören bei ,Manic Depression' und ,Purple Haze' von der LP ,Smash Hits'). In diesem Zusammenhang ist zu erwähnen, dass Hendrix das Oktavenspiel im Sinne des Jazz-Gitarristen Wes Montgomery ebenfalls beherrschte; unter anderem zu hören im (fast) instrumentalen Titel ,3rd Stone From The Sun' von seiner zweiten LP, wo er die fast schon traditionelle Oktavtechnik mit sehr freien, geräuschlastigen Gitarrenimprovisationen verbindet.

Im Vergleich zu anderen Gitarristen konnte Hendrix, aufgrund seiner großen Hände, den Daumen der Greifhand sowohl zum Akkordspiel, als auch für einfache Basslinien einsetzen. Hierbei stabilisierte er die Hand angeblich dadurch, dass er den vierten Finger hinter dem Hals feststellte, was etwas schwierig nachzuvollziehen ist und auch auf Filmaufnahmen nicht eindeutig zu erkennen ist, so zum Beispiel bei der Aufzeichnung vom Monterey Festival 1967, wo er bei dem Bob Dylan Titel ,Like A Rolling Stone' den Daumen für das Spielen von Basslinien einsetzte.

SLIDE & RETUNING

Slide-Effekte werden normalerweise mit sogenannten Bottlenecks, die ursprünglich aus Glasflaschenhälsen angefertigt wurden, erzeugt. Heute wird hierfür eine spezielle Glas- oder Metallhülse verwendet, die über einen Finger der Greifhand gestülpt wird und durch Gleiten über eine angeschlagene Saite einen Glissando-Effekt ermöglicht. Sitzt der oder das Bottleneck auf dem vierten Finger, kann mit den übrigen Fingern auch noch in herkömmlicher Grifftechnik gespielt werden. Diese Art des Gitarrenspiels stammt aus dem Blues und ist von Musikern wie Robert Johnson und Muddy Waters bekannt.

Jimi Hendrix benutzte diese herkömmlichen Glas- oder Metallhülsen so gut wie nie. Er erzeugte den gleichen Effekt mit Hilfe eines Metallrings, den er am kleinen Finger trug. Als Alternative hierzu setzte er gelegentlich den Ständer seines Gesangsmikrofons ein, den er an den Saiten der Gitarre entlangführte, so zu hören auf einigen Live-Aufnahmen von ‚All Along The Watchtower'. Einen ähnlichen, jedoch wesentlich raueren Klang erzeugte er durch Reiben des Unterarmes über die Saiten (‚Wild Thing', LP: Monterey); noch härtere Sounds kamen zustande, wenn er die Gitarre an den mit Kunstleder überzogenen Verstärker- und Boxengehäusen entlang rieb. Slide- oder Glissando-ähnliche Sounds sind natürlich auch durch entsprechenden Einsatz der Greifhand zu erzeugen. Solche Slide-Bewegungen der Finger der Greifhand, von einem gegriffenen und angeschlagenen Ton zu einem höher oder tiefer liegenden, hat Hendrix in seinen Soli häufig eingesetzt.

Die im Blues verbreiteten offenen Stimmungen der Gitarre, die die harmonischen Möglichkeiten beim Slide-Spiel um einiges erweitern, hat Hendrix, zumindest nach seinem kommerziellen Durchbruch, nicht verwendet. Für die Zeit vorher sind diese sogenannten "Open Tunings" nur belegt durch den Bassisten Chuck Rainey, der in der Band von King Curtis um 1965/66 mit ihm zusammenspielte: "Jimi used to tune to an open chord", zitiert ihn Don Menn in seinem grundlegenden Artikel "Jimi's favorite guitar technique" im GuitarPlayer vom September 1975. Menn könnte diese Aussage fehlinterpretiert haben. Eventuell wollte Rainey nur die auch auf einigen Live-Aufnahmen zu hörende Art des Nachstimmens der Gitarre beschreiben, bei der Hendrix einen "offenen" Akkord der ersten Lage griff (also zum Beispiel den klassischen E-Dur-Wander-Akkord mit drei gegriffenen und drei leeren Saiten), und dann die Saiten nach Gehör auf die betreffende Harmonie einstimmte. Die Verwendung der offenen Stimmung ist allein schon aus dem Grund unwahrscheinlich, da nicht bekannt ist, dass Hendrix mal ganze Songs mit einem Bottleneck gespielt hat, und die veränderte Stimmung an sich ergibt ansonsten eigentlich kaum einen Sinn.

Hendrix wird immer wieder als geradezu pedantischer Wächter über eine möglichst exakte Stimmung der Gitarre beschrieben, als "fanatischer Saubermann des Stimmens." In Hinblick auf seine Studioarbeit ist diese Einschätzung vielleicht nicht falsch, hört man sich aber Live-Aufnahmen an, dann zeigte sich Herr Saubermann oft von einer ganz anderen Saite: Die in manchen Fällen wirklich erhebliche Verstimmung der Gitarre ist überwiegend auf Hendrix' exzessiven Einsatz des Vibratohebels und des Saitenziehens zurückzuführen. Während er zum Beispiel bei der schon mehrfach erwähnten Aufnahme von ‚Star Spangled Banner' (LP: Woodstock), gegen Ende der Improvisation versucht die Verstimmung der Gitarre wieder zu korrigieren, hat er gelegentlich während des Spiels einzelne Saiten in ihrer Tonhöhe verändert. Neben dem schon in Zusammenhang mit den Vibratohebel-Effekten beschriebenen Entspannen der Saite zur Erzeugung von verschiedenen Geräuschen, nennt Menn noch "wobbly on-off pitch variations", also das "Spiel mit dem Verstimmen der Gitarre" als weitere Möglichkeit.

Alle hier aufgeführten Tricks, Techniken und Effekte wurden, wie schon anfangs betont, in den Ablauf eines Stücks integriert, also als musikalische Gestaltungsmittel eingesetzt. Bedenkt man die Möglichkeiten der Kombination, allein der bisher aufgezählten Gestaltungsmittel, so ist man der Erklärung des kreativen Gitarristen und Sound-Schöpfers Jimi Hendrix schon wesentlich näher.

Eine weitere charakteristische Eigenart dieses Gitarristen ist seine Grifftechnik, die einerseits natürlich Bezüge zur harmonischen

Gestaltung seiner Kompositionen aufweist, die aber genauso mit dem Phänomen "Gitarren-Sound im weiteren Sinne" in Verbindung steht. Einige typische Beispiele für von Hendrix häufig verwendete Akkorde werden jetzt vorgestellt.

CHORDS

"No doubt Hendrix' unique chord thinking came from the unusual way that he held the guitar: upside down and backwards!" schrieb Autor Steve Tarshis in seinem Buch "Original Hendrix" (London 1982, S.16.)

Eine nette und für Nicht-Gitarristen vielleicht noch akzeptable Erklärung, die jedoch vollkommen aus der Luft gegriffen ist und symptomatisch ist für die Legendenbildung zum Thema Hendrix. (Steve Tarshis' Buch ist ansonsten nicht schlecht!) Für einen Linkshänder ändert die umgekehrt besaitete und gespielte Rechtshändergitarre, etwa in Bezug auf Hals und Griffbrett des Instruments, nichts an den normalen Bespielmöglichkeiten, außer, dass die Strat-Ergonomie das Ganze etwas unbequem macht. Wenn Tarshis mit "backwards" Hendrix' Show-Effekt mit der hinter dem Kopf gespielten Gitarre meint, so war diese relativ seltene Stellung mit Sicherheit nicht die Pose, in der er seine Akkorde lernte oder sogar entwickelte. Für die Tatsache, dass er nicht die einfachen Standardakkorde verwendete, gibt es andere Gründe; auch hier standen ganz sicher konkrete musikalische Vorstellungen im Vordergrund.

Rein grifftechnisch sind die meisten Chords, die Hendrix in seinem Spiel verwendete, sogenannte offene Akkorde, das heißt, nicht alle Saiten der Gitarre werden gegriffen oder abgedämpft, sondern einige schwingen immer leer mit. Diese Griffweise ist beim Spiel akustischer Gitarren gebräuchlicher. Ihr Effekt besteht darin, dass die nicht gegriffenen Saiten länger und obertonreicher schwingen und dadurch auch minimale Schwebungen entstehen beziehungsweise besser hörbar werden. Der Klang wird auf diese Art offener oder

weiter, was gerade dem vergleichsweise mittenbetonten E-Gitarren-Grund-Sound sehr entgegen kommt. Bedingt durch den Aufbau dieser Akkorde lassen sich auf der Gitarre nicht nur neue klangliche Effekte erzielen, sondern durch die Verschiebung eines feststehenden Griffs gegenüber den freischwingenden Saiten auch strukturell interessante und für die Gitarre im Rock-Bereich relativ unübliche Harmonien entwickeln:
Einfach mal den berühmten Wander-E-Dur in der ersten Lage greifen und ihn dann Bund für Bund hochschieben und die entstehenden Klänge checken! Haben die offenen Saiten beim Grundakkord etwa Terz- und Quintbedeutung, so können sie durch die genannte Verschiebung in einen neuen harmonischen Zusammenhang geraten und so als fast jede denkbare konsonante oder dissonante Erweiterung der gegriffenen Harmonie fungieren. Je nach Spielweise kann hier aber auch der klangliche den harmonisch funktionalen Effekt teilweise aufweichen oder überdecken, zum Beispiel wenn die Akkordverschiebung über einem oder mehreren feststehenden Basstönen stattfindet, oder wenn die drei offenen Diskantsaiten einen schwebenden, der indischen Tamboura ähnlichen Sound erzeugen.

Beispiele für die Verwendung solcher offenen Akkorde sind unter anderem ‚Love Or Confusion', ‚3rd Stone From The Sun' und ‚All Along The Watchtower'. Die herkömmlichen, in der ersten Lage gegriffenen Akkorde, die ja ebenfalls freischwingende Saiten beinhalten, verwendet Hendrix zum Beispiel bei ‚Like A Rolling Stone' (LP: ‚Jimi plays Monterey'), bereichert sie aber durch die schon beschriebenen Hammer-on/Pull-off- und Glissando-Effekte. In den Videoaufnahmen vom Monterey Festival 1967, speziell bei ‚Like A Rolling Stone', ist Hendrix' Akkordspiel gut zu beobachten. Halbbarré-Akkorde setzt Hendrix ein, um die Harmoniebegleitung mit kurzen melodischen Einwürfen, sogenannten Fills, anzureichern. Bei der oben erwähnten Version von ‚Like A Rolling Stone' ist zu hören, wie an vielen Stellen der angeschlagene Akkord weiterklingt, während hierüber kurze melodische Single-Note-Einwürfe gespielt werden. Technisch ist das dadurch möglich, dass nur ein Finger der Greifhand, meist der Zeigefinger, gebraucht wird um den Akkord (teilweise) weiterklingen zu lassen; mit den übrigen drei Fingern können dann hierüber verschiedene andere Töne gespielt werden. Diese Halbbarree Griffweise setzt Hendrix aber auch als Ausgangsbasis für lineare Soloimprovisationen ein, wobei dann immer die Möglichkeit besteht, eine Harmonie in den melodischen Verlauf einzuflechten. Auf diese Art sind zum Beispiel zwei pentatonische Skalen ohne Umgreifen oder Lagenwechsel spielbar, die, auf einen Blues angewendet, dann oft nur mit Hilfe des Saitenziehens erweitert werden.

Hendrix' bekanntester Akkordtyp ist mit Sicherheit der sogenannte "Sharp Ninth Chord", oft auch einfach als "Neun plus" bezeichnet, häufig war es der E7#9. Er setzt auch diese Harmonie reduziert ein: Sie besteht aus Grundton, großer Terz, kleiner Sept und der hochalterierten None; hier fehlt also die Quint. Dieser Akkord war in den 60er-Jahren zumindest in der weißen Pop- und Rockmusik kaum zu finden, da er aufgrund seiner Klangschärfe in diesem Bereich etwas aus dem Rahmen fiel. Im Jazz und Soul hingegen ist er, meist als Dominante eingesetzt, schon seit der BeBop-Zeit bekannt. Hendrix setzte diesen Akkordtyp oft zur Akzentuierung von Riffs, wie zum Beispiel bei ‚Foxey Lady' oder ‚Purple Haze' ein. Während der Akkord bei diesen Stücken quasi Tonika-Funktion hat (I. Stufe), wird er im Blues von Hendrix meist nur als Dominante (V. Stufe), relativ selten auch noch als Subdominante (IV. Stufe) eingesetzt. Die bevorzugte Tonart ist in diesem Zusammenhang entweder A-Dur oder E-Dur, da hier auch leere Saiten mit einbezogen werden können, also zum Beispiel dem Grundton des gegriffenen Akkords noch die Unteroktav hinzugefügt werden kann.

Der Major-Ninth-Akkord besteht aus einem Dur-Dreiklang mit hinzugefügter großer None (Beispiel: E9, Eadd9) und wurde von Hendrix in zwei Varianten eingesetzt. Einmal als Erweiterung des Dur-Halbbarrée-Griffs, der aufgrund des verwendeten Fingersatzes die melodische Verzierung Oktav-None-Oktav ermöglicht, und der im Gitarrensolo von ‚All Along The Watchtower' in dieser Funktion auftritt. Eine Abwandlung hiervon ist der nur aus Grundton, Quint und None bestehende Akkord, der einerseits aufgrund seiner Doppeldeutigkeit interessant ist (er kann als terzlose Tonika mit None genauso eingesetzt beziehungsweise gedeutet werden, wie als

Subdominante mit Quartvorhalt); andererseits besteht hier aber auch wieder die Möglichkeit ihn als offenen Akkord, also mit freischwingenden Saiten und den hieraus resultierenden oben genannten Möglichkeiten zu verwenden. Typische Beispiele für den Einsatz dieses Major-Ninth-Typs sind das schon genannte ‚All Along The Watchtower' (LP: ‚Electric Ladyland') sowie die Ballade ‚Little Wing' (LP:' Axis: Bold As Love').

Alle diese hier aufgeführten Akkorde und Griffe haben natürlich isoliert betrachtet genau so wenig Bedeutung wie die Anschlagtechniken oder andere Einzelaspekte von Hendrix' Gitarrenspiel. Genau wie diese müssen sie unter mehreren Gesichtspunkten gesehen werden. So sind sie eindeutig gitarrenspezifisch angelegt, ihr Aufbau resultiert also in erster Linie aus der Stimmung des Instruments oder aus grifftechnischen Eigenarten, wie eben der Möglichkeit Akkorde auf dem Griffbrett zu verschieben. Weiter dominiert ihre rein klangliche Funktion, also etwa entstehende Schwebungen durch verdoppelte oder oktavierte Töne und so weiter, vor der, durch eine Analyse zu klärenden, funktionalen Bedeutung. Im Zusammenhang eines auf Platte vorliegenden Stücks betrachtet, erscheinen auch diese Harmonien fast nie in einer gewissen Reinform, also als herkömmlich notierbares musikalisches Phänomen, sondern sind, wie andere Spielmerkmale auch, immer mit verschiedensten Techniken und Effekten kombiniert: So werden offene Akkorde als Arpeggios gespielt und durch Hammer-on/Pull-off-Effekte in ihrer melodischen Funktion erweitert, oder mit Slide-Effekten variiert. Halbbarrée-Griffe werden mit offenen Bass-Saiten unterlegt und durch Single-Note-Linien scheinbar aufgelöst. Root-Akkorde werden, ähnlich wie Oktavgriffe, als Mittel zur melodischen Gestaltung oder für Riffs eingesetzt.

Im Gesamtzusammenhang von Hendrix' Musik sind diese Akkorde in ihren speziellen Erscheinungsformen genauso musikalische Gestaltungsmittel wie der Gitarren-Sound oder seine Art des Anschlags. Sie sind nicht das musikalische Material einer Komposition, sondern nur ein Aspekt unter anderen. So sind die vielseitige Riff-Spielweise oder die Integration von Lautstärke und

Sound in die Gestaltung mindestens so entscheidend für das musikalische Endergebnis – diese Punkte müssen in jedem Fall noch untersucht werden, um eine umfassende Aussage zum Instrumentalisten und Komponisten Hendrix machen zu können.

RIFFS

Unter einem Riff versteht man im Allgemeinen eine ostinate (also wiederkehrende), melodische Figur, die zur Begleitung eines Solisten gespielt wird, andererseits aber auch die Funktion eines Themas übernehmen kann. Dem entsprechend kann es sich hierbei genauso um ein kurzes, ständig wiederholtes Motiv wie um eine mehrtaktige, eigenständige Melodie handeln. Hendrix' Riff-Technik, das sei schon vorweggenommen, hat eindeutige Bezüge zur schwarzen Blues-Musik, wie auch zu deren Ablegern Rhythm 'n' Blues (R&B) und Rock & Roll (R&R). Sein Ansatz ist jedoch keinesfalls traditionalistisch, er zeigt eher eine sehr individuelle Reflexion dieser Strömungen der afroamerikanischen Musik.

In seiner Musik kann man zwei grundlegende Typen von Riffs unterscheiden, einmal die akkordisch angelegten und andererseits die melodisch angelegten Riffs. Erscheint die Bezeichnung "akkordisch angelegtes Riff" vielleicht auf den ersten Blick fast paradox, so geht es hier um folgendes: Riffs sind in der Rockmusik fast ausschließlich auf E-Bassfiguren basierende, lineare Begleit-Ostinati, die von anderen Instrumenten wie Gitarren und Keyboards, meist oktaviert gedoppelt werden. Der harmonische Zusammenhang dieser Begleitfiguren kann natürlich auch mitinterpretiert werden, im einfachsten Fall durch den Einsatz von Root-Akkorden. Ein klassisches Beispiel hierfür ist der Titel ‚Smoke On The Water' von Deep Purple. Eine sehr einfacher Form einer derartigen Begleitfigur spielt Hendrix bei ‚All Along The Watchtower', in der das im Intro vorgestellte Riff in den nachfolgenden Rhythmus- und Lead-Gitarrenpassagen jedoch an Prägnanz verliert. Hat es anfangs noch deutlichen Themencharakter, so wird es im Verlauf des Stücks von der Lead-Gitarre immer weiter verarbeitet und variiert. Nur die sehr im Hintergrund spielende akustische Rhythmusgitarre hält das ursprüngliche Riff im Wesentlichen durch. Ein, in Bezug auf die Verarbeitung des Riff-Themas ergiebigeres Beispiel, ist Hendrix' Version von ‚Sunshine Of Your Love' (LP: Experience). Während in der Originalversion des legendären Trios Cream das zugrunde liegende Riff in einfachem Oktav-Unisono zum Bass oder mit den oben genannten Root-Akkorden gedoppelt wird, setzt Hendrix hier anders an: Er interpretiert nicht den Song als komplettes Musikstück, sondern nimmt nur das Riff als Basis und Material für eine reine Instrumentalimprovisation, in der er das Thema auf verschiedenste Art und Weise variiert, um dann zu einem Single-Note-Solo überzugehen. In jedem Fall bleibt der ursprüngliche Riff-Charakter erhalten; Hendrix hat seine Interpretation als eine Art Hommage an Cream verstanden, die vom Band-Konzept ähnlich orientiert waren wie die Experience.

Die sogenannten Low-Note-Riffs bestehen im Wesentlichen aus auf den Bass-Saiten der Gitarre gespielten Single-Note-Linien. Hier können in Hendrix' Musik mehrere Typen unterschieden werden. Am bekanntesten sind wohl seine Kombinationen von linearen Bassverläufen mit Akkordakzentuierungen, die schon in Zusammenhang mit dem #9-Akkord angesprochen wurden. Ein Beispiel hierfür ist ‚Foxey Lady' (LP: Are You Experienced). Ähnliche Figuren wendet er auch im Blues-Zusammenhang an, etwa zur Betonung der V.-Stufe bei ‚Johnny B.Goode' (LP: In The West), oder bei ‚Purple Haze' (LP: Smash Hits) während der Gesangsbegleitung.

Ein weiteres Beispiel für die Verbindung von harmonischer und melodischer Bewegung findet sich bei ‚Freedom' (LP: Cry Of Love); hier tritt die melodische Linie aber schon stärker in den Vordergrund. Ähnlich wie bei ‚All Along The Watchtower' wird das Riff im Intro von der Gitarre vorgestellt und dann, nachdem es vom Bass übernommen wurde, von je einer Akkorde spielenden und einer Fills einwerfenden Gitarre ergänzt. Interessant ist die Verlegung des eigentlichen Zieltons c, dieses Riffs in die Oktav; hierdurch wird der harmonische Effekt der gespielten Quart erst deutlich. Im Grunde genommen handelt es sich hierbei um einen reduzierten Root-Akkord.

Die klassischen Low-Note-Riffs, die, wie schon beschrieben, nur aus einer tiefgelegten melodischen Linie bestehen, kommen aus dem R&B und R&R. Standardisierte Blues-Riff-Klischees hat Hendrix jedoch kaum verwendet, und wenn, dann wieder nur durchsetzt mit erweiterten Akkorden, die keine typischen Harmonien für diese Stilrichtungen waren. Bei ‚Blue Suede Shoes‘ (LP: In The West), einem R&R-Klassiker von Carl Perkins, finden sich die beschriebenen #9-Akkorde auf allen drei Blues-Stufen: Das Stück wirkt hierdurch wie zersägt – man hat den Eindruck, es könnte fast jederzeit abbrechen, wenn nicht der Text, als offensichtlich zusammenhängende Struktur, den harmonischen Ablauf des Blues-Schemas erzwingen würde. Im schon erwähnten Chuck-Berry-Titel ‚Johnny B.Goode‘ von der gleichen LP, spielt Hendrix eine typische R&R-Begleitformel, relativiert ihre traditionelle Wirkung jedoch bei der B7/9#-Dominant-Funktion; spätestens in seinem Solo hat er sich dann wieder ganz von sämtlichen R&R-Klischees gelöst.

Eine Verwandtschaft mit bekannten Riffs dieser Art findet sich auch bei anderen Titeln. Der Musikwissenschaftler Tibor Kneif beschreibt ‚I Don't Live Today‘ (LP: Are You Experienced) als "verwandelten, verunstalteten, zerfetzten Blues" (in Rockmusik, Reinbek bei Hamburg 1982, S.143.) Das passt! Obwohl das Stück beim ersten Hinhören nur auf einer harmonischen Stufe zu verharren scheint, ist bei Hendrix' Gesangsstimme deutlich der für den Blues typische Wechsel zwischen I.-, IV.- und V.-Stufe (quasi Tonika, Subdominante und Dominante) zu hören. Auch das zugrunde liegende Riff wird während des Gesangs leicht variiert. In den Takten 6 und 10 verändern sich jeweils die Zieltöne des Riffs, in Takt 12 entsteht durch den Wechsel in die höhere Oktav zusätzlich noch der Eindruck eines Fills. Das Riff wirkt von seiner Anlage her wie eine Antwort auf die konventionellen R&R-Begleitklischees. Anstatt sich ständig zu wiederholen und den Gesang zu unterlegen, wird es hier in Art eines Fills eingesetzt, sodass nur der ausklingende Zielton (plus eine zweite Sound-Gitarre auf der Studioaufnahme) wirkliche Begleitfunktion hat. Zudem steht der abwärts gerichtete Verlauf der

Melodie im Gegensatz zu den üblichen steigenden oder arpeggioartigen R&R-Riffs.

Auch die beiden Riffs von ‚Fire' (LP: Are You Experienced), zeigen Parallelen zum R&B, obwohl das Stück in seiner Gesamtanlage ganz und gar nicht in diese Richtung tendiert. Spielt man das Strophen-Riff in ungefähr der Hälfte des Originaltempos, erinnert es an typische Begleitphrasen im Stil von Muddy Waters.

Bei ‚Manic Depression', ebenfalls von Hendrix' erster LP, ist auch ein deutlicher R&B-Bezug vorhanden. Der 3/4-Takt lässt hier keine Walzeratmosphäre aufkommen, er ergibt sich aus dem ternären Grundgefühl der afroamerikanischen Musik, das zum Beispiel ein Phänomen wie den Swing mit hervorgebracht hat. (Im Allgemeinen müsste Musik dieser Art durchgehend triolisch notiert werden, um von europäischen Musikhörenden und -lesenden richtig aufgefasst zu werden). Das Hauptmotiv der Begleitung dieses Stücks, das also mit ternärem Achtel-Feeling ausgeführt wird, erinnert an einen swingenden Blues. Ebenso basieren die hieran angehängten Überleitungen wieder an die oben genannten, klassischen R&R Arpeggio-Riffs. Der harmonische Ablauf des Stücks ist hier nicht über feststehende Akkorde, sondern über die linearen Bass-Riffs definiert. Auch bei anderen Beispielen zeigt sich dieses Eigenleben; die Riffs dienen nicht der Verzierung oder Ausgestaltung eines zugrunde liegenden, etwa durch die Rhythmusgitarre gespielten Harmoniegerüsts, sondern sind durchaus eigenständig und haben aufgrund ihrer melodischen Qualitäten und ihres Wiedererkennungswerts schon fast Themencharakter. Während das Riff-Motiv von ‚In From The Storm' (LP: ‚Cry Of Love') als Intro und auch im Sinne eines Fills eingesetzt wird (ähnlich wie bei ‚I Don't Live Today'), und dadurch ständig präsent bleibt, hat bei ‚Who knows' (LP: Band Of Gypsys) das wirklich permanent durchlaufende Riff ganz eindeutige Themenfunktion: Es wird auch im Verlauf des Stücks sowohl vom Sänger als auch vom Gitarristen als Material für Improvisationen verwendet.

Die von Hendrix verwendeten Riffs zeichnen sich demnach durch ihre Verbindung von melodischen und harmonischen Elementen genauso aus wie durch ihr Aufgreifen und Weiterverarbeiten der afroamerikanischen Tradition. Elemente aus Rhythm & Blues und Rock & Roll finden sich in formal Blues-untypischen Stücken wieder, der Einsatz von ungewöhnlichen Harmonien sprengt in anderen Fällen wieder den traditionellen Blues-Rahmen. Fazit: Wie bei den anderen untersuchten Spielmerkmalen liegt das eigentlich Ungewöhnliche an Hendrix' Riff-Technik in seiner Kombination verschiedenster Ausdrucksformen wie auch in ihrer sehr individuellen Ausgestaltung und Einbeziehung in eigene Kompositionen.

Ein kreativer Gitarrist. ★

07 BLUES

DER GRENZGÄNGER

"Genau das war er in Wirklichkeit: ein großartiger Electric-Blues-Spieler! Er hat das ganze Ding einfach ausgeweitet: Jimi hatte mehr zu bieten, er klebte nicht bloß am Drei-Akkorde-Schema – seine ganze Spielweise war reiner Blues ..."

Was der amerikanische Blues-Gitarrist Johnny Winter hier in wenige Worte fasst, ist die Essenz zahlreicher Stellungnahmen zur Musik von Jimi Hendrix. Deren Wurzeln liegen eindeutig im Blues-Bereich. In fast allen Hendrix-Kompositionen und improvisierten Aufnahmen tauchen Blues-Elemente auf, egal, ob es sich um Riff-orientierte Stücke wie ‚Foxey Lady‘, formal Blues-untypische Cover-Versionen wie ‚Like A Rolling Stone‘ oder am Jazz orientierte Aufnahmen wie die ‚Nine To The Universe‘-Sessions handelt – Jimi lässt überall typische Blues-Licks und -Phrasierungen einfließen. Gleichzeitig ist er jedoch als individueller Interpret stets präsent, das heißt: Immer liegt der Musik seine persönliche Sprache, sein Stil zugrunde.

Ob Hendrix nun als progressiver Blues-Musiker zu sehen ist, der das Vokabular dieses Genres entscheidend erweitert hat, oder ob er sich nur verschiedener Ausdrucksmittel des Blues bedient hat, um seine eigenen Vorstellungen zu realisieren, ist zunächst zweitrangig. Blues ist nicht nur bei Hendrix weniger ein formalistisch stilbenennender als vielmehr ein qualitativer Terminus, der eine gewisse Art der Interpretation beschreibt. Alexis Korner: "Es gibt wirklich keine Grenze zwischen Pop und Blues. Es kommt nur auf das Gefühl an. Und wenn ein Stück dieses Gefühl hat, kann man es Blues nennen."

Auch Muddy Waters, Howlin' Wolf, Elmore James und vor allem Bo Diddley behielten zwar die traditionellen Blues-Strukturen in ihren Songs mehr oder weniger bei, passten aber die Texte dem jungen, oft rebellischen Publikum an. Jimi Hendrix ging noch einen Schritt weiter, indem er auch die Musik selbst zeitgemäßer, erotischer, aggressiver und damit realistischer gestaltete. So wie in den 50er-Jahren, als die Jugendlichen keine Geschichten mehr über baumwollpflückende, gläubige schwarze Arbeiter hören wollten, war in den Sechzigern die reine Rock-&-Roll-Riff-Gitarre oder gar das Country-Picking zu zahm, um die aktuellen Gefühle zu beschreiben. Hendrix verlieh dem Gitarren-Sound das, was das Leben seines Publikums in zunehmendem Maße prägte: industrielle Lautstärke, Aggression, Protest und Sex. Eben die allgegenwärtigen Themen des täglichen Lebens.

Verglichen mit Bob Dylan, der durch seine Anlehnung an den akustischen Country- und Talking-Blues in Kombination mit politisch oft sehr direkten und aktuellen Texten, brandaktuelle musikalische Anachronismen produzierte, war Jimi Hendrix in Bezug auf seine musikalischen Mittel und deren künstlerische Ergebnisse ungleich konsequenter. Er spielte eine wesentlich freiere, härtere und elektrisierendere Variante des Blues als alle Musiker vor ihm. Die bekannteste Blues-Form, die zwölftaktige, findet sich bei Hendrix relativ selten. Fast immer jedoch tauchen in seiner Musik Blues-Intonation, Blues-typische melodische Wendungen, oft stark verkürzt bis verfremdet, auf, die den Stücken einen bluesigen Touch verleihen. Aber auch der Bezug zum archaischen Delta-Blues ist erkennbar, besonders in den wenigen Hendrix-Aufnahmen mit akustischer Gitarre wie etwa ‚Hear My Train A-Coming‘ (auf dem Album ‚Soundtrack From The Film Jimi Hendrix') oder der unbegleiteten Version des Titels ‚Voodoo Chile‘ aus dem Jahr 1968 (auf der LP ‚Live And Unreleased‘). Überhaupt sind Hendrix' akustische Gitarrenaufnahmen in diesem Zusammenhang ein sehr interessantes Untersuchungsobjekt. Hendrix-Fan und -Epigone Frank Marino meinte zu dem Thema: "Es gibt eine Menge schwarzer Gitarrenspieler, die, wenn ich ihre Verstärker aufdrehen und ein bisschen zum Verzerren bringen würde, mehr nach Hendrix klingen würden als ich."

Interessanter Gedanke! Klar: Hendrix hat, nach den R&B-Erneuerern der 50er-Jahre, auch den Blues zum zweiten Mal elektrifiziert: diesmal nicht bloß im Sinne elektrischer Verstärkung, sondern zusätzlich durch elektronische Manipulation und psychedelische Klangbilder.

Was der New Yorker Kritiker Albert Goldman in seinem 1971 erschienenen Buch "Freakshow" bei Albert King feststellte, die "Verwandlung des Country-Blues in einen städtischen Surrealismus", das wurde bei Hendrix zu "futuristischen Symphonien des Industrielärms". Vor allem tritt bei Hendrix die Musik selbst, die früher nur als instrumentale Begleitung des Blues-Gesangs fungierte, in den Vordergrund. Überspitzt wurde hier von einigen Kollegen auch schon mal von einer "non-verbalen Variante des Blues" gesprochen – das ist etwas überzogen. Es handelt sich eher um eine durch die Emanzipation der Lead-Gitarre im R&B ausgelöste Tendenz zur Betonung des Instrumentalen, des klanglichen Ausdrucks, der eine eigene Qualität erreicht hat und auf diese Weise, wie der gesungene Text, eigene Inhalte transportiert. Dass trotzdem der innere Blues-Charakter der Musik erhalten bleibt, hat mit Hendrix' Respekt vor der Tradition und seiner Lust zu experimentieren zu tun: Auch wenn er manchmal in sehr fernen Sphären gelandet ist, er begann seinen Weg immer zu Hause.

Jimi Hendrix war in der Lage, die Essenz der Blues-Gitarre derart zu kultivieren, dass er sowohl (text-)inhaltlich wie strukturell-formal große Freiheiten genoss. Eric Clapton, dessen Ansatz sehr traditionell war, konnte, was derartige Experimente angeht, nie so weit gehen wie Hendrix. Ein Grund dafür könnte sein, dass er den Blues nur über Schallplatten kennengelernt hatte, während Hendrix diese Musik dank seiner frühen Live-Erfahrungen mit R&B-Musikern erlebt und gelebt hatte, und daher viel besser in der Lage war, diese Musik "authentisch" weiterzuentwickeln. Und das hieß für ihn eben vor allem, nicht an der klassischen Form zu kleben, sondern den Blues als Medium zu erkennen und mit Hilfe einer individuellen instrumentalen Gestaltung für die eigene Musik zu nutzen.

THEORIE

Sidney Finkelstein hat schon 1948 eine Blues-Theorie vertreten, die in ihrem Ansatz auch heute noch aktuell ist, da sie auch die Problematik des wissenschaftlichen Zugangs zur afroamerikanischen Musik berührt. In seinem Buch "Jazz: A People's Music" schreibt er: "Viele Bücher über Jazz... beschreiben den Blues im Allgemeinen als eine Folge von Akkorden, wie zum Beispiel Tonika, Subdominante und Dominant-Septakkord. Eine solche Definition geben, hieße jedoch, den Wagen vor das Pferd spannen. Es gibt bestimmte Arten von Akkorden, die als Unterstützung für den Blues entwickelt wurden, aber sie bestimmen ihn nicht, und er kann als vollständig erkennbare Melodie existieren, nämlich als Blues ohne diese Akkorde. Ebenso wenig ist der Blues einfach eine Anwendung der Dur-Tonleiter, bei der die dritte und siebente Stufe leicht verzogen oder gesenkt wurden. In Wirklichkeit sind diese Erklärungen und die Akkord-Erklärung, Versuche, das eine Musiksystem mit Hilfe des anderen zu definieren; eine nichtdiatonische Musik mit diatonischen Termini zu beschreiben."
"... natürlich sind diese Abweichungen, von der für Konzertmusik gewöhnlichen Tonhöhe, nicht das Ergebnis einer Unfähigkeit tonrein zu singen oder zu spielen. Sie bedeuten, dass der Blues eine nichtdiatonische Musik ist."

Blues-Forscher Alfons Michael Dauer geht davon aus, dass die afroamerikanische Tonalität im Gegensatz zu unserer Dur-Tonleiter, die auf zwei Quart-Intervallen basiert, keine Unterscheidung in Ganz- und Halbtöne kennt. Die Oktav ist in sieben gleichmäßige Tonschritte unterteilt, deren Einzelintervalle etwa 7/8 eines europäischen Ganztons entsprechen. Diese Blues-Intervalle stimmen somit weder mit einer großen, noch einer kleinen Terz beziehungsweise Septim unseres Systems überein; hierfür wurde der Begriff 'neutrale Intervalle' eingeführt. Vereinfachend könnte man sagen, dass die Blue Notes einer natürlichen Intonierung aufgrund des afroamerikanischen Tongefühls und der afroamerikanischen Tonvorstellungen entsprechen.
Von Abweichungen oder Ableitungen von der abendländischen Dur-Tonleiter oder "Intonations-Unsicherheiten", kann hier in keinem Fall

gesprochen werden. Dass im Laufe der Entwicklung der afroamerikanischen Musik eine Annäherung an die europäische Musikkultur stattgefunden hat, die sich zum Beispiel in der Übernahme weiter Teile der Harmonik zeigt, ist klar. Die Basis für diese Annäherung war jedoch ein eigenes ursprünglich unabhängiges Tonsystem. Dass aus dem Zusammentreffen dieser beiden Musikkulturen etwas Neues entstanden ist und nicht etwa ein schlecht intoniertes "epigonales" Produkt, ist besonders deutlich zu sehen, wenn man die Auswirkungen des Blues betrachtet, der ja in seiner Urform (Shouts, Hollers) eigentlich die erste afroamerikanische Musikform überhaupt ist. Entwickelte er sich einerseits über verschiedene akustische Formen hin zum elektrischen, urbanen R&B, so war er auch im Jazz immer als Grundkonsens verschiedenster Stilrichtungen spürbar. Während Ragtime und weißer Dixieland im Grunde genommen extreme Akkulturations-Produkte bis -Alibis sind, so wurden in der Riff-Technik der Swing-BigBands sowie in vielen Bebop- und Hardbop-Kompositionen Blues-Strukturen übernommen. Selbst im Electric Jazz der 1970er- und 80er-Jahre ist diese abstrahierte Blues-Essenz klar vorhanden. Miles Davis hat zum Beispiel den Blues als modale Musik stärker betont als irgend jemand vor ihm; während er auf der LP ‚Kind Of Blue‘ aus dem Jahre 1958 noch das Tonika/Subdominante/Dominante-Gerüst als Anhaltspunkt, oft erweitert, beibehält, hat er die Blues-Charakteristika spätestens seit dem legendären, 1969 aufgenommenen Album ‚Bitches Brew‘ eindeutig auf die Melodie verlagert, die sich oft über einem einzigen tonalen Zentrum entwickelt. Das ist der "Blues, ohne diese Akkorde", den Finkelstein beschrieben hat.

Als "Blue Notes" bezeichnet man im Blues- und Jazz-Zusammenhang also die kleine Terz, die kleine Sept und seit der BeBop-Zeit auch die verminderte Quint, die jedoch nicht der temperierten Stimmung entsprechend intoniert werden. Woher diese "abweichende" Intonation kommt, wird auch heute noch sehr unterschiedlich interpretiert: Einmal könnte es sich um bloße Erniedrigungen der großen Terz beziehungsweise Sept des Dur-Zusammenhangs handeln, also einer Anpassung der ungewohnten dritten und siebten Stufen des temperierten Systems an die afrikanische, überwiegend von Pentatonik-Skalen geprägte musikalische Auffassung.

Alfons Dauers Sichtweise, der gleichmäßig in sieben Stufen unterteilten Oktav, wurde schon genannt. Eine weitere Theorie leitet, die Blue Notes von den Naturtönen, also aus den Intervallen einer Partial-Tonreihe ab. Aufgrund dieser gleich wie begründeten Abweichungen von der temperierten Skala, haben die Blue Notes in der afroamerikanisch geprägten Musik auch nicht die harmonische und melodische Funktion, die eine Analyse nach europäischen Gesichtspunkten ergeben würde:

+ Blue Notes sind keine Durchgangs- oder Leittöne und unterliegen demnach auch nicht deren Stimmführungsregeln.

+ Der vierstimmige Akkord mit kleiner Septime hat in diesem Zusammenhang nicht zwingend dominantische Funktion; er kann auf jeder Stufe stehen und unterliegt auch nicht den Auflösungsregeln des Dominant-Septakkords. Die Sept hat hier, wie auch die Terz eher klang(farb)liche Funktion.

Hier muss man also bei der musikalischen Untersuchung die funktionalen Zusammenhänge europäischer Harmonik vergessen. Aufbau und Funktion eines Akkordes müssen in erster Linie in Hinblick auf dessen Verwendungszusammenhang betrachtet werden. So ist im Extremfall zum Beispiel ein aus den Tönen c, es und ges bestehender Dreiklang im ersten Takt eines Blues-Schemas, rein funktional betrachtet die "Tonika", auch wenn er von seiner Struktur her ein verminderter Dreiklang ist. Blues-harmonisch gesehen handelt es sich hierbei um eine typische Blue-Note-Alterierung. Entscheidend ist jedoch die grundlegende musikalische Funktion, das heißt in diesem Fall, dass es sich um eine alterierte Variante der ersten Blues-Stufe, die im Wesentlichen der Tonika entspricht, handelt.

RED HOUSE

Als Beispiel für Jimi Hendrix' Blues-Auffassung hier trotzdem ein kurzer Blick auf eines seiner wenigen Stücke in der klassischen 12-Takte-Form, in der seine charakteristische Spielweise sich am deutlichsten zeigt. ‚Red House' erschien 1967 auf der Debüt-LP ‚Are You Experienced?' und wurde für den Solisten Hendrix zweifellos zur Feature-Nummer schlechthin. Es handelt sich hier, formal betrachtet, um einen klassischen 12-bar-Blues, der im 4/4-Takt steht; das mittlere Tempo (70 Viertelschläge pro Minute) sowie die triolische Spielweise des Gitarristen schaffen eine swingende Grundstimmung. Im Wesentlichen basiert ‚Red House' auf der H-Blues-Skala, in Teilen auch auf der H-Dur-Tonleiter. Das Stück wurde in Triobesetzung aufgenommen (Bass, Gitarre, Schlagzeug); die Gitarre zeichnet sich durch einen relativ konventionellen verzerrten Blues-Sound aus.

Bereits im Intro spielt Hendrix eine Reihe typischer Blues-Licks. Das oben genannte Tonmaterial der zwei verwendeten Skalen ermöglicht eine teilweise chromatische Bewegung über den Grundfunktionen. Die Blue-Notes werden durch Vibrato auf der Moll-Terz beziehungsweise durch den Einsatz der großen und kleinen Septim der jeweiligen Stufe erzeugt, die ebenfalls häufig mit Vibratoeffekt gespielt werden. Slides und Bending werden kombiniert eingesetzt; so entsteht Klangfülle im Sinne eines lebendigen, flächigen Sounds. Sowohl in Bezug auf die klangliche als auch im Hinblick auf die formale und harmonische Behandlung entspricht ‚Red House' einem traditionellen Blues, die Gitarre spielt das melodische Material aber auf rhythmisch extrem virtuose Weise aus.

Vergleicht man andere Blues-Interpretationen von Hendrix mit ‚Red House', so wird seine Virtuosität im Detail noch deutlicher. Im ‚Catfish Blues' von Muddy Waters (vom Album ‚Radio One') zeigt sich Hendrix als Traditionalist. Der sehr Fill-orientierten unberechenbaren ‚Red House'-Gitarre stehen strenge Riff-Muster gegenüber, deren Wirkung noch dadurch betont wird, dass das gesamte Stück auf einer Tonstufe (Tonika) stehenbleibt. Lediglich in seiner Slide-Imitation, die er mit der Greifhand statt mit einem Bottleneck durchführt, sowie in seinen Unisono-Effekten von Gitarrenmelodie und Gesangsstimme bricht Hendrix aus der authentischen Interpretation aus.

Formal noch geschlossener wirkt der Blues ‚Hoochie Koochie Man‘ von Willie Dixon, eine Hendrix-Aufnahme, in der Alexis Korner die zweite Gitarre spielt (auch auf dem Album ‚Radio One‘). Die erweiterten Möglichkeiten zur Steigerung, die dieser 16-taktige Riff-Blues bietet, nutzt Hendrix in keiner Weise aus. Sein Solo basiert wieder allein auf dem traditionellen 12-Takte-Schema. Man könnte meinen, dass ihn bei seinen Neuinterpretationen von Stücken bekannter Blues-Musiker womöglich eine falsch verstandene Ehrfurcht am Experimentieren gehindert hat. Hört man sich nämlich zum Vergleich die Live-Aufnahme des Titels ‚Bleeding Heart‘ aus der Royal Albert Hall in London an (auf der LP ‚Experience‘), so stößt man zwar auch hier wieder auf traditionelle Blues-Licks; diese sind jedoch eingebunden in eine stark von Bending und Vibrato durchsetzte Spielweise, die besonders in den Fills zwischen den Gesangspassagen zum Tragen kommt.

Ein wirkliches Ausspielen der Möglichkeiten des traditionellen Blues findet sich hingegen in der ‚Red House‘-Version des San-Diego-Konzerts vom 24. Mai 1969 (vom Album ‚In The West‘). Dort spielt Hendrix wesentlich dynamischer als in allen anderen Stücken. Dadurch, dass er den Lautstärkeregler der Gitarre immer weiter aufdreht, steigert sich sein Gitarren-Sound ganz allmählich von einem klaren durchsichtigen Ton hin zu heftigen Verzerrungen. Im ersten Teil von ‚Red House‘ setzt er extremes Bending und einige der bereits beschriebenen Geräuscheffekte ein. Alle Gitarrenpassagen sind hier wesentlich modaler konzipiert als in der Ur-Version. Hendrix umspielt den quasi funktionalen Zusammenhang der drei Blues-Stufen. Das Gitarrensolo, das sich an die Gesangsstrophen anschließt, steigert sich im Hinblick auf den Sound durch zunehmende Verzerrung und in Bezug auf den Rhythmus durch ein Double-Time-Spiel bis zu extremer Verdichtung. Es endet in langgezogenen Feedback-Effekten, die in eine von Geräuscheffekten überlagerte, jazzig klingende Akkordfolge münden.

Darauf folgt eine unbegleitete WahWah-Sequenz, die schließlich zum begleiteten Gitarrensolo zurückführt. Dieses wiederum leitet über zu den abschließenden Gesangsstrophen, die von den anfangs vorgestellten Vibrato-Effekten durchsetzt sind. Das Stück endet mit einer kurzen, unbegleiteten Sequenz von Gitarrenakkorden.

Hier zur Verdeutlichung noch einmal die Aufeinanderfolge der einzelnen Teile dieser ‚Red House'-Version:

+ Intro (Solo)
+ Gesangsstrophe (Thema)
+ Solo
+ unbegleitetes Solo
+ Solo
+ Gesangsstrophe (Thema)
+ Outro (Akkorde, Feedback-Effekte)

Der Aufbau gerade dieser Version zeigt natürlich, welche Bedeutung der Lead-Gitarre in Hendrix' Musik zukommt. Und sie ist hier ganz offensichtlich das eigentliche Hauptinstrument, zumindest spielt sie aber auf Augenhöhe mit dem Gesang. Der Blues ist hier Medium für den durch Gesang vermittelten Text, aber auch sehr deutlich für die instrumentale Virtuosität des Gitarristen. Vom Arrangement her erinnert ‚Red House' hier deutlich an die Konzepte von Jazz-Trios bei der Neuinterpretation von Standard-Kompositionen. Wirklich traditionell Blues-typisch, etwa im Sinne der Ur-Version von ‚Red House', ist diese Fassung nicht mehr. Der oben beschriebene, immanente Blues-Charakter ist aber auch hier ganz offenkundig.

MORE BLUES

Weitere Blues-Kompositionen von Hendrix, die in rein formaler Hinsicht eher untypisch für das Genre sind, weisen andere Merkmale auf, so zum Beispiel der Titel ‚Hear My Train A-Coming' (auf der LP ‚The Jimi Hendrix Concerts'), aufgenommen im Oktober 1968 in San Francisco. Das 16-taktige Thema enthält jedoch auch wieder typische afroamerikanische Gesangs- und Instrumentaltechniken wie etwa ein Gitarre/Gesang-Unisono oder Riff-Akkorde, die nur durch die solistischen Fills unterbrochen werden.

‚Voodoo Chile' vom Album ‚Electric Ladyland' ist zweifellos eines der bekanntesten Hendrix-Stücke und in unserem Zusammenhang wahrscheinlich das Standardbeispiel – der Prototyp eines Hendrix-Blues. In harmonischer Hinsicht handelt es sich um einen Blues in E mit starker Blue-Note-Betonung; dadurch wird eine für europäische Ohren eigenwillige Tonalität zwischen Dur und Moll geschaffen. Formal ist hier – gegenüber dem traditionellen Blues – eine Unterteilung in Strophe und Refrain zu erkennen. Die Strophe besteht aus zwölf Takten, die harmonisch jedoch nur auf der ersten Stufe basieren, während der Gesang in den Takten 9 und 10 die klassische Dominant- und Subdominant-Stufe anklingen lässt. Nach einer Wiederholung der Strophe wird einfach der Refrain, der aus vier Takten besteht, angehängt. Alles geht!

Es lassen sich bei Jimi Hendrix für den Blues-Bereich also zwei verschiedene Interpretationsansätze feststellen:

+ In den genannten Cover-Versionen, aber auch in den R&R-Songs, die er gelegentlich gespielt hat (‚Blue Suede Shoes', ‚Hound Dog', ‚Johnny B. Goode' und andere mehr), versuchte er, die Authentizität zu wahren, also die Musik seiner Vorbilder aus R&B und R&R möglichst stilgetreu zu interpretieren. Grundlegende Strukturmerkmale wie Intro, Riff und Stops behielt er bei, wobei er manchmal die Akkorde erweiterte; was jedoch die obligatorischen Gitarrensoli angeht, so setzte er sie von jenen der klassischen Interpretationen ab und näherte sie mit Hilfe stehender Feedback-Töne und anderer typischer Effekte seinem eigenen Stil an. Hendrix verlieh also gewissermaßen dem verblassten Gemälde im alten Rahmen mit frischen Farben neue Leuchtkraft.

+ In seinen eigenen Blues-orientierten Stücken ignorierte Hendrix weitgehend die klassische Form sowie die altbekannten Abläufe und Klischees und erzeugte Blues-Atmosphäre in diesem neuen Rahmen allein durch Verarbeitung, Variation und Erweiterung der traditionellen Blues-Farben wie Blue-Notes, Phrasierung, Sounds und so weiter.

Und genau das ist das Besondere am Blues-Gitarristen Jimi Hendrix! Denn: Hört man sich die Blues-Helden der 80er-Jahre wie zum Beispiel Robert Cray oder den früh verstorbenen Stevie Ray Vaughan an und untersucht man ihre Musik im Kontext der Entwicklungsgeschichte des Genres, so wird schnell klar, dass sie im Grunde noch vor Hendrix ansetzen. Die von ihm eingeführten Innovationen – und sei es nur die radikale Elektrifizierung des Blues – streifen sie allenfalls am Rande; weiterentwickelt haben sie sie bisher in keinem Fall. Cray hat mit seinen Soul-Einflüssen die traditionelle afroamerikanische Musik für das weiße Pop-Publikum genießbar gemacht. Vaughan hat mit einigen seiner Cover-Versionen manch alten Hendrix-Fan noch einmal mit der Illusion der Wiederauferstehung des Meisters beglückt. Und er hat dem Gitarren-Blues eine unglaubliche Kraft und Intensität gegeben – seine eigene Handschrift eben. Die Verdienste dieser beiden, beispielhaft aufgeführten Musiker sollen hier nicht klein geredet werden. Andererseits wirken sie als (Pop-)Traditionalisten – im besten Sinne! – neben der geradezu avantgardistischen Blues-Auffassung von Hendrix etwas harmlos.

Die noch immer aktuellen Themen der späten 60er-Jahre beziehungsweise der gesamten zweiten Hälfte des vergangenen Jahrhunderts – Auflehnung, Freiheit, Sex, Aggression, Protest, industrielle Klang-Umwelt – spielten im gängigen Entertainment-Blues der 80er- und 90er-Jahre kaum noch eine Rolle, vor allem nicht in der Musik selbst. Stattdessen galt das Motto: Kompensation statt Provokation. Vernon Reid und Living Colour ließen eine Zeit lang zu Recht hoffen, dass traditionsbezogene afroamerikanische Rockmusik mit Blues-Roots auflebt. In den vergangenen Jahren war es aber vielleicht noch stärker ein Musiker wie Derek Trucks, der uns für die Roots-Musik und die Roots-Musik für uns öffnen konnte. Seine Offenheit in der Verarbeitung der Musik dieser Welt, ausgehend von der afroamerikanischen Basis, macht Derek Trucks für mich zum spannendsten Blues-&-more-Gitarristen der vergangenen Dekaden. Insbesondere seine frühen Solo-Alben gingen musikalisch ganz große Schritte.

Ähnlich denen, die Jimi Hendrix von 1966 bis 1970 ging. ★

08 SOUNDS
ÜBER FEEDBACK & VERZERRUNG

Jimi Hendrix wird als Musiker immer in Verbindung gebracht mit einem besonderen Gitarren-Sound, über dessen Ursachen und Zutaten ja auch oft und gerne spekuliert wurde – im Kapitel über die Instrumente wurde hierauf bereits eingegangen. Zwei Gestaltungsmittel stehen in Bezug auf den Instrumentalisten Jimi Hendrix in ihrer Bedeutung ganz vorne, denn sie sind mit seiner Art des Gitarrenspiels untrennbar verbunden: Einmal die mehr oder weniger starke Übersteuerung des Verstärkers und der dadurch entstehende verzerrte Grund-Sound, und zweitens der kontrollierte Einsatz des Feedbacks, also der Rückkopplung des verstärkten Gitarrensignals auf das Instrument – letztere braucht nicht unbedingt Verzerrung, aber Lautstärke und Schalldruck.

Beide Effekte erreichte Hendrix in erster Linie durch die hohe Leistung und/oder die Übersteuerung seiner Marshall-Röhren-Amps. Die enorme Lautstärke, die er einsetzte, und der Schalldruck der angeschlossenen Lautsprecher ermöglichte zwei Arten von Feedback: Einmal das meist unerwünschte, direkte Rückkoppeln der Tonabnehmer, ohne Beteiligung der Saiten, das als schrilles Pfeifen zu hören ist. Für diese Art des Feedbacks sind gerade die Singlecoil-Tonabnehmer, wie sie in der Fender Stratocaster verwendet werden, gelegentlich anfällig. Oft reagieren diese Tonabnehmer dann auch noch mikrofonisch, was besonders hörbar wird, wenn noch ein Fuzz oder Booster zwischen Gitarre und Amp aktiviert ist.

Außerdem gibt es noch die Rückkopplung des durch die Saiten erzeugten, über die Tonabnehmer übertragenen und von der Gitarrenanlage extrem verstärkt wiedergegebenen Signals zurück auf die Saiten. Diese werden dabei durch die vom Lautsprecher produzierten Schallwellen praktisch angeblasen und zu noch stärkerer Schwingung angeregt. Dabei verändern sie oft durch das Umkippen des Klanges in den oberen Teiltonbereich ihre Farbe.

166

Während die erste Art der Rückkopplung nur schwer zu kontrollieren ist, setzte Hendrix die zweite Methode ganz gezielt ein. Er erzeugte kontrollierbares Feedback einmal durch direkte Berührung oder Annäherung der Gitarre an den Verstärker beziehungsweise an die Lautsprecher-Boxen. Außerdem suchte er sich gerne bestimmte Positionen auf der Bühne oder im Studio aus, an denen die Lautsprecherabstrahlung auf die Gitarre auch ohne direkten Kontakt Rückkopplungen erzeugte – schön zu sehen im Video seines Woodstock-Gigs.

Hendrix hatte schon vor Beginn seiner UK-Pop-Karriere, Anfang 1966 in den USA mit dem Feedback-Effekt experimentiert. Erst seine späteren Versuche bekamen aber aufgrund der besseren und größeren Verstärkeranlagen sowie seiner inzwischen ausgereifteren Gitarrentechnik wirklich Bedeutung für seine Musik. Man kann vermuten, dass hier auch der Kontakt zu Pete Townshend von The Who mit ausschlaggebend war. Der Gitarrist Townshend hatte schon um 1965 mit sehr ungewöhnlichen Sounds gearbeitet, und seine Art der Feedback-Beherrschung war somit eine ideale Anregung für weitere Entwicklungen in dieser Richtung. Ob Hendrix auch die von Andy Warhol ins Leben gerufene New Yorker Band The Velvet Underground kannte, ist nicht belegt. Diese Formation um den Sänger und Gitarristen Lou Reed und den John-Cage-Schüler John Cale setzte schon auf ihrer 1966 produzierten ersten LP ausgiebig harte, verzerrte Feedback-Sounds ein. Aufgrund des damals nur sehr geringen Erfolgs des Debüt-Albums ‚The Velvet Underground & Nico‘, bekannt durch das legendäre Bananen-Cover von Warhol, hat sich deren wegweisende Musik nur auf sehr wenige Bands ihrer Zeit ausgewirkt. Ihre Bedeutung ist eigentlich erst in den 80er-Jahren wirklich erkannt worden und hat, wie so oft in der Popmusik vielen, guten und harmlosen Epigonen kommerzielle Erfolge beschert. Alle paar Jahre wieder.

Zurück zu Hendrix: Der bekannte Jazz-Forscher und Buchautor Joachim Ernst Berendt (Das große Jazzbuch – Von New Orleans bis Jazz Rock, Frankfurt/M. 1981, S. 313) sieht Hendrix gleichermaßen in der Tradition des E-Gitarren-Pioniers Charlie Christian und des

Blues-Gitarristen B.B. King, deren Hauptspielmerkmale die "Verlängerung des Gitarrentons" durch elektrische Verstärkung und die sich hieraus ergebende Möglichkeit seiner individuelleren Gestaltung war, die vorher kaum bestand. Beispiel: Bei einem Gitarrenton ohne Sustain oder bei einem Banjo-Ton, hat der Spieler wenig Zeit für ein individuelles Vibrato. Der Feedback-Effekt ist so gesehen untrennbar mit der elektrischen beziehungsweise elektrifizierten Gitarre verbunden, seine Auswirkungen sind auch beim Spielen in mittlerer Lautstärke immer vorhanden, der Effekt ist spürbar: Denn eine verstärkte Gitarre verhält sich in Bezug auf Sustain und den Tonverlauf anders als ein trocken, also unverstärkt gespieltes Instrument. Schon aus diesem Grund ist der E-Gitarrenton natürlich hervorragend zu kombinieren mit vielen anderen spieltechnischen und elektronischen Effekten; durch seine "Langlebigkeit" kann er in ganz anderen Ausmaßen moduliert werden, als etwa der Ton irgendeines akustischen Instruments.

Neben der schon genannten Möglichkeit, den angeschlagenen Ton einfach stehen zu lassen, bis er durch das stärker werdende Feedback von alleine seine Klangfarbe ändert, kann in diesen Vorgang natürlich durch Veränderungen der Gitarren- oder Verstärkereinstellung eingegriffen werden. Bei ,Machine Gun', vom Fillmore-East-Konzert der Band Of Gypsys 1969/70, arbeitet Hendrix mit diesem Nachregeln und Ein- und Ausschalten des Verstärkers. Ein weiterer von ihm häufig eingesetzter Effekt ist das Beschränken der Rückkopplung auf nur zwei oder drei Saiten des Instruments, etwa durch kurzes Abdämpfen der übrigen Saiten, auf denen er dann auf herkömmliche Art weiterspielt. So kann er über stehende Sounds zusätzlich noch Riffs oder Singlenote-Linien setzen, wodurch der von ihm bekannte Eindruck zweier simultan gespielter Gitarren entsteht – hervorragend zu hören auf ,Foxey Lady' vom Isle Of Wight Festival 1970.
Verbunden sind die beschriebenen Feedback-Effekte in der Regel mit einem verzerrten Gitarren-Sound, der wiederum durch die für die Rückkopplung notwendige hohe Lautstärke und Verstärkerleistung entsteht, die eine Übersteuerung von Vor- und Endstufe mit sich bringt. Um die von Hendrix gewünschte Verstärkerübersteuerung zu erreichen, gab es bei der damals verwendeten Technik keine andere

Möglichkeit, als die Anlage mit maximaler Leistung (Britische Einstellung!) zu spielen: alle Regler auf Anschlag nach rechts! Der Master-Volume-Regler oder der vorschaltbare Röhren-Preamp waren noch nicht im Angebot, auf andere Art war der hierdurch entstehende verzerrte Gitarren-Sound also nicht zu erzielen. Die gleichzeitige Verwendung mehrerer großer Verstärkeranlagen spricht natürlich eindeutig dafür, dass der Einsatz von hohen Lautstärken, sowohl auf der Bühne als auch im Publikumsraum, grundsätzlich beabsichtigt war: Es ging um Sound und um Lautstärke.

Diese Übersteuerung, die durch Effektgeräte wie Verzerrer und Booster noch verstärkt werden kann, führt technisch gesehen zu einer Veränderung der Klangstruktur. Der Anteil und die Lautstärke der oberen Teiltöne des Klangs werden gegenüber dem Grundton verstärkt, was ihm mit Ansteigen des Verzerrungsgrads mehr und mehr Geräuschcharakter gibt. Entspricht das direkte, unveränderte E-Gitarrensignal aufgrund des im Vergleich zur akustischen Gitarre relativ knappen Obertonanteils noch annähernd einem Sinuston, so ähnelt der extrem übersteuerte Ton einem Rechtecksignal. Klanglich zeichnet sich der mit Hilfe eines Röhrenverstärkers erzeugte verzerrte Ton noch durch eine gewisse Wärme aus, da durch seinen Frequenzgang sowie das Übersteuerungsverhalten der Röhren die Anzahl der entstehenden ungradzahligen Teiltöne relativ begrenzt ist. Gerade ältere Transistorverstärker und Verzerrer klingen dagegen oft vergleichsweise sägend bis unangenehm, was sich besonders beim gleichzeitigen Anschlagen mehrerer Töne bemerkbar macht: In diesem Fall wird der Klang aufgrund entstehender Überlagerungen undurchsichtig und matschig. Durch den Kompressionseffekt des übersteuerten Röhrenverstärkers, der den Schwingungsverlauf des angeschlagenen Tons verändert – der Ton bleibt länger auf einer Lautstärkestufe stehen, bevor er allmählich ausklingt – sind auch die beschriebenen Rückkopplungseffekte leichter kontrollierbar. Der Grad der Verzerrung und hierüber auch die Klangfarbe, der Schwingungsverlauf, die Lautstärke und das Feedback-Verhalten des Gitarrentons sind beeinflussbar über die Lautstärkeregler an Gitarre und Verstärker, und natürlich durch die Intensität des Anschlags.

Alleine durch das Nutzen all dieser Möglichkeiten hatte Hendrix eine Menge verschiedener Sounds zur Verfügung, ohne besondere Effektgeräte verwenden zu müssen. Das von ihm häufig eingesetzte Fuzz Face war primär dazu da, den Grad der Verstärkerverzerrung durch Anhebung des Eingangspegels und Beimischung von Transistorverzerrung noch zu erhöhen – der eigentliche Röhren-Sound sollte schon erhalten bleiben. Der Wechsel zwischen klaren und verschiedenen übersteuerten Sounds, mit und ohne Verzerrer, ist in den Aufnahmen der Band Of Gypsys ein bevorzugtes Gestaltungsmittel. In ‚Power To Love' ist die Trennung am klarsten vollzogen, bei ‚Message Of Love' (beide auf der LP ‚Band Of Gypsys'), ist der Verzerrungsgrad des Gitarrentons von der jeweiligen, sich fließend verändernden Intensität des Anschlags bestimmt.

LAUTSTÄRKE & SOUND

Der klassische Kritikpunkt an der Rockmusik der späten 60er-Jahre war ihre extreme Lautstärke. Auch der bewusste Einsatz von Verzerrungen als Gestaltungsmittel wurde oft eher im Sinne einer destruktiven Grundhaltung verstanden. Hendrix war mit Sicherheit eines der großen Feindbilder einer derart ausgerichteten Kritik, insbesondere aus dem Grund, dass seine Vorstellungen von Lautstärke und Sound selbst von vielen Pop- und Rock-Musikhörern seiner Zeit nicht nachvollzogen werden konnten. Einen interessanten und heute auch unterhaltsamen Artikel von Werner Burkhardt zum Thema findet man in der Zeitschrift FonoForum (Ausgabe 03/1970, S.175) "Laute Musik in lauterer Absicht?" "...Avantgardistische Pop-Musik, die auf sich hält, braucht nicht laut zu sein." Interessant in diesem Zusammenhang ist, dass die damals von Musikern verwendeten Live-Anlagen gerade aufgrund ihrer Dimensionierung bei heutigen Konzerten eher zu Beschwerden über mangelnde Schalldruck-Empfindungen führen würden. Die dagegen putzig anmutenden Stadion-Auftritte der Beatles in den USA, mit ein paar Kofferverstärkern und zwei Gesangs-Boxen auf der Bühne, wurden bekanntlich vom Publikum überjubelt. OK, Hendrix war viel lauter, aber auch er erzeugte bei seinen Hallenkonzerten keine drückenden Bass-Fundamente; selbst das Schlagzeug war oft nur minimal verstärkt – über die Gesangsanlage.

Natürlich braucht Musik keine Schallpegel, die die Schmerzgrenze des Zuhörers zur Körperverletzung überschreitet. Andererseits waren aber große Lautstärken, wie sie Hendrix einsetzte, auch schon in der zweiten Hälfte des 20. Jahrhunderts relativ alltägliche Phänomene des Lebens. Und das Empfinden von laut und leise ist heute wieder ein anderes als noch vor 50 Jahren. Diese sich ständig verändernde Sensibilität im Empfinden erfordert für manche Künstler auch eine entsprechend angepasste Konzeption der Ausdrucksmittel. Das war bei den sich immer weiter vergrößernden Orchestern von Klassik und Romantik nichts anderes als beim Sprung vom elektrifizierten Unterhaltungs-Pop der 60er/70er-Jahre in den 80s/90s-Techno-Sound.

Dass die afroamerikanische Musik sich in ihren bedeutendsten Strömungen praktisch zeitgleich mit den Medien Schallplatte und Radio entwickelte, hat ihr mit zu ihrer weltweiten Bedeutung verholfen. Dass während dieser Entwicklung aber auch Wasserstoffbomben, Düsen-Jets, Weltraumfahrt und Bürgerrechtsbewegung entstanden sind, hat die Musik reflektiert. Dies entweder direkt über Textinhalte oder über die musikalische Gestaltung, in der versucht wurde Klangbilder zu schaffen. Konnte der Country-Blues-Musiker vielleicht noch mit Gitarre und Mundharmonika einen fahrenden Nahverkehrszug imitieren, so hätte er bei einem Jet sicherlich Schwierigkeiten gehabt. Und abgesehen von der Nachahmung solcher Phänomene oder der Anpassung an neue Sensibilitäten, hatte sich ja auch das Instrumentarium der Musik weiterentwickelt. Die Hammond-Orgel hatte eigentlich mit dem Ur-Keyboard Klavier nichts anderes angestellt, als Hendrix mit der früher mal rein akustischen Gitarre: Es geht um Tonverlängerung! Neue Ideen und Technologien hat es immer gegeben, sie haben letztendlich die musikalische Entwicklung mit nach vorne getrieben. Gustav Mahlers Fernorchester oder Charles Ives' Kompositionen ‚The Unanswered Question' und ‚Central Park In The Dark' (Reinhören!) waren mit Sicherheit nicht weniger revolutionär als die späteren quadrophonischen Raumklang-Realisationen von Pink Floyd. Es handelte sich immer um die Reflexion und Verarbeitung von Erlebnissen, Eindrücken, Stimmungen und Überzeugungen des Künstlers.

"Heute bleibt ein Künstler nur dann ein Avantgardist, wenn es ihm gelingt, die neuen Kunstmittel für das Leben brauchbarer zu machen, sonst erweisen sich die glitzerndsten Legierungen als altes Eisen. So zeigt gerade die Kunst der wahren Avantgarde, dass sie sich nicht vom Alltag trennen will, sondern dass sie ihn enthält, begreift und verändert." Das schrieb der Komponist Hanns Eisler im Jahr 1937! (zitiert nach: Kemper, Peter: Fusion Music und Avantgarde Rock in: König, Burghard / Hrsg.: JazzRock – Tendenzen einer modernen Musik, Reinbek 1983, S. 264 – lesenswert!)

Und damit zurück zu Jimi Hendrix: In diesem Sinne der Einbeziehung des Alltags sind auch die Phänomene "Sound" und vor allem "Lautstärke" bei Hendrix zu verstehen. Seine Musik kann auch kaum als bloße Adaption des musikalischen Erbes der Afroamerikaner gesehen werden. Es handelt sich hierbei eher um eine individuelle Verarbeitung und Reflexion des kulturellen und technischen Amerika, und dies in Anlehnung an Traditionen afroamerikanischer Musik. Lautstärke ist demnach in Bezug auf Hendrix eine ebenso aus verstärkertechnischen Gegebenheiten resultierende Sound-Notwendigkeit, wie dass sie sich aus dem Kontext der Musik als zeitgemäßem Ausdrucksmittel ergibt.

Auch seine Studioproduktionen haben ihre eigenen Sounds und setzten sich zum Teil gerade dadurch von anderer Musik der späten 60er-Jahre ab. Hendrix hat ständig mit seinem Instrument und auch mit der Studiotechnik experimentiert und so verschiedenste Möglichkeiten klanglicher Gestaltung entdeckt beziehungsweise eigene Ideen praktisch umgesetzt. Der berühmte und immer wieder zitierte "Hendrix-Sound" ist eigentlich nicht zu definieren, denn kaum ein anderer Musiker hat eine solche Fülle verschiedenster Instrumental-Sounds kreiert, wie Hendrix. Gerade in Bezug auf seine Studio-Produktionen ist er kaum auf einen Trademark-Sound festzulegen – abgesehen von seiner Gesangsstimme.

Was eigentlich noch bedeutender als irgendwelche Effekt-Sounds ist, sind Jimi Hendrix' Spieltechnik im weitesten Sinn und sein stilübergreifender musikalischer Ansatz in Komposition, Arrangement und Produktion. Diese beiden Faktoren hatten mit Sicherheit mehr Auswirkungen auf die Musik nach ihm als alle sonstigen Eigenarten dieses Künstlers. Sie lieferten letztlich Rahmen und Inhalte für alle Sound-Experimente, Songs, Alben. Und Jimi Hendrix hat nun mal primär Songs gespielt. Songs mit Intros, Strophen, Bridges und Refrains. Und mit den besten Gitarrensoli seiner Zeit. OK – auch mit vergleichsweise eigenwilligen Sounds. Aber kann man das alles trennen? Hendrix war ohne Frage auch als Singer/Songwriter von 1967 bis 1970 eine Offenbarung, das belegen hunderte Cover-Versionen seiner Songs. Und gesamplet wurde der wilde Mann ja auch gerne, angefangen bei HipHop/Rap-Größen wie Cypress Hill, Beastie Boys, A Tribe Called Quest, N.W.A., über so originelle Acts wie Unkle, Right Said Fred, Cozy Powell oder Weird Al Yankovic, bis hin zu Könnern wie Urban Dance Squad mit ‚Prayer For My Demo' (vom Album ‚Mental Floss For The Globe', 1989), oder Beautiful People mit ihrem Album-Gesamtkunstwerk ‚If 60s Were 90s' (1994).

Einem beeindruckenden Album. ★

09 ROOTS
HENDRIX' FRÜHE EINFLÜSSE

Es ist eine Binsenweisheit, dass Kreativität, Bildung und Techniken eines Künstlers nie aus dem Nichts entstehen. Individualität hat auch noch nie Inspirationen ausgeschlossen. Der Musiker Jimi Hendrix hat in Interviews selbst häufig auf die für ihn wichtigen Einflüsse hingewiesen – dem idealisierten Gitarrengott wurden dann aber gerne alle Bezüge zum profanen Musikleben wegmystifiziert: Und all seine Kunst kam aus dem innersten Universum dieses Genies ...

CHURCH & CHARTS

Hendrix' Einflüsse, die ihn in seiner Jugend prägten, bestanden zum einen aus der populären Radiomusik der Charts der 50er-Jahre, zum anderen aus der alten afroamerikanischen Tradition des rhythmischen Löffelschlagens, die er schon früh durch seinen Vater kennenlernte. Das Löffelschlagen findet man übrigens auch in Bayerns Musiktradition. Wie das Waschbrett, leere Flaschen oder Benzinkanister waren eben auch die Esslöffel mögliche Instrumente armer Menschen, die keine anderen Musikinstrumente besaßen. Ansonsten spielte auch in Hendrix' Familie niemand ein Instrument oder besaß irgendwelche musikalischen Kenntnisse. In direkten Kontakt mit Musik kam der junge James Marshall Hendrix (*1942) aka Jimmie auch während der sonntäglichen Kirchenbesuche mit seinen Verwandten. Die Familie gehörte zur Pentecostal Church, einer christlichen, schwarzen Glaubensgemeinschaft, deren Kirchenmusik sich durch einen sehr lebendigen weltlichen Charakter auszeichnete.
Jimmie soll später, als er mit dem Gitarrenspiel begann, von einem alten Blues-Musiker aus der Nachbarschaft einiges gelernt haben; weitere praktische Hilfe bekam er von Ulysses Heath, dem Gitarristen der Rocking Kings, seiner ersten Band, in der er

allerdings auf seinem Instrument noch den Bass-Part spielen musste. Im Übrigen beobachtete er die durchreisenden oder ortsansässigen Blues-Musiker bei ihren Konzerten.

Untersucht man genauer die Auflistungen von Hendrix' persönlichen Lieblingstiteln oder des Repertoires seiner vorwiegend Cover-Versionen spielenden Band The Rocking Kings aus den Jahren 1958 und '59, so stößt man auf Titel wie ,Cathy's Clown' von den Everly Brothers, ,La Bomba' von den Carlos Brothers, Eddie Cochrans ,Summertime Blues', ,The Twist' von Hank Ballard und diverse Nummern der R&B-orientierten Gesangsgruppe The Coasters, unter anderem ,Charlie Brown', ,Poison Ivy' und ,Yakety Yak'. Selbst Henry Mancinis berühmtes ,Peter Gunn Theme' und die ,Petite Fleur' des kreolischen Klarinettisten Sidney Bechet werden genannt – insgesamt also eine durchaus gängige und am Geschmack der weißen Bevölkerung orientierte Hitparaden-Mucke.

Darüber hinaus war Jimmie in seiner Jugend ein großer Fan der Rock-&-Roll-Helden Buddy Holly und Elvis Presley; Ende 1957 konnte er in Seattle selbst ein Elvis-Konzert besuchen. R&B und Soul bekam Hendrix damals weniger zu hören, da es in der Umgebung seiner Heimatstadt Seattle keine "schwarzen" Radiosender gab, die solche Musik gespielt hätten. Allerdings hörte er schon als kleines Kind bei Freunden oder Verwandten seiner Eltern gelegentlich Jazz und Blues. Vor Muddy Waters' Musik soll er sich damals regelrecht gefürchtet haben, Duke Ellington, Count Basie und Joe Turner klangen für ihn vertrauter. Irgendwie doch eher eine Pop-Sozialisation! Auch das Repertoire seiner späteren Band The King Casuals, in der Hendrix während seiner Army-Zeit zusammen mit Billy Cox spielte, orientierte sich an den Top 40 der Charts.

RHYTHM & BLUES

Größeres Interesse an Blues und dem urbanen Rhythm & Blues, die in den 50er-Jahren neben dem Rock & Roll immer mehr an

Popularität gewannen, scheint Hendrix erst später, nach seinem Wechsel ins Profilager, entwickelt zu haben – also erst nach seiner Entlassung aus der Armee im Sommer 1962. Von Nashville/ Tennessee aus, wo er, mit Unterbrechungen, das folgende Jahr verbrachte, starteten die sogenannten Package-Tourneen, für die er als Begleitmusiker verpflichtet wurde: Diverse Stars waren mit einer gemeinsamen Backing-Band auf Tour durch die USA. "That's where I learned to play really ...", meinte Jimi später zu dieser Phase.

Auf einer solchen Package-Tour spielte er in der Begleit-Band afroamerikanischer Stars wie Solomon Burke, Jackie Wilson, B.B. King und The Supremes. In dieser Zeit kam es auch zu ersten Kontakten mit dem Blues-Gitarristen Albert King, der vielleicht zum einzigen wirklichen Vorbild für Hendrix wurde. King war ebenfalls Linkshänder, spielte vergleichsweise bläserorientierte Singlenote-Linien, und er stimmte sein Instrument um einen Halbton tiefer als üblich, was Hendrix selber erst ungefähr ab Mitte des Jahres 1967 tat. Albert King führte ihn in die Geschichte des Blues ein und verriet ihm auch einige gitarrentechnische Tricks, wie etwa den Einsatz des Daumens zum Greifen der Bass-Saiten oder das "horizontale Anschlagen" der Saiten durch Pull-Off-Spiel mit der Greifhand. Neben Albert King entdeckte Hendrix auch die anderen großen Blues-Interpreten wie T-Bone Walker, Howlin' Wolf, Robert Johnson, Muddy Waters, John Lee Hooker, Buddy Guy und natürlich B.B. King. Laut Little Richard hat Hendrix während der Zeit in seiner Tour-Band The Upsetters, fast genau wie B.B. King gespielt. Ein anderer Blues-Musiker, Willie Dixon, soll Hendrix auf die fundamentale Bedeutung des Blues für die gerade entstehende, moderne Rockmusik hingewiesen und dabei insbesondere auf Chuck Berry aufmerksam gemacht haben: Der hatte den Blues mit den Gitarrentechniken der weißen Country-&-Western-Musik versetzt und ihn so auch in instrumentaler Hinsicht an den Zeitgeist der 50er- und frühen 60er-Jahre angepasst.

ROCK & ROLL

Dass Hendrix ganz allgemein eine gute Repertoire-Kenntnis besaß, wird deutlich, wenn man seine Elvis-Presley- oder Howlin'-Wolf-Parodien auf der nach seinem Tod LP ‚Loose Ends' hört. Noch Ende 1966, beim ersten Konzert mit der Experience in Paris (als Vorgruppe von Johnny Halliday), spielte Hendrix überwiegend R&B- und Soul-Standards; dies geschah jedoch nicht zuletzt wegen der knappen Vorbereitungszeit der erst wenige Tage alten Formation. Little Richard, bei dem Hendrix in der Zeit um 1963 spielte und der sich später immer wieder als eines der großen Vorbilder seines damaligen Schützlings dargestellt hat, übte in Wahrheit kaum einen musikalischen Einfluss auf ihn aus. Richard selbst sieht das jedoch noch 1985 ganz anders: "Leute wie die Jacksons, Prince, Boy George und Bowie haben alles von mir und Jimi Hendrix, und Jimi hat es von mir, weil er mein Gitarrist war." Das gute Wetter soll er übrigens auch erfunden haben.

Little Richards Musik war ein R&R-Verschnitt mit Blues- und Soul-Einflüssen, meist strikt durcharrangiert und ohne große Improvisationsmöglichkeiten für irgendjemanden außer ihn selbst. Hendrix spielte in dieser Band eine Riff-orientierte Rhythmusgitarre und nur sehr selten knappe, aus dem stilistischen Rahmen etwas herausfallende Soli. Die Little-Richard-Nummern ‚Lucille' und ‚Tutti Frutti', in denen eine angezerrte und mit WahWah versehene "Original-Hendrix- Gitarre" zu hören ist, sind, wenn sie als Hendrix-Aufnahmen ausgegeben werden, nichts anderes als Betrug und der Versuch, auf den Erfolgszug des Manns aus Seattle aufzuspringen: Hendrix hat auf diesen Songs, entgegen den Angaben auf verschiedenen LP-Covers, keinen einzigen Ton gespielt. Dass Little Richards exzessiver Vokalstil, der Stöhnen, Seufzen und Schreien in seinen R&R-typischen Gesang integrierte, auch eine Inspiration für Hendrix' vergleichsweise enthemmten Gitarrenstil war, ist zwar durchaus möglich – konkrete Aussagen liegen hierzu jedoch nicht vor. Hendrix hat sich überhaupt nicht gerne über diese für ihn eher unerfreuliche Zeit im Dienst des egomanen Genies geäußert.

SOUL & JAMS

Deutlicher auf Hendrix' Gitarrenspiel ausgewirkt hat sich seine Arbeit als Backing-Gitarrist bei am Soul orientierten Interpreten. Titel wie ‚The Wind Cries Mary' oder ‚Little Wing' haben etwas von dieser Atmosphäre und sind deutlich an Bobby Womack und Curtis Mayfield, einen frühen Bewunderer von Hendrix, angelehnt.

Im Jahr 1964 spielte Hendrix mit den Isley Brothers. In deren Titel ‚Testify' hört man eine sehr modern gespielte Rhythmusgitarre; hier setzte Hendrix bereits seine später zum Markenzeichen gewordenen Sharp-Ninth-Akkorde ein. In mehreren Aufnahmen wird er als überzeugender Solist vorgestellt, spielt hier ansonsten aber meist kurze, vom Blues beeinflusste Fills. Trotzdem genoss er in dieser Band zum ersten Mal relativ große künstlerische Freiheit: zum einen natürlich im Hinblick auf sein Gitarrenspiel, zum anderen aber auch in Bezug auf die Bühnen-Präsentation. Viele später bekannt gewordene Gags und Show-Tricks hat er bei den Isley Brothers zum ersten Mal einsetzen können. Nach seiner Zeit unter der Fuchtel des diktatorischen Little Richard, der seinen Musikern alles verbot, was ihm die Show hätte stehlen können, waren die Isley Brothers daher gleich in mehrfacher Hinsicht ein großer Schritt nach vorne für ihn.

Eine der ersten Plattenaufnahmen, auf denen Hendrix als Sänger und Gitarrist zu hören ist, entstand im Dezember 1965 in einem Club in Hackensack, New Jersey, mit der Band von Curtis Knight. Erinnert sein Gesang im Titel ‚I'm A Man' noch sehr an Muddy Waters, so ist sein Instrumentalsolo eine der wenigen frühen Aufnahmen, die ihn als wirklich fähigen und virtuosen Musiker zeigen. Hier finden sich schon viele wichtige Elemente seines späteren Stils wie etwa der verzerrte Sound, die gekonnten Bendings und das einhändige Gitarrenspiel. Auch in der Instrumentalversion des Titels ‚Love Love', die Hendrix laut Plattencover-Angabe 1965 oder 1966 mit Curtis Knight aufgenommen haben soll, erkennt man ihn deutlich: wiederholende Bassfiguren, den #9-Akkord, Hammer-Ons etc." Der genannte Titel stammt allerdings aus einer von Curtis Knight unerlaubt mitgeschnittenen und veröffentlichten Session vom Sommer 1967, also nach Hendrix' Monterey-Erfolg. Wirklich typische

Hendrix-Soli im Sinne seiner nach 1966 in England entstandenen Aufnahmen lassen sich nur in wenigen Titeln aus der Zeit mit Knight auffinden. In ‚Hush Now', das deutlich an den Song ‚White Room' von Cream erinnert, setzt Hendrix einen leicht angezerrten WahWah-Sound und sein typisches Octave-Bending ein. Da jedoch 1965/66 das WahWah-Pedal noch nicht auf dem Markt war, handelt es sich auch hier wieder um ein Produkt aus Curtis Knights Nebenerwerbsgeschäft von 1967. Als die Firma Warwick Electronics Inc./Thomas Organ Company im November 1966 das erste Wah-Pedal veröffentlichte, war Hendrix schon in England.

Bei den ebenfalls vermutlich 1966 (und nicht wie oft falsch behauptet 1963 als erste Hendrix-Recording-Session) entstandenen Studioaufnahmen mit Lonnie Youngblood, kommen sein Blues- und Soul-Background noch deutlicher zur Geltung, einige Tracks enthalten bereits bekannte Hendrix-Effekte wie das geräuschartige Slide-Spiel mit Hand oder Unterarm sowie Bendings, Pull-Offs und die Verwendung des #9-Akkords; in einer Live-Version von ‚GoGo Shoes' fallen zudem Hendrix' variables Akkordspiel und seine rhythmische Sicherheit auf

Viele Stücke dieser Phase wirken jedoch gerade in Bezug auf den Part der Lead-Gitarre völlig dilettantisch, sodass schnell klar wird, dass Hendrix an ihnen gar nicht beteiligt war. In dem reichhaltigen Angebot von ca. 60 angeblichen Youngblood-&-Hendrix-Titeln unzähliger LPs/Compilations finden sich nur eine Handvoll Songs – die allerdings in verschiedensten Takes und Abmischungen – in denen der Gitarrist tatsächlich Jimi Hendrix war. Alle oben genannten Fälschungen sind relativ leicht als solche zu identifizieren: Blues-Phrasierung und weitere wesentliche Elemente seines Stils sind bei den wenigen echten Hendrix/Youngblood-Aufnahmen so ausgeprägt und klar erkennbar, dass man schon für diese Zeit von einem technisch versierten und professionell arbeitenden Gitarristen sprechen muss, der zum Beispiel die verstimmten Gitarren und katastrophalen Sound-Einstellungen der übrigen Aufnahmen mit an Sicherheit grenzender Wahrscheinlichkeit vermieden hätte.

Von Hendrix' Mitmusikern dieser Zeit ist in Interviews auch übereinstimmend immer wieder die Professionalität seiner Arbeitsweise betont worden. Mit einer anderen Einstellung hätte er wohl auch kaum die Chance bekommen, in so vielen relativ guten Bands zu spielen. Die Position des Gitarristen bei den Isley Brothers erhielt er nicht zuletzt auch aufgrund der Tatsache, dass er schon während seiner allerersten Session mit der Band in der Lage war, das gesamte Repertoire zu spielen und mit ihnen sofort auf Tour zu gehen. Die anfangs erwähnte Aufnahme ‚Testify' aus dem Jahr 1964 (!) zählt, was die Pre-Experience-Zeit betrifft, zweifellos zu seinen besten. Festzuhalten bleibt also, dass Hendrix deutlich von Blues und Soul geprägt wurde. Die Cover-Bands der späten 50er-Jahre haben, abgesehen von seiner Vorliebe für manche R&R-Standards, weit weniger erkennbare Spuren in seiner Arbeit hinterlassen.

Reisen wir jetzt mit ihm nach England, wo er ab Ende 1966 mit jeder Menge großartiger Kollegen in Kontakt kam. Für einen an Musik & Kunst im umfassenden Sinn interessierten Menschen ein Traum.

BRITISH ROCK

Was sich auf der Grundlage von Jimi Hendrix' solidem Blues-plus-Soul-Background durch spätere Kontakte zu Rock- und Jazz-Musikern entwickelte, hat diese Wurzeln relativ unberührt gelassen; Letztere sind in Hendrix' Musik immer klar zu erkennen gewesen. Im Vergleich zu seinen Blues/Soul-Bezügen wird der Einfluss, den verschiedene Rock-Gitarristen auf ihn genommen haben, weithin überschätzt. Bekannt ist, dass Jimi Hendrix schon während seiner New Yorker Zeit den Engländer Eric Clapton geradezu verehrte. Chas Chandler versprach ihm dann auch, nach seiner Übersiedlung nach London ein Treffen mit Clapton zu arrangieren, damit er ihn persönlich kennenlernen konnte. In der Zeit nach 1967 äußerte sich Hendrix dann aber zunehmend kritisch über sein einstiges Idol: So bemängelte er Claptons offenkundige Unfähigkeit, Rhythmusgitarre zu spielen. Immer wieder unterstrich Hendrix die Bedeutung der Rhythmusgitarre, da sie im Wesentlichen die Struktur eines Songs oder einer Komposition definiere: "In dieser Welt gibt es nur noch Lead-Gitarristen, aber das Wichtigste überhaupt ist, das Takthalten zu lernen, den Rhythmus." In diesem Zusammenhang verwies Hendrix auf Billy Butler und Robert Lockwood Jr. als für ihn bedeutende Rhythmusgitarristen, beides R&B- beziehungsweise Blues-Musiker. Jeff Beck und Pete Townshend, die Hendrix mit seinen ersten Londoner Club-Auftritten beeindruckte, halfen ihm allerdings, seine Feedback-Technik weiterzuentwickeln. Von einigen Aufnahmen Becks soll Hendrix begeistert gewesen sein; weitere Hinweise, etwa auf eine engere Zusammenarbeit der beiden, gibt es jedoch nicht, sieht man von einigen Jam-Sessions ab.

Gerade die Ursprünge des Feedback-Einsatzes sind heute nur schwer zu klären. Pete Townshend war ohne Zweifel einer der ersten bekannten Rock-Gitarristen, die mit dieser Technik arbeiteten; ebenso steht fest, dass er Hendrix künstlerisch beeinflusst hat, auch wenn diese Einwirkung nicht mit konkreten Details belegt werden kann. Bedenkt man, dass Feedback seit Beginn der elektrischen Verstärkung der Gitarre ein bekanntes, anfangs eher unerwünschtes Phänomen war, das dann jedoch seit den 50er-Jahren im R&B auch positiv, nämlich zur Verlängerung des Gitarrentons, genutzt wurde, so ist die zweifelsfreie Bestimmung eines "Erstanwenders" kaum möglich. Kleine Amps wurden weit aufgerissen, die Gitarren waren meist semiakustisch, und schon ging's los! Hendrix hatte seine ersten Feedback-Erfahrungen so gesehen ganz sicher schon als unbekannter Live-Musiker in den USA. Sicher ist aber auch, dass ihm Pete Townshend Ende 1966 in der Praxis der Feedback-Verwendung noch um einiges voraus war. Dieser Vorsprung schrumpfte jedoch schnell.

Im Gegensatz dazu berichtet Mike Bloomfield, Hendrix habe das große Potential dieser Spieltechnik erstmals erkannt, nachdem er die Yardbirds gehört hatte; ob er dabei die Besetzung mit Jeff Beck (ab 1965) oder mit Jimmy Page (ab 1966) oder gar die Urformation mit Clapton als Gitarrist meint, die schon im Dezember 1963 ihre erste Live-LP eingespielt hatte, bleibt unklar. Jeff Beck, wäre mein Tipp. Deutlich wird in jedem Fall, dass Jimi Hendrix nicht nur von einer Seite beeinflusst worden ist. Die britische Musikszene hatte ihm

ohne Frage viel Neues und Interessantes zu bieten, und diese
Chance wird er entsprechend genutzt haben, um, nicht anders als
schon in den USA, immer neue musikalische Erfahrungen
aufzusaugen.

AMERICAN IDOLS

Abgesehen von den unmittelbaren Einflüssen, denen Hendrix durch
diverse Begegnungen ausgesetzt war, gab es auch eine ganze
Reihe von Musikern, die schon vor ihm in ähnliche Richtungen
gearbeitet hatten, sprich: einzelne Hendrix-typische Techniken oder
Konzepte bereits früher verwendeten. Weiß man aus zahlreichen
Hendrix-Interviews, dass Bob Dylans Lyrik und sein Gesangsstil nicht
spurlos an ihm vorübergingen, so sind auch noch andere Musiker zu
nennen, deren Musik er aufgrund ihrer Charts-Erfolge zweifellos
gekannt hat. Immer wieder genannt wird in diesem Zusammenhang
der Name Link Wray. Der 1929 geborene US-Musiker hatte gegen
Ende der 50er-Jahre einen Hit mit ‚Rumble', einem Gitarren-
Instrumentalstück, das später von Rock-Journalisten als "die erste
Hardrock-Nummer" identifiziert wurde. Erst Ende 1970
wiederentdeckt und nicht zuletzt aufgrund der Protegierung durch
einige mittlerweile berühmt gewordene Verehrer wie Pete
Townshend doch noch zu einem gewissen Kultstatus gekommen,
räumte Wray in einem Interview vom Mai 1989 mit einigen
Gerüchten um seine Musik auf: "Es gibt diese Geschichten, dass ich
mir meine Effektgeräte selbst gebastelt hätte, aber das ist Unsinn.
Ich habe immer nur den Verstärker voll aufgedreht!"

Beeinflusst von Johnny Smith, Hank Williams, Les Paul und Chet
Atkins, also von Musikern aus der Jazz- und Country-Szene, spielte
Link Wray mit relativ klarem hartem Ton einen Riff-orientierten
Gitarren-Rock. Seine Bedeutung als Erfinder des WahWah-Pedals
und anderer Effektgeräte scheint jedoch, glaubt man seinen eigenen
Angaben, auf einer Legende zu beruhen. Das WahWah-Pedal kam
bekanntlich auch erst 1967 serienmäßig auf den Markt. Wer sich

vorher wann, wie, wo und warum ein solches Gerät im Hobbykeller zusammengebastelt hat, lässt sich heute kaum mehr klären.

Im Zusammenhang mit Hendrix dürfen einige Klassiker der E-Gitarre nicht vergessen werden: Neben Scotty Moore, Elvis Presleys erstem Rock-&-Roll-Gitarrist (ab 1956), neben Duane Eddy, der an Bass und Gitarre durch seinen exzessiven Gebrauch des Bigsby-Vibratosystems auffiel, und neben Chuck Berry, dem modernen Virtuosen des R&R, sind noch drei andere Musiker wegen Neuerungen, die auf ihr Konto gingen, besonders wichtig: Einmal der Gitarrist Bo Diddley, der schon zehn Jahre vor Hendrix mit Echo, Hall und Verzerrer-Effekten experimentierte. Dann der Jazz- und Country-Musiker Chet Atkins, der – wie jeder zweite E-Gitarrist der Historie – ebenfalls angeblich als erster WahWah, Octave-Doubler (ein Gerät, um Gitarrenstimmen einen Bass zu unterlegen) und die Technik des Right-Hand-Muting einführte (Abdämpfen der angeschlagenen Saiten mit dem rechten Handballen, eine Technik, die in den 70er-Jahren durch Al Di Meola erneut populär gemacht wurde) – und schließlich der Gitarrist und Produzent Les Paul, der als Sound-Tüftler, Gitarren-Entwickler und Pionier der Mehrspuraufnahme seiner Zeit erheblich voraus war.

MULTITRACKER

Weitere Impulse, deren Bedeutung bislang unterschätzt worden ist, erhielt Gitarrist Hendrix also von einer anderen Seite, nämlich von den Produzenten Phil Spector, George Martin und dem legendären Les Paul. Pauls Bedeutung für den Jazz- und Pop-Sound des vergangenen Jahrhunderts ist nicht zuletzt auf seine vielseitige Tätigkeit als Instrumentalist, Produzent und Gitarrenkonstrukteur zurückzuführen. Nachdem er 1941 mit dem Modell The Log die erste Solidbody-E-Gitarre entwickelt hatte (also noch sieben Jahre, bevor Leo Fender den offiziellen Solidbody-Prototyp Broadcaster auf den Markt brachte), experimentierte er schon ab 1946 mit verschiedenen Aufnahmetechniken. Er verwendete auch Delay-Effekte (Bandecho), nahm verschiedene Instrumente aus allernächster Nähe auf (close miking) und war der Pionier der Mehrspur-Aufnahmetechnik (Multi-Tracking). Seine mit hochgradig virtuoser Jazz-Technik eingespielten Aufnahmen, bei denen er drei, vier und mehr Gitarrenspuren übereinanderlegte, haben Maßstäbe gesetzt – und waren kommerziell erfolgreich. Wichtig ist in unserer Betrachtung, dass es vor allem Les Paul war, der schon in den frühen 60er-Jahren durch Mundpropaganda in Musikerkreisen auf den damals noch unbekannten Jimi Hendrix aufmerksam wurde und sich für dessen aufsehenerregendes Gitarrenspiel zu interessieren begann. Obwohl er Jimi und seine verschiedenen Job-Bands eine Zeitlang intensiv verfolgte, kam es zu keiner Begegnung zwischen den beiden Pionieren; erst nach Hendrix' kommerziellem Durchbruch in den USA hatten sie regelmäßigen Kontakt. Ab dieser Zeit war Les Paul, wenn es um technische und musikalische Fragen ging, einer von Jimi Hendrix' kompetentesten Beratern.

WALL OF SOUND

Erst mit George Martins wegweisenden Beatles-Produktionen (insbesondere auf dem ‚Sgt. Pepper's Lonely Hearts Club Band'-Album von 1967) und mit Phil Spectors Wall-of-Sound- Konzept, das er unter anderem auf der für eine Popmusik-Nummer geradezu erschlagend orchestral wirkenden Aufnahme ‚River Deep Mountain High' von Ike & Tina Turner (1966) verwirklichte, wurden die technischen Möglichkeiten, die das Les-Paul-Konzept aus den 40er-Jahren im Hinblick auf Produktion und Klanggestaltung eröffnet hatte, wieder aufgegriffen. Ziel war die Schaffung eines orchestralen Pop-Sounds, der die gleichen emotionalen Qualitäten aufweisen sollte wie der Klang eines großen Orchesters der klassischen Musik, im Unterschied zu diesem jedoch mit Hilfe der zeitgenössischen (elektrischen) Sounds erzeugt wurde.

Phil Spectors Idee, Soul- und Blues-Gesang mit bis zu 75 Streichern, Chorsängern und Band-Musikern zu kombinieren, die er auf verschiedenen Produktionen der legendären Righteous Brothers mit großem kommerziellen Erfolg realisierte und auf deren Grundlage er

1966 Tina Turner erstmals auch außerhalb der Ike-Turner-Revue präsentierte, war vom Ansatz her natürlich ein orchestrales Konzept: Reale Orchester-Sounds wurden mit Hall-Anteilen, die der Aufnahme beim Abmischen hinzugefügt wurden, gewissermaßen verschmolzen, wirkten im Ergebnis fast synthetisch und damit aus dem Zusammenhang, in dem man sie bislang gehört hatte, herausgerissen. Diese Qualität erinnert entfernt an die frühen Mellotron-Aufnahmen der englischen Bands Moody Blues und King Crimson. Somit lässt sich Spectors Wall-of-Sound-Konzept als (aufnahmetechnische) Neuinterpretation bestehender – eher konventioneller – musikalischer Möglichkeiten bezeichnen.

COLLAGEN

Während Phil Spector das musikalische Material, das er produzierte, selber schrieb oder auswählte, bestand die Arbeitsgrundlage von George Martin, dem langjährigen Produzenten der Beatles, im Umgang mit vorgegebenem Material und einer festen Band. Der studierte Musiker und Oboist war mit den Studiotechniken und Aufnahmetricks der elektronischen E-Musik ebenso vertraut wie mit der Arbeit in Sinfonieorchestern oder der Produktion von Barockmusik-Schallplatten. Musikwissenschaftler Siegfried Schmidt-Joos spricht im Zusammenhang mit Martins Arbeit von einer Veredelung der Einfälle des Komponistengespanns Lennon/McCartney "zu einer richtungsweisenden Pop-Art". Beschränkte sich Martins Einfluss anfangs darauf, die live eingespielte Musik der Beatles so getreu wie möglich auf Tonband zu fixieren, so wurde seine Art der Realisierung ihrer Musik mit der Zeit vollständig zu einem tragenden Bestandteil der Kompositionen. Entstand der frühe Beatles-Sound noch in erster Linie durch die Art und Weise der instrumentalen Interpretation durch die vier Musiker, so stand in den späteren Beatles-Aufnahmen die Produktion eindeutig im Vordergrund. Im Gegensatz zu Spector, der einen existierenden Klangkörper im weitesten Sinne arrangierte, entwickelte Martin das Klangergebnis häufig selbst – entweder aus primär nichtmusikalischen Zutaten (im Sinn von Samples) oder indem er musikalische Klänge auf eine abstrakte Ebene führte und/oder in einen neuartigen Kontext stellte. Für den Titel ‚A Day In The Life' kombinierte er zum Beispiel zwei verschiedene Lennon/McCartney-Songs, ließ sie von 41 Symphonikern begleiten und überblendete für den berühmten Schluss-Akkord den Klang einer indischen Tamboura mit Saitengeräuschen, die er im Innern eines Flügels erzeugte. Stand hier die Erzeugung eines neuen gewünschten Klangs (durch Überlagerung verschiedener anderer Klänge) im Vordergrund, so wies das Einfügen alltäglicher Geräusche wie Weckerklingeln (in ‚A Day In The Life') und Flugzeugtriebwerke (‚Back In The U.S.S.R!') und die Einarbeitung situationsfremder Elemente wie einer Barock-Trompete (in ‚Penny Lane') oder eines Swing-Arrangements (in ‚All You Need Is Love') eindeutig in Richtung Collage-Technik – eine Tendenz, die mit der an der Musique Concrète orientierten Komposition ‚Revolution No. 9' (auf dem sogenannten ‚White Album' von 1968) ihren Höhepunkt erreichte. Es leuchtet ein, dass die Beatles aus technischen Gründen nicht in der Lage waren, diese Musik live zu reproduzieren.

INSPIRATIONEN

Die charakteristischen Produktionen von Les Paul, Phil Spector und George Martin haben einen gemeinsamen Nenner: das angestrebte Ideal eines orchestralen Klangs. Der Begriff "orchestral" ist hier jedoch nicht im Sinne der europäischen Klassik, etwa in Bezug auf das verwendete Instrumentarium, zu verstehen, sondern bezieht sich auf die Aufnahmetechnik. Das Konzept von Les Paul ist von allen hier vorgestellten das am konsequentesten studiotechnische: Paul arbeitete mit Hilfe des mehrspurigen Aufnahmeverfahrens mit einem Orchester aus Gitarrentönen und -Sounds. Er zeigte dabei am konkretesten neue Perspektiven für die elektrische Gitarre auf. Daher ist Les Paul derjenige, der am deutlichsten die "Zweite Elektrifizierung" des Instruments E-Gitarre, die später Jimi Hendrix durchsetzte, im Hinblick auf seinen Einsatz der Studiotechnik angebahnt und vorbereitet hat. Von grundlegender Bedeutung war für ihn damals in erster Linie die Emanzipation der Gitarre zu einem dem Saxophon und der Trompete ähnlichen Pop-Soloinstrument (was vor ihm Charlie Christian schon im BigBand-Jazz erledigt hatte); und im zweiten Schritt, dank aufnahmetechnischer Hilfsmittel, war er dann auch noch in der Lage, mit sich selbst "im Satz" zu spielen und verschiedene rhythmische, melodische und klangliche Funktionen zu übernehmen.

Bringen wir es auf den Punkt: Jimi Hendrix war ganz offensichtlich ein Freak, ein Nerd, ein kommunikativer Mensch und ein Checker. Wenn diese Charaktereigenschaften auch immer noch primär zu Jahrestagen herangezogen werden, und dann auch nur, um zu belegen, wie viele Drogen er sich wann und wie reingepfiffen hat und wie vielen weiblichen Fans er seinen Jimi gezeigt hat – sie sind vor allem der Schlüssel zu seinem künstlerischen, musikalischen, gitarristischen Genie.

Hendrix war neugierig, interessiert, offen, hat die unterschiedlichsten Jobs als Sideman gespielt und sich auch immer wieder von Musik-Tipps seiner Freunde inspirieren lassen. Nur so lernte er Bob Dylan, Karlheinz Stockhausen, Link Wray, Händel, die Beatles und Beethoven kennen. Und was man insbesondere auf seinen Alben ‚Axis: Bold As Love‘ und ‚Electric Ladyland‘ an Vielfalt erlebt, ist das Ergebnis dieser Offenheit. Er war ein großartiger Gitarrist mit Wurzeln im R&B, Blues und Rock & Roll.
Im Studio mutierte er zu einem Komponisten, Klangmaler, Experimentator – einem Künstler, der die Rockmusik in vier Jahren zehn Schritte weiterbrachte. Dagegen sind seine rein gitarristischen Innovationen fast schon unspektakulär.
Aber es zählt eben das Ganze! ★

10 JAZZ

WAR HENDRIX EIN JAZZ-MUSIKER?

Jimi Hendrix, der heimliche Jazzer – das ist eine beliebte Verknüpfung, die in der Literatur immer wieder auftaucht. Hatte sie am Anfang noch den Beigeschmack, den Gitarristen aus den Niederungen der Rock-Dekadenz in höhere künstlerische Gefilde auffahren zu lassen, so ist diese Beschreibung bei Betrachtung von Teilen der Jazz-Szene der vergangenen 50 Jahre nicht gerade abwegig. Trotzdem – Hendrix war natürlich zu seiner Zeit ein Rockmusiker (und muss es damit wohl auch für die Geschichtsschreibung bleiben). Was er eventuell geworden wäre, wenn, ist relativ uninteressant. Wichtiger aus heutiger Sicht ist, dass Hendrix die modernen Jazz-Gitarristen viel weitgehender beeinflusst hat als die meisten Rock- und Pop-Musiker. Selbst im Blues-Bereich gab es kaum einen Gitarristen nach Jimi Hendrix, dem ein ähnlich individueller und revolutionärer Ansatz zugeschrieben werden könnte – mal abgesehen von Grenzgänger Derek Trucks.

Wenn Jazz-Musiker, speziell Gitarristen, über Hendrix reden, tauchen immer wieder die gleichen Punkte auf, die beeinflusst haben, die als stilbildend und revolutionär angesehen werden.

+ Der experimentelle, den Rock/Blues-Gitarren-Sound erweiternde klangtechnische Ansatz (Feedback, Effektgeräte)

+ Die relativ langen, jazzmäßigen Soli. Al di Meola beschrieb sie als "adventures" und betonte: "His soloing was definitely in the jazz tradition ..." (Milkowski, Bill: Jimi Hendrix – The Jazz Connection, in: DownBeat, Okt. 1982, S.17)

+ Seine Verbindung von akkordischem- und Singlenote-Spiel, die Mike Stern mit der Technik der Jazz-Größen Jim Hall oder Wes Montgomery vergleicht.

Interessant ist auch die Verwandtschaft von Hendrix' und Roland Kirks Instrumental-Ansatz. Während Hendrix versuchte, über Overdubs (Multitrack) und Effekte, wie Oktavider und Delay mehrere Gitarren zugleich spielen zu können, dies zumindest im Studio, versuchte der Saxophonist Kirk das direkter: Er spielte oft mit drei Saxophonen auf einmal – ja, er blies drei Saxophone simultan! Ebenso stehen Hendrix Sustain-Bemühungen (Feedback, High Volume) und sein Legato-Spiel in direkter Beziehung zu Roland Kirks Fähigkeit zur Zirkular-Atmung – beides soll den stehenden, endlosen Ton ermöglichen. Hendrix' und Kirks gemeinsame Sessions im Londoner Ronnie Scotts Club sind nach bisherigen Erkenntnissen nicht dokumentiert worden. Der Gitarrist Larry Coryell, einer der ersten Musiker, die sich gleichermaßen an der Jazz-Tradition wie an der neuen Rock-Bewegung der 60er-Jahre orientierten, hatte schon früh Kontakt zu Hendrix. Coryell sieht zum Beispiel in ‚Night Bird Flying' (von der LP: ‚Cry Of Love') Anklänge an Saxophonist Ornette Colemans Sound-Ideal der elektronischen Prime Time Band. James Blood Ulmer, zeitweise Gitarrist bei Coleman und seit Anfang der 80er-Jahre auch als NoWavePunkJazz-Solist erfolgreich, klingt oft wie eine aufs äußerste reduzierte, geradezu verhärtete Hendrix-Variante.

Direkte Jazz-Anleihen finden sich in weiteren Stücken: Während ‚Third Stone From The Sun' (LP: Are You Experienced') in erster Linie von der Stimmung des modernen, swingenden Schlagzeugs von Mitch Mitchell lebt, gibt Hendrix' Akkordspiel manchen Kompositionen deutlichen Jazz-Charakter. Ob im Blues-Zusammenhang von ‚Bleeding Heart' (aus der Johnny Winter Session, 1968) oder auch den Aufnahmen der Sessions mit Larry Young und Larry Lee (LP: Nine to the Universe, 1969), immer ist ein ausgereifter, Comping-Style-orientierter Gitarren-Background zu hören. Bassist Chuck Rainey, der Mitte der 60er-Jahre in der Band von King Curtis mit Jimi Hendrix zusammenspielte, bescheinigt ihm schon für diese Zeit Fähigkeiten als Jazz-Gitarrist und auch etwas Repertoire-Kenntnis. Bill Milkowski schreibt zu ‚Rainy Day, Dream Away' (vom Album ‚Electric Ladyland', 1968): "Hendrix creates a swinging intimate, smoky jazzclub ambiance, that is closer to Grant

Green and Charles Earland than to the frenzy of a rock concert setting."

Ein in Bezug auf das Thema Jazz sehr interessanter und eigentlich untypischer Hendrix-Track ist ‚South Saturn Delta', ein jazz-rockiges Instrumental, in dem Hendrix' cleane Lead-Gitarre vor einem vierköpfigen Bläsersatz, arrangiert von Larry Fallon zu hören ist (Album: South Saturn Delta, 1997). Auf den klanglich eher gewöhnungsbedürftigen, nicht offiziell autorisierten ‚Axis Outtakes' von 2004 ist eine rohe Fassung ohne Horn-Section zu hören.

In ‚Rainy Day Shuffle' (in der Version von ‚Live And Unreleased') ist dieser Effekt noch deutlicher. Hier überzeugt Hendrix auch durch sein Solospiel, das in seiner Offenheit und Blues-Orientierung direkt auf Gitarristen der 80er-Jahre wie zum Beispiel John Scofield verweist. Ebenso sind die freien Improvisationen der Woodstock-Session (vom 19. September 1969, LP: Jimi Hendrix Story) ein deutlicher Hinweis auf Hendrix' Jazz-Orientierung. Geräuschorientierte Sound-Collagen und Improvisationen (‚Cave Man Bells', ‚Young Jimi'), modale, oft nur auf einem tonalen Zentrum aufbauende Blues-Improvisationen (‚Down Mean Blues'), oder das an Larry Coryell und Philip Catherine erinnernde Intro von ‚Monday Morning Blues', zeigen Hendrix' Vielseitigkeit. Sein, unter anderem durch die Begegnung mit Roland Kirk, dem Art Ensemble Of Chicago, oder Miles Davis verstärktes Interesse an der zeitgenössischen schwarzen Musik (von John Coltrane, Ornette Coleman, Charles Mingus und anderen), hat sich, vermutlich auch aufgrund der Interessen seiner Plattenfirma, wenig auf seine offiziellen Veröffentlichungen ausgewirkt. So gab es zwangsläufig Probleme mit dem Management, aber auch mit dem Publikum, wenn Jimi bei Konzerten anstatt seiner Hits lange Improvisationen über neue, unbekannte Kompositionen spielte.

Interessant ist, dass gerade dieser Aspekt der Improvisation im Rock-Zusammenhang die große Anerkennung der Jazz-Musiker bewirkt hat. Hier konnte Hendrix mehr Virtuosität und Kreativität zeigen als andere, progressive Rockmusiker in wesentlich komplizierter angelegten Kompositionen. Der Faktor der

Improvisation wie auch die grundsätzliche Bezogenheit auf die Wurzeln der afroamerikanischen Musik waren für die Jazz-Szene das Bindeglied zu Hendrix. Aber auch die Tatsache, dass "Hendrix ganz einfach einen völlig neuen Begriff davon entwickelt [hatte], wie sein Instrument gespielt werden konnte, genauso wie Cecil Taylor das für das Klavier und John Coltrane es für das Tenorsaxophon getan hatten." (John Morthland: Jimi Hendrix, in: Rolling Stone Bd.2, Reinbek 1979, S. 239) verhalf ihm zu einer Anerkennung und Bedeutung, die bisher nur Jazz-Musiker erlangt hatten.

SCHLÜSSELFIGUREN & SCHUBLADEN

Waren bis Mitte der 60er-Jahre Rock, Blues und Jazz im musikalischen Leben relativ sauber voneinander getrennt – die jeweils zugeschriebenen Eigenschaften "aufmüpfig", "archaisch" und "intellektuell" waren in der Praxis sowieso unvereinbar – so mischte sich ab 1966/67, nach Hendrix' Durchbruch in England, plötzlich das Vokabular der verschiedenen Bereiche. Hendrix schien von allen beziehungsweise für alle etwas zu haben. Selten war ein Popstar bei Künstlern und Anhängern verschiedener Richtungen so breit akzeptiert worden. Hendrix passte stilistisch in keine bekannte Schublade, er selbst war auch stets zur Stelle, wenn es darum ging, verwirrende Äußerungen über die angeblichen Ursprünge seiner Musik zu tätigen und damit jede andere Bezeichnung als den Band-Namen (Jimi Hendrix Experience) für seine Kunst auszuschließen, womit er eine geradezu perfekte Einheit von Künstler und Werk erreichte. So musste man sich also auf die "Zutaten" seiner Musik besinnen. R&B-Anhänger, Cream-Fans und Jazz-Musiker fanden alle etwas von der von ihnen bevorzugten Richtung bei Hendrix wieder, und es ließen sich sogar untereinander Gemeinsamkeiten entdecken.

Mit der Adaptierung des Begriffs "Fusion" (gegen Ende der 70er-Jahre), der die Verschmelzung verschiedener Stile erfassen sollte, nachdem der Terminus Jazz/Rock (beziehungsweise Rock-Jazz) infolge der Entdeckung weiterer verwendungsfähiger musikalischer Kulturen zu eng geworden war, wurde die alte Schubladensituation wiederhergestellt. Die beliebten internen Authentizitätsdebatten konnten erneut aufgenommen werden.

Hendrix war schon lange vorher "Fusion" im besten Sinne – also nicht in dem des gleichnamigen 80er-Jahre-Weichspül-Sounds. Fusionist by nature, als Resultat von kultureller Neugier und Experimentierfreude. Beweisen wollte er damit niemand etwas: Hendrix' Musik wirkte auch nie wie ein sich anbiederndes Akkulturations-Alibi. Dafür ist er über die gewohnten Grenzen von weißem Rock/Pop und schwarzem Blues zu weit hinausgegangen und hat sich außerdem eher aus einem seiner Musik immanenten, entwickelnden improvisatorischen Ansatz in die Nähe des Jazz gerückt als etwa aufgrund der bloßen Übernahme bestimmter harmonischer oder formaler Charakteristika, wie Skalen-Talk und Akkorde mit langen Namen.

Bedenkt man, dass das Hendrix-Debüt ‚Are You Experienced' teilweise bereits Ende 1966 aufgenommen wurde, so muss die einzigartige Schlüsselfunktion, die Miles Davis' ‚Bitches Brew' (Ende 1969 entstanden) zugeschrieben wird, vielleicht doch noch mal überdacht werden. Auch andere Bands wie Dreams (mit Billy Cobham und Mike und Randy Brecker) oder die britische Formation Soft Machine haben bereits 1968 Alben veröffentlicht, die in die Schublade Jazz-Rock-Fusion gehören. Und Larry Coryell, der immer wieder mit Hendrix spielte, hat schon 1965 zusammen mit Jim Pepper und Bob Moses in der Band "Free Spirits" Aufnahmen gemacht, die zumindest vom gitarristischen Ansatz in den Jazz-Rock der 70er-Jahre verweisen. Die Band war ansonsten ein Fusion-Projekt, das verschiedene Richtungen wie Jazz, Blues, Country & Western und indische Musik miteinander verband. Weitere Beispiele für frühe Fusion-Formationen wären Jeremy and the Satyrs (1967 gegründet von Jeremy Steig) und Tony Williams Lifetime aus dem Jahr 1969 (mit Larry Young, John McLaughlin und Jack Bruce). Miles Davis' Meisterwerke ‚Bitches Brew' und ‚In A Silent Way' wirken im Zusammenhang der oben genannten Platten, die einen weitaus deutlicheren Bezug zum Fusion-Jazz-Rock der 70er-Jahre haben, eher wie eine Mischung der neuen freien Spielweisen des Post-Coltrane-Jazz mit dem neuen Soul und Funk der späten 60er-Jahre.

Im Zusammenhang mit seiner Bedeutung für den Jazz-Rock bezeichnete Autor Bill Milkowski (in Jimi Hendrix – The Jazz Connection, in: DownBeat, Okt. 1982, S.20) Hendrix, in Anspielung auf die Entdeckung Amerikas als "Leif Erikson", der aufgrund seiner Entwicklung ohne direkte Zielsetzung dieses Fusion-Neuland betrat, anfangs sicher auch, ohne sich der Bedeutung dieser Tatsache bewusst zu sein. Miles Davis, der "Columbus" des Jazz-Rock, ging auch hier bewusst und strategisch vor, wie immer, wenn es ihm um die Kreation neuer Stile ging.

Davis, der in Bezug auf sein Projekt ‚Bitches Brew' auch von den Wünschen seiner Plattenfirma inspiriert worden war, hatte junge, innovative Musiker zusammengeführt und ihrer Kreativität in dem von ihm gesteckten musikalischen Rahmen freie Bahn gelassen: John McLaughlin, Chick Corea, Dave Holland starteten nach diesem Job durch. Und Miles Davis war nicht nur von der Tatsache beeindruckt, dass ein weit vom Mainstream entfernter schwarzer Musiker wie Hendrix Popstar werden konnte, sondern auch von dessen Instrument, das er bis auf eine veröffentlichte Aufnahme (LP: Miles In The Sky; der Titel ‚Paraphernalia' wurde mit George Benson im Frühjahr 1968 aufgenommen) nie in seinen Bands verwendete. Es existiert übrigens ein gemeinsames Foto, das Miles und Jimi in einem Tonstudio am Mischpult sitzend zeigt – wann genau es entstand, ist nicht bekannt. Seit Februar 1969 setzte Davis bis zu seinen letzten Aufnahmen, mit ganz wenigen Ausnahmen, immer E-Gitarristen ein: Und nach John McLaughlin haben bekanntlich auch Mike Stern, John Scofield und Foley größere Karrieren bei Miles Davis gestartet. Die Hinzunahme der E-Gitarre war ein deutlicher Versuch, sich den seiner Meinung nach fast verlorenen, volkstümlichen Wurzeln des Jazz, denen die neue Popmusik deutlich näher war als Cecil Taylor oder Archie Shepp, wieder anzunähern.

Für Miles Davis war das ein konsequenter Schritt weg von seinen früheren Konzepten, hin zu einer Musik, die, egal wie sie konzipiert war, auf jeden Fall nicht mehr akademisch oder konstruiert wirken sollte. Über Hendrix sagte er mal: "Er hatte keine Ahnung von modaler Musik, aber er war so etwas wie ein Naturtalent."

Eine Zusammenarbeit dieser beiden Giganten der späten 60er-Jahre scheiterte angeblich an Mile$ and mor€ – der Mann mit dem goldenen Horn wollte sich diesen Job wohl zu gut bezahlen lassen. Chance verpasst! ★

11 ORCHESTRALE GITARRE

Was Jimi Hendrix anders machte

Die Aufgaben der Gitarre in der Rockmusik und ihren Vorläufern war meist über die Besetzung der jeweiligen Combo sowie die Anlage der zu spielenden Komposition definiert. Grundlegend getrennt wurden immer die Funktion der Rhythmus-Gitarre und die der Solo- oder Lead-Gitarre; war nur eine Gitarre vorhanden (neben Orgel oder Piano), wurden die Aufgaben im Arrangement unter den gleichen Gesichtspunkten (Solist, Begleiter) verteilt. In den Mitte der 60er-Jahre noch seltenen Trio-Besetzungen (Gitarre, Bass, Schlagzeug) wechselte die Gitarre als einziges Harmonie-Instrument dann zwischen diesen beiden Funktionen ab. Die Kombination von melodischen Linien mit gleichzeitiger Bass- oder Akkordunterlegung, wie sie im Jazz-Trio, im Country Blues, oder auch in der klassischen Gitarrentechnik bekannt ist, war in der Rockmusik damals kaum verbreitet. Die begrenzte Technik vieler Musiker dieser Zeit war bedingt durch das autodidaktische Lernen, oft ausgehend von nur wenigen Platten schwarzer Blues-Musiker. Man hörte zu, probierte aus, verglich und war zufrieden oder nicht. Dass dabei oft interessante Lagen-Irrtümer passierten, war kaum zu vermeiden. Breiter angelegte Lehr- und Lernkonzepte, die auch andere Musikstile berührten, standen nicht zur Verfügung, und YouTube bekanntlich auch noch nicht. Der Virtuosen-Boom in der heutigen Rock- und Popmusik ist mit Sicherheit auf die seit den 80ern wesentlich verbesserten Ausbildungsmöglichkeiten zurückzuführen.

Hendrix hatte diese Ausbildung in der Praxis; er war seit Beginn der 60er-Jahre Profimusiker und hat sowohl R&R und Blues, als auch Twist und Soul gespielt und live erlebt. Diese stilistische Vielfalt, mit der er konfrontiert war, hat sich natürlich in seinem Spiel niedergeschlagen. Seine Technik zeigt, dass er sich mit verschiedenen Musikrichtungen auseinandergesetzt hat. Insbesondere in den Balladen wird ein Hauptcharakteristikum seines

Gitarrenstils deutlich. Er hat Akkord- und Solospiel wieder näher aneinander geführt, teilweise sogar integriert:

+ Das Arpeggio-orientierte und durch Hammer-on/Pull-off-Technik erweiterte Spiel, insbesondere mit klaren Sounds, hat sowohl harmonisch begleitende Funktion, hat aber auch solistische Qualitäten.

+ Die Kombination von meist in tiefer Lage gespielten Riffs mit Akkord-Akzentuierungen schafft eine Verbindung von rhythmischer Melodie mit harmonischen Einwürfen, die teilweise an reduzierte BigBand-Bläsersätze erinnern.

+ Die Verbindung von stehenden Basstönen, die durch Rückkopplung Klangfarbe und Tonhöhe verändern können, mit Solospiel in höheren Lagen (auch umgekehrt möglich), wird beim verzerrten Gitarren-Sound zusätzlich durch entstehende Schwebungen und Feedbacks klanglich verdichtet.

In Verbindung mit diesen Spieltechniken hat Hendrix die Ausdrucksmöglichkeiten der Gitarre durch folgende Elemente erweitert:

+ Durch den Einsatz von bisher im Rock/Pop unüblichen Harmonien, hat er vor allem die melodischen Möglichkeiten des Akkordspiels betont.

+ Durch eine Grifftechnik beziehungsweise Art des Akkordsatzes, die möglichst versucht, offene, nicht angegriffene Saiten ins Spiel zu integrieren, wird das Klangbild der E-Gitarre offener und irgendwie dem der akustischen Gitarre wieder angenähert.

+ Durch eine sehr individuelle Interpretation klassischer Blues-Techniken (Slide, Bending, Vibrato) hat er neue Gestaltungsmöglichkeiten des Gitarrentons geschaffen.

+ Durch unkonventionelle Klang- und Geräuscherzeugung (mit Hilfe von Instrumenten, Verstärkern und Effektgeräten, oder auch

Mikrofonständern und Verstärkergehäusen), die er in den musikalischen Ablauf einbezog, hat er die instrumentale Sprache der Rockmusik erweitert.

Zwei grundlegende Elemente, die Hendrix' "zweite Elektrifizierung" der Gitarre entscheidend prägen, da sie fast durchgehend in seinem Spiel präsent sind, sind folgende:

+ die Verwendung großer Lautstärken, die neben der Möglichkeit des gezielten Einsatzes von Rückkopplungseffekten grundsätzlich schon eine Tonverlängerung sowie auch eine neue physische Dimension der Musik (für Musiker und Zuhörer) beinhalten, und

+ der Einsatz der Verzerrung als klangliches Gestaltungsmittel, das neben der starken Veränderung der Charakteristik des Gitarrentons (Schwingungsverlauf, Tondauer, Klangfarbe) dem Instrument aufgrund des Verhaltens bei verschiedenen Arten der gesteuerten oder unerwünschten Rückkopplung eine gewisse Eigendynamik verleiht.

Hendrix war in der Lage, alle diese Gestaltungselemente seines Spiels kontrolliert einzusetzen und in den musikalischen Ablauf zu integrieren. Aufbauend auf der anfangs genannten Verbindung von melodischen mit harmonisch/rhythmischen Funktionen hat diese Vielzahl von eingesetzten Spieltechniken der elektrischen Gitarre in ihrem Ausdruckspotential vergleichsweise "orchestralen Charakter" gegeben.

Jimi Hendrix hat die musikalischen Möglichkeiten des Instruments (und des obligatorischen Verstärkers) bis an die Grenzen der Zerstörung erforscht und es auf diese Art für die Rockmusik neu definiert. Dieses neue Verständnis von Gitarrenspiel wurde nun kombiniert mit der modernen Studiotechnik, wie beschrieben, in Anlehnung an Konzepte bedeutender Produzenten wie Les Paul, Phil Spector und George Martin.

Geniale Klangmaler. ★

12 FREE FEELING
JIMI HENDRIX UND DIE SCHUBLADEN

"Es war Jimi Hendrix, der, mehr als jeder andere Gitarrist, das gesamte Klangspektrum aus allen Bereichen der ernsten elektronischen Musik – eine breitere Sound-Palette, als irgendein anderer Live-Instrumentalist der Musikgeschichte je in den Fingern hatte – plus die komplette Tradition der schwarzen Musik, von Charley Patton und Louis Armstrong bis hin zu John Coltrane und Sun Ra, in die Rockmusik eingebracht hat. Niemand kann bezweifeln, dass Jimi Hendrix ein Rockmusiker war, trotzdem war er für Jazz-Musiker und -Fans zugleich ein Jazz-Performer. Wenn Jimi Hendrix ein Solo spielte, steckte alles drin."

Was der Rolling-Stone-Autor John Burks kurz nach Jimi Hendrix' Tod (1970) über den Gitarristen schrieb, setzt sich wohltuend ab von all den verklärenden und vereinnahmenden Statements der vergangenen fast fünf Jahrzehnte: Denn das Phänomen Hendrix ist ein durchaus erklärbares Produkt verschiedener musikalischer und außermusikalischer Einflüsse. Und Hendrix' Erfolg beruhte mit Sicherheit nicht nur auf seinen instrumentalen Fähigkeiten, sondern auch darauf, dass sie kommerziell verwertbar waren.

Was seine Musik betrifft, ist Jimi Hendrix sehr wohl analysierbar. Seine zwar nicht allzu früh entdeckte, doch von seinem Vater Al immerhin geförderte Musikalität konnte sich rasch und relativ ungehindert entfalten. Neben seinem Talent als Basis haben auch seine spätere Arbeit als professioneller Musiker in verschiedenen Stilbereichen der Pop-, Soul, R&B- und Rockmusik und sein Interesse an den traditionellen Spielweisen der afroamerikanischen Musik, insbesondere des Blues, dazu beigetragen, dass er sich zu einem unvergleichlich virtuosen und eigenständigen Gitarristen entwickelte. Hendrix' Experimentierfreudigkeit ist sehr eng mit seinem autodidaktischen Zugang zur Gitarre verbunden: Er musste seine Spieltechnik, ausgehend von spärlichen Grundkenntnissen, zunächst selbst entwickeln. Aber auch später hat er niemals Techniken oder Konzepte anderer Musiker einfach nur übernommen, sondern ihnen stets – durch individuelle Interpretation und konsequentes Ausloten musikalischer und materialbedingter Grenzen (Stichwort: Vibratohebel, aka Whammyeeeeeeyaawwwzzzuauauawaahhhh ;-) – seinen Stempel aufgedrückt.

Hendrix' Kreativität im Studio war – über seine sehr kreativ produzierten Alben und die daraus resultierenden Plattenverkäufe – eine ganz wesentliche Säule seines Erfolgs. Denn ohne erfolgreiche Plattenveröffentlichung gab es auch damals kaum Radio-Airplay oder Presseberichte – und andere Medien waren noch nicht erfunden. Angesichts der kurzen Zeit, die ihm als erfolgreicher Profimusiker gegeben war, konnte er dieses Talent aber nur so weitgehend nutzen und entfalten, weil er das Glück hatte, auf kompetente Techniker wie Eddie Kramer und Roger Mayer zu treffen, die sein immenses Potenzial erkannten und förderten. Gerade was die Verbindung von Instrument und Elektronik betrifft, hätte sich Hendrix ohne den Einfluss von Effekt-Designer & Techniker Roger Mayer zumindest langsamer entwickelt; denn nicht zuletzt ihm ist es zu verdanken, dass Jimi Hendrix zu einem so innovativen Sound-Komponisten wurde.
Lässt sich sein Instrumentalstil, der deutlich durch die Verbindung von harmonisch-klanglichen Funktionen und melodisch-linearen Abläufen geprägt ist (gut zu hören in den Balladen ‚Little Wing‘, ‚The Wind Cries Mary‘ etc.), noch direkt aus seiner frühen, von verschiedenen R&B- und Soul-Einflüssen (unter anderem Bobby Womack) bestimmten, musikalischen Entwicklung ableiten, so wurde sein mit Hilfe der modernen Studiotechnik entstandenes orchestrales Gitarren-Sound-Konzept durch die optimalen technischen Produktionsbedingungen begünstigt, die er, wie gesagt, einigen wenigen kreativen Mitarbeitern zu verdanken hatte.

Streng historisch betrachtet war Hendrix natürlich ein Rockmusiker – nicht zuletzt deshalb, weil er als genau solcher vermarktet wurde. Im Hinblick auf die Tradition, aus der er einen großen Teil seines

Materials bezog, war er ein Blues-Musiker. Die meisten Bestandteile seiner Spieltechnik, aber auch einige Elemente seiner Live-Präsentation sind Weiterentwicklungen beziehungsweise individuelle Interpretationen alter Blues-Klischees, unter anderem von Legenden wie T-Bone Walker oder Little Richard. Die zentrale Rolle der Improvisation in seiner Musik, die Bevorzugung modaler Konzepte gegenüber der europäischen harmonischen Funktionalität sowie die von ihm in der Live-Praxis favorisierte Triobesetzung zeigen seine Nähe zum Jazz. Und Hendrix' Studioproduktionen waren, zumindest was die radikale Nutzung neuer technischer Möglichkeiten betrifft, wegweisend für alle nachfolgenden Pop- und Rock-Produktionen. Seine musikhistorische Bedeutung besteht in der Verbindung verschiedener Stile der afroamerikanischen Musik wie Soul, Blues und Jazz mit Elementen der weißen Pop-Musik. Sein Statement zum Thema: "Wir wollen nicht in irgendeine Schublade gesteckt werden. Wenn schon ein Etikett sein muss, hätte ich gerne, dass es ‚Free Feeling' heißt – eine Mischung aus ausgeflipptem Rock, Blues und freier Musik."

Der britische Journalist Keith Altham notierte über einen der ersten Hendrix-Auftritte in England: "Ich dachte die ganze Zeit, dass diese Musik vielleicht schon zu clever war, und dass dieser Bursche in einer Avantgarde-Jazz-Gruppe oder etwas Ähnlichem spielen sollte. Obwohl die Art, wie er spielte umwerfend und ganz offensichtlich Rock-orientiert war."

Im Hinblick auf seine Position in der Musikgeschichte scheint es demnach das Dilemma von Jimi Hendrix zu sein, dass er die verschiedensten Einflüsse zu einer eigentlich stilistisch homogenen Musik zusammengeführt hat, die weiterzuentwickeln nach seinem Tod niemand in der Lage war – das Dilemma jeder Avantgarde schlechthin. Jimi Hendrix, Charles Ives, John Coltrane, James Blood Ulmer, Arnold Schönberg, Can ... Originale bleiben Originale, Nachahmer enden peinlich – und Free Feeling bleibt daher Free Feeling – Punkt. Bis heute.

Hartnäckige Versuche der Plattenindustrie, potenzielle Nachfolger (gemeint waren extrem viele Platten verkaufende Gitarristen) zu kreieren, bewegten sich – abgesehen von der Tatsache, dass das gleiche Instrument gespielt wurde – meist im Rahmen epigonaler Peinlichkeiten. Wirklich eigenständige Typen und Musiker, wie der großartige Trio-Rocker Robin Trower oder der Ex-Scorpions-Gitarrist Uli Jon Roth, der sich zeitweise die Interpretation und Verarbeitung von Hendrix' Musik zur Aufgabe gemacht hat, oder auch Randy Hansen, dem es um die Live-Reproduktion von Hendrix-Musik geht, sind in diesem Zusammenhang die positiven Ausnahmen. Auch der wirklich beeindruckende Gitarren-Newcomer des Jahres 1991, Eric Gales, verdient in diesem Zusammenhang mal wieder genannt zu werden, wobei sich seine kommerziellen Erfolge in Grenzen hielten; Gary Clark Jr. hat es in der Hinsicht in den vergangenen Jahren weiter nach vorne gebracht. Im Busine$$-erfolgreich waren und sind auch sie, echte Popstars allerdings nicht.

Eine Art Popstar und megaerfolgreich ist interessanterweise der Gitarrist Joe Bonamassa geworden; wobei seine Musik eigentlich aber so klingt, als hätte es Hendrix für den Blues und Rock nie gegeben. Denn er spielt eher die noch domestizierte Gitarre der frühen 60er- plus die angepasste Blues- Rockmusik der späten 70er-Jahre. Dass die wilde Katze E-Gitarre mal zwischendurch ein paar Jahre lang gemacht hat, was sie wollte, reflektiert der 1977 geborene Bonamassa kaum. Muss er ja auch nicht. Denn er ist auch so ein ganz Großer der Gitarrenszene – wenn auch kein Original. So weit nach vorne kamen Individualisten wie Johnny Winter, Vernon Reid und Sonny Sharrock verständlicherweise nie.

Aber Jimi Hendrix! Dieser Musiker war als kommerziell erfolgreicher Künstler ein unverdienter Glückstreffer der Musikindustrie; selten hat das Publikum eine so weit vom Mainstream abweichende Musik so bereitwillig akzeptiert. Dabei ist allerdings zu bedenken, dass Hendrix' Single-Hits auch nur für einen Randbereich seines künstlerischen Spektrums stehen. Spätestens live fuhr der Zug in ganz andere Richtungen – und meist ohne zuverlässigen Fahrplan. Vielleicht sollte die Deutsche Bahn mal mit Hendrix werben? ‚Hear My Train A' Comin', Hey! Wait around the train station, Waitin' for that train ...' Millionen wartende Bahnfahrer hätten eine gute Zeit!

In den 80er- und 90er-Jahren waren unzählige Alben im Handel, auf denen der Name Jimi Hendrix stand, die aber alles andere als ‚Hey Joe' und ‚All Along The Watchtower' beinhalteten. Stattdessen gab es entweder drittklassige Sideman-Ware aus den frühen und mittleren 60ern oder aber jazzige Improvisationen, heftigste Noise-Attacken und freestylige Gitarrengeräusche wie im Fall der bekannten Sessions aus der Zeit kurz vor dem Woodstock-Festival, mit den Musikern von Gypsy Sun & Rainbows.

Ex-Roxy-Music-Weirdo und Klangkunst-Ikone Brian Eno hat mal die Frage gestellt, warum Jimi Hendrix heute nicht längst als einer der größten Komponisten dieses Jahrhunderts, vom Rang eines John Cage, anerkannt ist? Und der finnische Musiker und Komponist Otto Donner hat ihn schon 1967 mit (damals noch) lebenden E-musikalischen Institutionen wie Karlheinz Stockhausen verglichen. Warum also fand Jimi Hendrix so lange nicht die Anerkennung des etablierten Musikbetriebs? Diese Frage ist ebenso leicht oder schwer zu beantworten wie die, weshalb Karlheinz Stockhausen nicht 400.000 Zuhörer in seine Konzerte zog oder regelmäßig Goldene Schallplatten in Empfang nehmen konnte. Immerhin war eine Stockhausen-Show – insbesondere dann, wenn der Meister höchstpersönlich die Ansagen zu seinen Kompositionen lieferte – nicht weniger originell als die von Hendrix: really outtasight! Und seit 1990, als ich mir diese Frage erstmals stellte, hat sich eine Menge getan, und verschiedenste Pop- & Rockmusiker (Sting, Prince, Gary Moore, Yngwie Malmsteen) und auch Jazzer (Hiram Bullock & WDR BigBand, Lonnie Smith, Charlie Hunter, Marc Ribot, Tuck & Patti, Nguyên Lê) und In-Between-Größen wie Bootsy Collins/Axiom Funk oder Buckethead haben das Thema be- und verarbeitet. Nicht zu vergessen das großartige Electro-Groove-Pop-Projekt Beautiful People mit ‚If 60's Were 90's' von 1994, und seitdem noch jede Menge toller Tribute-Alben und Cover-Versionen ...

Hendrix' wahre Bedeutung hat sich erst ab den späten 80er-Jahren wieder gezeigt, nachdem sich die meisten Vertreter der Rockmusik längst auf technokratische und an vermeintlichem Schönklang orientierte Art-Rock-Konzepte eingestellt oder sich in das auf eine harmlose Flower-Power-Idylle reduzierte Sixties-Revival geflüchtet hatten. Nach zehn Jahren voller Fusion-Belanglosigkeiten setzte sich zum Beispiel im Jazz-Bereich wieder ein offenerer Blick auf die Errungenschaften afroamerikanischer und anderer Musikkulturen durch. Gitarristen wie Mike Stern, Sonny Sharrock, Bill Frisell oder der stärker Rock-orientierte Vernon Reid mit seiner Band Living Colour erkannten schon damals Hendrix als einen der wichtigsten Vorläufer ihrer Musik und verarbeiten seither seine technischen Innovationen und seine Art des Umgangs mit der afroamerikanischen Tradition auf eine Weise, die in der heutigen Rockmusik kaum eine Parallele hat. Das lange Jahre isolierte Rock-Phänomen Jimi Hendrix hatte damit endlich den Anschluss an die Musikgeschichte gefunden – und zwar innerhalb jener Kultur, aus der es ursprünglich entstanden war. Hendrix ist afroamerikanische Musik pur: Blues, Soul, Funk, Jazz-Improvisation und Rock-Energie. Hendrix' Musik enthält gleichermaßen die Wurzeln und die Auswirkungen dieser Kultur; in ihr zeigen sich sowohl die Errungenschaften als auch das Potenzial der afroamerikanischen und jeder anderen Musikkultur, deren Vertreter begriffen haben, dass eine freiwillige und auf der Gleichberechtigung der Kulturen beruhende künstlerische Annäherung und/oder Fusion nicht automatisch den eigenen Identitäts- oder Traditionsverlust bedeuten muss.

Als Musiker wollte sich Hendrix, wie er selbst betont hat, in keine Schublade stecken lassen: Eine wie auch immer geartete stilistische Festlegung auf der Grundlage irgendwelcher musikalischer Normen erschien ihm ebenso unsinnig wie die Selbstbeschränkung aufgrund ideologischer, politischer, religiöser oder rassistischer Schranken. Wichtig waren ihm Freiheit und Unabhängigkeit, als Musiker und als Mensch. In England gab man ihm ab Ende 1966 künstlerische Freiheiten, die in den USA damals unmöglich gewesen wären; und das nicht nur aufgrund der weißen Politik und Musikindustrie – denn vielen Schwarzen war Hendrix ebenfalls nicht geheuer, weil er entweder als zu rockig, zu unpolitisch, zu sexistisch oder einfach zu weiß empfunden wurde. That's life ...
Es geht immer um Offenheit, Toleranz, Freiheit, Respekt, Liebe – immer noch und immer wieder ein ganz großes Thema.
"I'd like it to be called Free Feeling." ★

13 KREATIVITÄT

IMPROVISATION, KOMPOSITION, PRODUKTION

Improvisation als wichtiges Gestaltungsmittel innerhalb der Popmusik wurde vor allem durch den Einfluss afroamerikanischer Musik bedeutend. War der weiße Rock & Roll von Größen wie Bill Haley, Elvis Presley und Jerry Lee Lewis relativ straff arrangiert und nur durch kurze improvisierte Passagen aufgelockert, so machten sich im englischen Beat der 60er-Jahre (Rolling Stones, frühe Beatles, Alexis-Korner-Umfeld, Graham Bond und andere) teilweise starke R&B-Einflüsse bemerkbar. Die Emanzipation der Gitarre als Soloinstrument und überhaupt die wachsende Bedeutung der Instrumentalisten in der Popmusik sind eine deutliche Folge des afroamerikanischen Inputs. Und damit kam dann auch die Improvisation ins Spiel – bei Studioaufnahmen dezenter, live oft sehr ausgedehnt. Nicht zuletzt aufgrund der Blues-Orientierung der britischen Szene war es für Chas Chandler möglich, Hendrix (anfangs in erster Linie Gitarrist, Improvisator und schon rein äußerlich eine extreme Erscheinung) auf diesem Markt erfolgreich zu etablieren.

Improvisation ist bei Hendrix unter zwei Aspekten zu betrachten:

+ Improvisation als grundlegendes Charakteristikum der Interpretation eines Stücks, das nur als rudimentäre Idee oder speziell arrangiertes und strukturiertes Studioprodukt vorliegt und nun (unter Umständen in anderer Besetzung) neu realisiert werden soll.

+ Improvisation als Gestaltungsmittel eines mehr oder weniger festgelegten Abschnitts innerhalb eines Stücks. Bei Hendrix also das improvisierte Gitarrensolo, mit oder auch ohne Begleitung, zum Beispiel im Intro eines Stücks.

Improvisation im ersten Sinne ist Grundcharakteristikum jeder Interpretation von nicht schriftlich fixierter/tradierter Musik. Hier ist die Art und Weise dieser Interpretation eines Musikstücks natürlich durch mehr oder weniger stark wirkende Stilkonventionen und die musikalischen Fähigkeiten und Absichten des jeweiligen Musikers geprägt. Bei Hendrix steht hier ein klangliches Ideal im Vordergrund, das auf das musikalische Material des jeweiligen Stücks in verschiedener Weise angewendet wird. Vergleicht man Hendrix' Studioaufnahme von Bob Dylans ‚All Along The Watchtower' mit verschiedenen Live-Versionen, so zeigen sich einmal die gestalterische Freiheit, aber auch dieses klangliche Ideal der LP-Version, die immer zugrunde liegt und damit auch die Grenzen dieser Interpretation bestimmt. Der britische Musiker und Theoretiker Derek Bailey betont in seinem Buch "Improvisation – Kunst ohne Werk" (Hofheim 1987, S. 75), im Zusammenhang mit der Improvisation in der Rockmusik die Notwendigkeit der Flexibilität des musikalischen Materials (auch wenn es meist nur relativ wenig verändert wird), allein schon aufgrund der "Reproduktionsbedingungen" der Live-Situation.
Ein allgemein akzeptiertes Interpretationsideal, wie es bei der klassischen Musik oft besteht, gibt es hier ebenso wenig wie schriftlich fixierte Maßstäbe für die Aufführung. Zumindest nicht in dieser Direktheit. Weite Teile der afroamerikanischen Musik blieben natürlich nicht immer unberührt von modischen Zwängen, die jedoch, je größer die Bedeutung der Improvisation ist, um so weiter in den Hintergrund treten.

Als Gestaltungsmittel eines Solos hat die Improvisation in der afroamerikanischen Musik lange Tradition. Beginnend bei den archaischen Shouts und Field-Hollers bis zu allen Formen von Jazz und Blues, gab es eigentlich immer die Gegenüberstellung von Solist und Gruppe oder Orchester beziehungsweise von vereinbarten oder arrangierten Passagen und solistischen Freiräumen. Neben diesen festgelegten Abschnitten gibt es noch kurze solistische Einwürfe zwischen einzelnen Zeilen der Strophen des Gesangs, die im Wesentlichen auf die Fill-Technik des Blues zurückzuführen sind, nach jeder halben oder ganzen gesungenen Textzeile ein kurzes, instrumentales Statement abzugeben. Hendrix hat diese Technik auch in formal nicht Blues-typische Stücke eingebaut.

Mit Blick auf das musikalische Material unterscheidet der Musikwissenschaftler Wolf Burbat (Drei Improvisationstechniken des Jazz, in: Musica, Jahrgang 38h/1984, S. 23ff., Kassel 1984) Improvisationstechniken, die sich auf jeweils unterschiedliche Aspekte des zugrundeliegenden musikalischen Materials beziehen

+ auf die Melodie

+ auf die Akkordfolge

+ auf die Skalen/Modi

Zur Beziehung dieser drei Typen untereinander betont er vor allem deren Überschneidungen: "Melodische Improvisation ist kaum ohne harmonische Bezugnahme möglich, das Spiel über Changes wird heute weitgehend modal gelernt; das heißt Akkorde und Akkordverbindungen werden stets in Zusammenhang mit dazugehörigen Skalen betrachtet."

Die Festlegung auf einen bestimmten Improvisationstypus ist auch bei Hendrix nicht möglich; trotzdem sind Schwerpunkte zu erkennen. Basieren die Cover-Versionen (‚Hey Joe', ‚Like A Rolling Stone', ‚All Along The Watchtower', ‚Wild Thing' ...) deutlich auf akkordischen Strukturen, die ebenfalls die improvisatorische Gestaltung bestimmen, so sind in den Balladen ‚Little Wing' und ‚Bold As Love' die Fills ebenfalls akkordisch angelegt. Die Gestaltung des Solos orientiert sich hier jedoch stärker an der Themenmelodie. Das später entstandene ‚Angel' oder auch ‚Drifting' (beide von der LP ‚Cry Of Love'), orientieren sich mehr an der klangtechnischen Ausgestaltung der akkordischen Strukturen durch elektronische Effekte (wie Phasing oder Uni-Vibe). Die Aufnahmen mit der Band Of Gypsys basieren fast ausschließlich auf anfangs vorgestellten Riff-artigen Themen, die auch als Improvisationsgrundlage dienen. Harmonische Gerüste, im Sinne der üblichen, ausgespielten Akkordfolgen existieren hier nicht. Andere Stücke, wie ‚Foxey Lady', ‚Purple Haze',

‚In From The Storm', basieren ebenfalls auf Riffs, deren Akzente durch Einflechtung von Akkorden verstärkt werden. Hier können aber auch Akkordgerüste den Background für den Gesang gestalten; die instrumentalen Improvisationen gehen aber wieder in erster Linie von den zugrundeliegenden Riffs aus.

Im Gegensatz dazu stehen die Blues-Kompositionen ‚Red House' und ‚Bleeding Heart', die sich solistisch durch eine lineare Interpretation der drei harmonischen Grundstufen auszeichnen und in der Strophe von der Korrespondenz zwischen Gesang und Gitarren-Fills bestimmt sind. Sind wirklich freie Improvisationen, ohne direkte harmonische oder tonale Bezüge, wie etwa ‚Cave Man Bells' (vom 3LP-Set ‚At His Best', das in den 70ern in Italien veröffentlicht wurde und Appartment-Jams aus den Tagen um das Woodstock-Festival dokumentiert) sehr selten, so finden sich aber rein klanglich angelegte, improvisierte Passagen in verschiedenen Stücken. So zum Beispiel im Improvisationsteil von ‚Third Stone From The Sun', in dem Hendrix mit der Gitarre Geräusche über ein Bass-Riff und ein swingendes Schlagzeug produziert, ähnlich wie in ‚Moon Turn The Tides Gently Away' (von der Doppel-LP ‚Electric Ladyland', von 1968). In ‚EXP', dem Eröffnungsstück der zweiten LP ‚Axis: Bold As Love' (1967), erzeugt Hendrix nur mit Hilfe der verzerrten Feedback-Gitarre und des Panning-Effektes, den Eindruck, der Sound würde sich (ähnlich einem Flugobjekt außerirdischer Wesen) im Raum frei bewegen. Das Thema des Stücks wird im den Song einleitenden Kurz-Interview mit Jimi genannt. Die musikalische Ausgestaltung besteht aus der Interpretation der akustischen Vorstellungen, die der Hörer oder die Hörerin der 1960er-Jahre von einem UFO hatte.

CHEROKEE MIST

Und dann ist da noch ein Stück auf dem Album ‚Both Sides Of The Sky' (2018), das in seinen knapp sieben Minuten einmal mehr zeigt, was passiert, wenn Jimi Hendrix einfach mal was ausprobieren konnte: Es geht um den instrumentalen, improvisierten Track ‚Cherokee Mist', eingespielt am 02. Mai 1968 im Record Plant, New York. Hier hat Hendrix eine Rhythmusgitarre, eine Feedback-Gitarre (die im Hintergrund laut leidet) und einen Part auf einer indischen Sitar eingespielt – begleitet wird er nur von Drummer Mitch Mitchell. Eine wirklich ungewöhnliche Aufnahme, immer wieder mal ganz schön schräg, und das einleitende Trommelspiel erinnert tatsächlich kurz an die Musik von Native Americans. Bis Hendrix ein kurzes Thema aus einer ganz anderen Welt anspielt, dann das Stück komplett übernimmt und ins Feedback-Universum abschweben lässt. Improvisation, Komposition, Produktion – hier passiert das alles auf einmal, und wer weiß, was Hendrix aus dieser Skizze noch gemacht hätte ... Hat er aber nicht.

Diese Aufnahme aus der letzten Produktionsphase für das im Oktober 1968 erschienene Album ‚Electric Ladyland', die immer wieder durch Live-Konzerte und Festival-Auftritte unterbrochen wurde, zeigt in extremer Form seine große musikalische Offenheit und die Bereitschaft, intensiv zu experimentieren. Wahrscheinlich hatte er 1968, bei der Produktion dieses genialen Doppel-Albums, wirklich (s)ein kreatives Hoch.

Im 4CD-Set mit Buch ‚The Jimi Hendrix Experience' von 2000 kann man eine weitere Version von ‚Cherokee Mist' hören. Diese sechs Minuten Musik haben Hendrix, Billy Cox und Mitch Mitchell am 24. Juni 1970 in den Electric Lady Studios in Trio-Besetzung eingespielt. Hier hat das Instrumental schon klarere, formale Strukturen.

Im Netz findet man außerdem noch eine zweiminütige Version, diverse Remixe, komplett andere Stücke, die falsch mit ‚Cherokee Mist' betitelt wurden, und ein ganzes Album mit diesem Namen: Das ist 1991 in Europa bei Triangle Records erschienen – einem Bootleg-Label, das wiederum illegale Veröffentlichungen des ebenfalls illegalen Labels Pyramid Records neu auf den Markt brachte. Außerdem gibt es noch das gleichnamige Buch, compiled and edited by Bill Nitopi: "Cherokee Mist. The Lost Writings" (1993) bringt zwar keine neuen Erkenntnisse über die oben genannten Aufnahmen, dafür aber eine Menge handschriftlicher Dokumente und Fotos des Künstlers. ‚Cherokee Mist' scheint also auf mehreren Ebenen inspiriert zu haben.

NATIONALHYMNEN & SCHUBLADEN

Mit klanglich ähnlichen Mitteln arbeitet Hendrix bei seiner wohl bekanntesten Improvisation. ‚Star Spangled Banner' liegt im Gegensatz zu ‚EXP' bekanntes musikalisches Material zugrunde, und zwar nichts Geringeres als die amerikanische Nationalhymne – und damit ein Heiligtum. Kein Stück, das Hendrix gespielt hat, wurde so einseitig interpretiert wie dieses, insbesondere in der Version vom Woodstock Festival. Ein Beispiel: "Dann rechnet er ab, zerfetzt die amerikanische Nationalhymne in elektronische Splitter, macht aus ihr einen apokalyptischen Abgesang auf den American way of life, um dann in eine unglaublich traurige Melodie zu gleiten, einem Abgesang auf die 60er-Jahre, die zwar Ansätze gebracht haben, die aber niedergeknüppelt werden." (aus Sonderhoff, Achim: Jimi Hendrix. Berg. Gladbach 1981, S.109)

Kann man so sehen, muss man aber nicht. Denn ob es sich hierbei wirklich um Hendrix' politisches Manifest handelt, im Sinne einer ernsthaften Abrechnung mit der amerikanischen Kultur, bleibt offen. Sicher ist eigentlich nur, dass er hier die meistgespielte Melodie der USA auf seine eigene Art interpretierte. Hier bietet sich der direkte Vergleich zwischen den verschiedenen Versionen an:

Da wäre zum einen die Woodstock-Version, deren klangliche Dichte außer durch die Verzerrung auch durch die Verwendung von Echoeffekten entsteht. Zum anderen hören wir die Anfang des selben Jahres entstandenen Live-Version aus dem Konzerthuset Stockholm vom 9. Januar 1969, die aufgrund des direkteren, unveränderten Gitarrentones noch näher am Thema zu bleiben scheint. Und nicht zuletzt die dazwischen entstandene Studioversion vom 18. März 1969 aus den Record Plant Studios, New York; (veröffentlicht auf der LP ‚Rainbow Bridge', erschienen 10/1971), die ohne Schlagzeug, aber mit mehreren, übereinander gespielten Gitarren im Wesentlichen eine mehrstimmige Interpretation der Melodie ist.

Betrachtet man diese drei Versionen im Kontext, wird die Ironie, die hinter jeder dieser Aufnahmen steckt, erst richtig deutlich: Klanglich sowohl an schottische Dudelsackmusik als auch, aufgrund der Anschlagtechnik, an ein Mandolinenorchester erinnernd, entlarvt Hendrix hier den plumpen Pathos der Melodie und reduziert sie auf eine Nationalhymne für Disneyland. Nach Arnold Shaw (Soul; Reinbek 1980, S. 15) basiert die Hymne auf einem englischen Trinklied aus dem 18. Jahrhundert, zu dem Francis Scott Key einen neuen Text geschrieben hatte. Na, das passt doch, da dann auch mal mit etwas Humor ranzugehen! Und natürlich passte das nicht jedem US-Bürger.

Dass Hendrix selbst die Interpretation vermutlich weniger verbissen sah als seine Kommentatoren, zeigt auch seine Version der britischen Hymne, (zu hören auf dem Isle Of Wight Festival vom 30. August 1970; veröffentlicht als ‚The Queen' auf der LP ‚In The West', erschienen 01/1972). Die leitete Jimi mit der folgenden Ansage ans Festival-Publikum ein: "You can join us, start singing ... stand up for your country and your believes and start thinking. If you don't – fuck you!" Musikalisch hält sich Hendrix hier an die ursprüngliche Melodie, die er ohne Unterbrechung durchspielt und der er nur am Ende eine kurze Kadenz anhängt.

Back in the USA: Eine weitere ‚Star Spangled Banner'-Version vom Atlanta Pop Festival (das am 04. Juli 1970, also dem amerikanischen Nationalfeiertag, stattfand) zeichnet sich durch eine stärkere Umspielung des Materials, sowie eine direktere Integration von Feedback und Effekten (WahWah, Octaver) aus. Hendrix definiert einzelne Melodietöne in Geräusche um, andere verziert er durch Trillerfiguren, wieder andere lässt er mit Hilfe des Feedbacks sekundenlang stehen und dann durch Einsatz des Octavers in höhere Teiltöne umkippen. Weitere Gestaltungsmittel sind die üblichen Tonveränderungen durch WahWah und Vibrato-Hebel, sowie die hier deutlich ausgespielte Schlusskadenz, über die er nach kurzem Anklingen der einzelnen Akkorde Blues-orientierte abwärts verlaufende Licks spielt. Diese Aufnahme vom Atlanta Festival (08/2015 erschienen auf dem Album ‚Freedom: Atlanta Pop Festival') ist mit Sicherheit die interessanteste Plattenveröffentlichung von ‚Star Spangled Banner'.

Aber wieso wird dieses Stück so eng mit Hendrix verknüpft, wo doch viele seiner eigenen Kompositionen und auch Cover-Versionen die gleichen Gestaltungsmerkmale oft viel intensiver musikalisch verarbeiten? Da wird doch von allen Beteiligten vergleichsweise viel Lärm um nichts gemacht.

Auch die berühmte Woodstock-Version von ‚Star Spangled Banner' ist vom Aufbau her weit weniger spektakulär, als ihre Interpretatoren vorgeben. Nachdem fast die ganze Melodie vorgestellt worden ist, unterbricht Hendrix den weiteren Ablauf durch Feedback, Echo, Geräuscheffekte und führt sie dann wie gewohnt weiter, um sie nochmals auf gleiche Weise zu unterbrechen und dann zu beenden, wobei er, genau wie bei ‚The Queen', eine kurze Kadenz an den Schluss hängt. Spieltechnisch stellt Hendrix hier sein komplettes Programm der elektrischen Gitarre vor, und wie könnte er das deutlicher tun, als es auf eine allgemein bekannte Melodie anzuwenden? Neben den genannten Effekten arbeitet er unter anderem mit dem einhändigen Spiel der Greifhand (Hammer-On/Pull-Off-Technik) und gleichzeitigem Vibratohebel-Einsatz. Während des Stücks stimmt er die Gitarre nach. Die Melodie spielt er fast ausschließlich auf der hohen E-Saite, so dass die übrigen Saiten ungegriffen frei klingen und sich zu Rückkopplungseffekten hochschwingen können.

Der puertoricanische Sänger und Gitarrist José Feliciano war schon 1968 auf massive Proteste gestoßen, als er anlässlich der Eröffnung eines Spiels der Baseball-Weltmeisterschaften vor laufenden Fernsehkameras die US-Hymne interpretierte. Feliciano hatte "... ab und an eigene Akkorde eingeflochten, die Tonlage und die Notenwerte geändert. Als er sich eingesungen hatte, schmückte er die Textsilben mit mehreren kleinen Notenwerten aus ... Er hatte das getan, was Jazz-Sänger, Folk-Künstler und sogar Pop-Interpretinnen und -Interpreten tun: Er hatte die, der Öffentlichkeit geläufige Version seinen Gefühlen folgend verändert. ‚Der Mensch drückt seine Vaterlandsliebe so aus, wie er sie eben fühlt', sagte Feliciano. (in Shaw, Arnold: Soul, Reinbek 1980 S. 150)

Mit Blick auf die zuvor erwähnten Improvisationskategorien handelt es sich bei José Feliciano - wie auch bei Jimi Hendrix - um eine im Wesentlichen auf die Melodie bezogene, improvisierte Interpretation. Ihr Hauptmerkmal liegt bei Letzterem jedoch in der unüblichen klanglichen Gestaltung und Instrumentierung (Gitarre und Schlagzeug), und damit in der individuellen, improvisatorischen Neuinterpretation einer bekannten Musik.

Eigentlich machte Hendrix nichts anderes mit der US-Hymne als zum Beispiel mit dem Blues: Er elektrifiziert das musikalische Material mit Hilfe seiner Instrumente (E-Gitarre, Effektgeräte, Verstärker und Boxen), verändert die klassische Melodieführung durch sein eigenwilliges Spiel (Bendings, Hammer-Ons etc.), und setzt die Musik durch seine modernen Sounds in einen ihr ganz fremden Kontext.

Ist der Blues ein musikalisches Genre, das in seiner Bedeutung als Medium (primär für Text-Botschaften) immer schon sehr flexibel war, so zeigt sich das Symbol "Nationalhymne" (beziehungsweise sein Umfeld) hier wesentlich sensibler. Hendrix hat die Reibung zwischen seiner Musik und diesem Symbol bewusst eingesetzt – das kann kein US-Amerikaner anders tun. Mit Sicherheit war seine Interpretation aber eher musikalisch und nicht als primär politische Aussage intendiert, die eine alte Ideologie mit einer neuen "zerfetzt". Es ist im Wesentlichen das klassische Aufeinandertreffen von "hip and square", was hier stattfand – und Hip hat keine Ideologie und keine Schubladen.

HENDRIX ALS KOMPONIST

Im Gegensatz zum Beispiel zur E-Musik sind im Bereich des Jazz, Rock und Pop Komponist und Interpret sehr oft identisch. Berücksichtigt man die zentrale Bedeutung der Improvisation und des "Er-Improvisierens" im Jazz (der Begriff stammt von dem großartigen Musikkenner und Jazz-Forscher Joachim Ernst Berendt,, nachzulesen in: Das große Jazzbuch, Frankfurt/M. 1981, S.163) und in weiten Teilen der Rockmusik, so ist diesem kreativen Akt, der sich zwischen Probe (Entwicklung und Einstudierung), Studio (Fixierung) und Bühne (Interpretation) abspielt, entscheidende Bedeutung beizumessen. Dieser kreative Prozess ist im Grunde genommen erst dann abgeschlossen, wenn eine eigene Komposition zum definitiv letzten Mal interpretiert worden ist –natürlich sofern sie freie Gestaltungsmöglichkeiten erlaubt. Bei reinen Studiokreationen, wie zum Beispiel den Alben der Beatles, deren Musik seit 1966/67 größtenteils nicht mehr im Konzert reproduzierbar war, gilt fast schon John Lennons etwas überspitzt ausgedrückte Sichtweise: "Was fertig ist, hat keine Bedeutung mehr."

Mit Blick auf die Improvisation wäre dann zu fragen, inwiefern man hier etwa überhaupt von Werkcharakter sprechen kann, wenn eine spontan entstandene Musik aufgezeichnet wurde. Komponist Gunther Schuller war der Ansicht, dass "die Schallplattenaufnahme einer Jazz-Improvisation die definitive Version von etwas sei, das niemals als etwas Definitives gemeint war." (aus Schuller, Gunther: Early Jazz, New York 1968, zitiert nach Jost, E.: Free Jazz, Mainz 1975, S. 15. – noch ein sehr empfehlenswertes Buch!)

Kann man zwar in der studioproduzierten Rock- und Jazz-Musik davon ausgehen, dass die Musiker mit einer aufgenommenen und veröffentlichten Version eines Stücks zufrieden waren und diese als definitive Plattenversion akzeptieren, bleibt ihnen natürlich die Möglichkeit der Neuinterpretation im Konzert, vielleicht weil sich nach einiger Zeit doch Unzufriedenheit eingestellt hat oder der solistisch improvisierende Musiker mal zeigen möchte, was er dazugelernt hat. Ein gewisser Konflikt entsteht, wenn solch eine, freie Gestaltungsmöglichkeiten oder improvisierte Passagen enthaltende

Aufnahme, aufgrund großen Verkaufserfolges definitiven Charakter dadurch bekommt, dass das Publikum genau die Plattenversion mit den gleichen typischen Soli im Konzert hören will. Man denke nur an Led Zeppelins ‚Stairway To Heaven', das einfach so kommen muss wie auf dem Album (‚Led Zeppelin IV', von 1971). Also eben nicht so, wie in der Live-Version von ‚The Song Remains The Same' aus dem Madison Square Garden, New York, 1976, wo Jimmy Page erst mal noch enttäuschende vier lange Takte Chords zupft, bevor er mit seinem besten Solo ever loslegt. Oder ‚Smoke On The Water': Was Deep Purple sich da an Freiheiten nahmen, nachdem Ritchie Blackmore ins Mittelalter geflohen war, das war schon mutig. Ihr kurzzeitiger neuer Gitarrist Joe Satriani fühlte sich angeblich immer dann am wohlsten, wenn er erst mal ein paar klassische Blackmore-Licks abgesondert hatte.

Das heißt für den Mega-Hit und Alltime-Klassiker: Das Konzept "Thema und Improvisation/Variation" wird irgendwann nicht mehr als variabler Bestandteil der Komposition verstanden (also als potenzielles Überraschungspaket), sondern das Werk als fest definiertes Produkt aufgefasst, das im Konzert, im Gegensatz zum Abspielen der Platte, durch zusätzliche Umbettung in einen optischen Rahmen und eine bestimmte Atmosphäre reproduziert wird – aber dann bitte möglichst original. OK, originell geht natürlich auch – aber das kann wirklich nicht jeder.

Die mögliche kreative Diskrepanz zwischen Plattenversion und Live-Interpretation eines Stücks ist im Jazz eigentlich Grundbedingung, und alltäglicher als in der Rockmusik. Hendrix war in diesem Punkt kein typischer Vertreter des Rock; seine Soli und Interpretationen haben eher Jazz-Charakter. Ist Improvisation ein wesentliches Gestaltungsmerkmal einer Musik, geht sie also noch über das Schema "Thema, acht Takte Solo, Thema", eingebettet in ein festes Arrangement hinaus, so muss der Begriff "Komposition" in diesem Zusammenhang neu definiert werden.

Für das Beispiel Hendrix bedeutet das: Abgesehen von einem im herkömmlichen Sinne bestehenden gedanklich komponierten Grundgerüst gibt es zwei Varianten.

+ die definitive und auf Platte veröffentlichte Studio-Version, die, das bekannte Bild dieser Komposition ist und klanglich komponiert wurde

+ die Interpretation dieser Aufnahme im Live-Zusammenhang

Wei in der Rockmusik die schriftliche Fixierung einer Komposition meist fehlt, ist die Studioversion (auf Platte) das einzig vorliegende Material. Diese Studioproduktion bei Hendrix ist bestimmt von der Mehrspurtechnik, die das nacheinander folgende Einspielen verschiedener, später simultan ablaufender Bestandteile eines Musikstücks ermöglicht. Oft entsteht in der Rockmusik die Komposition erst durch die Auslotung der technischen Möglichkeiten unmittelbar im Studio. Es wird also nicht mit theoretischem Wissen auf dem Papier komponiert, sondern mit dem musikalischen Material und den Produktionsmöglichkeiten selbst. Die ursprüngliche Bedeutung von "componere" – "zusammenstellen, zusammensetzen" – tritt hier viel direkter hervor, als bei der abstrakten Arbeit über das Medium Notenschrift. Im Zusammenhang mit dem anfangs erwähnten kreativen Prozess, der in der Rockmusik stark im Vordergrund steht, heißt das: Der Komponist ist hier der im Studio arbeitende Musiker, insbesondere, wenn er seine eigenen Ideen entwickelt. Der Stockhausen-Schüler und legendäre Can-Bassist und -Waldhornist Holger Czukay hierzu: "Das ist wie eine Partitur schreiben, aber mit richtig klingenden Tönen." (aus: Meierding, Gabriele: Can. Die Neugier oder Funksprüche; zitiert nach Schmidt-Joos, S.: Idole 8, Frankfurt/M. 1986, S. 200)

Die Live-Interpretation eines Musikstücks hat, sofern gewisse Freiheiten in Form freier Improvisations- und Gestaltungsmöglichkeiten bestehen, ebenfalls wieder kompositorischen Charakter, denn es wird dann ja unter Umständen wieder etwas "er-improvisiert". Auf Hendrix bezogen bedeutet die Umsetzung einer Mehrspur-Studioaufnahme in reduzierter Triobesetzung und mit entsprechend reduzierten klanglichen Möglichkeiten eine neue Umsetzung der selben Grundidee. Dass die Live-Version bei vielen Stücken schon vor der Studio-Interpretation bestand, ist hier nicht wesentlich – denn da war der Song ja meist noch nicht bekannt.

Bei Hendrix ist das eigentliche klangliche Ideal außerdem gleichermaßen in seiner Gitarrentechnik, seinem Trio-Konzept und seinen Studioaufnahmen erkennbar. Sein Ziel ist ein Klangbild mit orchestralen Qualitäten, das er mit den jeweils vorhandenen Mitteln, im Extremfall der akustischen Gitarre, im anderen Extrem dem durch Obertonschwebungen, Verzerrung und Feedback angereicherten Mehrspur-Gitarrenchor, erreicht. Die Interpretation steht bei Hendrix im Vordergrund. Was man im klassischen Sinne als Komposition bezeichnen würde, also das relativ unmissverständlich festgelegte Werk, existiert hier nicht. Diese Tatsache beruht jedoch nicht etwa auf einem festen theoretischen Konzept, sondern ist auf verschiedene Faktoren zurückzuführen: Einmal fehlten Hendrix, wie vielen Musikern aus dem afroamerikanischen Bereich, grundsätzlich die Möglichkeiten, im europäischen Sinne das Komponieren zu lernen. Andererseits handelte es sich hier immer um eine mündlich überlieferte Tradition, die erst einmal keinen sehr engen Bezug zur europäischen Musikkultur hat. Die zentrale Bedeutung der Improvisation, auch in der von europäischer Kunst mitgeprägten Jazz-Musik, verweist jedoch immer eindeutig auf diese Ursprünge. Hendrix als Komponist, das bedeutet also in erster Linie:

+ Hendrix als kreativer Musiker, der mit Hilfe der Studiotechnik und seiner instrumentalen Fähigkeiten Musik produziert – und damit komponiert.

+ Hendrix als innovativer Instrumentalist, der die Verstärker- und Effekt-Elektronik in sein Spiel integriert und hierüber neue klangliche Dimensionen erreicht – beziehungsweise komponiert.

+ Hendrix als Interpret sowohl seiner eigenen als auch fremder Musik, der improvisatorisch das zugrundeliegende Material neu definiert – und damit im weiteren Sinne kompositorisch behandelt. Zumindest aber neu arrangiert. ★

14 PROJEKTE

PLÄNE, TRÄUME & IDEEN

Ob Jimi Hendrix außer zu Les Paul auch direkten Kontakt zu Phil Spector und George Martin hatte, ist nicht bekannt. Sicher ist nur, dass er schon 1965 in New York Ronnie Spector, Ehefrau von Phil und Leiterin der Gesangstruppe "Ronnettes" kennenlernte, mit denen er aber vermutlich erst im Januar 1970 zusammenarbeitete (unter anderem im Song ‚Earth Blues', von der LP: ‚Rainbow Bridge'). Durch seine frühen Verbindungen zu Paul McCartney und John Lennon war er auch mit deren Arbeiten unter der Regie von Martin vertraut.

Hendrix hat sein Musikkonzept (wie Les Paul) von der Gitarre her entwickelt. Grundsätzlich hat er das Instrument E-Gitarre in Verbindung mit dem Instrument Verstärker und Effekttechnik definiert. Das Ergebnis dieser Verbindung, die klanglich erweiterte "orchestrale Gitarre" hat er dann mit dem Instrument Studiotechnik verbunden und hierdurch noch weitere entscheidende Möglichkeiten eröffnet. Das hier entwickelte Sound-Ideal, basierend auf dem Multitrack-Verfahren der Studiotechnik, gibt der Gitarre eine zweite, nicht spieltechnische oder klangliche, sondern kompositorische Qualität. Steht die Spieltechnik der orchestralen Gitarre so gesehen in der Sound-Tradition von Phil Spectors "Wall Of Sound"-Konzept, so ist das studiotechnische orchestrale Element mit Ideen George Martins durchaus vergleichbar – nur ist es eben von der Gitarre her entwickelt. Hendrix' Studioarbeiten sind bis auf einige Sessions, die mit zweiter Gitarre oder Orgel entstanden sind (zum Beispiel ‚Voodoo Chile', LP: ‚Electric Ladyland') entweder mehr oder weniger live eingespielt in Triobesetzung, und/oder mit Gitarren- und Vocal-Overdubs ausgearbeitet worden.

Das Gleiche gilt für seine Live-Auftritte; der Normalfall war das Trio. Die Studioarbeiten zeigen jedoch, dass Hendrix durchaus über diese Besetzung hinausgehende musikalische Vorstellungen hatte. Ob es ein Grundkonzept war, im Studio mit mehrfachen Gitarren-Overdubs zu arbeiten, oder ob es aus der Unzufriedenheit mit anderen Musikern erwuchs, ist nicht klar zu sagen. In Hendrix letzter New Yorker Band, den "Blue Flames" (1966), spielte mit Randolph Craig Wolfe (der später unter dem Namen Randy California mit der Band Spirit berühmt wurde), ein hervorragender, erst fünfzehnjähriger Gitarrist. Die ersten Londoner Sessions in Quartett-Besetzung (mit Orgel oder zweiter Gitarre) gefielen Hendrix nicht, so dass er sich damals endgültig entschloss, nur noch im Trio zu arbeiten. Die Art und Weise, wie viele seiner Studioaufnahmen angelegt sind und auch Interview-Äußerungen über geplante oder Wunsch-Projekte, etwa eine große Band mit ausgebildeten Musikern, zeigen, dass dieses Trio-Konzept zwar eine aus der Tradition heraus schlüssige Besetzung, andererseits aber immer nur ein Kompromiss war.

Auch andere Musiker hatten Hendrix' Interesse an größeren Besetzungen erkannt: Alan Douglas' Projekt, Hendrix mit Miles Davis zusammenzubringen, scheiterte letztendlich an den finanziellen Forderungen des Trompeten-Stars und anderer eingeplanter Musiker. Gil Evans' Plan, eine an seinen mit Miles Davis in den 50er-Jahren produzierten Aufnahmen orientierte LP mit Hendrix als Star-Solist aufzunehmen, wurde durch Jimis Tod durchkreuzt. Ähnlich ging es Quincy Jones, der den Gitarristen zu einer Session für seine LP ‚Gula Matari' eingeladen hatte, oder auch Al Brown, der ein Konzert für Gitarre und Orchester mit Hendrix als Solist geplant hatte.

Manager Michael Jefferys und Produzent Eddie Kramers posthume Produktion ‚The Cry Of Love' hat versucht, teilweise fertiggestellte Aufnahmen durch Hinzufügen von Vibraphon und Backing Vocals nach Hendrix' Tod in erweiterter Besetzung zu Ende zu führen – ihrer Meinung nach in dessen Sinne. Alan Douglas versuchte ähnliches mit der LP ‚Crash Landing' von 1975, wobei er nur noch von einzelnen Spuren mit Jimi Hendrix' Gitarre und Gesang ausging und diese ansonsten mit anderen Musikern ergänzt (unter anderem mit zweiter Gitarre, backing vocals, percussion, etc.) und zu Stücken arrangiert hat. Diese Produktion hat vielleicht aufgrund der minderen Qualität des verwendeten Reste-Materials (und der eingesetzten

Musiker) bei weitem nicht die Dichte von Hendrix' authentischen und autorisierten Aufnahmen. ‚Crash Landing' bleibt wegen des aufnahmetechnisch bedingten sterilen Sounds trotz der großen Besetzung sogar hinter jeder Experience-Live-Aufnahme zurück, was Intensität und Druck angeht. Es ist überhaupt zu bezweifeln, dass Hendrix' Vorstellung in diese Richtung einer konventionellen Studio-/Rock-Band ging. Auch das Experiment der Woodstock Band (mit zweiter Gitarre und zusätzlichen Percussionisten) hat er zugunsten des Trio-Projekts Band Of Gypsys nach relativ kurzer Zeit wieder fallen lassen.

Hendrix' musikalische Interessen, waren gerade in dieser Zeit relativ vielseitig. In einem Interview mit John Burks (aus: GuitarPlayer Magazine, Sept. 1975, S. 8ff., 'The end of a big long fairy tale'. Interview vom 04.02.1970) nannte Hendrix als besondere Vorlieben neben Bach und Händel, Nina Simone, Rick Derringer, The Fugs und Pinkie Lee. Hendrix-Biograf David Henderson (Jimi Hendrix, New York 1978, S. 321ff.) nennt neben einer Begegnung mit den Musikern des avantgardistischen Art Ensemble Of Chicago 1969 in Marokko, auch Hendrix' Begeisterung für Frank Zappa und seine Band The Mothers, sowie für die Komponisten Charles Ives und Karlheinz Stockhausen. Außerdem soll Hendrix sich für die Musik von Jazz-Musikern wie John Coltrane, Rashied Ali, McCoy Tyner, Ornette Coleman und Roland Kirk, zu dem auch persönliche Kontakte bestanden, interessiert haben. Kein Wunder, handelte es sich dabei doch um aktuelle schwarze Musik der 1960er-Jahre, die so etwas wie der intellektuelle Soundtrack dieser politisch aufgeladenen Zeit der Bürgerrechtsbewegung war.

In einem Interview (zitiert nach: Menn, Don: Jimi Hendrix, GuitarPlayer, Sept. 1975, S. 34) meinte Hendrix einmal: "I dig Strauß and Wagner. Those cats were good, and I think they are going to form the background of my music. Above it will be the blues ..." Eine solche Aussage kann wahrscheinlich nur eine Tendenz angeben, nämlich, dass er an Streicher- und Bläsersätzen im Sinne des klassischen Orchesters interessiert war. Konkretes Material, das in diese Richtung geht, ist bisher kaum aufgetaucht, von eventuellen Testaufnahmen mit Gil Evans oder Al Brown ist nichts bekannt. Diese und andere an ihn herangetragene Projekte sind letztendlich nicht zustande gekommen.

Der Rundfunkjournalist Bruce Gary stellte im September 1988 in einer Radiosendung über Hendrix die bisher unveröffentlichte Aufnahme ‚South Saturn Delta' (aufgenommen 1969) vor. Sie zeigt den Gitarristen in einer durch Bläsersatz erweiterten Band, ganz im Jazz-Rock-Stil der Zeit um 1970. Diese Aufnahme war angeblich für das geplante Doppelalbum ‚First Rays Of The New Rising Sun' geplant. Die Bläser sind hier nur dazu eingesetzt, um Klangflächen und kurze Shout-ähnliche Riffs und Einwürfe zu produzieren, über und zwischen denen Hendrix mit mehreren Overdub-Gitarren verschiedene Riffs und Lead-Passagen spielt. Es handelt sich also auch hier wieder um eine gitarrenorientierte Musik; die Instrumente, die für diese Aufnahme neu hinzukamen, haben eigentlich nur Gitarren-Parts früherer Aufnahmen abgelöst und neu gestaltet. Diejenigen Aufnahmen, die am typischsten Hendrix' orchestrale Gitarrenidee studiotechnisch weiterentwickeln, hat er in Mehrspurtechnik und mit Rhythmusgruppe eingespielt.

Und noch einmal wird hier deutlich: Wichtig ist nicht zuletzt, dass Hendrix das Glück hatte, dass er mit Eddie Kramer einen fähigen Studiotechniker und Produzenten gefunden hatte, der ihm half, seine eigenen Ideen zu verwirklichen. Aufgrund der bescheidenen technischen Möglichkeiten der ersten LP-Aufnahmen (siehe Kapitel Studiotechnik) konnte Hendrix maximal drei Gitarrenstimmen für ein Stück einspielen. Im einfachsten Falle spielte er zu der grundlegenden Rhythmusgitarre eine zweite Spur mit stehenden Feedback-Tönen und in ein Gitarrensolo führende Fills ein, die klanglich durch verschiedene Effektgeräte voneinander abgehoben wurden. Das auf diese Art konzipierte ‚Love Or Confusion' der ersten LP hat er live nur selten gespielt. Die einzige bisher offiziell erschienene Live-Aufnahme zeigt eine hervorragende Kombination beider Stimmen auf; der Effekt von zwei Gitarren bleibt teilweise wirklich erhalten. Auch in ‚I Don't Live Today' kombiniert er eine Riff-Gitarre mit Feedback-Sounds, die gegen Ende des Stücks so ausgeweitet werden, dass unklar bleibt, ob hier eine dritte Gitarre beteiligt ist, oder dieser Effekt alleine durch Echo und Verzerrung erreicht wird. Während ‚Spanish Castle Magic' von der zweiten

LP ‚Axis: Bold As Love' noch die konventionelle Trennung von Riff-, Rhythmus- und Lead-Gitarre aufzeigt, sind ‚If Six Was Nine' oder ‚One Rainy Wish' schon von einer solchen Klangverschmelzung und Überlagerung gekennzeichnet, so das hier wirklich von "Sound Painting" die Rede sein kann. Während das erste Stück sich im letzten Teil bis hin zur Dichte einer Free-Jazz-Orchesterimprovisation steigert, knüpft ‚One Rainy Wish' spieltechnisch an Hendrix' Balladen an. Die Basisgitarre ist jedoch überspielt mit Lead-Licks, die kanonartig auf Verzierungen antworten. Der Song ‚Bold As Love' baut ebenfalls auf der Balladenspielweise auf, steigert sich aber dann zu einer Drei-Gitarren-Orgie' (akustische Rhythmusgitarre, verzerrte Akkordgitarre und verzerrte Lead-Spots), klanglich verfremdet durch einen Phasing-Effekt, der zusätzlich noch den Eindruck von Bewegung im Raum und mehrfach besetzten Stimmen erzeugt.

‚House Burning Down' (LP: Electric Ladyland) beginnt mit Lead-Gitarren-Echos über einer in Mandolinenart gespielten Rhythmusgitarre. Die Strophe im Tango-Rhythmus, der Refrain Shout-artig – und alles durchsetzt von Fills einer verzerrten E-Gitarre, die durch Klangfarbenveränderung mit Hilfe eines WahWah-Pedals zwei verschiedene Instrumente vortäuscht. Der Einsatz der Rhythmusgitarre erinnert hier an Bläsersätze einer BigBand.

Das umfassendste Bild von Jimi Hendrix' Vorstellungen von Gitarren-Sounds vermittelt wohl ‚1983 – A Merman I Should Turn To Be' und ‚Moon, Turn The Tides ... Gently, Gently Away', als Anhang, der wieder zum ‚1983'-Thema zurückkehrt. Hier stellt Hendrix ein wirkliches Orchester von Gitarren vor. Eine zweite Version, in anderer Abmischung (zu finden auf: Jimi Hendrix Live and Unreleased, Castle Communication, 1989), fällt durch die extremere Effektbearbeitung und das fehlende Schlagzeug auf. Die Anlage der Gitarrenstimmen ist dafür hier klarer erkennbar: Konventionelle E-Gitarrenklänge sind kombiniert mit verzerrten Sounds, Slide- und Feedback-Effekten, alles in räumlicher Bewegung; die klangliche Gestaltung steht eindeutig vor der harmonischen oder rhythmischen.

Hendrix hat in seinen Studioproduktionen, genau wie in seiner Gitarrenspieltechnik, die standardisierte Funktionstrennung der E-Gitarre in Rhythmus- und Lead-Instrument teils in Frage gestellt, teilweise ganz aufgehoben. Die Lead-Gitarre kann Background für eine andere Sologitarre sein; ein stehender Akkord der Rhythmusgitarre kann durch Feedback- und Echoeffekte solistische Bedeutung bekommen, das heißt Spielweise und Funktion bedingen sich nicht mehr zwangsläufig. Grundsätzlich ermöglicht wurde dieses Konzept durch seine Spieltechnik. Ihre Weiterentwicklung und klangliche Ausgestaltung basiert allerdings auf der Studiotechnik, speziell dem Mehrspurverfahren. Hiermit entwickelte er Gitarren-Sounds, die jetzt wirklich orchestrale Qualität haben. Durch ihre abwechslungsreiche Kombination und Gestaltung, auf der seine meisten Studioaufnahmen aufbauen, steht Hendrix hier als ein Produzent im Vordergrund, der es verstanden hat, experimentell am Blues orientierte Musik mit zeitgenössischen Studiokonzepten weiterzuentwickeln. ★

15 JOBS, SESSIONS & GERÜCHTE
JIMI ALS SIDEMAN & TOUR-GITARRIST

Bei vielen posthumen Veröffentlichungen, insbesondere von Aufnahmen aus der Zeit vor 1967, wurde auf Besetzungsangaben und Entstehungsdaten fast generell verzichtet. Selbst die Titel der Kompositionen müssen oft der Phantasie eines Label-Mitarbeiters entsprungen sein, denn gleiche Aufnahmen waren unter verschiedensten Namen zu finden. Die Verwirrung wurde noch größer durch die Praxis, oft gekürzte oder sehr unterschiedlich abgemischte Versionen/Takes einer Originalaufnahme "anzufertigen".
Diese frühen Aufnahmen wurden dann meist unter dem Namen Hendrix veröffentlicht, obwohl sie damals unter der Regie seiner jeweiligen Bandleader (unter anderem Lonnie Youngblood und Curtis Knight) entstanden waren.

Zudem waren seit den frühen 70ern einige Aufnahmen im Handel, bei denen man den Verdacht äußern musste, dass Hendrix an ihnen (zumindest als Gitarrist) überhaupt nicht beteiligt war. So zum Beispiel bei einigen Veröffentlichungen von Curtis Knight oder Arthur Lees Band Love (und dem Album ‚False Start‘, 1970). Der amerikanische Biograf Gene Santoro bezweifelt in seinem Artikel "Recordings" (in Guitar World, USA, 09/1985) sogar Hendrix' Teilnahme an den Aufnahmen für die immer wieder zitierte Little-Richard-LP ‚Friends From The Beginning‘. Denn gerade in Bezug auf die Lead-Gitarre wirken viele dieser frühen Tracks sehr dilettantisch. Vergleicht man zum Beispiel Hendrix' sicheres Spiel auf den Singles der Isley Brothers aus dem Jahr 1964 mit den technisch schwachen Aufnahmen von Curtis Knight, oder zum Beispiel die ‚House Of The Rising Sun‘-Session mit den, noch im selben Jahr entstandenen, Hits ‚Hey Joe‘ und ‚Stone Free‘, so liegen da qualitativ, was das gitarristische Talent angeht, jeweils Welten dazwischen. Es ist oft kaum zu glauben, dass hier immer derselbe Musiker gespielt haben soll. Das war auch nicht so, da bin ich mir sicher. Sicher beweisen kann in vielen Fällen allerdings niemand mehr irgendetwas. Doch dazu später mehr.

Und dann gibt es noch ganz besondere Kuriositäten, wie die CD ‚Jimi Hendrix And Tina Turner – Voices In The Wind' – so etwas lässt zuerst einmal jedes Sammlerherz höher schlagen. Beim Durchsehen und spätestens beim Hören der Titel, merkt man dann, dass es sich hier zur Hälfte um Aufnahmen von Lonnie Youngblood mit (oder auch mal ohne) Jimi Hendrix, und zur anderen Hälfte um Aufnahmen von Ike & Tina Turner, jeweils aus den mittleren 60er-Jahren handelte, die in keinerlei Zusammenhang standen. Jimi Hendrix und Ike & Tina Turner hatten in den mittleren 60ern zwar mal kurz zusammengearbeitet, über Aufnahmen aus dieser Zeit ist aber nichts bekannt. Interessant ist in diesem Zusammenhang, der oft als eine von Jimi Hendrix' vielen "All Star Connections" zitiert wird, dass Tina Turner ihn in ihrer Autobiografie (I, Tina, My Life Story, New York 1986) mit keinem Wort erwähnt.

Hier noch zwei Plattentipps für alle diejenigen, die sich nicht durch den Schlamm wühlen wollen: Einen guten Überblick zu Hendrix' Jobs als Sideman und/oder Gast im Studio gibt die 4CD/DVD-Veröffentlichung **West Coast Seattle Boy: The Jimi Hendrix Anthology (2010)**. Die Deluxe-Box präsentiert auf vier CDs und einer DVD insgesamt rund 250 Minuten rares, teils tatsächlich offiziell unveröffentlichtes Hendrix-Material, sowohl vom frühen Sideman Hendrix, als auch vom erfolgreichen Popstar in den letzten Jahren seines Lebens. Das geschieht anhand von Demos, akustischen Solo-Einspielungen und diversen Live-Mitschnitten, die Hardcore-Fans schon länger bekannt sein dürften, jetzt aber erstmals autorisiert und ansprechend präsentiert erhältlich sind. CD1 befasst sich mit den frühen Hendrix-Aufnahmen, ab 1964, als Sideman von R&R-, R&B- und Blues-Größen wie den Isley Brothers, Little Richard, Billy Lamont, Don Covay oder King Curtis – schade nur, dass die zahlreichen Aufnahmen mit Curtis Knight hier komplett ignoriert wurden. CD2 dokumentiert dann die ersten Erfolgsjahre 1967/68 und liefert überwiegend Alternate-Takes bekannter Album-Titel. CD3 deckt die Zeit bis 1969 ab und zeigt einen schon experimenteller agierenden Jimi Hendrix: Die Jam-Session mit Jazz-

Organist Larry Young gehört zu den Highlights; hier fehlen dafür leider ebenfalls existierende Aufnahmen mit John McLaughlin oder das wunderbare ‚South Saturn Delta' – und das ist sehr schade! Letzteres findet man auf dem gleichnamigen Album ‚South Saturn Delta' von 1997, wo auch gleich mit einem Gerücht aufgeräumt wird: Ein Foto zeigt Hendrix im Studio mit vier Bläsern, vermutlich bei der Aufnahme dieses Stücks. Nein, es waren also einigermaßen sicher nicht die Brecker Brothers, die man im Titel-Track des Albums hört, denn die hier zu sehenden Herren an Trompete, Posaune und zwei Saxophonen sind alle dunkelhäutig. Die beiliegende DVD liefert die 90-minütige Dokumentation ‚Voodoo Child' von Bob Smeaton, der die Karriere des Künstlers skizziert. Fazit: Alles geht nicht, aber hier bekommt der Fan schon eine Menge interessantes Material, ergänzt von einem großformatigen, informativen Booklet. Schön gemacht und sein Geld wert!

Both Sides Of The Sky (2018) mit seinen 13 zwischen 1968 und 1970 entstandenen Studioaufnahmen, ist eine weitere gelungene Veröffentlichung: brauchbarer Sound, interessantes Repertoire, coole Line-ups und eine wirklich sehr schön aufgemachte CD-Verpackung mit Foto-Booklet. Neben der Experience und der Band Of Gypsys hört man hier auch Einspielungen mit Stephen Stills, Johnny Winter, Lonnie Youngblood und zwei sehr interessante instrumentale Duo-Aufnahmen/Outtakes von Hendrix mit Drummer Mitch Mitchell. Lohnt sich ebenfalls!

THE SIDEMAN YEARS

In der Zeit vor September 1966 war Jimmy Hendrix beziehungsweise
Jimmy James an einigen Studio-Sessions beteiligt. Auf den
folgenden Alben & Singles ist er mit großer Sicherheit als
Instrumentalist zu hören; die Jahreszahl in Klammern ist das
Veröffentlichungsdatum:

- The Isley Brothers: Testify, Part I & II (1964)
- Don Covay & The Goodtimers: Mercy, Mercy / Can't Stay Away
  (1964)
- Little Richard: Dancing All Around The World (1965)
- Little Richard: I Don't Know What You've Got, Part I & II (1965)
- Frank Howard & The Commanders: I'm So Glad (1965)
- Rosa Lee Brooks: My Diary / Utee (1965)
- The Isley Brothers: Move Over / Have You Ever Been Disappointed
  (1965)
- Curtis Knight & The Squires: Hornet's Nest / Knock Yourself Out
  (1966)
- Curtis Knight: How Would You Feel / Welcome Home (1966)
- The Icemen: (My Girl) She's A Fox / (I Wonder) What It Takes
  (1966)
- Lonnie Youngblood: Go Go Shoes / Go Go Place (1966)
- Jimmy Norman: You're Only Hurting / That Little Old Groovemaker
  (1966)
- Ray Sharpe with The King Curtis Orchestra: Help Me, Part I & II
  (1966)
- King Curtis: ‚Linda Lou‘, ‚Baby How About You‘ ‚I Can't Take
  It‘ (1966). Die Aufnahmen blieben unveröffentlicht und wurden später
  bei einem Feuer im Archiv von Atlantic Records zerstört.
- Ricky Mason: I Need You Every Day / Sick And Tired (1966)
- Lonnie Youngblood: Soul Food / Goodbye Bessie Mae (1967)
- Jayne Mansfield: Suey / As The Clouds Drift By (1967)

Anfang 1966 entstanden bei einem Studio-Job ein oder zwei Titel mit
der Sängerin Jayne Mansfield: ‚Suey‘ und ‚As The Clouds Drift By‘
waren Produktionen, die mit seinen Verpflichtungen aus dem Ed-
Chalpin-Vertrag zusammenhingen; die Single wurde erst 1967
veröffentlicht. Hendrix' Gitarre wurde aber angeblich aus dem Mix

entfernt. 2018 erschien die Single dann noch mal in anderer Abmischung – diesmal mit Hendrix. Hier war dann auf der B-Seite ‚I Need You Every Day' von Ricky Mason feat. Jimi Hendrix zu hören; mit dem kanadischen Sänger hatte Hendrix auch 1966 noch den Titel ‚Sick And Tired' eingespielt – siehe oben!

- Curtis Knight: Get That Feeling (1967)
- Curtis Knight: Hush Now / Flashing (1967)
- Curtis Knight: You Don't Want Me / How Would You Feel (1967)
- Curtis Knight: Flashing/Jimi Hendrix Plays Curtis Knight Sings (1968)
- Curtis Knight: The Great Jimi Hendrix in New York (1968)
- Billy Lamont: Sweet Thang / Please Don't Leave (1968)
- Curtis Knight: Day Tripper / Love, Love (1969)
- King Curtis: Instant Groove (1969). Eine Studio-Bastelarbeit aus einem Hendrix-Gitarren-Part und Aufnahmen von Curtis mit Ray Sharpe, beides von 1966. Dieser Track hat eigentlich Null Hendrix-Flair.

Zu vier der frühen Hendrix-Arbeitgeber hier noch ein paar Detail-Informationen, da deren Veröffentlichungspolitik und vor allem die Flut schlecht bis gar nicht dokumentierter Compilations einigermaßen für Verwirrung gesorgt hat: Es geht um Curtis Knight, Lonnie Youngblood, The Isley Brothers und Little Richard. Mit Hilfe der aufgeführten Titel kann man so zumindest die meisten Compilation-Tracks einem Band-Zusammenhang zuordnen.

CURTIS KNIGHT

Hendrix hat von Ende 1964 bis 1965 in Curtis Knights Band "The Squires gespielt. In dieser Zeit sind einige Studioaufnahmen entstanden, vorliegende Live-Aufnahmen sind teils von relativ schlechter Qualität und lassen vermuten, dass es sich hierbei um Amateurmitschnitte von Club-Gigs handelt, andere klingen wie Studioaufnahmen mit Applaus. Knight selbst sprach in Interviews von

Recording-Sessions zwischen 1964 und 1968; diese Daten sind jedoch sehr anzuzweifeln. Ich gehe davon aus, dass Hendrix nur in den Jahren seiner Band-Zugehörigkeit auch bewusst mit Knights Band aufgenommen hat. Ein späterer Aufnahmetermin im August 1967, nach Hendrix' Monterey-Erfolg in den USA, der unter anderem auch eine Single hervorgebracht hat, war im Grunde genommen nur eine einfache Jam-Session, die vermutlich unerlaubt mitgeschnitten wurde und dann zum gewünschten Produkt zurecht manipuliert wurde. Die auf diese Art produzierte Platte wurde 1967 von Capitol Records, natürlich mit einem aktuellen Hendrix-Foto auf der Plattenhülle, veröffentlicht, eine Taktik, die auch bei anderen früh entstandenen Aufnahmen nach seinen ersten Erfolgen praktiziert wurde. Das alles geschah ohne Hendrix' Wissen und/oder Genehmigung.

Hendrix: "On one side of the disc in ‚Hush Now‘ I only play the guitar. The singer's voice has been superimposed. On the other ‚Flashing‘ all I do is play a couple of notes. Man, I was shocked, when I heard it. I walked into a record store and saw the record of mine. When I played it, I discovered that it had been recorded during a jam session I did in New York. We had only been practising in the studio. I had no idea it was being recorded. (zitiert nach: Henderson, David: Jimi Hendrix ..., New York 1978, S. 199)

Dass, wie Curtis Knight behauptete, noch zwei oder drei weitere Sessions nach Hendrix' Durchbruch in New York stattgefunden haben sollen, ist sehr stark zu bezweifeln. (Siehe Knight, Curtis: Jimi Hendrix, London 1974, S. 90.) Die wichtigsten Aufnahmen von Curtis Knight wurden unter anderem auf LPs mit folgenden Titeln veröffentlicht: ‚Get That Feeling‘ (1967), ‚Strange Things‘, ‚Flashing‘ (1968), ‚Birth Of Success‘, ‚The Eternal Fire Of Jimi Hendrix‘ (1970), ‚The Ballad Of Jimi‘, ‚Early Jimi Hendrix Vol.1 & 2‘, ‚The Great Jimi Hendrix In New York‘, etc.

Mehrfach und unter verschiedenen Bezeichnungen wurden auch Produzent Ed Chalpins sogenannte "PPX Tapes" veröffentlicht, Live- und Studioaufnahmen in der Besetzung: Curtis Knight (voc), Jimmy Hendrix (g/b-voc), Nathaniel Edmonds (kb), Ed Bugs Gregory und Napoleon Hank Anderson (b), Marion Booker und Ray Lucas (dr).

Hendrix hatte 1965 einen Künstlervertrag mit ihm unterzeichnet, der ihm nach seinen ersten eigenen Erfolgen einigen Ärger machte – Chalpin konnte mit diesen alten Aufnahmen und dem Material einer weiteren kurzen Session im Sommer 1967 so ziemlich machen, was er wollte. Noch 1996 erschienen sie zum Beispiel in Deutschland als 6CD-Set mit 57 Tracks. 2005 wurde dann, mittlerweile unter der Regie der Hendrix-Familie, die daraus kompilierte CD ‚You Can't Use My Name. The RSVP/PPX Sessions' veröffentlicht. Hier ist Hendrix bei Aufnahmen aus dieser Session im Gespräch mit Chalpin zu hören, wo er darauf besteht, dass diese Tracks eben nicht unter seinem Namen veröffentlicht werden sollten. Das Album enthält nur noch 14 roughe R&B-Tracks aus den Jahren 1965/66, angeblich durchgehend mit dem damaligen No-Name-Sideman Jimmy James oder Jimmy Hendrix an der E-Gitarre – Jimi wurde er ja erst in England. In manchen Songs erkennt man ihn ganz klar, in anderen muss man fest daran glauben. Alle Gitarren-Parts hat Hendrix hier ganz sicher nicht eingespielt. Historisch-dokumentarisch wertvoll, musikalisch sehr durchwachsen, mit schönem Foto-Booklet. Curtis Knight und Produzent Chalpin haben mit dem Beginn von Jimis internationaler Karriere alles veröffentlicht, was er noch im Schrank hatte und irgendwie oder irgendetwas mit Hendrix zu tun hatte.

Auf dem familieneigenen Bootleg-Label Dagger Records erschienen dann später noch ‚Curtis Knight feat. Jimi Hendrix: Live At George's Club 20 1965 & 1966' und ‚No Business: The PPX Sessions Vol. 2 by Curtis Knight & The Squires' (2020) – hier legte man etwas mehr Wert auf authentische Aufnahmen, als bei den alten Ed-Chalpin-Stückeleien.

Hier sind alle bekannten Titel aufgeführt, die Curtis Knight (höchstwahrscheinlich) mit Hendrix eingespielt hat. Studioversionen sind mit S, Live-Aufnahmen mit einem L gekennzeichnet, SL heißt, es existieren sowohl Studio- als auch Live-Aufnahmen, "Voc/Inst." signalisiert Gesangs- und Instrumental-Versionen. Von manchen Titeln sind mehrere Aufnahmen aufgetaucht, eventuell handelt es sich aber auch nur um unterschiedliche Mixes. Alle Titel ohne Jahreszahl stammen aus den 1965er Sessions beziehungsweise Konzerten. 1967er Aufnahmen gehen auf unerlaubt mitgeschnittene

Jams zurück. Ebenfalls interessant war Knights Praxis, Tracks unter verschiedenen Namen auf immer wieder neuen Compilations unterzubringen. Oder auch bekannte Songs sehr frei zu interpretieren und als eigene zu verkaufen: ‚How Would You Feel' wird Bob Dylan geärgert haben, denn es klingt passagenweise wie ein Freestyle-Rap über ‚Like A Rolling Stone'.

Ain't That Peculiar (Rogers/Robinson) L
Ballad Of Jimi (Curtis Knight) S 1967
Bleeding Heart (Elmore James) L
Bright Lights, Big City (Jimmy Reed) L
Bo Diddley (Bo Diddley) L
California Night (Memphis Slim) L
Day Tripper (Lennon/McCartney) S 1967
Don't Accuse Me (Curtis Knight) S
Driving South (Curtis Knight) L
Future Trip (Ed Dantes) S 1967
Flashing (Ed Dantes) S 1967
Fool For You Baby (Curtis Knight) S
Get Out Of My Life, Woman (Allen Toussaint) L
Get That Feeling (Curtis Knight) S 1967
Gloomy Monday (Curtis Knight) S 1967
Gotta Have A New Dress (Curtis Knight) S
Got To Have It (aka Happy Birthday) (Curtis Knight) S 1967
Hang On Sloopy (Russell Farrell) L
How Would You Feel (Curtis Knight) S
Hornet's Nest S
Hush Now (Curtis Knight) S Voc/Instr. 1967
Happy Birthday (aka Got To Have It) (Curtis Knight) S 1967
Hold On To What You Got (Joe Tex) L
Have Mercy Babe (= Mercy Mercy) (Curtis Knight) L
Hard Night (= Let The Good Times Roll) (Earl King) L
I'll Be Doggone (Robinson/Moore/Tarplin) L
I'm A Man (Bo Diddley) L
Itsy Bitsy Teenie Weenie .... (= Just A Little Bit) (Curtis Knight) L
It's Not My Gig (= Bleeding Heart) (Curtis Knight / Elmore James) L
I Should Have Quit You (= Killing Floor) (Curtis Knight / Howlin' Wolf)
Just A Little Bit (Gordon/Head) L

Killing Floor (Howlin' Wolf) L
Knock Yourself Out S Voc/Instr.
Let's Go, Let's Go, Let's Go (Ballard) L
Let The Good Times Roll (Earl King) S
Love Love (Curtis Knight) S Voc/Instr 1967
Level (= Hush Now) (Curtis Knight) S 1967
Last Night (Axton/Smith/Moman) L
Land Of A 1000 Dances (Kenner/Domino) L
Left Alone (= Bleeding Heart) (Curtis Knight / Elmore James) L
Mercy Lady Day (Curtis Knight) (=Love Love) S
Mercy Mercy (Covay/Ott) L
Mr. Pitiful (Otis Redding) L
My Best Friend (= Instr. Ballad Of Jimi) (Curtis Knight) S
My Heart Is Higher (Curtis Knight) S
Money (Gordy/Bradford) L
Mister Pitiful No Business (Curtis Knight) S 1967
No Such Animal Part I & II
Not This Time (= You Got Me Running) (Curtis Knight) L
Odd Ball (Ed Dantes) S Voc/Instr. 1967
On The Killing Floor (= Killing Floor) (Curtis Knight / Howlin' Wolf) S
Running Slow (= Let's Go, Let's Go ...) (Curtis Knight)
Second Time Around (= Get That Feeling) (Curtis Knight) S 1967
Something You've Got (A.Robinson) L
Sleepy Fate (= Instr. No Business) (Curtis Knight) S 1967
Sweet Little Angel (B.B.King) L
Stand By Me (Ben E.King) L
Satisfaction (Jagger/Richard) L
Sugar Pie Honey Bunch (Holland/Dozier) L
Simon Says (Curtis Knight) S
Strange Things (Curtis Knight) S
There Is Something In Your Mind (Curtis Knight) L
Torture Me Honey (=Hush Now) (Curtis Knight) S 1967
Twist And Shout (Medley/Russell) L
Ufo12 (Curtis Knight) S 1967
Wah Wah (= Hush Now) (Curtis Knight) S
Walking The Dog (Rufus Thomas) L
Welcome Home (Curtis Knight) S
What I'd Say (Ray Charles) L

Woolly Bully (Sam The Sham) L
You Can Do It (= Strange Things) (Curtis Knight) S
You Don't Want Me (Curtis Knight) S
You Got Me Running (Jimmy Reed) L
You Got What It Takes (Tex) L

LONNIE YOUNGBLOOD

Das Missverständnis, ein großartig spielender Jimi Hendrix habe
bereits 1963 in Philadelphia gemeinsam mit Lonnie Youngblood
seine ersten Studioaufnahmen gemacht, wurde von den Initiatoren
der beeindruckenden Website www.earlyhendrix.com akribisch
widerlegt. Man kann anhand anderer Aufnahmen auch
nachvollziehen, dass Hendrix sich in den drei Jahren bis Mitte '66
noch beachtlich entwickelt hatte. Die meisten Aufnahmen der Lonnie
Youngblood Band sind demnach erst im Februar/März 1966 in den
Allegro Sound Studios, New York City, in folgender Besetzung
entstanden: Lonnie Youngblood (sax/voc), Jimi Hendrix (g),
Napoleon Hank Anderson oder Ace Hall (b), May Thomas (b-voc);
der Schlagzeuger und der in manchen Tracks zu hörende Organist
sind unbekannt. Ganz sicher war Hendrix laut earlyhendrix.com nur
an den folgenden Tracks beteiligt:

Soul Food (That's A What I Like)
Goodbye, Bessie Mae
Go Go Shoes
Go Go Place

Hier ist ein fähiger Gitarrist zu hören, dessen Rhythmusspiel eine
Band tragen kann. Und der mit ein paar Solo-Licks wirklich glänzt
und einen simplen R&R-Song wie ‚Goodbye, Bessie Mae' bereichert.
Diese Aufnahmen von Youngblood mit Hendrix wurden unter
anderem auf LPs mit folgenden Titeln veröffentlicht: ‚Two Great
Experiences', ‚Jimi Hendrix & Lonnie Youngblood', ‚Rare Hendrix',

‚20 Golden Pieces Of Jimi Hendrix', ‚Gangster Of Love', ‚In The Beginning', Rare Hendrix' etc.

Aus dem wenigen Material haben Youngblood und Gitarrist Herman Hitson dann eine Menge gemacht – Instrumental-Versionen, Single-Edits, Remixes – und Youngblood hat diese Tracks dann unter verschiedensten Namen auf immer wieder neuen Compilations untergebracht. Aber nicht nur diese Tracks. Denn auch hier bin ich der Meinung, dass Hendrix bei weitem nicht an allen Stücken beteiligt war, von denen Youngblood das behauptete. Immer wenn es sich in punkto Sound, Phrasierung, Bendings und Intonation nicht so ganz perfekt anhört, war es Herman Hitson – und von Hendrix ist dann definitiv nichts zu hören. Oder, wie im Fall einer Version von ‚Good Times', nur im Intro: Nach einem kurzen Fake-Live-Applaus, an den man ein paar Töne Hendrix-Gitarre geschnitten hat (vermutlich aus ‚Go Go Shoes'), folgt ein Track mit verstimmten Gitarren von Bending-Nichtkönnern. Dreisterweise wurde der Name "Hendrix" aber sogar in den Songwriting-Credits aufgeführt, um echt zu wirken. Zu diesen Hitson-Fake-Tracks gehören:

A Mumblin' Word
Bring My Baby Back
Free Spirit
Get Down
Good Feeling
Good Times [aka Let Me Thrill Your Soul]
Groove Maker
Hey Leroy
Hot Trigger
House Of The Rising Sun
Let The God Sing
Something You Got
Suspicious
Voice In The Wind
Voices
Whipper

‚House Of The Rising Sun' ist ein gutes Beispiel für die zeitweise sehr effektiv funktionierende Masche – denn dieser populäre Song wurde auf diversen Compilations, die unter dem Namen Jimi Hendrix vermarktet wurden, immer wieder als Interpretation einer Hendrix-Band verkauft. Er ist aber sehr sicher in einer Recording-Session mit Herman Hitson (und Lonnie Youngblood) entstanden – im Juni 1966 in New York. Während man Hendrix in anderen Youngblood/Hitson-Tracks wie ‚Hey, Leroy' und ‚Free Spirit' noch ansatzweise zu erkennen glaubt, hört man in ‚House Of The Rising Sun' einen dilettantisch intonierenden Gitarristen, der insbesondere gar kein Feeling für Bendings hat. Heute wissen wir sicher, was schon vor 40 Jahren vielen Fans und genauen Zuhörern klar war: Das war nicht Hendrix – oder er war breit wie ein Scheunentor. Inzwischen ist sicher, dass hier Herman Hitson die E-Gitarre bediente – er selbst hat die ganze Geschichte bestätigt. Der 1943 geborene amerikanische Musiker hat unter anderem mit Joe Tex, Bobby Womack und Wilson Pickett gespielt, war sicher kein schlechter Gitarrist, aber definitiv kein begnadeter Hendrix-Imitator.

Bekannt sind von diversen Lonnie-Youngblood- oder Pseudo-Hendrix-Releases anderer, unbekannter Interpreten noch folgende Song-Titel, die oft nur für bereits bekanntes Material verwendet wurden, um Fans mit Komplettierungswahn das letzte Geld aus der Tasche zu ziehen.

All I Want
Feel That Soul
Freedom And You
Funky
Girl So Fine
Git Down
Gotta Find Someone
Groove
Let Me Go
Miracle Worker
Psycho
She's So Fine
Sweat Segway I II III

Sweet Thing
Table I II III
Two In One Goes
Under The Table
Wipe The Sweat
Young Generation

THE ISLEY BROTHERS

Die Aufnahmen mit dieser Band sind bereits 1964 in New York
entstanden. Die Isley Brothers spielten in folgender Besetzung:
Ronnie Isley (g/voc), Kelly Isley (dr/voc), Rudy Isley (b/voc), Jimi
Hendrix (g). Und Hendrix' Gitarren-Licks waren hier schon sehr
gekonnt, funky, knackig und mehr auf den Punkt als bei seinen
meisten frühen Aufnahmen. Insbesondere in ‚Move Over, Let Me
Dance, Part I & II' spielt er eine absolut großartige, von Licks & Riffs
durchsetzte Rhythmusgitarre – und die Aufnahme klingt auch sehr
gut. Unter anderem auf folgenden LPs wurden die eigentlich nur als
Singles erschienenen Titel zusammengefasst, in denen Hendrix als
Lead-Gitarrist zu hören ist: zum Beispiel auf ‚In The
Beginning' (1970), ‚Together', ‚Jimi Hendrix & The Isley Brothers' und
anderen.
Die Isley-Brothers waren vermutlich Hendrix' professionellster und
musikalisch bester Job, bevor er selbst ein Star wurde.
Hier die Titelliste:

Have You Ever Been Disappointed, Part I & II
Looking For A Love
Move Over, Let Me Dance, Part I & II
Simon Says
My Little Girl
Testify, Part I And II
Wild Little Tiger

LITTLE RICHARD

Hendrix spielte, entgegen früherer Vermutungen, wahrscheinlich nur Anfang 1965 in der Band von Little Richard. Auf folgenden in den 70er-Jahren erschienenen LPs ist diese Zusammenarbeit angeblich dokumentiert: ‚The Explosive' (1970), ‚Friends From The Beginning', ‚Jimi Hendrix & Little Richard', etc.
Ob Hendrix auf diesen Alben auch nur mit einem Ton zu hören ist, ist sehr umstritten. Auch im Fall diverser Live-Aufnahmen ist fraglich, ob er daran beteiligt war. Ganz sicher hat er nur (mehrere Takes) der Single-Tracks ‚Dancing All Around The World' und ‚I Don't Know What You've Got, Part I & II' (1965) eingespielt. Für möglich halte ich noch, dass Hendrix auch an dem Track ‚It Ain't Whatcha Do' (1965) beteiligt war. Das war's aber dann auch schon.

POPSTAR SESSIONS

Seit Beginn seiner Karriere hat Hendrix immer wieder auch anderen Musikern bei deren Platteneinspielungen ausgeholfen, ohne fest zu der betreffenden Band zu gehören. Und nach seinem Durchbruch Ende 1966 war er natürlich besonders gefragt. Als professionellen Session-Player & Studiomusiker kann man ihn sicher nicht bezeichnen, es waren wahrscheinlich eher der zugkräftige Name, seine musikalische Zuverlässigkeit und Freundschaften, die ihm zu dem einen oder anderen Job verhalfen. Zwischen1967 und 1970 war er an folgenden Aufnahmen beteiligt:

• **McGough & McGear: dto.** Hendrix spielte 1967 auf den Titeln ‚Ex Art Student' und ‚So Much' mit.

• **Buddy Miles Express: Expressway To Your Skull** (1968); Hendrix spielte angeblich bei einigen Stücken inkognito Gitarre – ganz sicher verfasste er die Liner-Notes der LP.

• **Eire Apparent: Sunrise** (1968). Hier ist Hendrix zusammen mit Noel Redding und Mitch Mitchell zu hören. Der Gitarrist spielt hier auf allen Titel mit, teilweise versucht er den Stil des Band-Gitarristen Mick Cox zu imitieren. Das gilt auch für die 1969 nachgeschobene Single ‚Rock 'n‘ Roll Band / Yes I Need Someone‘.

- **Robert Wyatt: '68** (rec.1968/'69; rel. 2013). Im Track ‚Slow Walkin‘ Talk‘ spielte Jimi Hendrix E-Bass. "Recorded in October-November 1968 at T.T.G. Studios, Hollywood, CA and The Record Plant, New York City, NY, USA."

- **Buddy Miles: Electric Church** (1969). Bei dieser LP war Hendrix als Produzent von vier der sieben Album-Tracks aktiv.

- **Cat Mother & The All Night News Boys: The Street Giveth & The Street Taketh Away** (1969). Hier spielte Hendrix nicht Gitarre, sondern war nur als Background-Sänger und Produzent beteiligt.

- **Timothy Leary & Friends: You Can Be Anyone This Time Around** (rec. 1969, rel. 1970). Bei dieser Aufnahme spielt Hendrix E-Bass (zumindest beim 14-Minuten-Track ‚Live And Let Live‘); andere beteiligte Musiker waren Stephen Stills, John Sebastian und Buddy Miles.

- **Lightnin‘ Rod: Doriella Du Fontaine** (rec. 1969, rel. 1993), featuring Buddy Miles und Alafia Pudim von der Band The Last Poets. Von diesem Stück gibt es eine fast zehnminütige Vocal-Version, sowie eine vierminütige Instrumental-Fassung mit Hendrix an E-Gitarre und am Bass. Groovy!

- **Fat Mattress: Fat Mattress** Jimi spielt Percussion bei ‚How Can I Live‘ (1969)

- **Love: False Start** (rec. 1970, rel. 1973). Auf dieser LP spielt Hendrix angeblich bei den Titeln ‚Everlasting First‘ Lead-Gitarre; nach anderen Quellen auch bei ‚Ride That Vibration Down‘ und ‚Slick Dick‘.

- **Stephen Stills: Stephen Stills** (1970). Hendrix spielt bei dem Titel ‚Old Times Good Times‘ E-Gitarre.

1964 ODER 1969?

Welcher Hendrix-Fan hat sie noch nicht in der Hand gehalten: Die 3LP-Box, einzelne Platten oder das 2CD-Set mit dem Titel ‚Jimi Hendrix: At His Best'. Ob dieser der Wahrheit entspricht, soll jeder für sich selbst entscheiden. Ein Produkt der Marke "Jimi Hendrix Superstar" ist das jedenfalls nicht, was da im Rahmen einer oder mehrerer Sessions mit Percussionist Juma Sultan, Pianist Mike Ephron und anderen Musikern entstanden ist. "Sooooo much better than his later work with The Experience and Band Of Gypsys", schrieb mal ein Fan in einer Forums-Diskussion. "Hahahahahahahahahahahaha!!!", war die Antwort.

Seit Anfang der 70er-Jahre sind diese Aufnahmen von 1969, aus der Zeit des Woodstock-Festivals, im Handel – unter anderem auch unter dem Namen ‚Impromptu', ‚Home At Woodstock', ‚Gypsys Sun And Rainbows' und im italienischen 3-LP-Set ‚The Jimi Hendrix Story'. Was das Entstehungsdatum angeht, ist die Musik in den Liner-Notes oft umetikettiert worden auf 1964. Denn damals stand Hendrix noch nicht unter Vertrag, und so konnte man im juristischen Dickicht zwischen Managements, Plattenfirmen, Verlagen und Erben diskret Geld verdienen. Aus dem Grund dichtete Initiator Mike Ephron eine nette Geschichte um seine Jam-Tapes und veröffentlichte sie in den Liner-Notes der LPs – hier im unschlagbaren Originaltext:

"It was Autumn 1964. A cruel wind, freezing and sullen, ripped the profuse scum and garbage off Bleeker Street and sent it flying out of sight above the houses. Sharp pieces of grit lodged in my legs and spattered my eyes. Even soda cans went crashing down the street. Behind me a howl went up. My friend and I turned round fast. Behind us, someone had been hit in the face by a flying soda can.
‚Hey Jimi, are you alright?' said my friend Jake (former lead guitar with the Jugs). He knew everyone in the village. ‚Sure you're okay?' ‚Yeh, Yeh' said Jimi. ‚Long as my guitar's cool, I'm cool. In New York City, it's law of the jungle, fittest survive, you dig.' We laughed. All the while I was staring hard at this strange figure. It was the first time I had seen him. In those days, extreme poverty kept him on the

streets, sometimes even sleeping there a few hours in the early morning in someone's back doorway. He would carry his guitar on his shoulders always. His jacket was black and frayed. His bowler hat was perched on his huge mass of hair.

I was to see Jimi several times more that winter. Usually he rushed past me on his way, unseeing. In those days, he was totally unknown in New York. Only he and a handful of others were aware of his incredible musical power. Back and forth among that handful Jimi would come and go, all day and night, seeking, learning to refine and re-define, grasp his powers and master them, develop and explore his talents upon the highest apex he could achieve.

And among the several places where he jammed running from one jam to the next, he met those musicians who could contribute to his search. One night coming out of Stanley's Bar on Avenue B, I bumped into Jimi.

‚Come over to my pad and play some music‘, I said. He fell in with me silently. He was always quiet, almost shy, so different from the Jimi on stage. I am a piano player unknown except among musicians, mostly those of the New York avant-garde music scene, though I had always felt there could be a meeting between this form and rock.

That night we played far into the dawn and it was the most astonishing experience of my life. Eagerly I awaited more. Jimi came round many more times that winter, playing sounds that shattered all conventions and traditions exploring areas with feedback and electronic effects that had never before been touched. This was the pure Jimi, the pristine musician, resplendent in his crystalline form, unsullied by fame and unstained by fortune.

Sometimes I would turn on the borrowed Sony to get an idea of where the music was leading to. Everytime we played back we would laugh and shake our heads in amazement and exhilaration. Occasionally, too, a Conga drummer would sit in with us, not always able to follow the intricacies of the rhythms I patterned out with my chords and la la la's. And so these recordings came about.

Jimi, just before his death, talked to me about them. He felt there was a spontaniety there he had been unable to achieve with his trio; something he had sought ever since but never again experienced. He would like to see them turned into records. He told me this two weeks before his death. We were both in New York. We spent a long time talking old times. He remembered our free form experiments done in my East 11th St. pad when we had both been kids with musical stars in our eyes.

‚They'd make better records', he said. ‚Than some of the shit that's making me so much bread.'

‚I still have the tapes Jimi', I said. .Okay, why don't you come to London', he pleaded quietly. ‚That was real music.' I asked him if this meant he was no longer playing real music. He did not answer. I asked him if he remembered how he had played to my chords and the two of us had achieved a spontaneous rapport so quickly and smoothly under my youthful direction. He laughed. He remembered only too well: ‚Your structures, Mike', he said, ‚were your own. You were great. But you didn't make it. I did. Strange, Mike, you never made it. And strange I feel jealous of you.' Two weeks later, in London, he was dead ...''

Haaalloo! Tränen wegwischen, egal ob von tiefer Trauer oder durch einen Lachanfall verursacht, und wach werden! Also: Mike Ephron erzählte uns hier natürlich einen vom berühmten Pferd. Man kann heute sehr sicher davon ausgehen, dass die oben genannten Aufnahmen kurz vor dem Woodstock-Festival, im August 1969, entstanden sind, in einem von Jimi gemieteten Haus, in dem er mit seinen Musikern für den Auftritt probte. Zu seiner damaligen Band Gypsy Sun & Rainbows gehörten Mitch Mitchell (dr), Billy Cox (b), Larry Lee (g) und die Perkussionisten Jerry Velez und Juma Sultan. Eine zweite Gitarre und auch Percussion ist in den Aufnahmen immer wieder mal zu hören – fast schon Indiz genug für die Datierung. Außerdem ähneln einige Tracks hier sehr bekannten Hendrix-Nummern und dem Woodstock-Jam.
Hier alle Songs beziehungsweise Song-Titel, die aus dieser Session hervorgingen:

Baby Chicken Strut
Cave Man Bells
Down Mean Blues
Feels Good
Free Thunder

Fried Cola
Giraffe
Jimi Is Tender Too
Lift-Off
Madagascar
Monday Morning Blues
She Went to Bed With My Guitar
Spiked With Heady Dreams
Strokin' A Lady On Each Hip
Swift's Wing
Young Jim(i)

IRRUNGEN & WAHRHEITEN

Die auf den folgenden Seiten aufgeführten Sessions werden in der
Literatur über Hendrix immer wieder erwähnt. Ob hiervon tatsächlich
Aufnahmen existieren, ist teils unbekannt, teils sind aber in den
vergangenen Jahren von der Hendrix-Family auch solche Session-
Mitschnitte veröffentlicht worden. Es bleibt abzuwarten, ob
möglicherweise in den nächsten Jahren noch Material auftauchen
wird, das von Zuhörern mitgeschnitten, im Studio aufgenommen oder
von Hendrix selbst festgehalten worden ist. Er soll ab 1968 fast
immer eine kleine Zweispur-Bandmaschine dabei gehabt haben,
wenn er in Clubs jammte. Ganz große Überraschungen würden mich
ehrlich gesagt sehr wundern: Denn eigentlich sind aus den vier
Hendrix-Jahren als Sideman und den weiteren vier Jahren als
Popstar schon eine Menge Mitschnitte aufgetaucht – und vieles
davon war keine Offenbarung. Und ganz viele Sessions haben sehr
wahrscheinlich nie stattgefunden.

Von den folgenden Jams existieren Mitschnitte, die schon seit den
70er-Jahren als Bootlegs kursieren:

• 17.03.1968 Cafe au Gogo, New York (90 min.); Jams mit zwei
Mitgliedern der Paul Butterfield Blues Band, **Elvin Bishop & Phillip**

Wilson, sowie zwei Bekannten von Electric Flag, **Harvey Brooks & Buddy Miles**

• 07.04.1968 Generation Club, New York (5 min.) (Soundtrack des Films ‚Wake At Generation‘); Jam mit **Roy Buchanan** und **Buddy Guy.** Es existiert auch ein 11-minütiges, qualitativ sehr schlechtes Video dieser Session, mit dem Song ‚Stormy Monday Blues‘.

• 04/1968 Ungano‘s New York (95 min.) Jams unter anderem mit **B.B. King, Elvin Bishop, Paul Butterfield, Al Kooper** und anderen.

• Ob Hendrix am 15.04.1968 im Generation Club tatsächlich mit **B.B. King, Elvin Bishop, Phillip Wilson, Buzzy Feiten,** und **Al Kooper** auf der Bühne stand, bleibt ungeklärt.

• Und auch der Name von The-Doors-Frontman **Jim Morrison** wird immer wieder genannt, wenn es um die Session-Partner des Jimi H. geht. Das Bootleg-Album ‚Bleeding Heart‘ (1994) beinhaltet angeblich Aufnahmen aus The Scene Club, New York City, von 1968 (eventuell vom 13.03. oder 06.06.1968) – beachtliche 53:46 min. mit einem eher nervenden und ganz sicher stockbesoffenen Sänger. War das wirklich **Jim Morrison**? Da gehen die Meinungen auseinander ... Der Legende nach besaß Hendrix einen Stereo-Mitschnitt dieser Session, das Tape wurde aber irgendwann aus seinem Apartment gestohlen.
Die Aufnahmen wurden immer wieder und unter verschiedensten LP-Titeln veröffentlicht (‚Sky High‘, ‚Woke Up This Morning‘, ‚For Real‘, ‚Jamming Live at the Scene Club, NYC, ’68‘, ‚Live At The Scene Club, N.Y.‘, ‚Tomorrow Never Knows‘, ‚Sunshine Of Your Love‘, ‚High Live & Dirty‘ ...). Übereinstimmend wurden jeweils folgende Songs gelistet:

Red House (10:57)
Woke Up This Morning And Found Myself Dead (8:05)
Bleeding Heart (12:29)
Morrison's Lament (3:30)
Tomorrow Never Knows (5:11)
Uranus Rock (3:11)

Outside Woman Blues (8:03)
Sunshine Of Your Love (2:16)

Neben Hendrix und Morrison stand wahrscheinlich die Haus-Band des Scene Club auf der Bühne (The McCoys Bassist **Randy Jo Hobbs** und Drummer **Randy Zehringer**, Bassist **Harvey Brooks** (Electric Flag, The Doors, Miles Davis) und Drummer **Buddy Miles**. Immer wieder wird auch Johnny Winter genannt – aber er war hier nicht dabei. Nach eigenen Angaben war er weder zu der Zeit in NYC, noch erinnert er sich daran, jemals mit Jim Morrison auf der Bühne gestanden zu haben: "Oh, I never even met Jim Morrison! There's a whole album of Jimi and Jim and I'm supposedly on the album but I don't think I am 'cause I never met Jim Morrison in my life! I'm sure I never, ever played with Jim Morrison at all!"
Wer war aber dann der zweite Gitarrist, der hier ja deutlich zu hören ist? **Rick Derringer** war es, damals ebenfalls Mitglied von The McCoys. Der außerdem zu hörende Harmonica-Spieler konnte bisher nicht identifiziert werden.

• Bei anderen Gelegenheiten jammten Jimi & Johnny aber schon mal: **Johnny Winter** und Hendrix haben sich 1968/69 anscheinend sogar öfter getroffen. "I met him at The Scene club that my manager Steve Paul had in 1968", erzählte Winter in einem Interview mit dem Magazin UniVibe. "Jimi was always at The Scene when he was in New York and we played many times together. He was just everywhere – he went out and jammed everywhere he was ..."
"Well, I also recorded ‚The Things We Used To Do' at the Record Plant with Jimi and I played with Dallas Taylor and Stephen Stills at The Scene but I don't think they were on the record though. I don't think they were at the studio but I'm not real sure – it's been a long time!"
Stephen Stills hat später bestätigt, bei dieser Session im Record Plant mit Hendrix, Winter und Taylor dabei gewesen zu sein – falls das stimmt, dann aber nur als Zuhörer. ‚The Things We Used To Do' erschien 1990 auf dem Album ‚Lifelines' und dann 2018 auf der CD ‚Both Sides Of The Sky'. "It was OK for an impromptu kind of jam", meinte Winter.

• Das schönste Gerücht: **John McLaughlin** (g), **Tony Williams** (dr), **Larry Young** (org) und Jazz-Trompeter-Superstar **Miles Davis** sollen angeblich im Frühjahr 1970 mit Jimi Hendrix gespielt haben ... Aufnahmen einer Session dieser Musiker von 1969 sind bekannt – allerdings ohne Miles Davis, der nie mit Hendrix gespielt hatte. Und was Jimi und John McLaughlin damals fiedelten, war allerdings wirklich nicht weltbewegend – das bestätigte auch McLaughlin selbst später in Interviews.

• Auf dem posthumen Album ‚Nine To The Universe‘ (1980) ist Hendrix in einer anderen Session mit John McLaughlin zu hören, der hier allerdings Probleme mit dem Gitarrentonabnehmer an seiner Acoustic hatte. Dieses Zusammentreffen fand am 25. März 1969 statt, und mit dabei waren noch der englische Bassist Dave Holland (wie McLaughlin damals Miles-Davis-Sideman) und Buddy Miles an den Drums.
Hendrix und Miles Davis kannten sich persönlich, denn Jimis New Yorker Freundin Devon Wilson war wiederum sehr eng mit Miles‘ Madame Betty Davis, einer Funk-Soul-Sängerin, befreundet. Mit Miles Davis‘ Musikern hatte Jimi, wie eben beschrieben, ebenfalls zu tun, und sein Interesse am Jazz war ja bereits auf seinem zweiten Album sehr deutlich zu hören in ‚Up From The Skies‘, ebenso in ‚Rainy Day Dream, Away‘ von ‚Electric Ladyland‘. Eigentlich ideale Voraussetzungen ...
Angeblich hatte Produzent Alan Douglas sogar versucht, Hendrix und Davis, gemeinsam mit Drummer Tony Williams und anderen ins Studio zu bekommen – letztendlich soll das aber an astronomischen Gagenforderungen von Davis und Williams gescheitert sein.

• **Mick Taylor & The Rolling Stones?** Ja, es gibt tatsächlich ein YouTube-Video, in dem Rolling-Stones-Gitarrist Mick Taylor und Hendrix jammen. Der Raum sieht nach einer Backstage-Garderobe aus, Hendrix spielt eine Gibson SG, die er einfach umgedreht hat – die hohe E-Saite liegt also oben. Vorher hatte er noch Keith Richards Dan-Armstrong-Plexiglas-Gitarre gecheckt. Was man in dem Video hört, hat allerdings nichts mit den Bildern zu tun ... Der Track stammt nämlich vom kurz zuvor verstorbenen Rolling-Stones-Gitarristen Brian Jones (sitar), Traffic-Bassist Dave Mason, Jimi und Mitch

Mitchell, aufgenommen in den Olympic Studios in London, am 05. Oktober 1967.

Im (anstrengenden) Originalton des Videos kann man ab Minute 5:55 ein Gespräch von Hendrix und Richards verfolgen. Angeblich fand dieses Zusammentreffen am 27. November 1969, Hendrix' 27. Geburtstag statt, im Madison Square Garden in New York. Es war Hendrix' letzter Geburtstag ...

● Hendrix-Biograf David Henderson (Scuse Me While I Kiss The Sky: The Life of Jimi Hendrix, Toronto/Ontario 1981. Erstveröffentlicht als: Jimi Hendrix: Voodoo Child Of The Aquarian Age, New York 1978) hat eine ganze Menge weiterer Musiker erwähnt, die angeblich mit Jimi gejammt haben. Das machte seine Bücher ja auch spannender als die, die es schon gab. Aufnahmen oder andere Belege der folgenden Jams sind allerdings bisher nicht aufgetaucht.

+ Jimi mit **Muddy Waters**, Cafe au GoGo
+ Jimi mit **B.B. King** & **Buddy Guy**, Generation Club 04.04.1969
+ Jimi mit **Janis Joplin** & **Carlos Santana**, Sommer 1969 in Woodstock
+ Jimi mit **Buddy Miles, Harvey Brooks** und **David Crosby.** Am 10.02.1968 sollen Hendrix, Mitch Mitchell und Noel Redding, nach einem Soundcheck im Shrine Auditorium, Los Angeles, mit diesen drei Kollegen gejammt haben.

● Laut Alan Douglas (in: Guitar Player, Sept. 1975) gab es mal eine Session von Hendrix mit **The Last Poets**, einer afroamerikanischen Gruppe von Musikern und Dichtern, die heute als HipHop-Pioniere gelten. Die Formation wurde am 19. Mai 1968 in Harlem, NY gegründet, und Alan Douglas war 1970 an ihrem Debüt-Album als Produzent beteiligt. Bekannt ist aber nur die Session zu **Lightnin' Rod: Doriella Du Fontaine** (rec. 1969, rel. 1993), an der **Buddy Miles** und **Alafia Pudim** von **The Last Poets** beteiligt waren. Von diesem sehr coolen Stück existiert eine knapp zehnminütige Vocal-Version sowie eine vierminütige Instrumental-Fassung, beide mit Hendrix an E-Gitarre und am Bass.

- **Steve Cropper: Titel unbekannt.** Angeblich existiert eine Single-Anpressung (Demo-Acetate), die gerüchteweise 1962 in Nashville aufgenommen wurde. Das wäre dann Jimi Hendrix' erste professionelle Studioaufnahme. Stimmt aber nicht: Hendrix traf Steve Cropper Ende 1964 in den Stax-Studios in Memphis, wo laut Cropper aber ganz sicher keine Single produziert wurde.

- **Arthur Lee: My Diary/Uteeh**, Los Angeles 1964. Jimi Hendrix' erste veröffentlichte Studioaufnahme? Nein, die Single erschien erst 1965 und zwar unter dem Namen der Sängerin Rosa Lee Brooks.

- **Johnny Hallyday: Johnny 67** (1967), unter anderem mit Brian Auger und Jimmie Johnson soll Jimi H. den französischen Rock'n'Roller unterstützt haben. Gerücht! Hendrix war Mitte Oktober 1966 bei vier Shows von Long Chris, The Blackbirds und Johnny Hallyday in Frankreich unterwegs. Beim ersten Konzert, am 13.10.1966 in Evreux, waren auch The Brian Auger Trinity mit dabei. Von der Tour existiert ein kurzes Backstage-Video.

- **Soft Machine: Triple Echo** (1977). Eine 3-LP-Box mit Raritäten, Outtakes, Radio Sessions etc., und mit Gästen wie Daevid Allen, Kevin Ayers, Allan Holdsworth und Autor William S. Burroughs ist dieses Set durchaus unterhaltsam. Die Aufnahmen mit Hendrix sollen auf der US-Tour 1968, die Soft Machine zusammen mit der Experience durchführte, entstanden sein. Sie gibt es aber nicht.

- **Martha Velez: Fiends And Angels.** (1970) Gerüchten zufolge sollen Hendrix und Mitch Mitchell an den Aufnahmen beteiligt gewesen sein. In den Liner-Notes werden sie nicht genannt. Hendrix hatte nur mal mit Marthas Bruder, dem Percussionisten Gerardo Jerry Velez in der Woodstock-Band zusammengearbeitet.

- **Brian Auger** im Blasis Club (Knight: Jimi, London 1974, S.) Jimi Hendrix spielte angeblich seinen ersten Londoner Gig, am Abend seiner Ankunft in UK, am 24.09.1966, mit der Band von Brian Auger. Hat jemand diese Aufnahmen schon mal gehört? Ich kenne nur Interviews mit Auger, in denen er von diesem Gig erzählt.

• **Jack Bruce** erzählte in einem Interview von 2013 von einer Jam-Session mit Hendrix, an der 1966 auch seine Cream-Kollegen **Eric Clapton** und **Ginger Baker** beteiligt waren. Das könnte am 01.10.1966, ca. eine Woche nach Hendrix' Ankunft in London gewesen sein, als Cream auf dem Campus des London Polytechnic spielten. Aufnahmen?

• Am 15. Juni 1968 spielten **Jeff Beck** und **Eric Clapton** während einer Jam-Session im Scene Club, New York mit Hendrix.

• Hendrix bei **Emerson, Lake & Palmer**? Greg Lake klärte auf: "The press got a hold of the story that we might jam with Jimi, and speculated that the group would be called H.E.L.P. But, alas, it was just a rumor."

• **Roland Kirk!** Am 09. März 1969 soll Jimi Hendrix tatsächlich im Londoner Ronnie Scott's Club mit Jazz-Saxophonist Roland Kirk gejammt haben. Anschließend soll Kirk ihn noch in seinem Apartment in der Brook Street besucht haben. Aufnahmen existieren nicht.

• **Larry Coryell,** Charles Lloyd, Tony Williams & Jimi im Scene Club, N.Y.? Am 06. August 1968 jammte Jimi Hendrix mit seinem Gitarristen-Kollegen **Larry Coryell** und ungenannten Mitmusikern von **Ten Years After** im Scene Club in New York City. Die Jazz-Stars Charles Lloyd (sax) & Tony Williams (dr) waren bei der Gelegenheit aber nicht dabei. Angeblich gab es aber noch eine weitere Session mit Larry Coryell, am 27./28. August 1968, vermutlich ebenfalls in NYC.

So ganz sicher ist auch das nicht. ★

16 FANS & FOLLOWER
MUSIKER ÜBER JIMI HENDRIX

ROBIN TROWER
Der erste Nachfolger

Geboren wurde Robin Trower am 9. März 1945 in Catford-Lewisham, England. Zusammen mit Sänger und Keyboarder Gary Brooker gründete er 1963 die Paramounts. Die Band produzierte fünf wenig erfolgreiche Singles und endete als Backing-Combo der Pop-Sängerin Sandy Shaw. Nach der Auflösung konzentrierte sich Trower auf den Blues, während Brooker im Frühjahr 1967 den Song ‚A Whiter Shade Of Pale', eine Bach-inspirierte Rock-Hymne, unter dem Namen "Procol Harum" veröffentlichte – ein Mega-Hit! Es dauerte jedoch noch fast ein Jahr, bis Procol Harum auch als tourfähige Band existierte – Trower war mit dabei, sein musikalischer Einfluss hielt sich jedoch in Grenzen. Auf den Alben ‚Shine On Brightly' (1968), ‚A Salty Dog' (1969), ‚Home' (1970) und ‚Broken Barricades' (1971) war er zu hören.

Er verließ Procol Harum 1971, gründete mit Frankie Miller, Jim Dewar und Clive Bunker "Jude" – ein Projekt, das aber bereits nach dem einem einzigen Gig im November 1971 sich im April 1972 wieder auflöste. Hier beginnt dann Trowers Solo-Karriere: Zusammen mit Sänger & Bassist Dewar und dem Drummer Reg Isidore (später ersetzt durch Bill Lordan) formierte er ein Trio und veröffentlichte zahlreiche Alben, die ihm bei Kritikern und Publikum schnell einen hervorragenden Ruf einbrachten.

Nach dem Debüt ‚Twice Removed From Yesterday' (1973) folgten echte Rock-Klassiker wie ‚Bridge Of Sighs' (1974), ‚Live' (1975), nicht zu vergessen ‚Long Misty Days' (1976). In den 80er-Jahren arbeitete er auch mit dem ehemaligen Cream-Bassisten Jack Bruce zusammen, damals entstand das Album ‚B.L.T.‘ (Bruce, Lordan, Trower, 1981). In den 90ern arbeitete Trower mit Roxy-Music-Frontman Bryan Ferry, mit dem er die Alben ‚Taxi‘ (1993) und ‚Mamouna‘ (1994) produzierte. Und 1991 gab es auch noch mal ein kurzes Intermezzo mit den wiedervereinigten Procol Harum. 2008 erschien mit ‚Seven Moons‘ eine weitere gemeinsame Produktion mit Jack Bruce, ergänzt durch den Nachfolger ‚Seven Moons – Live‘ (2009). Zuletzt erschien 2017 ‚Time And Emotion‘, und dann folgte 2019 mit ‚COMING CLOSER TO THE DAY‘ ein weiteres Meisterwerk, genau wie ‚No More Worlds to Conquer‘ von 2022 – bis heute hat Robin Trower knapp 40 Solo-Alben veröffentlicht.

Gitarrist und Gelegenheits-Backing-Sänger Trower bevorzugt immer noch die Triobesetzung und er hatte dabei auch stets gute Vokalisten/Bassisten am Start: Nach James Dewar und Jack Bruce macht sein heutiger Live-Mitspieler Richard Watts eine absolut gute Figur, ebenso Drummer Chris Taggart. Für dieses neue Album ‚Coming Closer To The Day‘ spielte Trower aber alle Gitarren und Bässe selbst ein – und hat auch komplett selbst gesungen … beachtlich! Bei der Stimme fragt man sich, warum er das früher immer anderen überlassen hat. Und überhaupt reicht Trowers neues Album trotz seines etwas bedrückenden, sich auf unsere Endlichkeit beziehenden Titels, an seine Großleistungen ran. Klar, ‚Bridge Of Sighs‘ (1974), ‚Live‘ (1975), ‚B.L.T.‘ (1981) und die vielen wunderbaren Live-Mitschnitte haben die Messlatte hoch gelegt, aber ‚Coming Closer To The Day‘ hält für mich da mit. Das hat mit der unglaublichen Blues-Intensität dieses Albums zu tun, dann aber auch mit dem beeindruckenden Aufnahme-Sound: Klar, puristisch, nah, bewegend … – besser geht's nicht, wenn man sich wie ein Besucher in einem perfekt beschallten Proberaum fühlt. Und wenn man sogar diese phantastischen Strat-Sound regelrecht fühlen kann. Das Album wurde im Studio 91 in Newbury aufgenommen, der Meister-Engineer heißt Sam Winfield, das Mastering besorgte Livingstone Brown … Hier erlebt man einen wirklich einzigartigen, klassischen E-Gitarristen!

Robin Trower legte immer viel Wert auf kompetentes Personal, war aber stets mehr als behutsam, was die Anpassung an marktkompatible Trends anging. Authentizität war wichtiger. Er blieb immer der weiße Europäer von der britischen Insel, spielte Blues & Rock, und hat nie geleugnet, dass er ein großer Hendrix-Fan ist. Umgesetzt hat er diese Vorliebe nicht anhand von Show-Elementen, sondern in verschiedenen Trio-Besetzungen (!); und – man glaubt es kaum – er benutzte auch gerne mal ein WahWah-Pedal (!!) zwischen seiner Strat (!!!) und den Marshall-Amps (!!!!). Ganz klar: Dieser Gitarrist war in den 70er-Jahren, nach Meinung der 1+1+1+1 zusammenzählenden Musik-Presse, natürlich "der neue, weiße Jimi Hendrix".

Da die ganz großen Hits ausblieben, Trower als Nur-Gitarrist auch schwieriger zu vermarkten war als irgendein nur halb so gut Gitarre spielender Sänger, verbrachte er die folgenden Jahre mehr oder weniger abgestempelt in der zweiten Reihe – das übrigens immer ohne Stirnband und rituelle Strat-Verbrennungen. Aber wenn man Trowers genial-gefühlvolles Gitarrenspiel einmal gehört hat, weiß man, dass eine solche Geschichte viel mit Ignoranz einerseits und beachtlichem Understatement andererseits zu tun haben muss.

Irgendwann war Trower aus diesem aufgestülpten Hendrix-Schema rausgewachsen – beziehungsweise er wurde abgelöst: Denn nachdem David Bowie beim Montreux Jazz Festival 1982 einen ganz großartigen Blues-Rock-Gitarristen entdeckt hatte und ihn mit ins Studio und auch kurz mit auf Tour nahm, war der texanische Strat-Spieler Stevie Ray Vaughan für viele der neue Jimi. Und spätestens mit den Alben ‚1999' (1982) und dem Nachfolger ‚Purple Rain'' (1984) wurde dann Prince als "neuer Hendrix" gelabelt. Bei ihm stimmten zumindest Haut- und Haarfarbe. Und eigentlich sind beziehungsweise waren alle genannten Gitarristen sehr individuelle Instrumentalisten, die eigentlich nur ihre Ausdruckskraft mit Hendrix gemeinsam haben. Unterscheiden kann man sie vom ersten Ton an.

Robin Trower war und ist auch mit weit über 70 Jahren ein phantastischer Gitarrist, und ein Solist, der weiß, wie man mit Dynamik, Dramatik und Ausdruck umgeht, wenn man ein Publikum mit Tönen begeistern will. Allerdings wird auch sehr schnell klar, dass es Trower nicht (nur) darauf anlegt, denn auf spektakuläre Show-

Effekte fürs gemeine Volk oder Hispeedtappingskalenhebeln für die Kollegen (die mit den Augen hören) verzichtet er fast vollkommen. Trower ist einer von drei Musikern auf der Bühne und spielt eine ganz normale, bluesige Rock-Gitarre – nur mit dem Unterschied, dass er das wirklich drauf hat, dass er bei jedem Ton weiß, was er spielt – nicht weil er "plant", sondern weil er sein Instrument ziemlich genau kennt. Und er steht auf gut gemachte Songs – und er beherrscht das Handwerk: Auch bei längeren Stücken geht nie der Spannungsbogen verloren. Kein Solo ist zu lang, kein Intro zu abgefahren – alles ist so dosiert, dass ein ganzes Stück Musik im Kopf des Hörers hängenbleibt, und nicht etwa nur ein paar Gimmicks.

Hier ein paar Statements von Robin Trower zu Jimi Hendrix, aus einem längeren Interview, das ich Ende 1995, vor einem Gig im House Of Blues, in Hollywood, Los Angeles führte. Damals kamen uns die 25 Jahre ohne Hendrix schon als eine lange Zeit vor ... Auf dieser Tour präsentierte Trower sein kurz vorher erschienenes Album ‚20th Century Blues'.

Robin, erinnerst du dich, wann du den ersten verzerrten Gitarren-Sound gehört hast?
Mmh, der erste verzerrte Sound. Ich glaube, das war bei B.B. King... (überlegt) Ja, das stimmt. Ein Freund spielte mir eine seiner Platten vor, ein amerikanisches Import-Album, das nicht offiziell in England erschienen war. Darauf war die Original-Version von ‚Three O'Clock Blues', ich glaube, sie erschien auf dem Kent-Label, ungefähr 1949. Jedenfalls war es eine der allerersten Aufnahmen von B.B. King. Ich denke, das war das erste Mal, wo ich etwas Übersteuerung im Gitarrenton hörte. Und dann gab es da noch einen Typen, der für mich immer ein ganz phantastischer Gitarrist war. Er spielte ungefähr 1964/65 mit Ronnie Hawkins & The Hawks. Sein Name ist Fred Carter. Er war einfach ein unglaublicher Musiker, ein toller Gitarrist. (Carter spielte unter anderem auf den Ronnie-Hawkins-Alben ‚Rrrracket Time' von 1965 und ‚Rock & Roll Resurrection' von 1972)

In dieser Zeit spielten doch auch Robbie Robertson und einige weitere Musiker von The Band bei Hawkins?

Stimmt. Und einige von ihnen waren auch schon in der Besetzung mit Fred Carter dabei. Vor ein paar Jahren stellte Levon Helm von The Band dann eine eigene Formation zusammen – und da war Fred Carter wieder am Start. Soweit ich mich erinnern kann, wurde Carter, nachdem er bei den Hawks ausstieg, einer der wichtigen Nashville-Session-Gitarristen. Aber ihn kennen wirklich nicht sehr viele Leute. Ja, und der andere Musiker, der mich in dieser Zeit sehr beeinflusst hat – wir bewegen uns ja noch vor Jimi Hendrix – war der Sänger & Gitarrist Bobby Parker. Seine Single ‚Watch Your Step/Steel Your Heart Away' (von 1961) ist großartig, und auf der B-Side sind eben eine Art von Gitarrenspiel und ein Sound zu hören, an die bis dahin noch kein anderer Musiker rankam. Wer immer das auch gespielt hat: Das ist einfach nur absolut großartig, soulful, bluesy! ... Es gab also schon einige Vorbilder in dieser Zeit, die mich sehr inspiriert haben. Und als Hendrix dann auftauchte, war er für mich ein Vertreter dieser bestimmten Art Gitarre zu spielen, jemand mit einem ähnlichen Bewusstsein.

Hendrix' Background als R&B- und Soul-Gitarrist, Mitte der 60er-Jahre in den USA, wird ja oft vergessen ...

Genau das ist es! Wo wir jetzt beim Thema sind, fällt mir noch was ein: Vor ein paar Jahren kam eine Hendrix-Spezialausgabe des Magazins "Guitar Player" heraus. Ich glaube, da war auch ein Interview mit Mike Bloomfield drin, in dem er erzählte, wie er mit Hendrix sprach, damals im New Yorker Village, also bevor Jimi nach England kam. Da soll Hendrix erzählt haben, dass es nur einen anderen Typen gab, der auch in der Art gespielt hat, wie Hendrix selbst – und er meinte eben den Gitarristen von Bobby Parker. Jedenfalls hatte Hendrix auch etwas von diesem Musiker mitbekommen, wer immer es auch war ...

Anmerkung: Der unbekannte Gitarrist war Bobby Parker selbst. Er spielte bereits in den 1950ern als Gitarrist unter anderem bei Otis Williams & The Charms, Bo Diddley, Sam Cooke und den Everly Brothers. 1961 zog er nach Washington, D.C., wo mit der Single ‚Watch Your Step/Steal Your Heart Away' seine Solokarriere begann. Dass weder Hendrix, Trower noch der Interviewer das damals wissen konnten, lag an der medialen Situation der Zeit, in der das World Wide Web, Youtube und Google in der heutigen Form nicht existierten, und so viele Fragen kaum zu beantworten waren.

Von diesem Einfluss von Bobby Parker auf Hendrix und dich wusste ich bisher noch nichts ...
Na ja, aber vergiss eins nicht: Hendrix war ein Genie! Und er hat mich natürlich dann auch extrem beeinflusst.

Wann hast du Hendrix zum ersten Mal gehört?
Das war 1966 ...

... direkt als er nach England kam?
Als seine erste Single rauskam (,Hey Joe/Stone Free', erschien am 16.12.1966); dann hörte ich natürlich auch sein Album, ,Are You Experienced?' (erschienen im Mai 1967). Diese Platte ist bis heute mein Favorit geblieben.

Mir gefällt ja ,Axis: Bold As Love' besser.
(grinst) Das ist mein zweites Lieblings-Album. Klar, es ist sehr viel besser produziert, der gesamte Sound ist einfach stimmiger.

Diesen Achtspur-Sound kriegen viele Rock-Bands heute noch nicht mal mit 48 Spuren und Digitaltechnik annähernd hin.
Das stimmt. (lacht) Und es gibt viele alte Aufnahmen, die sehr gut klingen!

Dann das Konzert am Abend nach diesem Interview: Zwanzig Minuten nach Mitternacht (und einer vorangegangenen, nervenstrapazierenden und nur knapp überlebten Poser-Show von Kiss-Gitarrist Ace Frehley), standen Trower, sein neuer Drummer Trevor Murrell und der singende Bassist Livingstone Brown auf der Bühne – und legten los mit einem Programm aus klassischem und aktuellem Material. Zwischendurch wurde immer mal wieder die Strat gewechselt, ansonsten gab es Rock'n'Blues pur. Vielleicht lag es an Trowers, für Classic-Rock-Verhältnisse ungewohnt jungen, dunkelhäutigen Mitmusikern, die verdächtig modern groovten, nicht zuletzt auch an der überzeugenden Stimme von Bassist Livingstone Brown, dass sich sehr schnell ein Gefühl von zeitloser Musik einstellte. Zu keiner Sekunde hatte man den Eindruck, dass hier ein alter Rock-Dino mal wieder ein Ei ausbrütet, das er vor Jahrzehnten gelegt hat.

Robin Trower und Livingstone Brown, der heute überwiegend als Produzent arbeitet (er hat unter anderem mit Phil Manzanera, Nina Hagen, Meredith Brooks, Kylie Minogue, Jan Akkerman und Corinne Bailey Rae zusammengearbeitet) haben übrigens 2018, gemeinsam mit Sänger Maxi Priest das Album ‚United State Of Mind‘ aufgenommen: groovige Pop-Songs mit viel Gitarre. Und dass Trower auch Pop kann, bewies er ja schon in seiner langen Zusammenarbeit als Gitarrist und Produzent von Bryan Ferry. Und wenn man recherchiert, wie oft seine Kompositionen bereits von anderen Musikern aufgenommen wurden, zuletzt zum Beispiel von Steve Lukather auf seinem Solo-Album ‚I Found the Sun Again‘ (2021), dann merkt man, dass Robin Trower ein viel komplexerer und auch kompletterer Musiker ist, als oft wahrgenommen wurde. Vielleicht ist diese Parallele zu Hendrix auch die wichtigere.

Robin Trowers Songs sind bis heute nicht anachronistischer als der Rest der Rock- und Blues-Musikwelt, dabei aber auch noch rau, explosiv und verdammt gut gespielt. Lebendig eben – das können nun wiederum nicht alle Kollegen von sich behaupten. Und manchmal hatte man 1995 im House Of Blues einfach den Eindruck, dass diese Band Living Colour heißen würde, wäre der Bandleader 20 Jahre jünger. Denn die Roots sind die selben: Blues, Black Music, Rock ... Und nach ein paar langen Zugaben war dann irgendwann zwischen zwei und drei Uhr nachts Feierabend. Ein beeindruckendes Konzert.

Robin Trower gehört heute zu den Musikern und Gitarristen der 70er-Jahre, die überlebt haben – und zu den ganz wenigen, die immer noch so faszinierend klingen wie in ihren Anfängen. Trowers Songs sind zeitlos gut, seine Gigs immer noch ein Erlebnis. ∎

CARLOS SANTANA
Vibes & Spirit

Santana hat der Rockmusik zu Melodien & Grooves verholfen, lange bevor man so etwas "Ethno-Rock" nannte. Und er hat einen eigenen Stil gefunden, einen Sound mit extremem Wiedererkennungswert, den man eben nur bei ganz großen Musikern findet: Miles Davis, Jimi Hendrix, John Coltrane, Allan Holdsworth, Chet Baker, Eddie Van Halen, John Scofield, Jeff Beck, B.B. King, Pat Metheny ... – und es müssen wirklich nicht die vielen, sondern die ganz speziellen Töne sein, das belegen wohl alle genannten Namen.

So unterschiedlich die beiden Gitarristen Carlos Santana und Jimi Hendrix auch klingen – sie haben tatsächlich einiges gemeinsam: Vor allem den Blick über den Horizont der End-60er Rock-Szene. Blues, Latin Music, zeitgenössischer Jazz, freie Improvisation und moderne Produktionsweisen waren beiden immer wichtig. Crossover by nature. Sie trafen sich beim Woodstock-Festival, Hendrix als internationaler Star, der fünf Jahre jüngere Santana sollte erst ein paar Tage nach Woodstock das Debüt seiner Band veröffentlichen.

Dreizehn Monate später war Hendrix gegangen und die 70er-Jahre waren die Dekade, in der der neue Gitarristen-Star Carlos Santana seine besten Aufnahmen machte:
‚Abraxas' (1970), ‚Caravanserai' (1972), ‚Welcome' (1973), ‚Borboletta' (1974) und das Live-Meisterwerk ‚Lotus' (1974) – nicht zu vergessen seine Kooperationen mit John McLaughlin (‚Love Devotion Surrender', 1973) und Alice Coltrane (‚Illuminations', 1974) und Ex-Band-Of-Gypsys-Drummer Buddy Miles (‚Carlos Santana & Buddy Miles! Live!', 1972).

Hier Auszüge aus Interviews mit Carlos Santana von 1992 und 1997:

Carlos, der Blues ist und bleibt ein wichtiger Einfluss in deiner Musik?
Right! Der Blues ist das Fundament aller Musik, weil Blues sich in erster Linie mit Gefühlen befasst, nicht mit dem Intellekt. John Lee

Hooker hat es so ausgedrückt: "Der Blues wurde geboren, als Gott Adam und Eva befahl das Paradies zu verlassen." Und das ist einfach, darüber muss man überhaupt nicht weiter diskutieren. Wie sollte man das auch besser ausdrücken?

Welche Blues-Musiker der heutigen Zeit hörst du dir gerne an? Ich war natürlich ein großer Fan von Stevie Ray Vaughan – wer nicht? Heute höre ich hauptsächlich Otis Rush und Buddy Guy. Aber eigentlich höre ich mir gar nicht mehr so viele Blues-Sachen an. Gary Moore ist ohne Zweifel ein sehr wichtiger Musiker dieses Bereichs: Er liebt Peter Green, er liebt überhaupt die richtigen Leute, wie zum Beispiel Albert King. Nach Stevie Ray Vaughans Tod ist meiner Meinung nach Gary Moore der wichtigste Vorkämpfer, wenn es darum geht, den Blues weiterzuentwickeln. Natürlich darf auch jemand wie John Mayall nicht vergessen werden. Jimi Hendrix ist natürlich auch in diesem Bereich einer der bedeutendsten Musiker, aber er hat uns ja ebenfalls schon verlassen, wenn er auch immer noch sehr gegenwärtig ist. Aber von den lebenden Blues-Leuten ist Gary Moore meiner Meinung nach der wichtigste.

Auf deinem 1990er Album ‚Spirits Dancing In The Flesh‘ sind als Gastmusiker Bobby Womack und Vernon Reid zu hören, du hast Kompositionen von Curtis Mayfield und den Isley Brothers aufgenommen, ein eigenes Stück mit Themen von Coltrane und Hendrix zu einer Art Suite verbunden. Wenn eines deiner Stücke dann noch den Titel ‚Soweto (Africa Libre)‘ trägt, könnte man fast vermuten, es handele sich um eine Art von Verbeugung vor der afrikanischen beziehungsweise afroamerikanischen Kultur? Nein, für mich ist das anders: Ich spiele zwar schwarze Musik so lange ich zurückdenken kann, aber es ist mir eigentlich egal, was schwarz und was weiß ist. Ich achte darauf, ob es Musik ist, die aus dem Herzen kommt. Es gibt ja auch genug schwarze Menschen, die keine Seele haben, die absolut kalt sind. Schwarze Menschen haben nicht das Monopol auf gute Musik oder auf die Fähigkeit, gut zu tanzen. Musik, die aus dem Herzen kommt, gehört jedem.

Gestern Abend habt ihr unter anderem ‚If 60's Was 90's‘ von Beautiful People gespielt, eine Nummer, die ursprünglich aus

Hendrix-Samples zusammengebastelt wurde. Das war eine nette Überraschung, denn dieses Projekt von 1992 ist ja leider nicht sehr bekannt geworden.

Oh ja, sie gehören auch zu meinen Lieblingsmusikern. Das ist eine sehr gefühlvolle Musik, die die heutige Generation an die Musik von Jimi Hendrix heranführen kann. Yeah! Ich war in Hongkong bei Tower Records und hörte den Song und ich dachte sofort: Das ist Jimi Hendrix. Aber der Groove darunter war anders... Freut mich, dass du den Song auch magst. Mich hat diese Nummer richtig berührt. ■

MICHAEL LANDAU
Gitarren-Fan

Ein Pop-Star ist Michael Landau mit Sicherheit nicht. Andererseits bekommt jeder Gitarrist ein Glänzen in den Augen, wenn der Name dieses Musikers fällt. Denn Landaus Instrumentalbeiträge haben unzählige Plattenveröffentlichungen mitgeprägt; sein Name auf der Sidemen-Liste des CD-Booklets ist schon fast ein Kaufargument, wenn man Wert auf eigenständige wie handwerklich beeindruckende Gitarren-Arbeit legt. Geboren am 1. Juni 1958 in Van Nuys, California, hatte Michael Landau noch das Vergnügen, die angeblich so goldene Blütezeit der Rockmusik, von 1967 bis '70, bewusst mitzuerleben.

Als er seine Anfänger-Gitarre, eine akustische Nylon-String, geschenkt bekam, verkaufte Jimi H. gerade seine ersten Platten in England. Und als Michael dann bereits kurze Zeit später seine persönliche Unplugged-Phase hinter sich gelassen hatte und zu einer Strat-ähnlichen Harmony-E-Gitarre wechselte, hatte er Hendrix' Musik bereits gehört und war infiziert. Daneben interessierten ihn bereits relativ früh Musiker wie Jeff Beck, Joe Walsh, andererseits aber auch die flüssigen Linien einiger Jazz-Saxophonisten.

Mit zwölf Jahren lernte Michael dann Steve Lukather und Steve Porcaro kennen, mit denen er seit dieser Zeit befreundet ist. Während ihrer gemeinsamen High-School-Zeit spielten sie auch zusammen in einer Band.

Nachdem er sich selbst einige theoretische Kenntnisse angeeignet hatte, kam Landau auf Empfehlung von Steve Lukather auch an seine ersten größeren Studio-Jobs. Luke, der bereits vor ihm in dieser Szene hyperaktiv war, begann sich in dieser Zeit vorrangig auf Toto zu konzentrieren. In Spitzenzeiten spielte Landau dann bis zu 15 Sessions pro Woche, heute ist er in der Auswahl solcher Jobs nach eigenen Angaben etwas kritischer geworden.

Neben seinen immensen Studio-Aktivitäten verfolgte Landau seit den 90ern auch eigene Projekte wie die Bands Burning Water, The Raging Honkies, The Michael Landau Group und zuletzt das Liquid Quartet.

The Raging Honkies behaupteten 2008 auf dem Cover ihres Debüt-Albums ‚We Are The Best Band' – was sie aber live durchaus auch unter Beweis stellten. Die Honkies spielten bluesigen Grunge-Rock und eigenwillige Songs mit Ecken und Kanten. Und eigentlich mit dem Hendrix-Trio-Konzept: Der Bass ist die Achse, Gitarre und Gesang bestimmen die Struktur und der Drummer hat oft die größte Freiheit von allen Beteiligten, denn er füllt den Raum mit Rhythmus und Sounds. Hinter dem selbst verliehenen Gütesiegel "The Best Band" verbargen sich neben Gitarrist Michael Landau sein Bruder Teddy Landau am Bass und der Drummer Abe Laboriel Jr. In musikalischer Hinsicht bewegt sich dieses Power-Trio der besonderen Art zwischen Hendrix- und SRV-Gitarren, transparenten Balladen, knallenden Riffs, beeindruckenden Soli und unterschwelligem, grungy Blues-Feeling, das keine herkömmliche Form braucht, um Ausstrahlung zu zeigen.

Michael, was bedeutet "Grunge" für dich?
(Michael lacht) Grunge? Das steht meiner Meinung nach für einen noch dreckigeren, verrückteren Sound. Ich mag Nirvana, aber sie würden mir auch gefallen, wenn sie nicht aus Seattle kämen. (grinst) Aber Jimi Hendrix kam schließlich aus Seattle, also mag ich auch den Seattle-Sound. Soundgarden finde ich gut, Alice in Chains – mir

gefallen eine Menge Bands aus dieser Ecke. (lacht) Diese Kinder! Einige von ihnen sind gute Songwriter.

War Hendrix in seinen Live-Shows nicht vielleicht auch extrem grungy?
Wenn du ungestimmte Gitarren so bezeichnest, stimmt das. Viele gute Aufnahmen von ihm sind eben im Studio entstanden – live war das schon manchmal eine etwas andere Sache.

Andererseits konnte man dreckige Gitarren auch schon viel früher hören: Interessiert dich der traditionelle Blues...?
Klar, Son House und solche Leute. Lightnin' Hopkins mag ich zum Beispiel sehr. Nasty, nasty stuff!

Jetzt haben wir zwei für dich wichtige Einflüsse, "Hendrix" und "Blues", benannt. Welche Schallplatten waren für dich als Gitarrist von Einfluss?
Ein reines Blues-Album könnte ich dir jetzt nicht nennen, einmal abgesehen von einigen 40er/50er-Jahre-Aufnahmen von Lightnin' Hopkins. Als ich zehn oder elf Jahre alt war, und mit der Gitarre anfing, war Hendrix einfach der Größte überhaupt, und seitdem höre ich seine Musik. Aber damals waren auch die Beatles sehr wichtig für mich. Und die Musik, mit der man aufwächst, begleitet einen eben ein Leben lang.
Auf ‚Axis: Bold As Love', seinem zweiten Album, findet man alles, was Hendrix ausmacht. Wenn ich mir aber einen Song aussuchen müsste, dann wäre es ‚Have You Ever Been (To Electric Ladyland)', weil das einfach eine der beeindruckendsten Aufnahmen aller Zeiten ist. Ich muss aber auch noch ‚Castles Made Of Sand' und ‚Machine Gun' nennen, die ich beide unglaublich gut finde.
Chris Whitley hat übrigens mal eine Version von ‚Drifting' gemacht, die wunderschön ist. Er spielt den Song ganz anders als Hendrix und auf einer Dobro-Gitarre, hat aber genauso viel Soul …

In einem jüngeren Interview mit dem Journalisten Marian Menge, vor einem Konzert mit seinem Liquid Quartet, 2019 in Köln, ging Michael Landau noch etwas mehr auf sein Vorbild ein.

Erinnerst du dich noch daran, als du zum ersten Mal Musik von Jimi Hendrix gehört hast?
Oh ja. Ich muss so acht oder neun Jahre alt gewesen sein und ich hatte eine Scheiß-Angst. (lacht) Ich hörte ‚Purple Haze' im Radio und bekam einen riesigen Schreck. Später mochte ich den Song sehr, aber zunächst habe ich mich einfach nur gefürchtet.
Ich spielte ja damals noch nicht selbst, aber bei uns zu Hause lief viel Musik. Meine Mutter spielte Klavier, mein Großvater Alt-Saxofon. Zur Gitarre fand ich erst mit elf Jahren, also ca. 1969. Ich kam also schon sehr früh intensiv mit Musik in Kontakt und kannte mich ein bisschen aus.

Welche Aspekte von Hendrix' Spiel haben dich konkret beeinflusst?
Oh, da gibt es vieles! Abgesehen von der Intensität dieser Songs, besonders auf seinen Alben, hat seine Musik immer auch etwas Schönes. Auch den rauen, härteren Songs wohnt eine gewisse Anmut inne. Und diese Kombination ist das, was mich immer fasziniert hat, dieses Yin & Yang, wie bei ‚May This Be Love' oder ‚Third Stone From The Sun' zum Beispiel. Sein Debüt-Album ‚Are You Experienced' ist in dieser Hinsicht vergleichbar mit Platten von Miles Davis.

Magst du eher die Live- oder die Studioaufnahmen?
Definitiv die Aufnahmen, die Hendrix im Studio gemacht hat. Damals war es schwierig, live zu spielen, weil es keine anständigen PA-Systeme gab. Für mich sind das also zwei völlig verschiedene Welten. Klar, war er live auch gut, aber all die Innovationen wie Tape-Phasing, Rückwärts-Gitarren oder den Einsatz des Stereo-Pannings konnte er nur im Studio entwickeln und umsetzen. Vor allem ‚Electric Ladyland' ist in dieser Hinsicht ein Meilenstein.

Neben deinen Aktivitäten als Solo-Musiker hast du bekanntlich hauptberuflich als Studio-Gitarrist gearbeitet. Denkst du, Hendrix hätte auch solche Jobs machen können?

Auf jeden Fall! Er war in vielen verschiedenen Stilen zu Hause und hätte sich überall zurecht gefunden. Er konnte ja sogar Jazz spielen. Da muss man sich nur einmal dieses Bootleg von der Jam-Session mit ihm und John McLaughlin anhören ... Er war ein großer Fan von vielen unterschiedlichen Musikrichtungen. Und ich bin mir sicher, er hätte solchen Studioaufnahmen einen interessanten Dreh gegeben.

Gab es mal eine Phase, in der du Hendrix-Soli transkribiert und dann nachgespielt hast?

Das habe ich nie gemacht! Ich kenne viele Leute, die sich seine Musik Note für Note draufgeschafft haben, aber das war nie mein Ding. Die einzige Ausnahme ist der Anfang von ,Castles Made Of Sand', da musste ich unbedingt wissen, wie das geht. Aber ansonsten wollte ich immer eher hinter das Geheimnis seines Spirits und der Schönheit seiner Musik kommen, anstatt ihn exakt zu kopieren. Das ist sowieso schwieriger als bei den meisten anderen. Keine Ahnung, wie er diesen Stil entwickelt hat. Vielleicht war er ein Alien, wer weiß? (lacht)

Glaubst du, dass es heute noch mal jemanden geben könnte, der die Musikwelt dermaßen verändern könnte, wie damals Hendrix?

Gute Frage. Ich meine, es gibt Gitarristen, die mich im selben Maße beeinflusst haben, wie er. Als ich zum Beispiel zum ersten Mal Derek Trucks hörte, dachte ich auch: "Wow, das ist etwas sehr Besonderes!".

Alle meine Lieblingsmusiker haben Regeln gebrochen, und das versuche ich auch. Jimi Hendrix ist da natürlich ein großes Vorbild. Als er auf der Bildfläche erschien, hat er die Welt auf den Kopf gestellt. Denn Hendrix war alles: Er war ein Songwriter, ein großer Charakter, ein Rock-Star, ein phantastischer Musiker und ein Pionier in Sachen Recording. Ich denke also, es wäre schwierig, heutzutage in ähnlicher Weise an den Grundfesten der Musik zu rütteln, so wie er es 1966/67 konnte. ∎

NGUYÊN LÊ
Jimi New Jazz

Einen etwas größeren Abstand zum Objekt seiner Verehrung hat der in Frankreich lebende Gitarrist Nguyên Lê (*1959), dessen Vorfahren aus Vietnam stammen. Er hat sich an die Musik einer Gitarren-Ikone herangewagt: ‚Purple – Celebrating Jimi Hendrix' heißt das 2002 erschienene Album, eingespielt mit Bassist Michel Alibo und Sängerin/Drummerin Terri Lyne Carrington, als Gast ist unter anderem Meshell Ndegeocello (b) zu hören. Was Nguyên Lês Interpretation auszeichnet, ist einmal der große Respekt vor den Kompositionen – deren Reiz hat er erkannt und macht noch mehr daraus: Song-Lyrics in einer exotisch klingenden Sprache, swingende Improvisationen, Arrangement-Deutungen von Hendrix-Gitarren-Voicings – großartig. Dabei hält er sich gitarristisch insofern zurück, als dass Lê keinesfalls versucht "wie Hendrix" zu klingen. Er spielt die Kompositionen so aus, wie er es wahrscheinlich auch mit Jazz-Standards oder folkloristischen Themen tun würde. Neben den bekannten Hits wie ‚Manic Depression', ‚Purple Haze' oder ‚Voodoo Child' hat er mit ‚South Saturn Delta' aber auch eine regulär erst 1997 veröffentlichte Nummer im Repertoire, die Hendrix 1968 mit einem vierköpfigen Bläsersatz eingespielt hatte, ein Instrumental mit klaren Jazz-Rock-Fusion-Tendenzen. Nguyên Lê beweist hier intensive Beschäftigung mit der Materie, geniale Umsetzung in packende Arrangements & eine enorme Kreativität in der Interpretation. Mit diesem Album wird man Lês Potenzial endgültig verstehen – viel klarer als mit seinen Ethno-Jazz-Projekten. Hier wir wirklich interpretiert und nicht bloß nachgespielt, so wie es Hendrix zum Beispiel live auch selbst mit seinen Studio-Tracks getan hat – beziehungsweise im Studio mit seinen live erprobten neuen Nummern. Extrem kreativ!

Seinen ersten Auftritt in Deutschland hatte Gitarrist Nguyên Lê 1993 auf dem "Jazz Fest Berlin", wo er als Gastsolist bei Vince Mendoza Projekt ‚Sketches' zusammen mit der WDR Big Band auftrat. Danach überschlugen sich die Kritiker, die obligatorische "Entdeckung des Festivals" war getätigt. Dabei hatte Lê, der zuerst Schlagzeug spielte, bevor er sich mit der E-Gitarre und dem Bass befasste, seine musikalische beziehungsweise gitarristische Karriere eher als Rocker gestartet: "Die erste Gitarren-Platte, die ich mir angehört habe, war ‚Machine Head' von Deep Purple, ‚Smoke On The Water' und diese Sachen", erzählte Lê grinsend. "Diese Songs haben mich damals regelrecht schockiert, bis dahin war ich eigentlich nicht so sehr an der Musik interessiert. Dazu kamen noch verschiedene Art-Rock- und Progressive-Rock-Bands wie King Crimson und Yes. Danach kam dann der Fusion, mit Mahavishnu, Chick Corea, später folgte der Jazz, mit Wes Montgomery, Bebop und so weiter. Heute bin ich wieder näher an meinen Wurzeln, an meiner Leidenschaft für die E-Gitarre in allen Variationen."

Das 1995 erschienene Album des Nguyên Lê Trios, ‚Million Waves', eingespielt mit Bassist Dieter Ilg und Drummer Danny Gottlieb, zeigte die vielfältigen Einflüsse dieses Musikers. Neben der alten James-Brown-Nummer ‚I Feel Good', tauchten da auch noch ‚Little Wing' und ein eigener Titel namens ‚Butterflies & Zebras' auf – der ebenfalls auf Jimi Hendrix verweist. Nguyên Lê ",Butterflies & Zebras' ist so eine Art von Intro zu ‚Little Wing'; musikalisch gehen beide Titel eigentlich incinander über. Zu Hendrix' Musik kam ich eigentlich erst sehr spät, das war erst Anfang der 90er. Seitdem habe ich allerdings eine sehr intensive Beziehung zu seinem Werk. Damals bekam ich eine Einladung zu einem Festival, wo Jazz-Musiker ihre Interpretationen von Hendrix' Musik präsentieren sollten; zu der Zeit spielte ich in einem Quartett mit französischen Musikern – dazu gehörte auch ein Sänger. Wir konzentrierten uns sehr auf die Songs als solche, auf die Melodien, wir wollten uns also weniger als tolle Arrangeure profilieren, wo man dann am Schluss oft das bearbeitete Original nicht mehr heraushören kann. Es ging uns einfach um eine Interpretation, bei der dann zwangsläufig natürlich auch die Persönlichkeit der beteiligten Musiker zum Tragen kommt. Eigentlich war es die gleiche Herangehensweise an Hendrix, wie wenn ich einen Jazz-Standard spiele: Man hat Respekt vor der Komposition und versucht trotzdem etwas Eigenes hereinzubringen." So hat Miles Davis die Sache 40 Jahre lang betrieben, von ‚All The Things You Are' bis zu Cindy Laupers ‚Time After Time'. Nguyên Lê:

"Klar, man befasst sich als Interpret eben immer mehr oder weniger mit der Kultur der Gegenwart."

Sein Ansatz als kultur- und stilübergreifend agierender Künstler geht da aber noch ein paar Schritte weiter. Versteht sich Nguyên Lê noch als reiner Jazz-Musiker? Er grinst: "Was die geschäftliche Seite angeht, bewege ich mich nun mal auf diesem Markt; und daher werde ich wohl so etwas wie ein Jazz-Musiker sein." Auf den Einwand, dass seine Version von James Browns ‚I Feel Good' doch sogar auch noch Humor aufweise, meint Nguyên Lê lachend: "Ich verstehe was du meinst; aber wie bereits gesagt, bediene ich mich eben dieser Songs, ohne dass ich dabei versuche, sie extrem jazzy zu arrangieren. Ich mag Hendrix zum Beispiel als Songwriter, und daher interessiert mich auch in erster Linie seine Musik."

Inzwischen hat Bandleader & Gitarrist Nguyên Lê seit mehr als drei Dekaden solche eigenwilligen Arrangements von Hendrix-Songs im Programm – und das wird auch so bleiben. Ein zweites Hendrix-Tribute-Album ist in Arbeit. Und es wird spannend bleiben, denn dieser musikalisch weltoffene Jazz-Musiker nähert sich dem Erbe des afroamerikanischen Rock-Stars auf sehr eigene, fast schon spirituelle Art. Er interpretiert auf mehreren Ebenen die Stimmungen, Farben die Komposition und die originale Einspielung. Einfach nur Songs nachzuspielen oder Hendrix' Spielweise zu kopieren, ist nicht sein Ding, denn diesen Job haben schon viele andere gemacht. Im folgenden Auszug aus einem Interview mit dem Journalisten Marian Menge erklärte Nguyên Lê 2018 diese kreative Beziehung:

Erinnerst du dich, wann du zum ersten Mal einen Song von Jimi Hendrix gehört hast?

Ganz sicher bin ich nicht, aber ich war auf jeden Fall noch ein Kind. Und obwohl Jimi Hendrix' Musik unter den Jugendlichen damals extrem populär war, mochte ich sie nicht allzu sehr. Jedenfalls nicht, als ich zehn oder zwölf war. Für mich war seine Musik zu rough und zu dreckig, da hörte ich doch lieber Deep Purple, weil sie cleaner klangen und leichter zu konsumieren waren.

Dann hat sich dein Geschmack anscheinend geändert.

Klar. Ich wurde Jazz-Musiker und bekam irgendwann das Angebot, mich bei einem Jazz-Festival der Musik von Jimi Hendrix zu widmen. Ich sagte sofort zu, auch wenn ich seine Musik zu der Zeit noch kaum kannte. Jetzt musste ich sie also kennenlernen und begann, mich mit der Materie auseinanderzusetzen, sie zu lernen und zu analysieren. Und dabei habe ich mich verliebt, und zwar interessanterweise aus denselben Gründen, wegen derer ich seine Musik zuvor nicht gemocht hatte: Als Kind mochte ich die Roughness und die Direktheit noch nicht. Aber jetzt umso mehr. Für mein Empfinden ist Jimi Hendrix extrem organisch, jede einzelne Note von ihm hat so viel Feuer und so viel Seele, dass man ihn sehr direkt in jedem Ton spüren kann. Davon bin i
ch heute Fan. Es ist schon lustig, wenn man bedenkt, dass erst der Jazz meinen Kopf und meine Ohren für diese Art Musik geöffnet hat.

Hat das alles deine Spielweise verändert?

Bei diesem ersten Konzert, bei dem ich mit ein paar anderen Jazz-Musikern Jimis Musik spielte, ist etwas Spannendes mit uns passiert: Wir haben gemerkt, dass uns die Tatsache, dass wir die Musik von Jimi Hendrix spielen, in eine einzigartige Situation bringt, die im Jazz-Kontext manchmal verloren geht: nämlich, dass wir plötzlich dazu fähig sind, ein Höchstmaß an Energie und gleichzeitig Wärme zu erzeugen. Das hat uns begeistert, und wir hatten so viel Spaß daran, dass wir beschlossen, damit weiter zu machen. Ich würde zwar nicht sagen, dass sich dadurch mein Gitarrenspiel großartig verändert hätte, aber jedes Mal, wenn ich Hendrix' Musik spiele, habe ich das Gefühl, dass ich dabei in Gefilde vordringe, die ich in einem normalen Jazz-Kontext nicht erreichen kann. Wenn ich seine Songs spiele, komme ich in eine Art Trance, die aber auch nötig ist, um seiner Musik gerecht zu werden … Unser Ziel war es aber auch, das Ganze einfach zu halten und die Stücke dieses Konzerts zwar aus der Perspektive des Jazzers zu interpretieren, aber nicht auf eine jazzige Art zu arrangieren.

Glaubst du, Jimi Hendrix hätte dein Album ‚Purple' gefallen?

Das hoffe ich. Als das Album veröffentlicht wurde, bekam ich von überall auf der Welt Rezensionen dazu, und einige davon stammten von der Elite der auf Jimi Hendrix spezialisierten Journalisten. Und sie mochten es, weil manche Versionen, wie zum Beispiel ‚3rd Stone From The Sun', so anders waren als das Original. Ich denke, dass die smarten Hendrix-Fans verstehen, dass man, wenn man Hendrix Tribut zollen oder huldigen möchte, anders sein muss als er. Es ist nicht damit getan, ihn zu kopieren und zu covern oder die gleichen Klamotten anzuziehen. Und ich versuche natürlich auch nicht, sein Gitarrenspiel zu imitieren, sondern mich an den Wurzeln seiner Musik zu orientieren. Diese Wurzeln sind für mich die Kompositionen und auch seine Lyrics. Ich mag diese für Hendrix typische, psychedelische Poesie. Sie ist sehr inspirierend.

Magst du eher Hendrix' Live- oder die Studio-Aufnahmen?
Beides! Die Studio-Alben sind vielleicht etwas spannender aufgrund all der Experimente, die sie damals bei den Aufnahmen gemacht haben – eben weil sie sie nur dort, im Studio, umsetzen konnten. Aber die Live-Aufnahmen drehen sich dafür um Trance und Energie. Das höre ich gern.

Gibt es ein Lieblings-Album oder einen -Song?
Das ist schwer zu sagen. Aber wenn ich mich entscheiden müsste, würde ich sagen ‚Are You Experienced?', weil es so psychedelisch ist. Der Song, den ich am liebsten spiele, ist definitiv ‚Little Wing', weil das derjenige ist, bei dem ich am höchsten fliege. Als Hörer mag ich aktuell ‚Bold As Love', ‚I Don't Live Today' und ‚Gypsy Eyes' gerne und bin gerade dabei, neue Arrangements dafür zu schreiben.

Welche Musiker sind oder waren für dich kompetente Hendrix' Nachfolger?
In der Jazz-Welt fällt mir da als erstes der Gitarrist David Fiuczynski ein, der mich aufgrund seiner Verrücktheit, Rohheit und Inspiration an Hendrix erinnert. Hendrix wollte immer neue Dinge entdecken, es ging bei ihm immer um die Suche nach neuen Sounds, neuen Ausdrucksmöglichkeiten und neuer Musik. Und David Fiuczynski könnte allein schon wegen seines Sounds ein Nachbar von Jimi Hendrix sein. Aber ich finde auch, dass jemand wie Bill Frisell, der soundmäßig nichts mit Hendrix zu tun hat, trotzdem nicht weit von ihm entfernt ist. Auch er ist auf einer endlosen Suche nach neuen

Sounds und neuer Musik. Aber ich fühle den Geist von Hendrix auch bei anderen Instrumentalisten – es müssen ja nicht unbedingt Gitarristen sein. Wenn ich zum Beispiel Musik von John Coltrane (*1926 †1967) auflege, höre ich auch Jimi Hendrix. Coltrane ist für mich der Hendrix des Saxophons, nicht aufgrund seiner Spielweise, sondern weil man jeder Note anhört, dass er auf der Suche nach dem Feuer ist, das er dem Publikum bieten will. ∎

STEVE LUKATHER

"Meine erste Begegnung mit der Musik von Hendrix passierte so: Ein Typ, der in unserer Straße wohnte, brachte mich drauf. Ich war damals zehn Jahre alt, und als er mir ‚Purple Haze' vorspielte, dachte ich: Was ist das? Wer ist das?! Und: Wie lerne ich so Gitarre zu spielen? Das Intro von ‚Purple Haze' war so unglaublich! Man muss sich immer vor Augen halten, dass Hendrix das Mitte der 60er-Jahre aufgenommen hat! Er war seiner Zeit so weit voraus …

Ich habe versucht, alles von ihm zu lernen. Ich habe seine Platten tausendmal gehört und immer wieder dazu gespielt. Ich höre seine Songs heute noch. Warum? Weil sie mich berühren. Jeder, der heute eine Gitarre in der Hand hält und um die 30 oder älter ist, muss von Hendrix beeinflusst sein. Wenn nicht, lügt er. Denn Jimi hat den Standard gesetzt, den viele von uns heute noch versuchen zu erreichen. Und dabei war seine Karriere so kurz: Er hat in sehr kurzer Zeit unheimlich viel erreicht.
Und sein Ton: Wie unterschiedlich der sein konnte! Was für Sounds er lieferte! Wir wissen heute, wie er das alles gemacht hat, das mit den Leslie-Sounds, dem Whammy-Bar, mit den rückwärts gespielten Passagen. Er war der erste, der das Vibrato-System überhaupt nicht im Sinne des Erfinders benutzt hat. Mann, denk nur mal an ‚Purple Haze', an ‚Voodoo Chile', ‚Freedom' oder ‚Axis Bold As Love'! Hendrix hat alles anders gemacht und alle mit seinem Sound weggeblasen.

Auf meinem Album ‚Candy Man' habe ich ‚Freedom' gecovert – das ist einer meiner Lieblings-Songs von Hendrix, und dann hat bisher auch noch niemand diesen Titel gecovert, vielleicht, weil es kein einfaches Musikstück ist. Und was den Text angeht, hat mich dieser Song immer sehr stark berührt, zumindest der Refrain; einige Strophen sind allerdings schon etwas verrückt, eben typisch Jimi. Aber damit habe ich mich gut gefühlt, und ich wollte auch mal etwas anderes machen.

Ich habe dabei Jimis Soli immer als Melodien betrachtet, daher habe ich auch nur am Ende etwas damit herumgespielt. Alles andere entspricht genau dem, was er gemacht hat. Die meisten Songs meines Albums haben wir wirklich live aufgenommen. Bei ‚Freedom' sind allerdings drei Gitarren zu hören. Und klar, ich habe natürlich einen etwas anderen Ton.

Ich bin eben absoluter Hendrix-Fan, genau wie mein Freund Michael Landau. Denn Jimi Hendrix war einfach unbeschreiblich. Das ist eben die Musik aus meiner Jugend. Ich liebe alles, was Jeff Beck gemacht hat, alles, was Hendrix gemacht hat, und dann liebe ich noch die Songs von David Gilmour, und danach kam noch so viel, was mir gefiel. Und manchmal sehe ich hier Typen in irgendwelchen kleinen Clubs, da weiß ich noch nicht einmal ihren Namen, und sie sind phantastisch.

Das Wichtigste, was ich als Musiker gelernt habe, ist, immer offen gegenüber Neuem zu bleiben, nicht auf sich selbst fixiert zu sein und die Leistungen anderer Musiker anzuerkennen. Das ist es." ∎

CHRISTY DORAN

"Schade, dass die meisten Jimi-Hendrix-Fans, -Bewunderer und -Experten im Blues-Bereich verbleiben. Jimi ging ja viel weiter! Er hörte auch zum Beispiel auch Stockhausen."

MILES DAVIS

"Jimi Hendrix kam vom Blues, wie ich. Und deshalb haben wir uns auch auf Anhieb gut verstanden. Er war ein Blues-Gitarrist."

JOE SATRIANI

"Ich habe ja auch viel unterrichtet und wollte dabei immer vermitteln, dass der Blues schon ein ganzes Jahrhundert lang unsere Musikkultur prägt. Meine wahren Blues-Wurzeln liegen allerdings bei Jimi Hendrix und seiner Version von ‚Red House', der Version auf dem ‚Smash Hits'-Album. Diese Originalversion ist lyrischer als die Live-Versionen, der Groove ist besser, und sie klingt einfach phantastisch. Die meisten Blues-Aufnahmen sind doch grauenhaft, oder etwa nicht? Aber dieser Song hat für mich etwas ganz Spezielles ...

Hendrix war so... – wow! Wenn du dir Stevie Ray Vaughan anhörst, und ich bin ein großer Fan von ihm, dann war Hendrix im Vergleich zu ihm ein absolut vielseitiger, weiter, offener Künstler, ein Musiker mit so vielen Einflüssen. Andere schaffen diese oder überhaupt keine Bandbreite nicht mal über 20 Alben, und er hat das alles in vier Jahren erreicht! Auf drei Studio-Alben und einer Live-Platte hat er uns so enorm viel an Musik gegeben, als Gitarrist, Sänger, Songwriter. Für mich ist er immer noch eine ständige Inspirationsquelle. Ich empfehle jede Jimi-Hendrix-Platte beziehungsweise seine ersten vier, die autorisierten: ‚Are You Experienced', ‚Axis: Bold As Love', ‚Electric Ladyland' und ‚Band Of Gypsys' haben einfach das Gitarrenspiel für dieses Jahrhundert definiert."

PETER WÖLPL

"Ich habe das ‚Red House'-Solo von ‚Are You Experienced' vor langer Zeit für mich transkribiert. Es fasziniert mich bis heute und ist auch ein fester Bestandteil in meinem Unterricht. Hendrix' Kreativität bei der Improvisation in Verbindung mit seiner Kraft, Ton und rhythmischer Finesse ist immer noch ein Erlebnis."

MIKE STERN

"Ich liebe die ‚Band Of Gypsys', aber auch ‚Are You Experienced' und ‚Axis: Bold As Love'. Wow! Großartige Musik, und auch heute noch absolut großartige Platten! Hendrix hat so viel tolle Musik gemacht! Als ich in der Miles Davis Band war, wollte er, dass ich in dieser Art spielte. Miles wollte mir am liebsten immer an jede Saite einen eigenen Amp anschließen, er wollte diesen Wowwww!!!-Sound. Er wollte anfangs immer, dass ich laut spiele, dass ich wie Hendrix klinge. Aber später durfte ich auch mal etwas leisere Töne anschlagen ..."

ALBERT COLLINS

"Genau das ist die Story, die ich allen jungen Gitarristen erzähle: Spiel' weiter, mache deine eigenen Sachen! Weißt du, das Problem, das viele junge Musiker heute haben, ist, dass sie sich ständig Jimi Hendrix, Stevie Ray Vaughan und andere Größen angehört haben – und jetzt spielen sie eben auch Sachen, die klingen wie Jimi Hendrix und Stevie Ray Vaughan. Spiel' deinen eigenen Kram, wenn du das kannst! Das habe ich auch immer gemacht. Dann wird aus dir auch was eigenes werden ..."

ULI JON ROTH

"Zum ersten Mal gesehen habe ich ihn im Herbst 1966, und zwar im Fernsehen, im "Beat Club" von Radio Bremen, wo er ‚Hey Joe' spielte. Ich weiß es noch genau: Mein Vater rief mich aus meinem Zimmer zu sich und sagte: "Schau mal Uli, da spielt einer mit den Zähnen Gitarre!" Allerdings haben mich die Zähne weniger beeindruckt. Ich muss auch zugeben, dass ich Jimi Hendrix anfangs nicht so richtig verstanden habe. Zu jener Zeit stand ich mehr auf Eric Clapton, da er melodiöser spielte und deshalb für mich als Kind auch leichter verständlich war. Ich liebte vor allem die Bluesbreakers und Cream. Doch dann kam der Moment, in dem ich Hendrix zum ersten Mal live gesehen habe. Das Konzert fand im Januar 1969 in der Hamburger Musikhalle statt. Nach diesem Abend war alles komplett anders, denn in Hamburg habe ich Hendrix erstmals wirklich begriffen … Es war traumhaft. Außer der Gitarre hat man eigentlich nichts gehört. Aber das brauchte man auch nicht, denn seine Gitarre allein hat schon alles gesagt. Hendrix hatte auf der Bühne drei Marshalls, alle drei voll aufgedreht. Die Ohren haben geklingelt, allerdings auf eine sehr angenehme Weise. Den Sound an diesem Abend habe ich mein gesamtes Leben nicht vergessen. Es war so, als ob gerade jemand von einem anderen Planeten gelandet wäre und nun Klänge erzeugte, die vorher nicht existierten. Dieser Sound hat sich ganz fest in mein Hirn eingebrannt. Jimi Hendrix hatte den Blues vollkommen überwunden und eine Stufe weitergetragen. Der Blues heute kann sehr gut ohne Hendrix auskommen. Denn er ist schon damals viel weiter rausgegangen, da kamen die anderen nicht mehr mit."

INNES SIBUN

"Mein Lieblingsalbum von Hendrix ist ‚Electric Ladyland', alleine schon wegen der Vielfalt der Songs, des Gitarrenspiels und der musikalischen Ideen. Es ist so ähnlich, wie wenn man heute ‚Sgt. Pepper' von den Beatles hört: Auch ‚Electric Ladyland' klingt immer noch futuristisch, obwohl diese Musik vor so langer Zeit produziert wurde. Es klingt immer noch alles frisch und überraschend. Einen Lieblings-Song zu nennen ist schwierig, aber ich würde sagen, ‚Castles Made Of Sand' ist musikalisch und lyrisch einzigartig. Ein Meisterwerk des Songwritings, das sonst niemand so hinbekommen hätte.

Als offensichtlichen Nachfolger müsste man Stevie Ray Vaughan nennen, nicht nur, weil er einige von Jimis Songs gespielt hat, sondern auch wegen seiner Leidenschaft. Ein anderer Gitarrist, von dem ich denke, dass er sein Erbe weiterführt, wäre John Frusciante – eben weil er seinem ganz eigenen Weg folgt und auch ein leidenschaftlicher Spieler ist. Gary Clark Jr ist ebenfalls stark von Jimi beeinflusst, nicht nur direkt musikalisch, sondern von seiner ganzen Ausstrahlung her. Und ich liebe Jonny Greenwood von Radiohead, der meiner Meinung nach ebenfalls Jimis Erfindungsreichtum und Phantasie in sein Spiel einbezogen hat. Auch Dan Auerbach von den Black Keys erinnert mich sehr an Jimi Hendrix, wenn er Blues spielte."

THOMAS BLUG

"Hendrix-Nachfolger? Stevie Ray Vaughan, wegen seiner Energie und Authentizität. Michael Landau – er hat für meinen Geschmack den Geist von Hendrix am weitesten und homogensten in sein Spiel integriert, so dass man oft gar nicht mehr von direkten Hendrix-Zitaten sprechen kann."

ANDREAS WILLERS

"Jimi Hendrix hat keinen Nachfolger. Jenseits von bestimmten Sounds und Licks, die im besten Sinne Standards gesetzt haben, steht Jimi für einen bestimmten Spirit ... und seine Fußstapfen sind groß."

RICHIE SAMBORA

"Als ich zum ersten Mal ‚All Along The Watchtower' hörte, dachte ich:
"Welcher Außerirdische hat denn dieses Solo gespielt?" Der Sound
war unerhört. Und viele Leute wissen auch nicht, dass Jimi ein
ausgezeichneter Sänger war. Er hielt sich selbst zwar für schlecht,
aber wenn man genau hinhört, war er schlichtweg großartig ...
Ausprobiert hätte Jimi bestimmt noch vieles. Aber er wäre garantiert
ein Purist geblieben. Wenn du ‚Crosstown Traffic' hörst, oder ‚Fire',
denkst du zwar: Was für eine aufregende Musik! Aber du hörst auch,
dass er einfach nur direkt durch den Verstärker geht. Es sind seine
Finger. Mit Jeff Beck ist es dasselbe: Du kannst zwar seine Anlage
und seine Gitarre benutzen, aber du wirst nie klingen wie er. Es sind
die Finger."

JEFF BECK

"Ich habe Jimi Hendrix viele Male live gesehen, als er Ende 1966 in
London auftauchte, auch später in New York; da war er eigentlich am
besten, denn dort fühlte er sich wirklich zu Hause. Er war ein
Cluboholic, und wir hingen viel zusammen in Clubs rum. Wir waren
immer unterwegs, manchmal 24 Stunden lang, fielen ins Bett,
standen auf und gingen wieder los. Das war großartig. Er war ein
sehr netter, sehr ruhiger Mensch. Ein unbeschreiblicher Kerl. Und er
war dabei so ein extravaganter Star-Typ: Wenn er zu uns auf die
Bühne kam und für eine Nummer einstieg, schaute mich niemand
mehr an ... (lacht) Das waren Momente, die ich nie vergessen werde,
und diese Momente sind auch später nie wieder passiert. Es war
einfach eine Geschichte, die mit dieser Club-Szene zu tun hatte, in
der wir uns bewegten und wo wir spielten – und diese Szene gibt es
nicht mehr.
Ich wusste sofort, warum ich mich nicht von ihm beeinflussen lassen
wollte. Mein Stil war schon immer da, von Anfang an, und den wollte
ich nicht ändern. Wenn ich bei manchen Sachen mal in die Nähe
seines Ansatzes kam, wurde ich immer vorsichtig: Das wird dann

schnell zu schwammig und die Leute denken noch schneller als du selbst, dass du da jemanden kopierst – gerade im Fall von Hendrix. Es war eine sehr respektvolle Distanz, die ich beibehielt. Und ich hatte eben diese Ausdrucksmöglichkeit des Gesangs nicht, hatte nicht diese mystische Stimme, um meine Musik damit zu färben. Ich hatte einfach nur die Gitarre. Gemeinsam hatten wir vielleicht diese Einheit des Spielers mit dem Instrument. Es ist die Fähigkeit, sich direkt über das Instrument auszudrücken, einfach das zu spielen, was man denkt."

TOBIAS HOFFMANN

"Mein Onkel besaß eine VHS-Kassette dieses Konzerts von Stevie Ray Vaughan, ‚Live At The El Mocambo'. Ich weiß nicht, wo er sie herbekommen hat. Ich habe damals überall gesucht, aber sie war nirgends zu kaufen. Ich habe schließlich von seinem Tape mit einem zweiten Videorecorder eine Kopie von entsetzlicher Qualität gemacht. Ich musste es einfach haben, denn ich war wie besessen von der Aufnahme. Nach zwei Instrumental-Nummern zu Beginn des Konzerts spielt Stevie als drittes Stück ‚Voodoo Chile (Slight Return)'. Ich hab es in keiner anderen Version wieder so gut von ihm gehört. Hier stimmt alles. Wie fett im Intro das WahWah schmatzt, ist unglaublich, die Band groovt wahnsinnig, Stevie intensiver Gesang geht unter die Haut, die Gitarre klingt unfassbar, der Vibe im Club ist zum Greifen nah.
Auf einen Nachfolger oder Erben würde ich mich nicht festlegen wollen. Jimis Einfluss auf die Entwicklung der elektrischen Gitarre war so enorm, dass es vermutlich heutzutage niemanden gibt, der nicht in irgendeiner Form von ihm beeinflusst wäre. Insofern tragen wir alle etwas von seinem Erbe in uns. Er hat Musik und die Gitarre an so vielen Stellen weiterentwickelt."

CASPAR BRÖTZMANN

"Ich mochte Hendrix anfangs nicht. Ich kannte ihn auch nicht, als ich mit 13 Jahren anfing Gitarre zu spielen. Erst als ich Jahre später auf ‚War Heroes' den Song ‚Midnight' hörte, wurde ich nach und nach Hendrix-Fan. Er wird immer unerreichbar bleiben, und ich bin froh darüber, meinen Weg an seiner unsterblichen Seite gefunden zu haben.
Mein Lieblings Album war und ist bis heute ‚Live At Isle Of Wight'. Da zeigt er sein ganzes Können auf der Gitarre, kurz vor seinem Tod. Ich hab keinen Lieblings-Song. Die Alben ‚War Heroes', ‚Band Of Gypsys', ‚Woodstock' und ‚Isle Of Wight' begleiten mich mein Leben lang. All diese Live-Konzertmitschnitte ... Ich war nie so sehr an den Songs interessiert.
Wer sein Nachfolger ist, weiß ich nicht, auch Mein Denken über Erben und Nachfolger streikt da irgendwie. In einem Buch über Gitarristen aus Amerika steht, dass ich mit meinem Album ‚Black Axis' (von Caspar Brötzmann Massaker, 1989) etwas dazu tun konnte, auf der Gitarre die Musik weiterzuentwickeln nach Hendrix. Über dieses Kompliment hatte ich mich sehr gefreut."

MARCUS DEML

"Hendrix schien ein Freigeist wie Miles Davis oder John McLaughlin zu sein. Diese künstlerische Freiheit wird selten von den Künstlern und schon gar nicht von den Business-Leuten zugelassen.... Am ehesten finde ich den Spirit von Jimi heute in Musikern wie Eivind Aarset wieder: Ein eher introvertierter Klangmaler, der aber einen ähnlich radikalen Sound-Ansatz verfolgt. Trotz Strat und Marshall hört man bei Aarset zwei Stunden keinen bekannten Gitarren-Sound."

PETER BURSCH

"Jimi Hendrix war für mich einzigartig, Ich war mit meiner Band Bröselmaschine auf dem Fehmarn-Festival 1970 und konnte Hendrix dort live vor und hinter der Bühne erleben. Das werde ich nie vergessen. Er war der erste Gitarrist, den ich sah, der die Gitarre mit seinem ganzen Körper spielte."

STING

"Jimi Hendrix hatte einen sehr großen Einfluss auf mein Leben. Als ich 14 war, habe ich ihn in einem kleinen Club live spielen gesehen. Er war einer der Menschen, die in mir den Wunsch geweckt haben, unbedingt Musiker zu werden."

BILLY CORGAN

"Für mich war Hendrix vielleicht der Höhepunkt in der Geschichte der elektrischen Blues-Rock-Gitarre. Und was die anderen eher straight ahead spielenden Blues-Musiker angeht, bei denen kann ich nichts Neues raushören: Das ist immer nur eine moderne Variation der gleichen alten Sache. Und genau das ist es auch, was mich oft so an der Gitarre frustriert. Ich würde am liebsten immer etwas ganz anderes machen, dem Instrument eine wirklich neue Aufgabe geben. Aus diesem Grund vermeide ich auch Blues-Akkordfolgen, Blues-Soli und so etwas – das kommt mir wirklich überflüssig vor. Und ich versuche wenigstens etwas anderes. Ob ich es schaffe, ist eine andere Frage. Und was zum Beispiel Reeves Gabrels in David Bowies Side-Project Tin Machine machte, das war für mich eine Verschmelzung von 15 verschiedenen Stilen, die er dann auf der Gitarre umsetzt. Er fütterte sein Instrument mit diesen neuen Informationen und arbeitete dann damit. Und selbst da sehe ich eine

Sackgasse, weil man als Gitarrist einfach kaum noch Möglichkeiten hat, wirklich neue Schritte mit diesem Instrument zu gehen."

REEVES GABRELS

"Sonny Sharrock war ganz wichtig für mich, und Vernon Reid – wir sind ja eine Generation. John McLaughlin ist jemand, mit dem ich mehr und mehr anfangen kann, und Allan Holdsworth interessierte mich zeitweise sehr. Aber meine Wurzeln liegen eher im Standard 1970er-Blues-Rock: Leslie West & Mountain, Clapton bis zu ‚Layla' und natürlich Jeff Beck. Hendrix habe ich mir eigentlich erst sehr viel später angehört, wobei er heute derjenige ist, mit dem ich die größte Seelenverwandtschaft spüre. Leider war ich damals zu jung, ihn selbst live zu erleben.
Eine Sache, die David Bowie mir sagte, als ich den Job in seiner Band bekam, war: "Wenn wir live spielen, brauche ich einen Gitarristen, der eine Mischung aus Jeff Beck, Jimi Hendrix, Albert King, Mick Ronson, Aaron Copland ..." und so weiter. Er hatte eine ellenlange Liste! "Du sollst nämlich die Lücken füllen, wenn ich mal nicht singe, du sollst den Ball aufnehmen und weiterspielen, den ich dir zuwerfe. Und wenn du den Ball zu mir zurückwirfst, dann muss es nicht mehr der selbe sein, dann kann er ruhig wie ein Würfel aussehen." Ich antwortete ihm: Oh, vielen Dank, dass du jeden Druck von mir nimmst! Hahaha!"

HELLMUT HATTLER

"Hendrix war für mich eine musikalische Offenbarung, weil er auf seine unnachahmliche Art alles Bisherige auf seine ureigene Weise in sich aufgenommen, transformiert und neu zum Klingen gebracht hat."

JACK BRUCE

"Er kam bei einem Gig zu uns auf die Bühne, stöpselte seine Gitarre in meinen Bass-Amp ein, und so weit ich mich erinnern kann, hat er uns alle einfach weggeblasen. Hendrix hat immer einen unglaublich starken, positiven Eindruck hinterlassen – insbesondere bei Gitarristen."

ROBERT PLANT

"Ich legte eine Hendrix-Platte auf, und mein Sohn fragte mich: ‚Daddy, wer ist das?' Und ich sagte: ‚Weißt du, das ist Gott.'"

JIMI HENDRIX

"When I die, just keep playing the records." ★

17 FOTOGRAF, FAN & AKTIVIST
GÜNTER ZINT

Seinen Namen las ich zum ersten Mal auf einem Buch, das ich 1979 in einem Laden von Zweitausendeins entdeckte, dem links-alternativen Mailorder-Versandhändler, der in den 70er- und 80er-Jahren viele Menschen an ausgewählte Literatur, Kunst und Musik heranführte: "Günter Zint: Gegen den Atomstaat", war ein Taschenbuch mit 300 Fotodokumenten vom Autor selbst. Damit war der Name Zint für mich in der Schublade Politik & Protest abgelegt. Dass der am 27. Juni 1941 in Fulda geborene Fotograf ein wesentlich breiteres Spektrum abdeckte, lernte ich erst viel später.

Günter Zint hatte seine journalistische Arbeit 1959 mit einem Volontariat bei der Deutschen Presse-Agentur begonnen, wo er eine Ausbildung zum Bildjournalisten und Redakteur absolvierte und anschließend als Reporter für Magazine wie Quick und Twen arbeitete. "Mein Vater hatte für mich vorgesehen, dass ich studiere; am liebsten Theologie. Oder, dass ich einen anderen ordentlichen Beruf ergreife", erinnert sich Zint. "Fotografie – das galt damals als Hobby, nicht als Beruf."

Zwei Jahre verbrachte er in England und Schweden, dann übersiedelte er 1964 nach Hamburg. Günter war 23, und da waren plötzlich der Rock & Roll, der Beat und der Star-Club, der am 13. April 1962 eröffnet hatte. "Den Star-Club haben wir geliebt, weil unsere Eltern ihn gehasst haben", meinte Zint später mal in einem Interview.

Im Star-Club traf der junge Journalist viele Künstlerinnen und Künstler, die in Hamburg Station machten, und er wurde der inoffizielle Hausfotograf der neuen Musik-Institution von St. Pauli. In den sieben Jahren bis zur Schließung am 31. Dezember 1969, spielten hier Bands und Solisten wie The Animals, The Searchers, Bill Haley, Chuck Berry, Little Richard, Screaming Lord Sutch, Gene Vincent, Cream, Ray Charles, Fats Domino, The Remo Four, The Everly Brothers, Jerry Lee Lewis und viele andere mehr. Seine weltweite Bekanntheit verdankte der Star-Club den Beatles, die in der Frühphase ihrer Karriere dort mehrfach auftraten. Bereits im August 1960 hatten die noch vollkommen unbekannten Liverpooler – zum ersten Mal unter diesem Namen und noch ohne Ringo Starr – mit Gitarrist & Pianist Stuart Sutcliffe und Schlagzeuger Pete Best in den Hamburger Rotlicht-Clubs Indra und Kaiserkeller gespielt. Ihr erstes Star-Club-Engagement dauerte gleich sieben Wochen, vom 13. April bis zum 31. Mai 1962. Aufgrund des großen Erfolgs spielten John Lennon, Paul McCartney, George Harrison und Ringo Starr dann auch noch mal im November und Dezember desselben Jahres jeweils für zwei Wochen im Star-Club.

"Ich habe viele Menschen kennengelernt, die tolle Musiker und eben auch prima Menschen waren", erzählt Günter Zint. "Ich habe rund tausend Bands und Musiker fotografiert. Solche beruflichen Treffen laufen meist professionell und sachlich ab. Musiker, die ich zu meinen Freunden zählen konnte, waren überschaubar. Eric Burdon lebte eine Zeit lang in Hamburg, und seine Freundin Yvonne arbeitete bei mir im Fotolabor. Spencer Davis hat mit meiner Ehefrau in Berlin Germanistik studiert, und er hat mich damals auf den Star-Club aufmerksam gemacht. Von den Beatles hatte ich engeren Kontakt mit John Lennon und mit Paul und Linda McCartney. Bei dem Richard-Lester-Film ‚How I Won The War‘, in dem John Lennon eine Hauptrolle spielte, war ich Standfotograf, und mit Paul McCartney und Linda hatte ich später eine große Fotoausstellung in Siegen. Außerdem haben Paul und Linda 1991 mein Sankt-Pauli-Museum eröffnet."

Sein erstes Musikerfoto machte Günter, der als Kind Trompete und Flügelhorn im Posaunenchor der Evangelischen Gemeinde der Christuskirche in Fulda spielte, aber schon viel früher: "Das müssen meine Geschwister in den 50er-Jahren beim Flöte spielen gewesen sein. Faszinierend daran fand ich aber nur meinen Fotoapparat, auf den ich ganz stolz war." Der Fotoapparat blieb.

Zur selben Zeit machte in den USA der junge James Marshall Hendrix erste Gehversuche mit der E-Gitarre. Auch die Gitarre blieb, und er wurde Profimusiker.

Jimi Hendrix hatte, zu Beginn seiner Solo-Karriere, vom 08. bis zum 11. November 1966 ein paar Test-Gigs im Münchener Club Big Apple gespielt; damals hatte man sogar seinen Namen falsch geschrieben: in großen Lettern war "Jimmy Hendrix Experience" über der Bühne zu lesen. Im folgenden Frühjahr kam er zurück nach Deutschland. Vom 17. bis zum 20. März 1967 trat Jimi im Hamburger Star-Club auf. In England war Hendrix zu dem Zeitpunkt schon mit zwei Singles am Start: ‚Hey Joe / Stone Free' erreichte in UK Platz 6 der Single-Charts, in Deutschland nur Position 21. Zeitgleich mit seinem Star-Club-Engagement erschien dann Hendrix' zweite Single ‚Purple Haze / 51st Anniversary', die es in England auf Platz 3 und in Deutschland auf die 17 schaffte. Aber er war auf dem europäischen Kontinent immer noch ein relativ unbekannter Künstler. Das änderte sich dann schnell, denn im Laufe des Jahres erschienen noch drei weitere Singles und zwei Alben, ‚Are You Experienced' und ‚Axis: Bold As Love'. Die Medien stiegen auf das Thema ein – und die Fotos lieferte Günter Zint, der Hendrix in diesen Hamburger Tagen begleitete.

"In der Zeit hörte ich Musik von Elvis Presley, den Beatles, Remo Four, V.I.P.'s, Leonard Cohen, Bob Dylan, Joan Baez und viel Folk-Musik. Ich habe Jimi zum ersten Mal Anfang 1967 getroffen, als ich ihn für die Metronome-Plattengesellschaft fotografieren sollte, um ihn in Deutschland bekannt zu machen", erzählte Günter Zint. Erste Fotos entstanden bei einer Pressekonferenz zur deutschen Single-Veröffentlichung von ‚Hey Joe' im Hamburger Restaurant Danny's Pan.

"Im Autohotel in der Lincoln-Straße auf St. Pauli, wo man ihn untergebracht hatte, durfte Hendrix keine laute Musik hören. Als er dann in unser Fotostudio kam, sah er eine Stereoanlage und eine Couch. Seine Reaktion: 'I'm not going back to this shit hotel. I stay here!' So bekam ich also einen Untermieter für ein Wochenende."

Günter Zint und Jimi Hendrix waren fast gleich alt, zwei junge Männer, die sich für Musik und Kunst interessierten, und die trotz ihrer sehr unterschiedlichen Herkunft schnell einen Draht zueinander fanden. "Wir haben auf Augenhöhe geredet, und Jimi war eher schüchtern und zurückhaltend, wenn er keine Gitarre in der Hand hatte." Auf die Frage, ob er schon damals Hendrix' Superstar-Potenzial gesehen beziehungsweise gehört habe, meinte Zint: "Zumindest war es die erste Gitarrenmusik, die mich völlig fasziniert hat. Sein Gitarrenspiel war schon sehr neuartig und außergewöhnlich und fiel auch mir sofort auf. Und Jimi beherrschte ja nicht nur die Gitarre, er machte auch die Marshall-Verstärker und -Boxen und die PA-Anlage zu seinem Instrument. Diese eigenen Sounds und die Rückkopplungen waren Teil seines Erfolgs. Ja, seine gigantische Karriere war damit vorprogrammiert."

In London kamen Ende 1966 die halbe Musiker-Szene und insbesondere die Gitarristen zu Hendrix' ersten Club-Gigs – Jimmy Page, Jeff Beck, Eric Clapton, Pete Townsend, die Beatles und die Stones. Frage an Günter Zint: War das in Hamburg auch so, dass die Kollegen auf der Matte standen? "Ja, es kamen immer viele Musiker in den Star-Club, und dort mal aufzutreten, das galt als der Ritterschlag. Das Star-Club Logo (mit der Hopf-Saturn 63 E-Gitarre) bekamen die Künstler, die dort spielten, von Hilde Peters oder Pico auf ihr Equipment gesprüht. Das war manchen oft wichtiger als die Gage. Die Musiker waren sehr stolz darauf."

Interessant ist, dass Hendrix schon Anfang 1967, im Star-Club, die amerikanische Nationalhymne interpretiert hat. War Jimi damals ein politisch interessierter Mensch? "Die Frage beantwortet sich von selbst", antwortet Zint. "Sein Protest gegen den Vietnam-Krieg und seine Sympathie für die Black-Panther-Bewegung sagen doch alles. Ich treffe heute noch manchmal Star-Club-Besucher, die von diesen Konzerten erzählen und dabei immer noch Gänsehaut bekommen. Das war eine Anti-Kriegs-Demo ohne Worte, die eindrucksvoller nicht sein konnte."
Und waren die Studentinnen und Studenten, die sich ab Mitte der 60er-Jahre politisierten, an ihm und seiner Art von Musik interessiert? "Klar, das waren doch die Trompeten von Jericho, die

die Bastionen der APO erstürmten. Für die Vietnamkriegsgegner war er ein Held, und seine Waffe war die Gitarre. Dieser Mythos gipfelte ja in seinem Woodstock-Auftritt, 1969."

1969 kam Hendrix dann ein weiteres Mal nach Deutschland und spielte neun Shows in den großen Hallen. Hatte er sich da verändert? "Ich habe ihn in der Zeit noch mal in England getroffen, da hatte ich aber nur ein kurzes Interview mit Jimi für die Bravo machen können. Hendrix war gerade im Studio und sehr beschäftigt ..."

Hendrix' letzte offiziellen Auftritte fanden am 4. September 1970 in der Deutschlandhalle Berlin und am 6. September 1970 beim Love & Peace Festival auf der Insel Fehmarn statt, wo Günter Zint den Gitarristen ein weiteres Mal traf. "Auf Fehmarn versteckte sich Hendrix vor und nach dem Auftritt in seinem Wohnwagen im Backstage-Bereich. Später kam heraus, dass er Angst vor den überall rumstehenden Rockern hatte, die eigentlich zu seinem Schutz engagiert wurden und die eben auch vor seinem Wohnwagen standen ..."

Letzte Frage an Günter Zint: Mit welchem Foto hat er Jimi Hendrix am besten getroffen? Gibt es ein Lieblingsfoto? "Das Foto im Garten, mit dem Wasserhahn und mit Mitch und Noel." Diese Aufnahme von der Jimi Hendrix Experience hinter einem Wohnhaus am Ufer der Außenalster entstand ebenfalls beim ersten Zusammentreffen, Mitte März 1967.

Einen wichtigen Punkt möchte Zint am Ende unseres Interviews noch anfügen: "Es gibt noch was Wichtiges zu meiner journalistischen und politischen Arbeit zu ergänzen. Ich bin nun seit über 60 Jahren als Reporter, Buchautor und Fotograf unterwegs. Dabei sind fast 90 Bücher entstanden, die teilweise Millionen-Auflagen erreichten. Außerdem habe ich die Reportagen und Bücher meines Freundes und Kollegen Günter Wallraff illustriert. Die vielen Umwelt- und Politik-Bücher konnte ich nur machen, weil ich mit meiner Agentur Panfoto und den Musikerfotos so viel Geld verdient habe, dass ich damit meine politische Arbeit und zum Beispiel die

Anti-AKW Bücher finanzieren konnte. Trotzdem ärgert es mich manchmal, dass ich als der Beatles-, Hendrix- oder Musik-Fotograf bekannt geworden bin. Denn die politische Arbeit war und ist mir immer wichtiger."

Zints politische Arbeit war und bleibt wichtig. Sein anfangs erwähntes Fotobuch "Gegen den Atomstaat", mit 300 Bildern, hat sich über eine Million mal verkauft. Und insgesamt hat Günter Zint in seinem Leben geschätzt mehr als zwei Millionen Fotos gemacht. Dafür, dass auch dieser zentrale Teil seiner Arbeit nicht vergessen wird, hat Zint selbst gesorgt: "Ich weiß inzwischen, dass die Politik- und Umwelt-Bücher sowie die wichtigen Nachlässe von Fotografinnen und Fotografen, die wir verwalten, weiter wirken werden, da es jetzt die ‚Stiftung Günter Zint' gibt. Zwei meiner Kinder arbeiten im Vorstand mit, und diese Stiftung verwaltet fast 30 sozialdokumentarische Fotografennachlässe und den Fundus meines Sankt-Pauli-Museums. Seit Januar 2022 ist die Stiftung arbeitsfähig und wird dafür sorgen, dass alle diese wichtigen Arbeiten nicht verloren gehen."
Weitere Informationen unter www.stiftung-guenter-zint.de ★

Vielen Dank an Günter Zint, der mich bei diesem Buchprojekt sehr freundlich mit dem folgenden Fotomaterial und vielen Informationen unterstützt hat.

Fotograf Günter Zint hatte den Auftrag der Plattenfirma, die Jimi Hendrix Experience zu porträtieren. Die Band war vom 17. bis zum 20. März 1967 in Hamburg, hatte Pressetermine und spielte im Star Club. Das Bild der drei Musiker vor dem alten Wasserhahn ist Zints Lieblingsfoto.

Die vielen Gesichter des Jimi Hendrix: Mal war er der extrovertierte Rocker auf der Bühne, dann der scheue junge Mann bei einem Pressetermin oder aber der coole Popstar mit Sonnenbrille.

Jimi und die Fans: In Hamburg lernte er
Colette kennen, die er Cutlet, also Kotelett,
nannte und gemeinsam mit Noel Redding
und Mitch Mitchell verspeisen wollte. Die
beiden jungen Mädchen aus dem Star Club
hatten dagegen Jimis Gitarre auf dem
Menüplan.

Drei weitere Promo-Shots von Günter Zint. Ein Bild der Session landete auf dem deutschen Single-Cover von ‚Purple Haze/51st Anniversary'.

Jimi Hendrix bei einem seiner Auftritte im Hamburger Star Club, im März 1967. Interessant, dass die Menschen im Publikum damals doch noch ganz anders aussahen als ihr Idol. Der Herr, der Jimis Gitarre neu besaitet ist übrigens Animals-Bassist Chas Chandler. Chandler war es, der Jimi Hendrix Ende 1966 im New Yorker Café Wha? in Greenwich Village entdeckt hatte und mit nach England nahm. Der Rest der Geschichte ist bekannt.

Noch mehr Fotos aus dem Star Club: Anderer Abend, anderes Outfit – und ein Publikum, das anscheinend nicht nur begeistert sondern teils auch irritiert oder überfordert reagierte. Beim Gitarrenwechsel sieht man, dass an Hendrix' Strat alle fünf Federn des Vibratosystems installiert waren, um seine Hebel-Orgien zu überleben.

Das legendäre Fehmarn-Festival fand vom 04. bis zum 06. September 1970 statt. Jimi Hendrix war längst ein Superstar und weltweit erfolgreich. Fotograf Günter Zint ist auf einem Foto mit der Unternehmerin Beate Uhse zu sehen, die das Festival mit einer größeren Finanzspritze unterstützte und auch mit ihrem rollenden Erotik-Einzelhandel präsent war. So kam angeblich der Sex zu Drugs & Rock'n'Roll. Auf der Bühne suchen Festival-Besucherinnen verzweifelt ihre verloren gegangenen Shirts und zelebrieren einen rituellen Textilfrei-Tanz. Ob Beate Uhse diese Performance initiiert hatte, konnte nie geklärt werden. Es war eine andere Zeit.

Ein hektisch und getrieben wirkender Jimi Hendrix kommt am Sonntagvormittag gegen 11:00 Uhr am Festivalgelände von Fehmarn an, verkriecht sich in seinem Wohnwagen und ist irritiert von Rockern und aufdringlichen Fans.

Jimi Hendrix auf dem Weg zur Bühne. Dieser Aufritt, am Sonntag dem 06. September 1970, sollte sein letzter sein. Gegen 13:00 Uhr betrat er mit Drummer Mitch Mitchell und Bassist Billy Cox die Bühne. Die Performance war seiner angeschlagenen psychischen Verfassung entsprechend eher uninspiriert. Direkt nach dem Gig verließ Jimi das Gelände und reiste zurück nach London. Dort stand er am 16. September noch mal kurz im Ronnie Scott's Jazz Club als Gast von Eric Burdon auf der Bühne. Zwei Tage später war Hendrix tot.

HAROLD DAVISON PRESENTS
AN EVENING WITH

Jimi Hendrix
Experience
THE SOFT MACHINE
**MASON, CAPALDI
WOOD & FROG
LONDON · ROYAL ALBERT HALL**
TUESDAY, 18 FEB., at 7.30 p.m.
TICKETS: 3/6, 7/6, 10/6, 13/6, 16/6, 21/-
Available from ROYAL ALBERT HALL BOX
OFFICE (589 8212) and HAROLD DAVISON
LTD., REGENT HOUSE, 235-241 REGENT
STREET, LONDON, W.1
Please send stamped addressed envelope with
postal applications

ROYAL ALBERT HALL | Royal Albert Hall
GENERAL MANAGER: FRANK J. MUNDY
DOOR No. 1
HAROLD DAVISON presents
THE JIMI HENDRIX
EXPERIENCE
Tuesday, 18th February, 1969
At 7.30 p.m. Doors open at 7
18
Feb., 1969
13/6
ARENA
F 13/6
ROW 26 SEAT 2 ARENA
F
ROW 26 SEAT 2

Zwei weitere Live-Fotos, die Günter Zint beim
Hendrix-Konzert am 18. Februar 1969 in der
Londoner Royal Albert Hall gemacht hat.

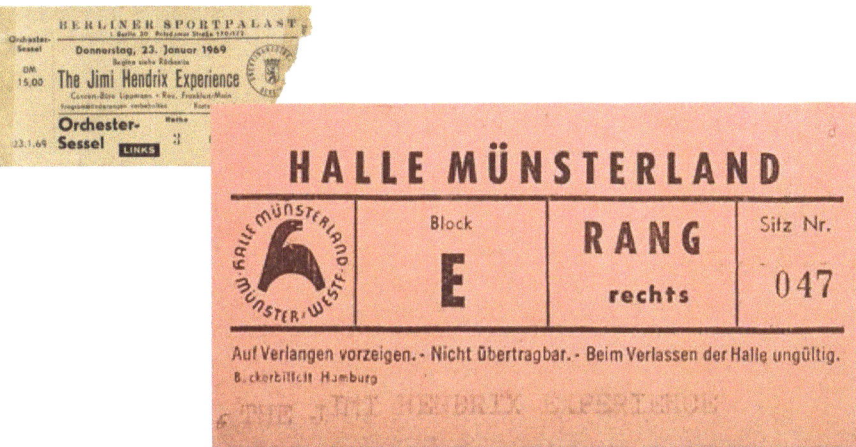

Die Jimi-Hendrix-Konzerte in Deutschland:
08.-11. November 1966 Big Apple München
17.-20. März 1967 Star Club Hamburg
15. Mai 1967 Neue Welt Berlin
16. Mai 1967 Big Apple München
17. Mai 1967 Hotel Intercontinental Frankfurt
18. Mai 1967 Stadthalle Offenbach
27. Mai 1967 Starpalast, Kiel
28. Mai 1967 Jaguar Club, Scala, Herford
31. August - 2. September 1967 Berlin
11. Januar 1969 Musikhalle Hamburg
12. Januar 1969 Rheinhalle, Düsseldorf
13. Januar 1969 Sporthalle Köln
14. Januar 1969 Münsterlandhalle, Münster
15. Januar 1969 Deutsches Museum München
16. Januar 1969 Meistersingerhalle, Nürnberg
17. Januar 1969 Jahrhunderthalle Frankfurt
19. Januar 1969 Liederhalle Stuttgart
23. Januar 1969 Sportpalast Berlin
04. September 1970 Deutschlandhalle Berlin
06. September 1970 Love & Peace Festival Fehmarn

Noch mehr Fotos aus dem Star Club: Anderer Abend, anderes Outfit – und ein Publikum, das anscheinend nicht nur begeistert sondern teils auch irritiert oder überfordert reagierte. Beim Gitarrenwechsel sieht man, dass an Hendrix' Strat alle fünf Federn des Vibratosystems installiert waren, um seine Hebel-Orgien zu überleben.

298

Zurück im März 1967: Vielleicht war diese Phase die glücklichste im Leben des Jimi Hendrix. Er hatte eine Band, konnte seine eigene Musik spielen, Platten veröffentlichen und immer mehr Menschen feierten ihn als Sänger, Songwriter, Gitarrist, Live-Performer und Pop-Revolutionär. Und genau so bleibt er in Erinnerung.

18 TRIBUTE ALBEN

VON FANS FÜR FANS

Einige große Musikerinnen & Musiker waren oft schnell nicht mehr allein mit ihrem Repertoire unterwegs. Nicht nur, dass in den 60er- und 70er-Jahren Show-Bands und Top-40-Tanzmucker alles coverten, was sich nicht wehrte – manche Künstler widmeten sich dann noch intensiver dem Lebenswerk eines Idols. In Hendrix' Fall ist das Randy Hansen, der gefühlt seit Jahrhunderten dessen Musik live nacherlebbar macht – so wie vermutlich noch hunderte weitere Jimi-Cover-Bands dieses Planeten.

Musikalisch interessanter sind oft die Studio-Projekte, bei denen Künstler verschiedenster Genres sich an Hendrix-Kompositionen und/oder -Hits heranwagen, um etwas Eigenes daraus zu entwickeln. In dieser Hinsicht absolute Meilensteine sind das bereits 1975 erschienene Album ‚The Gil Evans Orchestra: Plays The Music Of Jimi Hendrix‘, ein orchestrales Jazz-Meisterwerk, dem eine Einspielung des großartigen Gitarristen und Sound-Schöpfers Claus Boesser-Ferrari diametral gegenüber steht: ‚The Wind Cries Mary‘ von 2021.

Wenn man eines von Jimi Hendrix lernen kann, dann ist das: Entdecke die Musik, entdecke neue Welten! Hier eine subjektive Auswahl der besten und bekanntesten Tribute-Alben für Jimi Hendrix und seine Kunst. Go ahead!

- Alexei Aigui & Dietmar Bonnen: Up From The Skies. Play The Music Of Jimi Hendrix (2002)
- Andreas Willers & Friends: Play Jimi Hendrix Experience (1995)
- Beautiful People: If 60's Were 90's (1994)
- Billy Cox & Buddy Miles: Return Of The Band Of Gypsys (2007)
- Black Diamonds: Tribute To Jimi Hendrix (1971)
- Brian Bromberg: Bromberg Plays Hendrix (2010)
- Buddy Miles: Tribute To Jimi Hendrix (1997)

- Claus Boesser-Ferrari: The Wind Cries Mary (2021)
- Defunkt: A Blues Tribute: Jimi Hendrix & Muddy Waters (1995)
- Doran Stucky Studer Tacuma: Call Me Helium (2015)
- Doran Studer Minton Bates Ali: Play The Music Of Jimi H. (1994)
- Edi Fenzl Band: Electric Ediland (2017)
- Eddie Hazel & Krunchy: A Night For Jimi Hendrix Live (2018)
- Gary Moore: Blues For Jimi (2012)
- Gil Evans Orchestra: Plays The Music Of Jimi Hendrix (1975)
- Harri Stojka: Salut To Jimi Hendrix (2021)
- Hiram Bullock: Plays The Music Of Jimi Hendrix (2009)
- Jacques Stotzem: Catch The Spirit (2010)
- Jacques Stotzem: Catch The Spirit 2 (2013)
- Jean-Paul Bourelly: Tribute To Jimi Hendrix (1995)
- Lonnie Smith Trio: Foxey Lady (1994)
- Lonnie Smith Trio: Purple Haze (1995)
- Lonnie Youngblood: Psychedelic Experience: A Tribute To Jimi Hendrix (2013)
- Mitch Mitchell & Billy Cox: Freedom (2004)
- Nguyên Lê: Purple (2002)
- Nigel Kennedy: The Kennedy Experience (1999)
- Pat Travers Band & Rogers: The Jimi Hendrix Experience (1998)
- Paul Gilbert: The Frankfurt Jazz Festival Tribute To Jimi H. (1991)
- Paul Gilbert: Tribute To Jimi Hendrix (1994)
- Popa Chubby: Electric Chubbyland (2007)
- Randy Hansen: Hendrix By Hansen & Classics Live (2000)
- The Hamsters: Electric Hamsterland (1995)
- The Hamsters: The Jimi Hendrix Memorial Concerts 1995 (1996)
- Thomas Blug: Blug Plays Hendrix (2010)
- Turtle Island Quartet: Have You Ever Been...? (2010)
- Ulrich Ellison: Power Of Soul (2021)
- V.A.: If 6 Was 9: A Tribute To Jimi Hendrix (1990)
- V.A.: Stone Free: A Tribute To Jimi Hendrix (1993)
- V.A.: In From The Storm (1995)
- V.A.: The Music Of Jimi Hendrix (DVD 1995)
- V.A.: The Jimi Hendrix Music Festival (1998)
- V.A.: The P-Funk Guitar Army: Tribute To Jimi Hendrix (1998)
- V.A.: Pickin' On Hendrix. A Tribute (1999)
- V.A.: Blue Haze. Songs Of Jimi Hendrix (2000)

- V.A.: Hendrix Hits (2000)
- V.A.: Voodoo Crossing: A Tribute To Jimi Hendrix (2003)
- V.A.: Hazy Dreams. (Not Just) A Jimi Hendrix Tribute (2003)
- V.A.: Burning Sky A Virtuoso Guitar Tribute (2004)
- V.A.: Power Of Soul: A Tribute To Jimi Hendrix (2004)
- V.A.: Hip-Hop Tribute To Jimi Hendrix (2007)
- V.A.: Jimi Hendrix Tribute: Third Stone From The Sun (2009)
- V.A.: Hendrix In The Spirit Of Jazz (2017)
- V.A.: Hendrix In Jazz: A Jazz Tribute To Jimi Hendrix (2017)
- V.A.: The Jimi Hendrix Tribute Concert. Live At Rockpalast 1991 (2019)
- Wu Tang: Black Gold A Hip-Hop Tribute (2011)

HÖRTIPPS

- **BEAUTIFUL PEOPLE: IF 60'S WERE 90'S (1994)**
Wer Jimi Hendrix und seine Musik wirklich mag, ist kein Dogmatiker, tippe ich mal. Denn dieser Musiker hat so viele Schubladen geöffnet, entleert und neu gefüllt, dass man unweigerlich einen Trip durch die Musikkultur des 20. Jahrhunderts startet, wenn man sich intensiv mit seiner Kunst befasst. Und dass sich Kollegen aus dem Blues, Funk, Jazz, Pop, der lockeren E-Musik, der Country- und Fingerpicker-Szene, wie auch der Abteilung HipHop in den vergangenen Dekaden ans Hendrix-Erbe gewagt haben, dürfte bekannt sein. Als ich 1995 ‚If 60's Were 90's' von Beautiful People in die Hände bekam, war ich erst verblüfft, und dann begeistert. Was die Briten Du Kane und Luke Baldry mit ihren Dance-Beats und diversen Hendrix-Samples angestellt hatten, war Fusion pur – und atmosphärisch eigentlich gar nicht so weit weg vom Original. Denn das hat zum Beispiel 1968 mit ‚Axis: Bold As Love' schließlich auch gewaltig irritiert und begeistert. Ich gehe hier jetzt nicht weiter auf The Beautiful People und ihr Album ein – denn das muss man einfach hören, entdecken, erleben. Für mich sind ihre Interpretationen mindestens so revolutionär wie Gil Evans‘ BigBand-Jazz-Pendant von 1995. Großartig!

• V.A.: POWER OF SOUL: A TRIBUTE TO JIMI HENDRIX (2004)
Nachdem sich Vater Al Hendrix bei allen Musikern der Welt bedankt
hat, die das Erbe seines Sohns lebendig halten, geht es los: ‚Power
Of Soul' ist ‚A Tribute To Jimi Hendrix' (erschienen bei Experience
Hendrix), dem Ausnahmegitarristen, der nicht zuletzt auch ein ganz
beachtlicher Songwriter war. Und wenn man dann Carlos Santana
(g), Stanley Clarke (b), Tony Williams (dr) und Living-Colour-Sänger
Corey Glover ‚Spanish Castle Magic' interpretieren hört, Prince
mit ‚Purple House(!)', Sting mit ‚The Wind Cries Mary', Eric Clapton,
Bootsy Collins, Eric Gales, John Lee Hooker, Stevie Ray Vaughan
(mit einer Live-Version von ‚Little Wing/3rd Stone From The Sun' aus
der King-Biscuit-Session), den großartigen Robert Randolph und
viele andere, dann geht die arg strapazierte Tribute-Kiste doch
endlich mal wieder voll in Ordnung. Und Lenny Kravitz' Version
von ‚Have You Ever Been (To Electric Ladyland)' ist einfach besser
als sein ganzes neues Album. Gitarren-Rock, HipHop, Soul, Blues –
diese Compilation liefert alles und das auch noch mit rotem Faden.
Alle Tracks, bis auf die Beiträge von Sting und Hooker, sind hier
erstmals (offiziell) veröffentlicht. Gelungen!

**• V.A.: THE JIMI HENDRIX TRIBUTE CONCERT. LIVE AT
ROCKPALAST 1991**
"In memory of Jimi Hendrix 1942-1970, Jack Bruce 1943-2014, John
Wetton 1949-2017 and Jochen Zeno Roth 1956-2018 R.I.P." ist auf
www.rockpalastarchiv.de zu lesen. Unglaublich, wie schnell die Zeit
vergeht. Und wie viele großartige Musiker gegangen sind. Was
bleibt, ist die Erinnerung an ein sehr abwechslungsreiches
Konzertereignis, das mittlerweile zu den am häufigsten im TV
wiederholten Rockpalast-Konzerten gehört. Konzipiert von Peter
Bursch und unter der musikalischen Leitung von Uli Jon Roth (g),
standen hier Größen wie Jack Bruce (b/voc), Randy Hansen (g/voc),
Simon Phillips (dr), John Wetton (b) und viele andere auf der Bühne.
Das 2CD/DVD-Set bietet außerdem Bonus-Material in Form einiger
Musiker-Interviews.

• V.A.: THE MUSIC OF JIMI HENDRIX (DVD 1995)

Eine Stunde Dokumentation, eine Stunde Konzert – und immer geht es wirklich um ‚The Music Of Jimi Hendrix': Beim Stuttgarter Jazz Open Festival im Juli 1985 hatten sich eine Reihe erstklassiger Musiker mit diesem Thema befasst, darunter die Bassisten Jack Bruce, Victor Bailey und Mick Karn, die Gitarristen Vernon Reid, Jean-Paul Bourelly, Nguyên Lê, David Torn, Sängerin Cassandra Wilson, Saxophonist Pharoah Sanders, Drummer Terry Bozzio und viele andere mehr. Musikalisch abwechslungsreich und unterschiedlich intensiv.

• HIRAM BULLOCK: PLAYS THE MUSIC OF JIMI HENDRIX

Was für ein Gipfeltreffen – und das gleich unter mehreren Aspekten: Hiram Bullock ‚Plays The Music Of Jimi Hendrix' und zwar with Billy Cobham & WDR Big Band Köln. Hier treffen also der leider vor kurzem verstorbene Gitarren-Grenzgänger Bullock, die farbensprühende und vielleicht beste BigBand der Welt und ein grandioser Energie-Trommler auf das Repertoire eines genialen Rock-Innovators. Die 2004 entstandenen Live-Aufnahmen aus der Universität Köln gehören für mich mit Abstand zum Besten, was ich von Hiram Bullock gehört habe. Ein ganz großes Andenken.

• EDI FENZL BAND: ELECTRIC EDILAND

Edi Fenzl heißt der Gitarrist & Bandleader aus Wien, der sein eigenes ‚Tribute To Jimi Hendrix' eingespielt hat. Und das ist phantastisch und absolut belebend. Angefangen bei der grafischen Gestaltung des Covers, die auch von Edi Fenzl stammt, sind die hier zu hörenden Stücke sehr geschmackvoll aus mehreren Hendrix-Alben der Experience und der Band Of Gypsys ausgewählt worden. Edi Fenzl kennt das Hendrix-Repertoire sehr gut, seine Interpretationen klingen organisch und authentisch. Ein schräger Ton darf schon mal sein, wenn der Chef singt und spielt – das war bei Hendrix bekanntlich nicht anders. Und Fenzl kann diese Musik spielen und auch erstaunlich cool singen. Kompetent agieren auch Bassist Robbie Noebauer und Drummer Ari Tiihonen – hier hört man eine deftig rockende Band, die die Musik des Jimi H. verstanden hat.

Top-Cover-Versionen auf einer gut klingenden LP! Weitere Infos: www.edifenzl.com

• HARRI STOJKA: SALUT TO JIMI HENDRIX

Wenn Harald Wakar Stojka (geboren am 22. Juli 1957 in Wien) in die Saiten haut, geht die Post ab. Er ist ein HiEnergy-Rocker der alten Schule, der auch gut auf frühe Alben von Deep Purple oder besser noch zu Black Sabbath gepasst hätte, der aber auch mit thrashigen Surf-Punk-Attacken an Link Wray erinnern kann, um dann im freien Flug gleich mal bei Sonny Sharrock vorbeizushredden. Harri Stojka spielt Gitarre, Bass, ist Bandleader, Sänger und auch ein angesehener Jazz-Musiker. Stojka, der aus einer nach Österreich eingewanderten Roma-Familie stammt, geht erwartungsgemäß auch das Thema Hendrix ganz unverkrampft an – er macht uns hier nicht den Jimi, sondern Harri interpretiert Jimi: ganz einfach straight rockend, rough, mit krachendem Live-Charme und ausgiebigen Soli. Und Harri-Stojka-Soli wie das in ‚All Along The Watchtower', gespielt auf seiner 1968er Gibson Les Paul Goldtop mit P90-Pickups, zeigen, dass der Herr sein Instrument verdammt gut zu nutzen weiß. Das hat er aber schon auf über 20 anderen Alben bewiesen, zuletzt 2016 mit ‚A Tribute To The Beatles'. Begleitet wird Stojka bei ‚Salut To Jimi Hendrix' nur von Drummer Sigi Meier, alle weiteren Instrumente und Vocals hat er selbst eingespielt. Zwischen den Jimi-Hits gibt's auch ein paar Eigenkompositionen; der letzte Track heißt ‚Jimi' und ist eine sehr eigenwillige kleine Klang-Collage, die wirklich schräg und spannend rüberkommt. Da wünscht man sich direkt, dass Harri Stojka dieses Album noch mal in genau dem Stil dieses Tracks remixt und eine abgedrehte Free-Jazz-Version nachliefert. Sympathischer Musiker, der macht was er will. Besuche www.harristojka.at!

• CLAUS BOESSER-FERRARI: THE WIND CRIES MARY

Hendrix-Cover-Alben gibt es jede Menge, und auch schon ein paar sich in Ehrfurcht verneigende Tribute-Alben, die etwas abstrakter zur Sache gingen – allen Voraus das geniale, 1992 erschienene Sampling-Meisterwerk ‚If 60s Were 90s' von Beautiful People. Claus

Boesser-Ferrari, Jahrgang 1952, überrascht seit einem Vierteljahrhundert mit eigenwilliger Gitarrenmusik, und solche war dann auch nach seiner Beschäftigung mit der Musik von Jimi Hendrix zu erwarten. Mit verschiedenen Akustikgitarren – normalen Sechssaitern, einer 7-String-Bariton sowie diversen 8-String- und 12-String-Instrumenten – hat er jiminterpretiert, frei, spontan, mal kurz klassisch virtuos, dann wieder eruptiv, geräuschhaft, mit ganz viel Hall und Echo, oft bis zur Unkenntlichkeit verfremdet, alles direkt ins Aufnahmegerät, ohne Overdubs. "Dieser Typ im ‚Beat Club', 1967, hat mich zunächst aus der Bahn geworfen: Ein Typ, der die Gitarre im ohrenbetäubenden Distortion-Sound stimmt; dass er sie mit seiner meterlangen Zunge zum Klingen bringt, war nur ein fordernder Nebeneffekt. Ich war fasziniert und verstört von dieser Performance und hatte als Gitarren-Band-Einsteiger das deutliche Gefühl, dass es hier um weit mehr als um Musik ging", schreibt Claus im Booklet der CD über Hendrix. "Ich habe mir dann einen Schaller-Tonabnehmer für 24,- DM mit Reißnägeln auf meine Höfner-Wandergitarre genagelt und zwei Röhrenradios an einem Nachmittag gekillt." Dass seine Verbindung zur Musik von Hendrix eine lange gereifte ist, hört man auch auf diesem neuen Album in jedem Ton, denn Claus Boesser-Ferrari jam(m)t hier so frei und locker mit sich selbst über Fragmente aus Jimi-Tracks, das kann man sich nicht an drei Tagen beibringen. Seine Musik wird ganz sicher einigen Hendrix-Fans nicht gefallen – das geht allen Künstlern so, die neue Wege gehen. Aber ich bin sicher, ihr gemeinsames Idol hätte gelächelt und bei nächster Gelegenheit mal wieder zur akustischen Gitarre gegriffen – und sie über ein paar Effektkanäle des Studio-Pults gejagt. Kunst kommt von Machen – und Claus hat es getan.

Ein absolut tolles Album. ★

19 OUTRO
WHO KNOWS

WAS WAR

Hendrix war ein großartiger Musiker, Gitarrist, Songwriter und Sänger.
Die Jimi Hendrix Experience war ein Glücksfall, dank Chas Chandler.
Die Original-Alben sind Meisterwerke, entstanden in kreativer Kooperation mit Produzent Eddie Kramer.
Die Woodstock-Band Gypsy Sun & Rainbows war ein Experiment, aus dem eigentlich nur das Trio hervorstach.
Die Band Of Gypsys war mit ihrem eigenen Repertoire eine komplette Neuausrichtung des Trio-Konzepts hin zu mehr modaler Improvisation.
Was sich auf dem posthumen Album ‚Cry Of Love' zeigte, war eine Weiterentwicklung des alten Studio/Song-Konzepts von Jimi Hendrix. Einzelne stilistisch spektakuläre Aufnahmen und Sessions unter anderem mit John McLaughlin, Lightnin' Rod und Stephen Stills zeigen in erster Linie Hendrix' Interesse an Begegnungen mit anderen Künstlern. Konkrete Neuausrichtungen lassen sich darüber nicht ableiten.

WAS WÄRE

Was hätte Van Gogh noch gemalt? Und was hätte Leonardo Da Vinci noch erfunden? Eventuell den Kühlschrank oder das Atomkraftwerk, wenn er 444 Jahre älter geworden wäre.
Wenn man darüber spekuliert, was Hendrix nach 1970 noch so alles gemacht hätte, kann man nur zu einem Ergebnis kommen: Er hätte uns alle überrascht! Entweder mit weiteren, großartigen Alben, die je nach Ausrichtung vielleicht auch alte Fans verschreckt und neue hinzugewonnen hätten. Oder – was ich für unwahrscheinlicher halte,

was aber durchaus möglich ist – mit langweiligen, sich selbst wiederholenden Songs aus der 1966-bis-'70-Trickkiste. OK, für letzteres war er eigentlich noch zu jung und die Musikszene um ihn herum zu lebendig. Vielleicht hätte er aber auch komplett die Sphären gewechselt und irgendwann nur noch akustische New-Age-Schönklänge abgesondert, um die amerikanische Post-Hippie-Esoterik-Gemeinde zu beglücken? Und vielleicht sogar Mike Oldfield, Andreas Vollenweider und Enya als Popstars verhindert ...? Vielleicht sogar mit Schlimmerem?!

WAS IST

Stop! Hallo! Aufwachen! Es war nur ein böser Traum. Und ein Witz. Denn mal ernsthaft: An dem Punkt zeigt sich doch, wie sinnlos Spekulationen werden, wenn sie ganz sicher zu keinem Ergebnis und auch noch zu schlechter Laune führen, weil du das, was du dir wünschst, nicht bekommen hast und auch nicht bekommen wirst, und dich das, was du theoretisch befürchtest, praktisch auch noch schlecht drauf bringt.

Daher hier der sichere Weg ins Glück: Das Discografie-Kapitel dieses Buchs listet noch mal alles verfügbare Material von und mit Jimi Hendrix auf, das ganz überwiegend und ganz sicher zu guter Laune führt. Genießen Sie jetzt!

Danke fürs Lesen, und viel Spaß mit der Musik.

Now, if you'll excuse me, I must be on my way. ★

20 DISCOGRAFIE

ORIGINAL LPs 1967 – 70

• **Jimi Hendrix Experience: Are You Experienced**
Rec. 11/1966 bis 3/1967, rel. 5/1967
Diese LP wurde auf dem amerikanischen und britischen Markt mit
unterschiedlicher Titelzusammenstellung veröffentlicht, die durch die
dritte LP ‚Smash Hits' wieder entsprechend ausgeglichen wurde.

• **Jimi Hendrix Experience: Axis: Bold As Love**
Rec. 3/1967 bis 9/1967, rel. 1/1968

• **Jimi Hendrix Experience: Smash Hits**
Rec. 11/1966 bis 5/1968, rel. 6/1968

• **Jimi Hendrix Experience: Electric Ladyland**
Rec. 6/1967 bis 5/1968, rel. 9/1968

• **Jimi Hendrix / Band Of Gypsys: Band Of Gypsys**
Rec. Seite A: 01.01.1970 Seite B: 31.12.1969, rel. 5/1970

• **Otis Redding / The Jimi Hendrix Experience: Historic
Performances Recorded at The Monterey International Pop
Festival** Rec. 18.06.1967, rel. 7/1970
Auf dieser LP finden sich Ausschnitte von Hendrix' USA-Premiere,
auf der B-Seite Songs von Otis Redding vom selben Festival.

• **Woodstock: Music From The Original Soundtrack And More.**
3 LPs, rel. 11. Mai 1970, rec. 15.-18. August 1969

UK & US SINGLES

• **Hey Joe / Stone Free**, 16.12.1966 UK

• **Purple Haze / 51st Anniversary**, 17.03.1967 UK

• **Hey Joe / 51st Anniversary**, 01.05.1967 USA

• **The Wind Cries Mary / Highway Chile**, 05.05.1967 UK

• **Purple Haze / The Wind Cries Mary**, 19.06.1967 USA

• **Burning Of The Midnight Lamp / The Stars That Play With Laughing Sam's Dice**, 19.08.1967 UK

• **Foxey Lady / Hey Joe**, 13.12.1967 USA

• **Up From The Skies / One Rainy Wish**, 26.02.1968 USA

• **All Along the Watchtower / Burning Of The Midnight Lamp**, 02.09.1968 USA

• **All Along the Watchtower / Long Hot Summer Night**, 18.10.1968 UK

• **Crosstown Traffic / Gypsy Eyes**, 18.11.1968 US, 04.04.1969 UK

• **Stone Free / If 6 Was 9**, 15.09.1969 USA

• **Let Me Light Your Fire / Burning Of The Midnight Lamp**, 14.11.1969 UK

• **Stepping Stone / Izabella**; als Interpret ist "Hendrix Band Of Gypsys" angegeben. 13.04.1970 USA

- **Little Drummer Boy / Silent Night / Auld Lang Syne**, Rec. 1969; Rel. 12/74 USA. Bei dieser posthum veröffentlichten 12"-Single handelt es sich um Aufnahmen der Band Of Gypsys, mit Billy Cox (b) und Buddy Miles (dr).

SIDEMAN JOBS

Auf den folgenden Alben & Singles aus seiner Londoner Zeit (09/1966 bis 09/1970) ist Gastmusiker Jimi Hendrix als Gitarrist, Bassist oder Percussionist zu hören:

- **Cat Mother & The All Night News Boys: The Street Giveth ...** (1969)

- **Buddy Miles: Electric Church** (1969)

- **Curtis Knight: Day Tripper / Love, Love** (1969)

- **Eire Apparent: Rock 'n' Roll Band / Yes I Need Someone** (1969)

- **Eire Apparent: Sunrise** (1969)

- **Fat Mattress: Fat Mattress** (1969)

- **Timothy Leary: You Can Be Anyone This Time Around** (1969/ rel. 1970)

- **Lightnin' Rod: Doriella Du Fontaine** (1969/rel. 1993)

- **Stephen Stills: Stephen Stills** (1970)

- **Love: False Start** (1970/rel. 1973)

POSTHUME ALBEN & COMPILATIONS

- **Jimi Hendrix: The Cry Of Love**

Rec. 1969/70, rel. 12/1970

Die Aufnahmen dieser LP wurden nach Hendrix' Tod von Eddie Kramer und Michael Jeffery komplettiert und abgemischt. Von Hendrix war ursprünglich geplant diese Aufnahmen als Doppel-LP unter dem Titel ‚First Rays Of The New Rising Sun' zu veröffentlichen, die dann aber erst 1997 erscheinen sollte.

- **Jimi Hendrix Experience: Experience**

Rec. 24.02.1969, Royal Albert Hall, London; rel. 08/1971

Als Original-Soundtrack des gleichnamigen Films veröffentlichte LPs. Falsche Datierung des Konzerts im Begleittext.

- **Jimi Hendrix: Rainbow Bridge**

Rec. 10/1968 bis 7/1970, rel. 9/1971

Hierbei handelt es sich um eine Zusammenstellung verschiedenster Aufnahmen von Hendrix, teilweise mit der Experience, mit der Band Of Gypsys und anderen. Diese Platte ist nicht wie angegeben der ‚Original-Soundtrack' des gleichnamigen Films von Chuck Wein. Die meisten Titel der beiden Alben entstanden 1969/70, und durch die intensive Nachbearbeitung von Hendrix' langjährigem Tontechniker Eddie Kramer. So wurden hier eine ganze Reihe großartiger Skizzen und Fragmente zu tollen Songs und Instrumentals: das verspielte ‚Pali Gap', ‚Dolly Dagger', ‚Room Full Of Mirrors', ‚Star Spangled Banner' in einer nach Dudelsack klingenden Studio-Fassung, das wunderbare ‚Hey Baby (New Rising Sun)', dann die ‚Cry Of Love'-Highlights wie ‚Angel', ‚Freedom', ‚Drifting' und ‚Astro Man'. An diesen Tracks kommt kein Hendrix-Fan vorbei.

- **Jimi Hendrix Experience: Isle Of Wight**

Rec. 30.08.1970, GB; rel. 11/1971

Live-Aufnahmen der zweiten Experience-Besetzung mit Billy Cox (b) vom Isle Of Wight Festival

- **Jimi Hendrix: Hendrix In The West**

Rec. 1969/70, rel. 11/1971
Verschiedene Live-Aufnahmen der beiden Experience-
Besetzungen. Um fünf Songs erweitert erschien das Album dann
später auf CD; zum DigiPak im Standard-Format gehört ein 24-
seitiges Booklet mit schönen Fotos, detaillierten discografischen
Angaben – perfekt!

- **Jimi Hendrix Experience: More Experience**

Rec. 24.02.1969, Royal Albert Hall, London; rel. 03/1972
Als Original-Soundtrack des gleichnamigen Films veröffentlichte LPs.
Falsche Datierung des Konzerts im Begleittext.

- **Jimi Hendrix: War Heroes**

Rec. 1969/70, rel. 10/1972
Studioaufnahmen beider Experience-Besetzungen.

- **Jimi Hendrix: Sound Track Recordings From The Film Jimi Hendrix**

Rec. 6/1967 bis 8/1970, rel. 07/1973
Die Doppel-LP enthält bereits veröffentlichte Live-Aufnahmen
verschiedener Besetzungen von den großen Festivals, wie Monterey,
Isle Of Wight, sowie eine unveröffentlichte Studioaufnahme von 1967
mit Hendrix als Solist auf der zwölfsaitigen akustischen Gitarre und
mehrere Interviews vom Film-Soundtrack.

- **Jimi Hendrix: Loose Ends**

Rec. 1969/70, rel. 02/1974
Von Michael Jeffery abgemischte und zusammengestellte
Aufnahmen verschiedener Besetzungen mit den Musikern von
Experience und Band Of Gypsys.

- **Jimi Hendrix: Crash Landing**

Rec. 1969/70, rel. 03/1975

- **Jimi Hendrix: Midnight Lightning**
Rec. 1970, rel. 11/1975
Eine Zusammenstellung verschiedener Titel in neuer digitaler Abmischung; produziert von Alan Douglas. Studio- und Live-Aufnahmen wurden hier mit dem neuen Digital-JVC-Remix-Verfahren bearbeitet. Douglas plante auf diese Art auch die ersten drei Hendrix LPs auf den neuesten klangtechnischen Stand zu bringen. Die beiden Veröffentlichungen entstanden auf Initiative der von Michael Jeffereys "Produktion" ‚Loose Ends' enttäuschten Plattenfirma, sowie der immer noch relativ stabilen Nachfrage nach neuen Hendrix-LPs. Das besondere an diesen Aufnahmen ist die Tatsache, dass hier fast ausschließlich nur die Gitarren- und Gesangsspuren Hendrix' aus den ursprünglichen Band-Aufnahmen isoliert und mit einer anderen Rhythmusgruppe und Background-Sängern nach dem Geschmack von Alan Douglas und Michael Jeffery neu komplettiert wurden. Diese Aufnahmen sind verständlicherweise sehr umstritten.

- **Jimi Hendrix: Nine To The Universe**
Rec. 1969, rel. 1980
Diese ebenfalls von Alan Douglas veröffentlichte LP gibt im Gegensatz zu den beiden oben genannten verschiedene Jam-Sessions ohne nachträgliche ‚Bearbeitung' wieder. Es handelt sich hierbei um überwiegend Blues-orientierte Improvisationen.

- **Jimi Hendrix: Stone Free**
Rec. 1966-1970, rel. 1981
Das Album enthält Songs von Are You Experienced, Axis: Bold as Love, Electric Ladyland, The Cry Of Love und Loose Ends.

- **Jimi Hendrix: The Jimi Hendrix Concerts**
Rec. 10/1968 bis 5/1970, rel. 1982
Eine Zusammenstellung verschiedener Live-Aufnahmen der beiden Experience-Besetzungen. Bis dato offiziell unveröffentlichtes Material.

- **Jimi Hendrix Experience: Live in Winterland**
Rec. 10.-12.10.1968, rel. 1982
Aufnahmen aus der Winterland Arena in San Francisco; eine
Auswahl aus über sieben Stunden Material, die auch als Bootlegs
vorliegen.

- **Jimi Hendrix: The Singles**
Rec. 1966-70, rel. 1983
Zusammenstellung aller regulären Single-Veröffentlichungen der
Experience und der Band Of Gypsys.

- **Jimi Hendrix: Kiss The Sky**
Rec. 1967-69, rel. 1984
Compilation vom Label Reprise, alles bekanntes Material.

- **Jimi Hendrix: Jimi Plays Monterey**
Rec. 18.06.1967, rel. 1986
Erstmalige Veröffentlichung der kompletten Aufnahmen von Hendrix'
US-Premiere beim Monterey-Festival 1967 mit der ersten
Experience-Besetzung.

- **Jimi Hendrix: Band Of Gypsys 2**
Rec. 1969/70, rel. 1986
Live- und Studioaufnahmen der Band mit Billy Cox und Buddy Miles.

- **Jimi Hendrix Experience: Radio One**
Rec. 1967, rel. 1989
Es handelt sich hierbei um die berühmten BBC Tapes, die, klanglich
überarbeitet, einen interessanten Einblick in die frühe Arbeit der
Experience bieten. Live im Radio-Studio der BBC aufgenommen!

- **Jimi Hendrix Experience: On The Killing Floor**
Rec. 09.01.1969, rel. 1989
Live-Aufnahmen aus dem Konserthuset in Stockholm.

- **Jimi Hendrix: Live & Unreleased. The Radio Show**
Rec. 1964-70, rel. 1989
Auf fünf LPs ist hier eine Radiosendung von Bruce Gary veröffentlicht, die einen Einblick in bisher unveröffentlichte beziehungsweise schwer zugängliche Aufnahmen von Hendrix ermöglicht. Die Zeit vor 1967 ist hier genauso berücksichtigt wie die Experience und die späteren Electric Ladyland Studio Experimente.

- **Jimi Hendrix: Stages**
Rec. 1967-70, rel. 1991
Das Boxset ,Stages' enthält vier CDs mit Live-Aufnahmen von 1967 (in Stockholm), '68 (Paris), '69 (San Diego) und '70 (in Atlanta, zwei Monate vor Jimis Tod. Als Bootlegs lange bekannt, hier zum ersten Mal legal erhältlich.

- **Jimi Hendrix Experience: Stockholm Concert**
Rec. 09.01.1969, rel. 1992
Auch diese als Doppel-CD veröffentlichte Live-Aufnahmen stammen aus dem Konserthuset in Stockholm: Ein überwiegend gut klingender Mitschnitt.

THE NEW AGE

Sehr positiv entwickelt hat sich die Situation der Hendrix-Familie, die seit Mitte der 90er-Jahre endlich am Nachlass ihres verstorbenen Bruders und Sohnes partizipiert. Die von ihr betriebene Firma Experience Hendrix, L.L.C. verwaltete alle möglichen Namens- und Urheber-Rechte und 100 Prozent der Musik von Jimi Hendrix. Gegründet wurde sie 1995 von Al Hendrix (*1919 +2002), Jimis Vater. Nach dessen Tod stritten sich Jimis Bruder Leon und seine Stiefschwester Janie um den Nachlass. Janie Hendrix leitet heute gemeinsam mit Jimis Cousin Robert Hendrix die Firma Experience Hendrix LLC. Interessanter ist, dass seit 1995 wieder eine Menge wirklich guter Hendrix-Aufnahmen offiziell veröffentlicht oder auch überarbeitet und/oder ergänzt wiederveröffentlicht wurden. Mehr als 20 Alben beziehungsweise Box-Sets waren das bisher, plus 14 von Dagger Records veröffentlichte Live-Bootlegs und Studio-Material. Das offizielle Bootleg-Label des Unternehmens Experience Hendrix hat diese klanglich teils grenzwertigen Produkte immer etwas im Hintergrund gehalten. Hardcore-Fans wussten natürlich schnell Bescheid, und die Infos zu den einzelnen Veröffentlichungen auf daggerrecords.com sind detailliert. Keine Abzocke also – trotzdem sind die Dagger-Releases hier extra gekennzeichnet.
Damit, dass es von Jimi Hendrix auch nach seinem 80. Geburtstag im November 2022 noch mal was Sensationelles aus den Archiven geben würde, war fast nicht mehr zu rechnen. Doch die Hendrix-Familie hat in der Hinsicht noch dreimal überrascht. Aber langsam müsste auch ihr das Material ausgehen. Hoffen wir mal, dass sie nicht mit Hilfe von Künstlicher Intelligenz an neuen Werken arbeitet ... Joke!

• Blues (1994)
Elf am Blues orientierte Hendrix-Aufnahmen, die zwischen 1966 und 1970 überwiegend im Studio und mit verschiedenen Band-Besetzungen eingespielt wurden. In der Deluxe-Version von 2010 mit informativem Booklet und Doku-DVD, die Interviews mit diversen Blues-Größen und einige Konzertmitschnitte der Band Of Gypsys und der Jimi Hendrix Experience enthält.

- **First Rays Of The New Rising Sun (1997)**
Diese zwischen 1968 und 1970 entstandenen 17 Songs waren von Hendrix für eine Doppel-LP geplant, aus der aber nur das posthum erschienene Album ‚Cry Of Love' wurde. Aufgenommen hatte Hendrix überwiegend mit Experience-Drummer Mitch Mitchell und Band-Of-Gypsys-Bassist Billy Cox, teilweise in den Electric Lady Studios in New York City.

- **South Saturn Delta (1997)**
Rare Alternativ- und Demo-Versionen, auch Fragmente. Hier erlebt man, wie Hendrix im Studio an seinen Songs gearbeitet hat. Für Fans. Ein Booklet-Foto zeigt übrigens Hendrix im Studio mit vier Bläsern, vermutlich bei der Aufnahme des Titel-Tracks. Nein, es waren also einigermaßen sicher nicht die Brecker Brothers, die man darin hört, denn die hier zu sehenden Herren sind alle dunkelhäutig.

- **Experience Hendrix: The Best Of Jimi Hendrix (1997)**
Eine Compilation mit den Studio-Klassikern.

- **BBC Sessions (1998)**
Ursprünglich teilweise mal als Doppel-LP ‚Radio One' veröffentlicht; wirklich hörenswerte Aufnahmen!

- **The Jimi Hendrix Experience: Live At The Oakland Coliseum (1998 Dagger Records).**
Das Konzert vom 27. April 1969 in California featured beim letzten Stück Jefferson-Airplane-Bassist Jack Casady.

- **The Jimi Hendrix Experience: Live At Clark University (1998 Dagger Records).**
Konzert aus Worcester, Massachusetts vom 15 März 1968.

- **Merry Christmas And A Happy New Year (1999)**
3-Track-Single; X-mas-Gimmick mit ‚Little Drummer Boy / Silent Night / Auld Lang Syne'

● Live At The Fillmore East (1999)

Eine weitere Veröffentlichung mit Band-Of-Gypsys-Mitschnitten, die als Bootlegs schon seit den 70ern kursierten.

● Live At Woodstock / (1999)

Der komplette Festival-Gig als 2CD & 2DVD-Set

● The Jimi Hendrix Experience (2000)

Kultige und bis heute hervorragende 4CD-Box, die überwiegend bis dahin Unveröffentlichtes präsentierte. Von Hendrix' Auftritt im Oktober 1966 im Pariser Olympia – als Opener für den französischen Rocker Johnny Halliday – über Studio-Outtakes und Probeaufnahmen bis zu Mitschnitten vom Isle Of Wight Festival, wenige Wochen vor seinem Tod. Dazu gibt's diskografische Information zu den 56 Tracks, Fotos, handschriftliche Textauszüge – und das alles in Hardcover-Buchform mit lila Samtumschlag. Mit unverschämten DM 150,- war diese Veröffentlichung damals nicht gerade billig, aber faszinierend schön gemacht – und daher ihren Preis wert. Heute ist sie ein teures Sammlerstück.

● Morning Symphony Ideas (2000 Dagger Records).

Studio- und Homerecording-Aufnahmen von 1969/70.

● The Jimi Hendrix Experience: Live In Ottawa (2001 Dagger Records).

Zweispur-Mischpult-Mitschnitt vom 19. März 1968 im Capital Theater in Ottawa, Canada.

● Voodoo Child: The Jimi Hendrix Collection (2001)

Studio- und Live-Klassiker auf zwei CDs.

● Blue Wild Angel: Live At The Isle Of Wight (2002)

Elf Tracks vom legendären UK-Festival im August 1970 – die DVD-Version bietet alle 15 Titel dieses Gigs. Gegenüber der LP-Version von 1971 klingt diese CD um Klassen besser; da hat Eddie Kramer wirklich alles rausgeholt.

- **Jimi Hendrix: The Baggy's Rehearsal Sessions (2002 Dagger Records).**
Zweispur-Probenmitschnitte der Band Of Gypsys vom Dezember 1969, vor ihren legendären Fillmore-East-Konzerten.

- **Martin Scorsese Presents The Blues: Jimi Hendrix (2003)**
Compilation mit zehn Tracks, zwei davon bisher unveröffentlicht.

- **Axis Outtakes (2003)**
Bootleg-Alarm: Da war der Hendrix-Family aber was durchgegangen. Auf "Purple Haze Records" im Vertrieb von Soulfood erschienen die klanglich teils weniger prickelnden ‚Axis Outtakes' mit Alternativ-Aufnahmen des Albums ‚Axis: Bold As Love'. Zwei CDs mit roughem Rohmaterial, das nie die Kraft der offiziell veröffentlichten Aufnahmen erreicht. "Dafür bekommt der Hardcore-Fan eine Menge abgedrehter Hendrix-Sounds zu hören, die allerdings alle schon mal (teils auf Bootlegs) in Umlauf waren. Sicherlich interessantes Material, aber wirklich keine Einstiegsdroge, um die Bedeutung dieses Musikers zu verstehen.

- **Live At Berkeley (2003)**
Das Album liefert Aufnahmen vom 30. Mai 1970, eingespielt mit Band-Of-Gypsys-Bassist Billy Cox und dem jazzigen Mitch Mitchell am Schlagzeug.

- **The Jimi Hendrix Experience: Paris 1967 / San Francisco 1968 (2003 Dagger Records)**
Zweispur-Live-Aufnahme von einem französischen Radiosender, wo die JHE am 09. Oktober 1967 als Support-Act von Johnny Hallyday auftrat. Die Mitschnitte aus The Winterland Ballroom und Fillmore Auditorium in San Francisco fanden vom 01. bis zum 04. Februar 1968 statt.

- **Jimi Hendrix: Hear My Music (2004 Dagger Records).**
Instrumental-Versionen und Outtakes verschiedener neuer Tracks aus dem ersten Halbjahr 1969, inklusive einer Solo-Gitarrennummer und Jimi am Piano.

- **The Jimi Hendrix Experience: Live At The Isle Of Fehmarn (2005 Dagger Records).** Der letzte offizielle Live-Auftritt der Jimi Hendrix Experience vom 06. September 1970, beim Love & Peace Festival auf der norddeutschen Insel Fehmarn. Leider in schlechter Tonqualität.

- **Jimi Hendrix: Burning Desire (2006 Dagger Records).** Session-Mitschnitte von 1969/70 mit Bassist Billy Cox und Drummer Buddy Miles: Tracks wie ‚Ezy Ryder‘, ‚Cherokee Mist‘, ‚Villanova Junction Blues‘, ‚Izabella‘ und ‚Burning Desire‘ im Rohzustand.

- **The Jimi Hendrix Experience: Live 1967/1968/Paris/Ottawa (2008 Dagger Records).** Insgesamt 19 Tracks vom 09. Oktober 1967 und vom 29. Januar 1968 aus dem Olympia Theater in Paris, und vom 18. März 1968 aus dem Capitol Theatre in Ottawa, Canada.

- **Paris/Ottawa 1968 (2008).** 12 Tracks aus dem L'Olympia Theatre in Paris vom 29. Januar 1968, und aus dem Capitol Theatre in Ottawa, vom 19. März 1968.

- **The Jimi Hendrix Experience: Live At Woburn (2009 Dagger Records) .** Mischpult-Mitschnitt vom englischen Woburn Music Festival vom 06. Juli 1968.

- **Valleys Of Neptune (2010)** Den Gesamt-Sound der hier vorliegenden Studioaufnahmen finde ich gewöhnungsbedürftig, die Vocals oft indirekt. Dafür entdeckt man an jeder Ecke & Kante scharfe Gitarren-Licks, keine Frage. Aber gesamtmusikalisch bieten diese frisierten Jams und zusammengebastelten Tracks leider nichts Neues.

- ***West Coast Seattle Boy* (2010)** Die Deluxe-Box ‚West Coast Seattle Boy. The Jimi Hendrix Anthology‘ präsentiert auf vier CDs und einer DVD insgesamt rund 250 Minuten rares, teils offiziell unveröffentlichtes Hendrix-Material, sowohl vom frühen Sideman Hendrix, als auch vom erfolgreichen Popstar der letzten Jahre seines Lebens. Gute Compilation.

● **Winterland (2011)**
Und noch mal Winterland: 35 Songs auf acht LPs oder vier CDs von den legendären Konzerten vom 10.-12. Oktober 1968 in San Francisco, das in wirklich guter Tonqualität. Insbesondere das dritte Konzert ist umwerfend, vor allem die Version von Dylans ‚Like A Rolling Stone'. Auf CD4 finden sich weitere Tracks aus diesen Shows, plus ein Interview mit Hendrix.

● **The Jimi Hendrix Experience: Live In Cologne (2012 Dagger Records).** Aufnahme vom 13. Januar 1969 aus der Sporthalle in Köln, Germany.

● **People, Hell And Angels (2013)**
Ein tolles DigiPak, ein 24-seitiges Booklet mit vielen Fotos und detaillierten Informationen zu den Aufnahmen – und 12 Tracks von Jimi Hendrix, die man (zumindest so) noch nicht gehört hat. Überwiegend entstanden die hier zu erlebenden Aufnahmen 1969 mit Billy Cox (b) und Mitch Mitchell oder Buddy Miles am Schlagzeug und zeigen Hendrix einmal mehr als beeindruckenden, bluesigen Rocker mit cooler Stimme. Überzeugen kann er auch in ‚Easy Blues', einem unglaublich swingenden Track aus der Woodstock-Zeit (August 1969) mit Larry Lee an der Rhythmusgitarre. Hier lernt man mal wieder den Jazz-Rocker Hendrix kennen, der er ja auch sein konnte. Denn Open-Mindedness bedeutete für Meister James Marshall Hendrix schließlich auch Liebe zur Musik in all ihren Facetten: Sound, Soul, Funk, Rock, Blues, Jazz, Groove, Swing, Improvisation, Collage, Song, Experimente ohne Netz. Diese erstveröffentlichen Aufnahmen sind Studio-Live-Mitschnitte, die wohl mal als Basic-Tracks gedacht waren, eventuell auch sehr gelungene Probedurchläufe. Sollte man gehört haben!

● **Miami Pop Festival (2013)**
Mitschnitt vom 18. Mai 1968, in der originalen Experience-Besetzung mit Mitch Mitchell (dr) und Noel Redding (b). Und keine Frage, diese Live-Aufnahmen von ‚Hear My Train A Comin'', ‚Tax Free', ‚Fire' und eine unglaublich scharf arrangierte Version von ‚Hey Joe' – das alles zeigt schon die Weltklasse dieses Musikers, auch wenn sein Gesang an diesem Abend nicht immer optimal war.

- **Freedom: Atlanta Pop Festival (2015)**
Der Sound der 16 Live-Tracks vom 04. Juli 1970 ist großartig. Zur Experience gehörten damals neben Sänger, Entertainer & Gitarrist Hendrix, Bassist Billy Cox und Drummer Mitch Mitchell. Und was dieses prototypische Power-Trio hier zeigt, ist schlicht gesagt umwerfend. Das insbesondere, weil hier auch live seltener gehörte, in den Studio-Versionen vielschichtig angelegte Stücke zu hören sind, wie ‚Spanish Castle Magic' und ‚Room Full Of Mirrors' Großartig!

- **Machine Gun: The Fillmore East First Show 12/31/1969 (2016)**
Eine weitere Veröffentlichung mit Band-Of-Gypsys-Mitschnitten, die als Bootlegs schon seit den 70ern kursierten.

- **Curtis Knight feat. Jimi Hendrix: Live At George's Club 20 1965 & 1966 (2017)**
Altbekannte Club-Aufnahmen vom 26. Dezember 1965 und 22. Januar 1966, mit Hendrix als Sideman.

- **Both Sides Of The Sky (2018)**
‚Both Sides Of The Sky', mit seinen 13 zwischen 1968 und 1970 entstandenen Studioaufnahmen, ist eine gelungene Veröffentlichung: Brauchbarer Sound, interessantes Repertoire, coole Line-ups und eine wirklich sehr schön aufgemachte CD-Verpackung mit Foto-Booklet.
Neben der Band Of Gypsys hört man hier auch Einspielungen mit Johnny Winter, Lonnie Youngblood und drei sehr interessante instrumentale Duo-Aufnahmen/Outtakes von Hendrix mit Drummer Mitch Mitchell beziehungsweise Buddy Miles. Lohnt sich alleine schon wegen ‚Things I Used To Do' mit Johnny Winter und dem abgedrehten Finale: Im instrumentalen ‚Cherokee Mist', vom 02. Mai 1968 aus dem Record Plant, New York, ist Hendrix an E-Gitarre und Sitar zu hören, begleitet wird er nur von Drummer Mitch Mitchell. Verrückte Nummer!
Etwas nachdenklich macht mich der Track ‚$20 Fine', denn die hier zu hörende Gitarre klingt eigentlich absolut nicht nach Hendrix. Oder Jimi hatte einen sehr schlechten Tag ...

- **Songs For Groovy Children: The Fillmore East Concerts (2019)**
Großartige kleine 5CD-Box mit fast allen Live-Aufnahmen der Band Of Gypsys aus dem Fillmore East 1969/70.

- **No Business: The PPX Sessions Vol. 2 by Curtis Knight & The Squires (2020)**
Aufnahmen von Hendrix als Sideman von Curtis Knight (im Oktober 1965). Damals unterzeichnete er einen dubiosen Künstlervertrag mit Produzent Ed Chalpin, der sich nach Hendrix Rückkehr aus UK bei dem neuen Superstar meldete. Mit einer erneuten Session mit Knight versuchte Hendrix am 17. Juli 1967 aus dem Vertrag zu kommen. Aus diesen und den alten Aufnahmen generierten Knight und Chalpin jede Menge "Hendrix-Tracks", die mehr oder weniger Mogelpackungen waren. Außerdem ist Hendrix bei Aufnahmen aus dieser Session im Gespräch mit Chalpin zu hören, wo er darauf besteht, dass diese Tracks eben nicht unter seinem Namen veröffentlicht werden sollten. Chalpin tat das Gegenteil, lizensierte in der Folgezeit das Material an zig Labels weltweit, die damit über hundert verschiedene "Hendrix-Alben" auf den Markt brachten!

- **Jimi Hendrix Experience: Live In Maui (2020)**
Hendrix (g/voc), sein alter Freund und Band-Of-Gypsys-Kollege Billy Cox (b) sowie Ur-Experience-Mitglied Mitch Mitchell (dr) live bei ihrem Besuch in Hawaii, Ende Juli 1970; bei Bedarf auch im 5.1-Surround-Mix. Die Dokumentation von John McDermott, die man zu dem 2CD- oder 3LP-Vinyl-Set mit Live-Aufnahmen auf einer beiliegenden Blu-ray bekommt, heißt "Music, Money, Madness ... Jimi Hendrix In Maui", und ist wirklich sehenswert.

- **Jimi Hendrix Experience: Los Angeles Forum – April 26, 1969 (2022)**
Hardcore-Fans und Sammlern mit Komplettierungs-Ambitionen sind die Hendrix-Aufnahmen vom 26. April 1969 aus dem Los Angeles Forum zumindest auszugsweise bekannt. Jetzt gibt es sie endlich offiziell und angemessen präsentiert als 2LP- oder 2CD-Set sowie in digitalen Formaten. Der Veröffentlichungstermin hat natürlich mit dem 27. November 2022 zu tun, an dem Jimi Hendrix 80 Jahre alt

geworden wäre. Schön, dass es dieses Konzert der originalen Experience-Besetzung mit Drummer Mitch Mitchell und Bassist Noel Redding jetzt endlich in gut klingender Audio-Qualität in voller Länge gibt. Die Setlist ist typisch für Konzerte dieser Phase, die Umsetzung aber spannend und sie wirkt oft einigermaßen spontan – auf das knackige ‚Foxey Lady' folgt der Blues ‚Red House', mit ‚Tax Free' ist ein gecovertes Instrumental zu hören, und eine Interpretation der US-Nationalhymne ist ebenfalls im Angebot. "Jetzt kommt ein Song, mit dem man uns alle gehirngewaschen hat", kündigte Hendrix diesen Track in Los Angeles an, das seit den Watts-Riots von 1965 immer wieder mit Protesten gegen den Rassismus konfrontiert war. Die vier Monate später vor dem fast leeren Woodstock-Areal gespielte Version von ‚Star Spangled Banner' war also keine Premiere oder Revolution – sie wurde nur durch den Film zum Festival ein Politikum. Und teilweise überinterpretiert.

Als Support der Jimi Hendrix Experience waren bei dem Konzert in Los Angeles Chicago Transit Authority gebucht (die sich bald in Chicago umbenennen sollten) und auch Cat Mother & The All Night Newsboys, die wie die Jimi Hendrix Experience von Michael Jeffrey gemanagt wurden. Sitzplätze für dieses Event kosteten damals 6,50 Dollar, was einem heutigen Preis von knapp 50 Dollar entsprechen würde.

Die Show im L.A.-Forum endet (nach coolen Versionen von ‚Spanish Castle Magic' und ‚I Don't Live Today') mit ‚Voodoo Child (Slight Return)' und, darin eingearbeitet, Creams Hit ‚Sunshine Of Your Love'. Fazit: Ein gelungenes Hendrix-Konzert, eine Jam-freudige Band, eine brauchbare Aufnahme. Absolute Empfehlung!

● **Jimi Hendrix Experience: Hollywood Bowl August 18, 1967 (2023)**
Dieser bisher unbekannte Live-Mitschnitt entstand in der Woche vor der Veröffentlichung des Hendrix-Debüt-Albums ‚Are You Experienced' in den USA – die Band war also immer noch relativ unbekannt in Amerika. Zu diesem Zeitpunkt waren Hendrix, Mitchell und Redding bereits zehn Monate durch England und Kontinentaleuropa getourt. In Los Angeles waren sie Opener: die meisten der knapp 17000 Konzertbesucher waren nämlich wegen The Mamas and The Papas gekommen.

Warum ausgerechnet von dieser Hendrix-Show, zwei Monate nach dem legendären Monterey-Auftritt, über die Jahrzehnte noch nicht mal ein Bootleg auftauchte, bleibt ein Rätsel. Zu hören sind die Tracks ‚Sgt. Pepper's Lonely Hearts Club Band‘, ‚Killing Floor‘, ‚The Wind Cries Mary‘, ‚Foxey Lady‘, ‚Catfish Blues‘, ‚Fire‘, ‚Like A Rolling Stone‘, ‚Purple Haze‘ und ‚Wild Thing'.

- **Jimi Hendrix: Electric Lady Studios – A Jimi Hendrix Vision (09/2024)**
Dieses eigentlich schon für das Frühjahr 2022 angekündigte 3-CD- bzw. 5-LP-Box-Set wurde von Experience-Hendrix-Präsidentin Janie Hendrix, George Scott und John McDermott produziert. 38 bisher regulär unveröffentlichte Studio-Tracks der Jimi Hendrix Experience, die zwischen Juni und August 1970 eingespielt wurden, kann man hier entdecken. Weiteres Audio-Material liefert die jeweils zum Box-Set gehörende Blu-ray: 20 neue 5.1-Surround-Mixe von Hendrix' Album-Projekt ‚First Rays Of The New Rising Sun‘, darunter Klassiker wie ‚Freedom‘, ‚Dolly Dagger‘, ‚Angel‘, ‚Valleys Of Neptune‘, ‚Lover Man‘ und ‚Pali Gap' sind ein Erlebnis.
Auf der Blu-ray findet man außerdem den Dokumentarfilm "Electric Lady Studios: A Jimi Hendrix Vision", der die Entstehungsgeschichte des legendären Tonstudios nachzeichnet, unter anderem anhand von Interviews mit Steve Winwood, Eddie Kramer, Mitch Mitchell, Billy Cox sowie einigen Electric-Lady-Studio-Mitarbeitern, die an Hendrix' Arbeit beteiligt waren. Ein Booklet bietet bisher unveröffentlichtes Fotomaterial, handschriftliche Song-Entwürfe und viele Details zu den Aufnahmen. Es bleibt spannend!

PROMOTION RECORDS & DEMO ACETATES

Die im Allgemeinen in den 1960er-Jahren für die Werbung bei der Fachpresse und den Rundfunkstationen bestimmten Promotion-Records und Demo-Acetates, also Anpressungen der Original-Alben oder -Singles, nehmen eine Sonderstellung im Plattenmarkt ein. Sie sind zwar vom Künstler und der Industrie autorisiert (im Gegensatz zu den Bootlegs), soll(t)en aber in der Regel nicht an die Endverbraucher gelangen. Für Sammler & Fans sind diese äußerst seltenen Exemplare natürlich begehrte Objekte, da manche darauf zu findenden Tracks sogar zum Teil anders nicht veröffentlicht wurden. Hier eine Auflistung von Hendrix' offiziellen Werbeplatten:

● **Little Miss Lover (1967)** Bei dieser Single ist nur eine Seite bespielt; Mono-Aufnahme.

● **Purple Haze / Interview Hendrix (1967)**

● **Foxey Lady / Interview Noel Redding (1967)**

● **The Stars That Play With L.S.D. (1967)** Bei dieser nur einseitig bespielten Single handelt es sich um eine Werbe-Anpressung in Zusammenarbeit mit der Bell Sound Studios Inc. Eine ähnliche Produktion soll es von der Mayfair Rec. Studio Inc. aus der gleichen Zeit geben.

● **Dream / Dance (1968)** Auf diesen Aufnahmen sind Noel Redding und Mitch Mitchell als Sänger zu hören. Die beiden Titel sind nicht auf anderen Platten veröffentlicht worden.

● **Electric Hendrix (1968)** Bei dieser Promo-LP handelt es sich um eine seltene Veröffentlichung eines Querschnitts von Hendrix-Aufnahmen der damaligen Zeit. Diese Platte erschien kurz vor der Doppel-LP ‚Electric Ladyland'.

- **House Burning Down / Burning Of The Midnight Lamp (1968)**
Der Titel ‚House Burning Down' ist in dieser Version auf keiner anderen Veröffentlichung zu finden.

- **Auld Lang Syne / Little Drummer Boy (1969)** Eine Promo-Single der Band Of Gypsys, vermutlich als Vorbereitung der LP-Veröffentlichung. Wurde später auch mehrfach regulär auf Vinyl und CD veröffentlicht.

- Von folgenden Titeln ist bekannt, dass sie als Demo-Acetate existieren: **Angel, Blue Suede Shoes, Dolly Dagger, EXP, Fire, Foxey Lady, Hey Joe, I Don't Live Today, In From The Storm, Little Wing, Peace In Mississippi, Somewhere Over The Rainbow, Stepping Stone, Freedom.**

BOOTLEG CLASSICS

Bei den hier gelisteten Aufnahmen handelt es sich um echte Bootleg-Klassiker, die es schon im analogen Zeitalter, also lange vor Youtube & Co., gab. Es geht hier um teilweise private Tonbandmitschnitte von öffentlichen Auftritten, Radioübertragungen und Fernsehsendungen. Viele der mittlerweile regulär veröffentlichten Live-Aufnahmen waren Hardcore-Fans und Sammlern schon lange von solchen Tapes oder Bootleg-LPs bekannt. Sie wurden quasi nachträglich legalisiert, und so wurde dem illegalen Markt das Wasser abgegraben, und der zahlende Fan bekam klanglich überarbeitete Konzertmitschnitte. Das ist gut so, zumal es den frühen Hendrix-Sammlern ja meist um die Aufnahmen, die Musik an sich, ging, weniger um die raren Tonträger. In diesem Zusammenhang einmal mehr großen Dank an Dietmar Schmischke für Material, Information und Inspiration.

1967

- 19.01.1967 Top Of the Pops, BBC TV (3 min.) mit den Breakaways (Backing Vocals)
- 04.02.1967 Flamingo Club, London (46 min.)
- 13.02.1967 Saturday Club, BBC Radio (15 min.)
- 02.03.1967 Marquee Club, London (6 min.)
- 18.03.1967 Radio Studio Hamburg (17 min.)
- 28.03.1967 Saturday Club, BBC Radio (15 min.)
- 30.03.1967 Top Of the Pops, BBC TV (5 min.) 4/1967 Late Night Line Up, BBC TV (5 min.)
- 10.05.1967 Top Of the Pops, BBC TV (5 min.)
- 11.05.1967 Music Hall Of France, frz. TV, Paris (5 min.)
- 18.05.1967 Beat Beat Beat, TV, Stadthalle Offenbach (10 min.)
- 24.05.1967 Pop Side, TV Stockholm (4 min.)
- 24.08.1967 Top Of the Pops, BBC TV (5 min.)
- 04.09.1967 Stora Scenen, Gröna Lund, Stockholm (17 min.)
- 05.09.1967 Studio 4, Radiohuset Stockholm (32 min.)
- 06.10.1967 Top Gear, BBC Radio (25 min.)
- 09.10.1967 Musicorama, Olympia Paris (47 min.)
- 17.10.1967 Rhythm and Blues, BBC Radio (15 min.) mit Alexis Korner.
- 10.11.1967 Vitus Studio, Bussum NL (24 min.)
- 25.11.1967 Opera House Blackpool GB (20 min.)
- 15.12.1967 Top Gear, BBC Radio (25 min.)
- 22.12.1967 Christmas on Earth Continued, Olympia London (10 min.)

1968

- 07.01.1968 Tivoli, Kopenhagen (42 min.)
- 29.01.1968 Musicorama, Olympia Paris (55 min.)
- 03.02.1968 Winterland Arena, San Francisco (52 min.)
- 14.02.1968 Regis College Fieldhouse, Denver, Colorado
- 16.02.1968 State Fair Music Hall, Dallas (50 min.)
- 17.02.1968 Will Rogers Audit., Dallas (55 min.)
- 18.02.1968 Houston Music Hall, Houston, Texas

- 25.02.1968 Civic Opera House, Chicago (32 min.)
- 10.03.1968 Int. Ballroom, Hilton Hotel, Washington (36 min.)
- 03/1968 Hotelzimmer, New York (15 min.)
- 13.03.1968 The Scene Club, New York (55 min.) Jams unter anderem mit Jim Morrison, Johnny Winter, Buddy Miles und anderen.
- 15.03.1968 Atwood Hall, Worcester USA, (20 min.) Live at Clark University
- 17.03.1968 Cafe au Gogo, New York (90 min.); Jams mit Paul Butterfield, Elvin Bishop, Harvey Brooks, Herbie Rich, Buddy Miles und anderen.
- 17.03.1968 Capitol Theatre, Ottawa, Canada
- 02.04.1968 Paul Sauve Arena, Montreal (46 min.)
- 07.04.1968 Generation Club, New York (5 min.) Jam mit Roy Buchanan und Buddy Guy.
- 04/1968 Ungano' s New York (95 min.) Jams mit B.B. King, Elvin Bishop, Paul Butterfield, Al Kooper und anderen.
- 30.05.1968 Hallenstadion Zürich (54 min.)
- 05.06.1968 Dusty Springfield TV Show, ATV, GB (13 min), Duett Hendrix/Springfield: ‚Mocking Bird'
- 06.07.1968 Live at Woburn Festival in Woburn, Bedfordshire, UK
- 04.08.1968 Coliseum, Houston (47 min.)
- 11.08.1968 Col Ballroom, Davenport (45 min.)
- 15.08.1968 Merriweather Post Pavilion, Columbia (42 min.)
- 23.08.1968 New York Rock Festival, Flushing Meadows Park (55 min.)
- 14.09.1968 Hollywood Bowl, L.A. (70 min.)
- 10.10.1968 Winterland Arena, San Francisco (130 min.); ein Titel mit Jack Casady (b)
- 11.10.1968 Winterland Arena, San Francisco (150 min.) mit Virgil Gonsales (fl), Herbie Rich (org)
- 12.10.1968 Winterland Arena, San Francisco (135 min.)
- 02.11.1968 Minneapolis Audit. (35 min.)
- 16.11.1968 Boston Garden (42 min.)
- 28.11.1968 An Electric Thanksgiving, Phil. Hall N.Y. (64 min.)
- 01.12.1968 Coliseum Chicago (68 min.)
- 12.12.1968 Rock' n' Roll Circus, BBC TV (10 min.) ‚Yer Blues' mit John Lennon, Yoko Ono, Eric Clapton, Keith Richards und Mitch Mitchell.

1969

- 04.01.1969 Happening for Lulu, BBC TV (10 min.)
- 08.01.1969 Lorensberg Cirkus, Gothenburg (26 min.)
- 09.01.1969 Konzerthuset Stockholm (123 min.)
- 10.01.1969 Falkoner Centret, Kopenhagen (68 min.)
- 11.01.1969 Musikhalle Hamburg (63 min.)
- 13.01.1969 Sporthalle, Cologne, Germany
- 16.01.1969 Meistersingerhalle Nürnberg (53 min.)
- 17.01.1969 Jahrhunderthalle Frankfurt (62 min.)
- 19.01.1969 Liederhalle Stuttgart (35 min.)
- 22.01.1969 Konzerthaus Wien (83 min.)
- 23.01.1969 Sportpalast Berlin (44 min.)
- 18.02.1969 Royal Albert Hall, London (93 min.)
- 24.02.1969 Royal Albert Hall, London (120 min.); ein Titel mit Chris Wood, Dave Mason und Rocky Dzidzornu
- 03/1969 Hendrix' Appartement in London (35 min.)
- 12.04.1969 Spectrum Philadelphia (65 min.)
- 18.04.1969 Coliseum Memphis (46 min.)
- 20.04.1969 Memorial Audit. Dallas (56 min.)
- 22.04.1969 Pop Expo/Tennage Fair, Hollywood (10 min.), Jams mit Delaney & Bonnie
- 26.04.1969 L.A. Forum (83 min.)
- 27.04.1969 Live at the Oakland Coliseum, Oakland, California
- 02.05.1969 Cobo Hall, Detroit (34 min.)
- 03.05.1969 Maple Leaf Gardens, Toronto (78 min.)
- 16.05.1969 Civic Center, Baltimore (57 min)
- 17.05.1969 Road Island Arena, Providence (62 min.)
- 18.05.1969 Madison Square Garden N.Y. (70 min.)
- 24.05.1969 Sports Arena San Diego (63 min.)
- 25.05.1969 San Jose Pop Festival, Santa Clara CA, (66 min.)
- 20.06.1969 Newport Pop Festival, CA (60 min.)
- 22.06.1969 Newport Pop Festival, CA. (56 min.) Jams mit Musikern von Mother Earth und Buddy Miles.
- 29.06.1969 Denver Pop Festival, Denver, Colorado
- 10.07.1969 Tonight Show NBC TV, N.Y. (9 min.)
- 08/1969 Dick Cavett Show, ABC TV N.Y. (15 min.); Hendrix spielt mit der Studio-Band

- 08/1969 Hendrix' House N.Y. (85 min.) mit Larry Lee & Juma Sultan.
- 10.08.1969 Tinker Street Cinema, Woodstock (39min.)
- 14.08.1969 Hendrix' House N.Y.(22 min.)
- 18.08.1969 Woodstock Festival (115 min.)
- 05.09.1969 United Block Association 135th Street Benefit, Harlem N.Y. (25 min.)
- 08.09.1969 Dick Cavett Show, ABC TV N.Y. (15 min.)
- 18.09/1969 Hendrix' House N.Y. (35 min.) mit Juma Sultan
- 19.09.1969 Hendrix' House (120 min.) mit Juma Sultan & Mike Ephron
- 31.12.1969 Fillmore East N.Y. (171 min.)

1970

- 01.01.1970 ebda. (123 min.) (LP: Band Of Gypsys I & II)
- 21.01.1970 Hendrix' Apartment N.Y. (55 min.)
- 28.01.1970 Madison Square Garden N.Y. (17 min.)
- 25.04.1970 Los Angeles Forum, Inglewood, California (80 min.)
- 26.04.1970 Cal Expo, Sacramento (50 min.)
- 01.05.1970 Milwaukee Auditorium (60 min.)
- 02.05.1970 Dane County Memorial Coliseum Madison (80 min.)
- 08.05.1970 University Of Oklahoma, Norman (65 min.)
- 10.05.1970 San Antonio Hemisphere Arena (65 min.)
- 16.05.1970 Temple University Stadium, Philadelphia (50 min.)
- 30.05.1970 Berkeley Community Theatre (170 min.)
- 07.06.1970 Assembly Center Arena, Tulsa, Oklahoma
- 10.06.1970 Roberts Municipal Stadium Evansville (67 min.)
- 13.06.1970 Civic Centre Baltimore, Baltimore, Maryland (71 min.)
- 20.06.1970 Swing Auditorium San Bernadino (38 min.)
- 27.06.1970 Boston Garden (57 min.)
- 04.07.1970 Second Atlanta Int.Pop Festival (90 min.)
- 17.07.1970 New York Pop, Randall' s Island N.Y. (55 min.)
- 26.07.1970 Sicks Stadium Seattle (77 min.)
- 30.07.1970 Rainbow Bridge Vibratory Color/Sound Experiment Haleakala Crater, Maui, Hawaii (105 min.)
- 30.08.1970 Isle Of Wight Festival GB (110 min.)
- 31.08.1970 Stora Scenen, Gröna Lund, Stockholm (100 min.)

- 01.09.1970 Stora Scenen, Liseberg, Gothenburg (82 min.)
- 02.09.1970 Arhus, Dänemark (24 min.)
- 03.09.1970 K.B. Hallen, Kopenhagen (99 min.)
- 04.09.1970 Superconcert 70, Berlin (60 min.)
- 06.09.1970 Love and Peace Festival, Fehmarn BRD (77 min.)
- 16.09.1970 Ronnie Scott' s Club, London (39 min.) Jams mit Eric Burdon & War

STUDIO JAMS

Etliche Stunden unveröffentlichten Studio-Materials kursierten jahrzehntelang auf dem Schwarzmarkt. Dabei handelte es sich im Wesentlichen um Alternate-Takes von bekannten, auf Platte vorliegenden Stücken. Ich beschränke mich hier auf einige legendäre, sagenumwobene Aufnahmen, die inzwischen teilweise offiziell veröffentlicht wurden.

Produzent Alan Douglas (*1931 +2014) besaß nach eigenen Angaben noch über 700 bis 800 Stunden Bandmaterial aus Hendrix-Sessions. "Es gibt aber nicht mehr so viel Material, das zu verwerten wäre, vieles ist zu alt oder soundmäßig unbrauchbar." Vielleicht fiel auch deswegen eine von Douglas seit Jahren geplante LP mit Aufnahmen einer Session von Hendrix mit Organist Larry Young und Gitarrist John McLaughlin unter den Tisch. Die Aufnahmen sind unter Bootleggern schon lange bekannt. McLaughlin selbst war von diesen Aufnahmen auch eher enttäuscht und äußerte in einem Interview (Jimi Hendrix Reminiscenes, Guitar Player, USA, Sept. 1975, S. 14.) die Meinung, dass ihre Qualität, bis auf wenige Minuten, kaum für eine Veröffentlichung ausreiche.

- 10/1967 Olympic Sound Studios, London, Jam-Sessions, unter anderem mit **Brian Jones** (5 min.)

- 10/1968 L.A., Jam Sessions mit **Jack Bruce, Buddy Miles** und **Jim McCarty** (70 min.)

- 15.03.1969 Mercury Sound Studios, New York, Jam-Session mit der Band **Buddy Miles Express** (20 min.)

- Herbst 1969 Record Plant Studios New York, ,Keep On Groovin" (several mixes) mit **Devon Wilson** und anderen. (25 min.)

- 14.11.1969 Record Plant N.Y., Jam-Session mit **Buddy Miles**. (35 min.)

- 11/1969 Record Plant N.Y., Sessions mit **John McLaughlin, Dave Holland** und **Buddy Miles**

- 18./19.12.1969 The Baggy's Rehearsal Sessions. Die **Band Of Gypsys** probt im Baggy's Studio in New York

- 06/1970 Electric Ladyland Studios, N.Y., **Jimi Hendrix** spielt ,Valleys Of Neptune' (10 min.).

- 15.06.1970 Electric Ladyland Studios, N.Y., Jam-Session mit **Chris Wood** (sax) und **Steve Winwood** (dr) (20 min.)

INTERVIEWS

Hier einige wichtige Interviews mit Jimi Hendrix aus der Zeit von 1967-70, die teilweise transkribiert in der angegebenen Literatur zu finden sind, teilweise aber auch nur als Tonbandaufnahme beziehungsweise Video in Sammlerkreisen kursier(t)en.

- **04/1967 London:** Gespräch mit einem Journalisten vom Beat Instrumental, Eric Clapton und Christine Charles (40 min. Tonbandaufnahme).

- **05/1967 Frankfurt:** Radio-Interview von Hans Carl Schmidt mit der Experience (17 min.)

- **25.05.1967 Schweden:** Interview für P3 Radio mit Klas Burling (12 min.)

- **Ende 1967 London:** Interview mit Meatball Fulton; ergänzt 1969 in New York. Teilweise veröffentlicht bei Henderson, New York 1978, S. 338

- **08.01.1968 Schweden:** Interview für P3 Radio mit Leif H. Anderson (10 min.)

- **1968 USA:** Interview mit dem Musikwissenschaftler Prof. Jay Ruby. Teilweise veröffentlicht bei Henderson, New York 1978, S. 20

- **09.01.1969 Schweden:** Interview für P3 Radio mit Lennart Wret Lind (10 min.)

- **10.07.1969 USA:** Tonight-Show, NBC-TV. Interview mit Flip Wilson (5 min.)

- **Sommer 1969 Dick Cavett Show**, ABC-TV. (8 min., auch als Video vorhanden).

- **Herbst 1969 Schweden:** P3 Radio, Interview mit Klas Burling (7 min.)

- **04.02.1970 New York:** Interview für den Rolling Stone mit John Burks (75 min.). Teilweise veröffentlicht im Guitar Player (USA), Sept. 1975.

- **04.09.1970 Berlin:** Backstage Interview mit Chris Romburg und anderen (15 min.)

- **11.09.1970 London** Interview mit Keith Altham für BBC, London; (5 min.); teilweise veröffentlicht bei Henderson, New York 1978, S.481, sowie Welch 1972, S. 91ff.

PERIPHERIE

Und hier noch zwei Tipps für alle Spätgeborenen (und die Vergesslichen), um die große Zeit der Rockmusik und Pop-Kultur, von 1966 bis 1970 zu verstehen:

• **CREATIVE OUTLAWS** ist eine schön gestaltete Compilation zum Thema US-Underground 1962 – 1970 (indigo/trikont). Die Anthologie kommt im DigiPak mit zwei Booklets (engl./deutsch) und präsentiert kreative Außenseiter aus Rock, Jazz, Blues, Soul und Avantgarde: Captain Beefheart, Jimi Hendrix, Moondog, Stooges, Grace Slick, Nina Simone, MC5, die hochgradig merkwürdigen Lothar & The Hand People und viele andere sind hier zu erleben – teilweise aber auch nur zu ertragen. Wer etwas über die Roots der heutigen US-Musik lernen möchte, wird sich wundern, was uns in den letzten 15 Jahren schon alles als neuer Trend verkauft wurde. Mit dabei ist übrigens auch Tim Roses Originalversion von ‚Hey Joe' – da hatte Jimi H. eigentlich nicht so viel Arbeit mit dem Arrangement seines ersten Single-Hits, wie etwa im Fall der US-Nationalhymne (hier ebenfalls zu hören) oder Robert Zimmermanns vertontem Wachtturm. Interessant.

• Wirklich unglaublich tönt **HIPPIES, HASCH UND FLOWER POWER: 68ER-POP AUS DEUTSCHLAND** (www.bear-family.de). Was hier Interpreten wie Ralph Siegel, Manfred Krug, Freddy Quinn, Vivi Bach & Dietmar Schönherr (‚Molotow Cocktail Party) oder der Pop-Pope Kaplan Flury (‚Jimi, Oh Jimi Hendrix') zwischen 1966 und '72 an Privat-Statements bis Polit-Propaganda abließen, lässt einem längst ausgefallene Haare zu Berge stehen und ein dauerbreites Grinsen zwischen die Ohren zaubern. Fazit: Nimm niemanden ernst, vor allem nie den Zeitgeist!
Mit schönem Booklet. ★

21 VIDEOS

Das Angebot an Videomitschnitten von Jimi Hendrix (auf DVD oder Blu-ray) ist zwar seit 1990, mit dem VHS-Video, ständig gewachsen, aber immer noch überschaubar. Erfreulich ist, dass die Highlights inzwischen alle legal veröffentlicht wurden, und das zudem qualitativ hochwertig überarbeitet. Und seit die Video-Plattform youtube.com dazugekommen ist, sind auch die Bootleg-Mitschnitte frei zugänglich. Hier eine Chronologie der wichtigsten Hendrix-Live-Mitschnitte, Dokumentationen und Video-/DVD-/Blu-Ray-Veröffentlichungen.

• **1967: The Experience.** Promotion-Film zur zweiten LP ‚Axis: Bold As Love'.

• **1967/68: Freedom.** Auftritt der Jimi Hendrix Experience im Musicorama, Paris, am 08.10.1967.

• **1968: See My Music Talking** a.k.a. **Experience** von Peter Neill (33 min.); Mitschnitte verschiedener Auftritte aus dem ersten Hendrix-Jahr in England, unter anderem dem Opera House, Blackpool (25.11.1967) und Bruce Flemings Photo Studio in London (19.12.1967).

• **1968: Wake At Generation** von D.A. Pennebaker; Session von Jimi Hendrix, Roy Buchanan und Buddy Guy in New York.

• **1968: Monterey Pop** von D.A. Pennebaker. Dokumentation des Monterey Pop Festivals, inklusive Hendrix' ‚Wild Thing' vom 18. Juni 1967.

• **1970: Woodstock.** Diese Doku des Woodstock Music & Art Fair Festivals, Bethel, New York von Michael Wadleigh existiert in zwei verschiedene Versionen.

- **1971: Rainbow Bridge.** Mitschnitt des Vibratory Color/Sound Experiment, Olinda, Maui, Hawaii vom 30.07. 1970 von Chuck Wein (72 min.)

- **1971: Jimi Plays Berkeley** von Peter Pilafian, (50 min.). Mitschnitt des Konzerts vom 30.05.1970 aus dem Berkeley Community Theatre, Berkeley, California.

- **1973: Free.** Dokumentation von Bert Tenzer über den Hendrix-Auftritt beim New York Pop Festival auf Randall's Island am 17.07.1970; wurde 1977 neu veröffentlicht als "Day The Music Died".

- **1973: Jimi Hendrix.** Dokumentation von Boyd, Head und Weis; filmische Biografie mit Konzertausschnitten und Interviews (98 min.).

- **1977: The Day The Music Died.** Siehe 1973: Free

- **1985: Johnny B. Goode.** Mitschnitt vom Atlanta International Pop Festival, Byron, Georgia vom 04.07.1970. Regisseur: Alan Douglas

- **1987: Jimi Plays Monterey.** Der komplette Auftritt von Jimi Hendrix beim Monterey Pop Festival, vom 18.06.1967

- **1990: Jimi Hendrix At The Isle Of Wight.** Jimi beim Isle Of Wight Festival 1970, East Afton Farm, 30.08.1970. Regisseur: Murray Lerner

- **1992: Jimi Hendrix At The Atlanta Pop Festival.** Noch mehr Hendrix vom Atlanta International Pop Festival in Byron, Georgia, am 04.07.1970

- **1997: Jimi Hendrix: Electric Ladyland. Classic Albums.** Dokumentation zur Doppel-LP ,Electric Ladyland'

- **1997: Message To Love.** Alter Wein ... Noch mal Jimi beim Isle Of Wight Festival 1970, East Afton Farm, 30.08.1970

- **1999: Hendrix: Band Of Gypsys Live At The Fillmore East**

Die legendären Shows aus dem Fillmore East, New York City, vom 31.12.1969 und dem 01.01.1970.

- **1999: Jimi Hendrix At Woodstock.** Der fast komplette Auftritt beim Woodstock Music & Art Fair, Bethel, New York, vom 18.08.1969. Regie: Janie Hendrix, John McDermott.

- **2001: Experience Jimi Hendrix.** Der Doku-Klassiker von 1973 auf DVD: Mit diversen Live-Performances, raren Interviews mit Hendrix, Mitch Mitchell und Noel Redding, und Jimis legendärem Acoustic-Track ‚Hear My Train A Comin''. Kommentator ist übrigens Alexis Korner. Als Bonus-Material gab es 2001 einige damals noch unveröffentlichte Live-Tracks: ‚Wind Cries Mary' und ‚Purple Haze' in einem Mitschnitt vom SVT Swedish Television.1, aus dem Popside, Stockholm, 24. Mai 1967. Dann einen Clip aus dem Number Nine, in Stockholm, 9. Januar 1969 mit ‚Red House' und ‚Sunshine Of Your Love' – hier spielte Jimi eine Gibson SG. Dann ‚Wild Thing' aus dem Olympia in Paris, vom 9. Oktober 1967, ‚Hey Joe' aus dem Londoner Saville Theatre vom January 1967, das als Promo-Video eingesetzt wurde, und ‚Dolly Dagger', ein albernes Musik-Video von 1997, mit Schauspielerin Fawn Reed in der Hauptrolle.

- **2002: Blue Wild Angel: Live At The Isle Of Wight.** Das Isle Of Wight Festival mit dem Jimi-Gig vom 30.08.1970 mal wieder.

- **2002: Jimi Hendrix: The Dick Cavett Show.** Jimis Auftritte vom 7. Juli und 8. September 1969 in den ABC Studios, New York City. Die Deluxe-Version der DVD lieferte neben diesen Auftritten in der Dick Cavett Show noch diverse weitere TV-Auftritte und eine 60-minütige Dokumentation.

- **2003: Jimi Plays Berkeley** von Peter Pilafian – Re-Release mit neuem Material. Mitschnitt des Konzerts vom 30.05.1970 aus dem Berkeley Community Theatre, Berkeley, California.

- **2004: Jimi Hendrix: The Uncut Story.** Das Leben des Jimi Hendrix in drei Episoden auf ebenso vielen DVDs – das ist einen Versuch wert: Und ‚The Uncut Story' erklärt in 180 Minuten das

Phänomen wirklich passabel, über Aussagen von Zeitzeugen, Video-Sequenzen, Bilder, mit interessanten Studio-Sounds und vielen Live-Impressionen. Wer diese drei Unterrichtsstunden über Hendrix hinter sich hat, begreift sein Talent, seine Bedeutung und seine künstlerische Eigenständigkeit. Sehr gut gemachte Alternative zu den diversen existierenden, mehr in die Tiefe gehenden Biografien, zum Beispiel von Charles Shaar Murray oder Harry Shapiro & Caesar Glebbeek.

- **2005: Live At Woodstock.** Der komplette Auftritt beim Woodstock Music & Art Fair, Bethel, New York, vom 18.08.1969 – mit neuem Titel

- **2007: Live At Monterey.** Der fast komplette Auftritt von Jimi Hendrix beim Monterey Pop Festival, vom 18.06.1967 – mit neuem Titel, und besserem Sound. Basierend auf der 1968 erschienenen Dokumentation von Regisseur D.A. Pennebaker. Der am 18. Juni 1967 in Kalifornien entstandene Konzertmitschnitt ‚Live At Monterey‘ gehört nicht nur zu den Highlights im Gesamtwerk der Jimi Hendrix Experience, sondern setzte auch Maßstäbe für jedes Rock-Trio, das folgte. Jetzt liegt das bekannte Album einmal als CD mit neuem, von Hendrix-Produzent Eddie Kramer erstelltem Stereo-Mix vor, und außerdem auch als DVD in wirklich guter Bild- und Ton-Qualität. Der Mitschnitt ist 40 Jahre alt, das darf man nicht vergessen. Kann man aber, denn sowohl in technischer als auch in musikalischer Hinsicht liegt in diesem Fall ein zeitloser Meilenstein vor. Was Sänger/Gitarrist/Performer Hendrix, Mitch Mitchell (dr) und Noel Redding (b) hier ablieferten, nach spektakulären Auftritten von Grateful Dead und The Who auf derselben Bühne, bleibt beachtlich. Dass The Jimi Hendrix Experience überhaupt in Monterey auftreten durften, hatte die im Oktober 1966 formierte und bis dahin nur in England und Europa erfolgreiche Band Paul McCartney und Brian Jones zu verdanken, die beide im künstlerischen Beirat des Festivals saßen. Die DVD liefert einen überarbeiteten Stereo-Mix, neue Kamera-Perspektiven, Backstage-Material, sowie zwei in England mitgeschnittene Versionen von ‚Stone Free‘ und ‚Like A Rolling Stone‘ vom Februar 1967. Warum hier aber die beiden Stücke ‚Can You See Me‘ und der Beatles-Track ‚Sgt. Pepper's Lonely Hearts

Club Band' fehlen (bekannt von der VHS-Veröffentlichung und der DVD ‚Monterey Pop' von 1997), bleibt unbeantwortet. Die beiden fehlenden Tracks findet man auch auf ‚The Complete Monterey Pop Festival' von 2002, einer 3DVD-Box mit 61-Seiten-Booklet.

- **2008: At Last... The Beginning: The Making Of Electric Ladyland.** Die Veröffentlichung des Doppel-Albums ‚Electric Ladyland' von 1968 gilt als ein Wendepunkt in der Rockmusik. Diese Dokumentation bietet seltenes Archivmaterial, Auszüge aus dem Tagebuch des Tournee-Managers von Hendrix, Beiträge von Noel Redding und Mitch Mitchell, Steve Winwood, Ex-Animals Chas Chandler, der Hendrix entdeckte und managte, und Eddie Kramer, dem Toningenieur der Session.

- **2010: Jimi Hendrix: The Guitar Hero.** Das 2DVD-Set liefert insgesamt gut sieben Stunden Material. "Anstatt sich erneut an bekannten biografischen Eckpunkten, Skandalen und Hypothesen über seinen Lebensstil abzuarbeiten, dokumentiert dieses neue ultimative Porträt den größten E-Gitarristen aller Zeiten, mit ausführlicher unveröffentlichter Archiv-Footage. Erzählt von Slash ... selbst ein langjähriger Ministrant in der Heiligenverehrung von Hendrix – zollen in umfangreichen Interviews einige der größten Mentoren, Zeitgenossen und stilistischen Erben von Jimi Hendrix dem visionären Über-Gitarristen Tribut. Zu Wort kommen Dave Mason, Eric Clapton, Mick Taylor, Eric Burdon, Paul Rodgers, Ginger Baker, Bev Bevan und Stephen Stills ... Alle erklären auf ihre Art, warum Hendrix' unglaubliches Talent, seine raue, unzensierte, mit ihm selbst sehr intim verbundene Musik immer noch den Zenith der Rockmusik markiert." Soweit das Produkt-Info, und damit sind wir beim einzigen Kritikpunkt. Hier ist kaum Hendrix zu sehen und zu hören, dafür durfte aber anscheinend jeder aus dem weiten Umfeld des Guitar Hero mal irgendwie eine Anekdote platzieren. Und wenn die ältere Dame aus Seattle erzählt, sie habe gehört, der Manager hätte Jimi Drogen gegeben, und kurz darauf sei er ja dann auch tot gewesen – also Hendrix (*1942 +1970), dann knüpft das nahtlos an die ganzen nebulös-mystifizierenden Sex-&-Drugs-Stories an, die wir alle schon auswendig können. Michael Jeffery (*1933 +1973), war zum Beispiel kein böser Manager sondern nachweislich ein

Krimineller, ein Ex-Militär- und aktiver Geheimdienst-Mitarbeiter, der Gelder verschob und Menschen betrog. Wenn man was über Hendrix lernen will, sollte man seine Handvoll Original-Alben hören, seine Live-Shows aus Monterey und Woodstock auf DVD genießen und eine gute Biografie lesen oder einen Bildband genießen. Die vorliegende Veröffentlichung kann das alles hier nur streifen. "Die Verpackung enthält ein 20seitiges vollfarbiges Booklet" lese ich dann noch im zugehörigen Presse-Info. Selbst das ist Unsinn, denn es ist ein Faltblatt mit ein paar zusammengewürfelten Fotos. Fazit: Muss nicht.

- **2010: Blues.** Zu den elf am Blues orientierten CD-Tracks (erstveröffentlicht 1994), die zwischen 1966 und 1970 überwiegend im Studio und mit verschiedenen Band-Besetzungen eingespielt wurden, gibt es in der Deluxe-Version von 2010 neben einem informativen Booklet noch eine Doku-DVD, die Interviews mit diversen Blues-Größen und einige Konzertmitschnitte der Band Of Gypsys und der Jimi Hendrix Experience enthält.

- **2012: West Coast Seattle Boy: Voodoo Child.** Die beiliegende DVD liefert die 90-minütige Dokumentation ‚Voodoo Child‘ von Bob Smeaton, der die Karriere des Künstlers skizziert. Fazit: Alles geht nicht, aber hier bekommt der Fan schon eine Menge interessantes Material, ergänzt von einem großformatigen, informativen Booklet. Schön gemacht und sein Geld wert! Die 90-minütige Dokumentation ist aufgebaut wie eine autobiografische Reise durch das Leben von Jimi Hendrix. Interview-Ausschnitte, handgeschriebene Briefe und Postkarten, persönliche Zeichnungen, Song-Konzepte, Skizzen, Texte, Ausschnitte legendärer Live-Konzerte und vieles mehr ist hier zu sehen, moderiert von Bootsy Collins. Entstanden ist dieser Film unter der Regie des Grammy-Preisträgers Bob Smeaton.

- **2012 Jimi Plays Berkeley.** Wiederveröffentlichung des Mitschnitts aus dem Berkeley Community Theatre, Berkeley, California vom 30.05.1970.

- **2013: Jimi Hendrix: Hear My Train A Comin"** Unter den Schätzen, die präsentiert werden, befindet sich auch erst vor kurzem entdecktes Filmmaterial von Hendrix beim Miami Pop Festival. Bisher nie veröffentlichtes Live-Material und Amateurfilme, gedreht von Hendrix und seinem Schlagzeuger Mitch Mitchell, sowie umfangreiche Archive mit Fotografien, Zeichnungen, persönlichen Briefen und vielem mehr ermöglichen neue Einblicke.

- **2014: Blue Wild Angel: Live At The Isle Of Wight.** Diese bereits mehrfach veröffentlichten Filmaufnahmen stammen vom August 1970. Damals lieferte Jimi Hendrix beim Isle Of Wight Festival vor 60.000 Zuschauern nach Meinung vieler Fans eine seiner brillantesten Live-Performances ab. Der Mitschnitt ist bekannt, jetzt liegen aber auch Clips mit verschiedenen Kameraperspektiven vor. Dazu gibt es einen bisher unentdeckten Mitschnitt von ‚Hey Joe'. Den auf einem Sticker angepriesenen 5.1-Sound gab es auch schon in der 2002 veröffentlichten Version. Da ist ein Neukauf absolut nicht zwingend.

- **2014: Jimi. All Is By My Side.** Film-Biografie von Regisseur John Ridley, mit einem sympathischen, aber etwas zu sehr als Sunnyboy agierenden Outkast-Sänger André Benjamin aka André 3000 als Jimi Hendrix und Hayley Atwell als rothaarige Kathy Etchingham.

- **2015: Jimi Hendrix: Electric Church.** Atlanta, die dritte: Der legendäre Mitschnitt vom Atlanta International Pop Festival, Byron, Georgia vom 04. Juli 1970, mal wieder neu verpackt. Vom 3. bis 5. Juli 1970 fand das legendäre Atlanta International Pop Festival statt; es war das zweite Festival dieser Veranstalter. Auch Jimi Hendrix war dabei, und er gehörte 1970, neben Bob Seger, B.B. King und den Allman Brothers, natürlich zu den absoluten Top-Acts. Angeblich spielte er vor 300.000 bis 400.000 Besuchern. Der Dokumentarfilm "Electric Church" behandelt genau diesen Gig der Experience und liefert dabei interessante Einblicke in die hippieeske bis chaotische Festival-Organisation dieser Zeit. In der Doku kommen unter anderem die Experience-Musiker Billy Cox (b) und Mitch Mitchell (dr) zu Wort, weitere Interview-Beiträge stammen von Paul McCartney, Steve Winwood, Rich Robinson, Kirk Hammett, Derek Trucks, Susan Tedeschi und Veranstalter Alex Cooley. Hendrix spielte neben seinen Klassikern an diesem Tag auch Stücke wie ‚Spanish Castle

Magic', ‚Room Full Of Mirrors', ‚Straight Ahead' und ‚The Star Spangled Banner'. Zehn Wochen später war Jimi Hendrix tot. Ein sehenswertes Dokument von Zeitkultur und musikalischer Genialität.

- **2020: Jimi Hendrix Experience: Live In Maui**
Hendrix (g/voc), sein alter Freund und Band-Of-Gypsys-Kollege Billy Cox (b) sowie Ur-Experience-Mitglied Mitch Mitchell (dr) live bei ihrem Besuch in Hawaii, Ende Juli 1970; bei Bedarf auch im 5.1-Surround-Mix. Die Dokumentation von John McDermott, die man zu dem 2CD- oder 3LP-Vinyl-Set mit Live-Aufnahmen auf einer beiliegenden Blu-ray bekommt, heißt "Music, Money, Madness ... Jimi Hendrix In Maui", und ist wirklich sehenswert.

- **2021: Jimi Hendrix French TV 1966-1970**
49 Minuten Live- und Backstage-Mitschnitte mit Jimi Hendrix, Noel Redding, Mitch Mitchell.
Und mit dem französischen PopstarJohnny Hallyday. ★

22 BÜCHER & MAGAZINE

★ **Assante, Ernesto: Jimi Hendrix. Klänge und Visionen (2020)**
Ein wirklich sehr schön gestaltetes Buch mit vielen und guten Fotos.
Die wenigen Texte in diesem aus dem Italienischen übersetzten
Band sind allerdings passagenweise mit Vorsicht zu genießen.
● Aledort, Andy & Tolinski, Brad: Jimi Hendrix Lesson: Message To
Love. Guitar School. 7 (1995).
● Aledort, Andy, Pollock, Bruce & Stix, John: Performance notes: Jimi
Hendrix, All Along The Watchtower. Guitar Classics IV by Guitar: For
The Practicing Musician (1991)
● Aledort, Andy: Jimi Hendrix. A Step-by-Step Breakdown Of his
Guitar Styles And Techniques (1997)
● Aledort, Andy: Jimi Hendrix. Band Of Gypsys (1998)
● Bianu, Zéno: Jimi Hendrix (2010)
● Black, Johnny: Eyewitness Hendrix. The day-by-day life story
(2004)
● Black, Johnny: Jiml Hendrix. The Ultimate Experience. (1999)
● Boot, Adrian & Chris Salewicz: Jimi Hendrix. The Ultimate
Experience (1995)
● Boscheinen, Rolf: Jimi Hendrix (1992)
★ **Brown, Tony & Clemens Brunn: Jimi Hendrix. In eigenen
Worten (2003).** Eine sehr schöne Sammlung von Hendrix-Zitaten.
Ich empfehle das englische Original. Und alle weiteren genannten
Bücher von Tony Brown.
● Brown, Tony: Jimi Hendrix. In his own words (1995)
● Brown, Tony: Jimi Hendrix (1994)
● Brown, Tony: Jimi Hendrix. A Visual Documentary (1992)
● Brown, Tony: Jimi Hendrix. The Final Days (1978/1997)
● Canselier, Régis: Jimi Hendrix. Le rêve inachevé (2010)
● Chenoweth, Lawrence: The Rhetoric Of Hope And Despair – A
Study Of The Jimi Hendrix Experience And The Jefferson Airplane
(1971)
● Claesson, Hans: Okända Foton. Unbekannte Fotos von Jimi
Hendrix in Stockholm/Schweden 1969 (2018)

347

- Colombara, Mattia & Gianluca Maconi: Jimi Hendrix. Requiem Electrique (2020)
- Cope, John: Jimi Hendrix Biography. A Life From Beginning to End (12/2022)
- Crampton, Luke & Dafydd Rees: Jimi Hendrix. Music icons (2009)
- Cross, Charles R.: Jimi Hendrix – Hinter den Spiegeln (2006)
- ★ **Cross, Charles R.: Room Full Of Mirrors. A Biography Of Jimi Hendrix (2005).** Standardwerk!
- Cuesta, Stan: Jimi Hendrix (05/2023)
- Daniels Richard: Jimi Hendrix Note for Note (1980)
- ★ **Dannemann, Monika: The Inner World Of Jimi Hendrix (1996).** Die letzten Fotos von Jimi im Garten des Hotels, in dem er zuletzt mit der inzwischen ebenfalls verstorbenen Autorin lebte. Keine Biografie, sondern eine Hommage, inklusive Gemälde von Monika Dannemann, Skizzen und Briefen.
- Di Perna, Alan & Kitts, Jeff: Jimi Live! (2002)
- ★ **Dister, Alain: Jimi Hendrix (1972).** Mit interessanten Fotos von frühen Auftritten der Experience in Frankreich.
- Doggett, Peter: Jimi Hendrix. The Complete Guide To his Music (2004)
- Dupont, Jean-Michel & Nick Kent: Kiss the sky. Jimi Hendrix 1942-1970 (12/2022)
- Ego, Renaud: Jimi Hendrix. Fugue (1999)
- Ennulat, Simon: Jimi Hendrix. Sein Sound und sein Solistentum (2014)
- Etchingham, Kathy: Through Gypsy Eyes: My Life, The Sixties And Jimi Hendrix (1999)
- Federal Bureau of Investigation FBI: Jimi Hendrix (James Marshall) FBI Files (2021)
- Feller, Benoit: Jimi Hendrix, (1976)
- Filiu, Jean-Pierre: Jimi Hendrix. Le gaucher magnifique (2008)
- Flavell, Liz: Biographic Hendrix (2018)

Fricke, Hannes: Jimi Hendrix. (2017)
★ **Gaar, Gillian G.: Hendrix. Die illustrierte Biografie (2018).** 2017 erschien die englische Originalausgabe (Hendrix. The Illustrated Story), jetzt gibt es das schöne Buch auch ins Deutsche übersetzt. Alleine schon der Umschlag mit den griffigen Samt-Anteilen in der psychedelischen Grafik ist ein Kunstwerk – eines, das

man aus verschiedensten Gründen nicht mehr aus der Hand geben möchte. Autorin Gillian G. Gaar beleuchtet die Karriere des amerikanischen Gitarristen, Sängers, Songwriters und Klang-Experimentators, der aber auch noch ein ganz normaler Mittzwanziger war; ein junger Mann, der eine unglaubliche Pop-Karriere machte. Ja, in den späten 1960er-Jahren war die neue Rockmusik ein Pop-Phänomen! Auch der Mensch Hendrix kommt hier immer wieder rüber, zwischen den ganzen ikonischen Aufnahmen von Woodstock und Monterey, aus britischen Studios und deutschen Clubs, von TV-Auftritten und aus seinem Londoner Appartement. Viele Fotos sehe ich hier wirklich zum ersten Mal. Informativ, unterhaltsam und wirklich auch immer wieder erhellend, wenn man den gelegentlich fast schon schüchtern wirkenden Jimi abseits der großen Bühnen sieht. Dazu kommen Cover- und Plakat-Abbildungen, die dieses Kapitel der Hippie-Ära abrunden. Ein Register und Auflistungen von Live-Gigs und LP-Veröffentlichungen machen das Buch komplett.

- Gaar, Gillian: Jimi Hendrix. Le roi de la guitare électrique (2017)
- Geldeart, Gary & Rodham, Rodham: Jimi Hendrix (2008)

★ **Guesdon, Jean-Michel / Philippe Margotin: Jimi Hendrix. Alle Songs. Die Geschichten hinter den Tracks (2019).** Was für ein fettes Teil: Ein schweres, großformatiges Hardcover-Buch mit vielen tollen Fotos, einem Glossar, einem sehr brauchbaren Register – und das Ganze ist auch in punkto grafischer Gestaltung ein Genuss. Ich liebe diese Art von Büchern, die man beim Musikhören genießen kann. "Jimi Hendrix. Alle Songs" macht jedes Hendrix-Album zum multimedialen Erlebnis. Alles wirkt sauber recherchiert und belegt (Literaturliste), und auch die Übersetzerinnen und das Lektorat haben gute Arbeit geleistet. Für Fans mit Spaß an schönem Handwerk ist dieses Buch eine absolute Empfehlung. Es deckt laut Presse-Info "Single für Single, Album für Album bis hin zu seinem letzten Konzert am 6. September 1970 auf der Ostseeinsel Fehmarn" ab, aber nicht jeden, in den vergangenen Jahrzehnten posthum betitelten und veröffentlichten Studiomitschnitt – hier hat man sich auf inhaltliche Qualität konzentriert, anstatt auf sinnlosen Komplettierungswahn. Und 592 Seiten mit "Geschichten hinter den Tracks", inklusive 395 Fotos und Abbildungen sind ein wirklich tolles

Paket, mit dem man Hendrix' Jubiläumsjahr entgegen feiern kann: 2020 jährte sich sein Todestag zum 50. Mal.

- Gordon, Rev. Keith A.: The Jimi Hendrix Reader (09/2022)
- Guilleminot, Hervé: Jimi Hendrix (1998)
- Halfin, Ross & Tolinski, Brad: Classic Hendrix (2004).

Hänel, Wolfram: Der Junge, der mit Jimi Hendrix tanzte. Eine Jugend in den 70er Jahren. (2021)

- Hadji, Hassan: 25 Plans dans le style de Jimi Hendrix (2005)
- Hatay, Nona: Jimi Hendrix. The Spirit Lives on (1984)
- Heatley, Michael: Jimi Hendrix Gear: The Guitars, Amps & Effects that Revolutionized Rock 'n' Roll (2009)
- Heatley, Michael: Jimi Hendrix Gear. The Guitars, Amps & Effects that Revolutionized Rock 'n' Roll (2009)

★ **Henderson, David: Scuse Me While I Kiss The Sky: The Life Of Jimi Hendrix (1981).** Erstveröffentlicht als: Jimi Hendrix. Voodoo Child Of The Aquarian Age, New York 1978. Eine sehr informative und zum Zeitpunkt ihres Erscheinens relativ gut recherchierte Biografie über Jimi Hendrix. 500 unterhaltsame Seiten.

- Hendrix, James A.: My Son Jimi (AlJas Enterprises, 1999).
- Hendrix, Janie L. & McDermott, John: Jimi Hendrix. An Illustrated Experience (Atria, 2007)

★ **Hendrix, Janie L.: The Ultimate Lyric Book (2012).** Das Textbuch wurde von Jimi-Schwester Janie L. Hendrix zusammengestellt und Ende 2012 als Neuauflage herausgegeben. Das knapp 300 Seiten starke Hardcover-Buch im LP-Format liefert Song-Texte, zeigt viele Manuskripte, Fotos, Platten-Cover und ... – das war's schon. Was ein großer Pluspunkt dieser Veröffentlichung ist: Denn für an Hendrix-Lyrik interessierte Fan eignet sich dieses sehr schön und hochwertig gestaltete Werk perfekt als Ergänzung zur Musik. Für ca. € 25 ein Geschenk.

★ **Hendrix, Janie & John McDermott: Jimi. Official 80th Birthday Edition (11/2022).** Ein reich bebildertes, englischsprachiges Werk mit ausführlichen biografischen Texten, Lyrics und persönlichen Erinnerungsstücken. Es kommen auch Musikerkollegen wie Paul McCartney, Ron Wood, Jeff Beck, Lenny Kravitz, Eric Clapton, Drake oder Dave Grohl zu Wort und äußern sich über Jimi Hendrix' musikalisches Vermächtnis.

- Hendrix, Jimi: Starting At Zero: His Own Story (2013)

- Hendrix, Jimi: The Complete Scores (2019)
- Hendrix, Jimi: Mémoire d'outre-monde (2013)
- Hendrix, Leon & Mitchell, Adam: Jimi Hendrix. A Brother's Story (2013)
- Herfurtner, Rudolf: Brennende Gitarre: Ist Jimi Hendrix wirklich tot? (1980)

★ **Hopkins, Jerry: Hit And Run. The Jimi Hendrix Story (New York 1983).** Ein hervorragender Beitrag zur Legendenbildung – daher kaum zu empfehlen. Enthält jedoch mit Sicherheit eine der besten Discografien, die derzeit erhältlich sind, die jedoch nicht vom Autor selbst, sondern von Ken Matesich und Dave Armstrong stammt und bereits 1981 veröffentlicht wurde.

- Hopkins, Jerry: The Jimi Hendrix Experience (2014)
- Houghton, Richard: Jimi Hendrix — The Day I was There (2018)

★ **Hüttenrauch, Oliver: Jimi Hendrix & Co (1989).** Interessant geschriebene Kurzbiografie, die die wichtigsten bisherigen Informationen und Erkenntnisse auf gut 45 Seiten zusammenfasst. Sehr gut zu lesen in Zusammenhang mit den 16 anderen Gitarristen-Biografien in diesem Buch.

- Hüttenrauch, Oliver: Jimi Hendrix & Co. Die Könige des Griffbretts (1992)

★ **Jucha, Gary J.: Der Ultimative Jimi Hendrix Guide. (2017)** Ein sehr subjektiver Trip durch das Leben, die Musik und die Zeit Jimi Hendrix', wobei auch vor Klatsch und Tratsch nicht halt gemacht wird. That's life. Ein Pluspunkt ist die deutsche Übersetzung von Alan Tepper: Der Mann ist ein erfahrener Autor, Musikkenner und selbst Musiker – was man beim Lesen spürt. Hier gibt es also keine "Gitarrenkästen", "Wau-Effekte", "Chor-Pedale" oder die von Google bekannte "Hartfelsen-Musik".
Der Autor begleitet James Marshall Hendrix von seiner Zeit als Begleitmusiker von Little Richard und den Isley Brothers über die Londoner Zeit seines großen Durchbruchs, über Monterey und das Woodstock-Festival bis zum letzten großen Auftritt auf Fehmarn. Dabei blickt Jucha durchaus nach rechts und links, geht auf die Hintergründe einzelner Songs ein, gibt Infos zu Hendrix' Equipment, thematisiert zensierte Plattencover, Anfeindungen seitens des weißen Establishments, den Streit um Hendrix' Erbe und auch

Spannungen innerhalb der diversen Bands. Dieser umfassende Blickwinkel macht das Buch lesenswert – und sympathisch.

- Kemper, Peter: Jimi Hendrix (2009)
- Knight, Curtis: Jimi. An Intimate Biography (1974). Der ehemalige Band-Boss des Sideman Hendrix hat einige interessante Hintergrundinformationen zu bieten, erweckt aber andererseits den Anschein, sich nach verschiedenen Differenzen mit dem Gitarristen nach dessen Tod wieder rehabilitieren zu wollen. Eine gelungene Selbstdarstellung.
- Koechlin, Stéphane: Blues pour Jimi Hendrix (2010)
- Kramer, Eddie & John McDermott: Jimi Hendrix Sessions (1996)
- Kronfuss, Rudy: Jimi Hendrix In Vienna (2014)
- Kubernik, Harvey & Ken: Jimi Hendrix. Voodoo Child (2021)
- Kourkov, Andrei & Sabine Grebing: Jimi Hendrix live in Lemberg (2016)
- Kourkov, Andrei: Le concert posthume de Jimi Hendrix (2016)
- Kurkov, Andrey & Reuben Woolley: Jimi Hendrix Live in Lviv (10/2023)
- Kurz, Kristof: Jimi Hendrix auf Fehmarn: sein letztes Konzert am 6. September 1970 (2009)
- Lau, Michaela: Ein Tribut an Jimi Hendrix. Eine Biografie in Bildern (11/2022)
- Lawrence, Sharon: Jimi Hendrix. The Intimate Story Of a Betrayed Musical Legend (2005)
- Lawrence, Sharon: Jimi Hendrix. The Man, The Magic, The Truth (2007)
- Latour, Alexandre: Génération guitare Coffret 4 volumes : Jimi Hendrix. Lenny Kravitz. Santana. La guitare en 100 CD (2003)
- Letourneur, Stéphane: Jimi Hendrix, le guitariste flamboyant (2011)
- Macdonald, Marie-Paule; Jimi Hendrix. Soundscapes (2015)
- ★ **Mankowitz, Gered: The Complete Mason Yard Photo Sessions (2004).** A3-Format, ca. 100 Seiten mit fast ebenso vielen großformatigen Fotos, ein Hardcover-Band in einem schweren Pappschuber, gedruckt auf bestem Papier in hoher Qualität. Und: Es geht (mal wieder) um Jimi Hendrix, diesmal genauer gesagt um The Complete Masons Yard Photo Sessions von Gered Mankowitz, einem berühmten Londoner Fotografen, der den vielleicht einflussreichsten Gitarristen der Rock-Geschichte (und dessen frisch

gegründete Band Experience) Anfang 1967 fotografierte. Mit diesem Shooting prägte Mankowitz das öffentliche Bild der Jimi Hendrix Experience sehr stark. Während der beiden Sessions (die also ganz am Anfang von Hendrix' Popstar-Karriere passierten) entstanden zwar insgesamt nur 96 Aufnahmen im 6x6-Mittelformat, aber die sind beeindruckend: überwiegend schwarzweiß, teils koloriert, immer intensiv. Die Karriere von Gered Mankowitz verlief übrigens ähnlich spektakulär wie die von Hendrix. Mit dem Unterschied, dass sie noch andauert: Bis heute wird er von aktuellen Künstlern wie Oasis, The Verve und vielen anderen gebucht.

- Mann, Bruce: CD-Books. Jimi Hendrix (1994)
- Margotin, Philippe & Jean-Michel Guesdon: Jimi Hendrix. Alle Songs: Die Geschichten hinter den Tracks (2019)
- Markovics, Joyce: Jimi Hendrix (08/2023)
- Martinez, Frédéric: Jimi Hendrix (2010)
- McCann, Ian: Jimi Hendrix. Le coffret anniversaire (2010)
- McCann, Ian: Jimi Hendrix, The Last Experience (2008)
- McDermott, John, Lewisohn, Mark (ed.): Hendrix. Setting the Record Straight (1992).

★ **McDermott, John: Hendrix Sessions 1963–1970.** (1996) Viele Fakten, viele Fotos – für Fans ein Must-have!

- McDermott, John: Ultimate Hendrix: An Illustrated Encyclopedia Of Live Concerts and Sessions (2009)
- Médioni, Franck: Jimi Hendrix (2016)

★ **Menn, Don: Jimi's Favorite Guitar Technique, in: Guitar Player (USA), Sept. 1975, S.12ff.** Dieser Artikel ist die eindeutige primäre Quelle aller Bemerkungen zu Hendrix Gitarrentechnik, die später in verschiedenen Biografien und Zeitschriftenartikeln aufgetaucht sind. Kurz und sehr informativ. Thank you for your inspiration, Don Menn!

★ **Milkowski, Bill: Jimi Hendrix. The Jazz Connection, in: DownBeat Okt. 1982, S.16ff.** Eine interessante Auseinandersetzung mit der Musik des Gitarristen, die, wie selten zu finden, über den Tellerrand der Rockmusik hinausblickt.

★ **Mitchell, Mitch & Platt, John: The Hendrix Experience (1990).** Ein wirklich großartiges, liebevoll gemachtes Buch mit vielen Fotos von Live-Auftritten, Studio-Arbeit und Backstage-Treffen, Abbildungen von Singles, Alben, Tour-Poster und Flyer der verschiedenen Club-Auftritte. Mitch Mitchells Rückblick ist umfassend und gut gelaunt – man bekommt wirklich etwas vom Gefühl der 1960er-Jahre mit. Empfehlenswert!

- Mnou, Yazid: Jimi Hendrix (09/2022)
- Moriarty, Frank: Jimi Hendrix. Experience (1999)
- Moskowitz, David: The Words And Music Of Jimi Hendrix (2010)
- ★ **Murray, Charles Shaar: Crosstown Traffic – Jimi Hendrix And post-war pop (1989).** Die zum Erscheinungsdatum aktuellste und mit Sicherheit am detailliertesten ausgearbeitete Untersuchung des Phänomens Hendrix. Sehr umfangreiche Bibliografie, eine Art von Background-Discografie, sowie ein hervorragender Index.
- Murray, Charles Shaar: Crosstown Traffic. Jimi Hendrix and the Rock 'n' Roll Revolution (1989)
- Murray, Charles Shaar: Purple Haze, Jimi Hendrix (2002)
- Murray, Charles: Jimi Hendrix. Vie et légende (1993)
- Neugebauer, Jörg: Jimi Hendrix traf Kafka und fragte ihn nach der Uhrzeit: Gedichte (2015)
- Nitopi, Bill & Hendrix, Jimi: Cherokee Mist. The Lost Writings (1993)
- Nolan, Tom: Jimi Hendrix. Biography in Words And Pictures, (1977). Der Autor bezieht sich im Wesentlichen auf die Veröffentlichungen von Chris Welch und hat ansonsten nichts Neues zu bieten.
- Norman, Philip & Rohmig, Stefan: Jimi. Die Hendrix-Biografie (2021)
- Norman, Philip: Wild Thing. The Short, Spellbinding Life of Jimi Hendrix (2020)
- Nuc, Olivier: Jimi Hendrix (2000)
- ★ **Obrecht, Jas: Stone Free – Jimi Hendrix in London, September 1966 – June 1967 (2018)**
- Obrecht, Jas: Stone Free : Jimi Hendrix de Londres à Monterey. Septembre 1966 - juin 1967 (2019)
- Ogunjobi, Rotimi: The Essential Jimi Hendrix (2008)
- Oliv': Jimi Hendrix en bandes dessinées (2010)
- Ordovas, Jesus: Jimi Hendrix (1974). Enthält im Anhang über 40 der wichtigsten Texte von Hendrix-Songs im Original und in spanischer Übersetzung.
- Owen, Frank & Reynolds, Simon: Hendrix Lives! Why Jimi still matters (1989)

● Potash, Chris: The Jimi Hendrix Companion (1996)

★ **Redding, Noel & Carol Appleby: Are You Experienced? The Inside Story of The Jimi Hendrix Experience (1990)**

★ **Rex-Collection: Jimi Hendrix – A Tribute To The Jimi Hendrix Experience (2005/2007).** Fotografien – Live, Studio, Backstage. Der großformatige Hardcover-Band, umgesetzt auf schweres Fotodruckpapier, präsentiert das legendäre Trio des wichtigsten Rock-Gitarristen der Musikgeschichte in mehr als 200 meist großformatigen Fotos aus der Rex-Collection, dem Presse-Archiv einer bekannten britischen Bild-Agentur. Teilweise handelt es sich um unveröffentlichtes Material, auf dem Hendrix, Bassist Noel Redding und Drummer Mitch Mitchell auch zusammen mit Kollegen wie Eric Clapton, The Who oder Cat Stevens zu sehen sind; zu einigen Bildern gibt es kurze Textinformationen. Große Überraschungen wird man nicht entdecken, aber ansonsten kann man bei diesem stimmungsvollen Trip durch eine andere Zeit die Phantasie spielen lassen. Schöne Ergänzung zum Musikhören.

● Roby, Steven; Schreiber, Brad: Becoming Jimi Hendrix. From Southern Crossroads To Psychedelic London, The Untold Story Of A Musical Genius (2012)

● Roby, Steven: Black Gold: The Lost Archives Of Jimi Hendrix (2002)

● Roby, Steven: Hendrix on Hendrix: Interviews And Encounters (2012)

● Rockwell, Matthew James: Jimi Hendrix - Hendrix Unleashed: A Detailed Look into the Life and Music of Jimi Hendrix (01/2023)

● Sampson, Victor: Hendrix (1984). Bietet einige bisher unbekannte Fotografien sowie Informationen zum Electric Ladyland Studio.

● Schäfer, Frank: A Tribute To Jimi Hendrix (2002)

★ **Schäfer, Frank: Being Jimi Hendrix (2012).** Ein handgroßes Buch, aber wirklich kein Handbuch zum Thema, sondern eher ein subjektiv-poetischer Versuch, die bekannte Geschichte einmal mehr zu erzählen – anlässlich des 70. Hendrix-Geburtstages ein Ansatz, der zumindest eine weitere Farbe beisteuert.

● Schmidt, Thorsten: Jimi Hendrix und der Sturm auf Fehmarn (2000)

● Schmidt-Joos, Siegfried: Idole V. Jimi Hendrix, Sammy Davis jr., Keith Jarrett. Nur der Himmel ist Grenze. (1985).

- Shadwick, Keith: Jimi Hendrix. Musician. (2003)
- ★ **Shapiro, Harry & Caesar Glebbeek: Jimi Hendrix. Electric Gypsy. Die Biografie. (1993)** Aus dem Englischen von Ingeborg Schober; Übersetzung des systematischen Anhangs: Lothar Trampert. (1993)
- Smith, Charles R. & Edel Rodriguez: Song for Jimi: The Story Of Guitar Legend Jimi Hendrix (2021)
- Sommer, René: Ausgerechnet jetzt fehlt Jimi Hendrix. Gedichte (2006)
- ★ **Sonderhoff, Achim: Jimi Hendrix. Voodoo Chile, die Biografie einer Rocklegende (1981)**
- ★ **Sonderhoff, Joachim: Jimi Hendrix. Zunge und Zähne am Steg, in: Schmidt-Joos, Siegfried: Idole Bd. 5, (1985).** Joachim Sonderhoff geht als einer der wenigen Autoren der 80er-Jahre auch auf die Spieltechnik des Gitarristen ein.
- Stix, John: Jimi Hendrix/Stevie Ray Vaughan (1992)
- Stott, Emma: Jimi Hendrix: Every Album Every Song (2022)
- Stockdale, Tom: Le mythe de Jimi Hendrix (1997)
- Stubbs, David: Jimi Hendrix. Mots pour mots (2005)
- Stubbs, David: Jimi Hendrix (2012)
- Stubbs, David: Voodoo Child. Jimi Hendrix, the Stories Behind Every Song (2003)
- Tarshis, Steve: Original Hendrix (1982). Eine überwiegend gelungene Analyse der Spieltechnik Hendrix' mit sehr anschaulichen Notenbeispielen.
- Tast, Brigitte & Hans-Jürgen: Still the wind cries Jimi: Hendrix in Marokko (2012)
- Theweleit, Klaus & Rainer Höltschl: Jimi Hendrix. Eine Biographie (2008)
- Thieleke, Lars: Jimi Hendrix. Seine Instrumente, Spielweise & Studiotricks (2012)
- Thomas, Richard: Jimi Hendrix de A à Z (2001)
- ★ **Trampert, Lothar: Elektrisch! Jimi Hendrix, Der Musiker hinter dem Mythos (Sonnentanz-Verlag, 1991; Piper-Verlag München 1994).** "Das erste ernstzunehmende deutschsprachige Werk über Jimi Hendrix." (Rock World); "Unverzichtbare Lektüre für jeden, der hinter dem Mythos den genialen Musiker sehen will. Hervorragend." (Main Echo); "Eine Monografie statt aus der

Schlüssel- endlich einmal aus der Notenschlüsselloch-Perspektive." (Musikblatt).

• Trampert, Lothar u.a.: Gitarre & Bass Special. Jimi Hendrix ABC (2018)

★ **Trampert, Lothar: Jimi Hendrix. Musiker Popstar Mythos** (Books on Demand, 2025)

• Trynka, Paul: Rock Hardware (1996)

• Ullrich, Corinne: Jimi Hendrix (München, 2000)

• Unterberger, Richie: The Rough Guide To Jimi Hendrix (2009)

• Valkhoff, Ben & Luigi Garuti: Hendrix 1968: Day By Day (2019)

• Valkhoff, Ben: Foxey Papers September 1966 – August 1967. Original press cuttings #1 (2014)

• Van der Bliek, Rob: The Hendrix chord: Blues, flexible pitch relationships, And self-standing harmony (2007)

• Vangsgaard, Soren: Jimi Hendrix. The Nordic Concerts 1967-1970 (2019)

• Various: Jimi Hendrix Backstage (2002)

• Various: Jimi Hendrix. L'Enfant Vaudou (2010)

• Veal, Michael E.: Jimi Hendrix's Band Of Gypsys (2022)

• Wall, Mick: Two Riders Were Approaching. The Life & Death Of Jimi Hendrix (2020)

• Wall, Mick & Ana Pérez Galván: Vida y muerte de Jimi Hendrix (01/2023)

• Washington, Corey A.: Jimi Hendrix – Black Legacy (2019)

★ **Welch, Chris: Hendrix – A Biography (1972).** Sicherlich das erste, vielleicht sogar das einzig wirklich Standardwerk, das seine zeitnah gesammelten Informationen zum großen Teil aus Interviews mit verschiedensten Mitarbeitern Hendrix' bezieht und so ein sehr vielseitiges Bild des Gitarristen liefert. Viele interessante Fotos und gute Hintergrundinformationen.

• Whitehill, Dave: Hendrix. Are You Experienced (1989)

• Whitehill, Dave: Hendrix. Axis: Bold As Love (1989)

• Whitehill, Dave: Hendrix. Electric Ladyland (1989)

Mit einem ★ versehenen Titel sind rein subjektive Empfehlungen. ★

23 SURFIN' JIMI

BASICS

- www.jimihendrix.com – die offizielle Seite der Hendrix-Erben
- www.daggerrecords.com – das Bootleg-Label von Experience Hendrix
- www.earlyhendrix.com – akribisch recherchierte Informationen über Jimi Hendrix' Sideman-Jahre
- www.univibes.com – Autor Caesar Glebbeeks Seite zu seinem Magazine "Univibes"
- www.jimpress.co.uk – noch ein informatives Hendrix-Magazin
- www.hendrix.guide.pagesperso-orange.fr – tolle Fan-Seite mit vielen Links
- www.jam.ca/bokomaru/hendrix.html – viele brauchbare Links
- hendrix-Fans.de und hendrix-links.de – hervorragende Link-Sammlung von Michael Marsch und Eckhard Bergmann, mit vielen aktuellen Infos zum Thema.

YOUTUBE

In Sammlerkreisen kursieren schon seit Jahrzehnten nicht nur Audio-sondern auch Filmaufnahmen mit teils alternativen Kameraperspektiven von weiteren Konzertveranstaltungen, Studio-Sessions und Fernsehauftritten, von denen hier nur die wichtigsten genannt werden sollen. Heute ist eigentlich alles irgendwo im Netz auffindbar – 99% auf YouTube, insbesondere auf dem Kanal der Nachlass-Verwalter Experience Hendrix ("Jimi Hendrix"). Und immer wieder kommt was Neues dazu, zum Beispiel Compilations, in denen man verschiedene Versionen von Tracks wie ‚Hear My Train A Comin" oder ‚Red House' vergleichen kann.

So bietet zum Beispiel die "Red House Compilation" gleich 29 Live-Versionen dieses Blues-Titels.
Hier ein paar Tipps für Hendrix-Videomitschnitte und mit Fotos unterlegte Audio-Highlights, die über die Youtube-Suchfunktion leicht zu finden sind.

1964
• Don Covay / Jimi Hendrix: Have Mercy

1965
• Video! Jimi Hendrix in der Band von Buddy & Stacey: ‚Shot Gun‘ (3 min). Der Ausschnitt stammt aus der TV Show "Night Train".
• Little Richard / Jimi Hendrix: I Don't Know What You Got But It's Got Me
• Little Richard / Jimi Hendrix: I Aint Watcha Do
• Curtis Knight & The Squires Live at George's Club feat. Jimi Hendrix

1966
• 06/1966 Jimi Hendrix / Jimmy James & The Blue Flames: I'm A Man
• 10/1966 Johnny Hallyday & Jimi Hendrix backstage
• 13.12.66: Hendrix' allererster Auftritt im britischen Fernsehen in der Sendung Ready Steady Go. ‚Hey Joe‘.
• 29.12.1966: Top Of The Pops, BBC London. Jimi spielt ‚Hey Joe‘, live mit dem Gesangstrio The Breakaways.

1967
• 04.02.1967 Flamingo Club, London. Ein 47-minütiger Audio-Mitschnitt mit folgenden Tracks: Killing Floor, Mercy Mercy, Can You See Me, Like A Rolling Stone, Rock Me Baby, Catfish Blues, Stone Free, Hey Joe und Wild Thing. ‚Can You See Me‘ geht in die Vollen,

mit einem beeindruckenden, rauen Solo mit wildem Feedback. Interessant ist auch das lange Intro von ‚Like A Rolling Stone' und die relativ langsame Fassung von ‚Wild Thing', das dann gegen Ende an Fahrt gewinnt, wenn Hendrix die Gitarre an den Kanten der Marshall-Boxen entlang schrammt.

- 02.03.1967 Jimi Hendrix im Marquee Club London. Der Mitschnitt wurde am 11.03.1967 von der deutschen TV-Show "Beat-Club" von Radio Bremen gesendet. Zur Aufzeichnung war das TV-Team nach London gereist um die Acts für die Beat-Club-Sendung Nummer 18 "live aus dem Marquee-Club" mitzuschneiden.
- 01.04.1967 Jimi Hendrix: Gaumont, Ipswich, England (08:32 min)
- 17.05.1967 Jimi Hendrix Experience: Beat Beat Beat, Stadthalle Offenbach, Germany. Auch die Ansage des Moderators zum Thema "Schlager" ist Weltklasse! (12:00 min)
- 24.05.1967 Jimi Hendrix: Live in Stockholm, TV Gig, ‚The Wind Cries Mary', ‚Purple Haze' (06:56 min)
- 27.08.1967 Saville Theatre, London. Jimi spielt ‚Catfish Blues' von Muddy Waters. Der Musikjournalist Michael Frank schreibt: "Hier hat er aber ein neues Spielzeug zwischen Gitarre, Fuzz Face und Marshall Amp geschaltet – ein WahWah-Pedal von Vox. Abgesehen von den Aufnahmen für seine Single ‚Burning Of The Midnight Lamp' (Juli 1967) wurde das Pedal knapp zwei Wochen vor dem Auftritt im Saville Theatre bei einem Gig in den USA das erste Mal bei Hendrix auf der Bühne gesichtet."
- 04.09.1967 Jimi Hendrix Experience: Live At Stora Scenen (48:23 min)
- 22.12.1967 Jimi Hendrix Experience: Christmas on Earth continued (10:00 min)

1968

- 07.01.1968 Jimi Hendrix: Tivolis Konsertsal, Copenhagen (40:15 min)
- 03.02.1968 Jimi Hendrix: Winterland, San Francisco (36:55 min)
- 11.02.1968 Jimi Hendrix Experience: Live At Minneapolis Auditorium (33:54 min)
- 16.02.1968 Jimi Hendrix: Dallas, Texas (1h 02:25 min)

- 10.03.1968 Jimi Hendrix: Live In Washington D.C. Hilton Ballroom (35:35 min)
- 26.03.1968 Jimi Hendrix: Public Music Hall, Cleveland, Ohio (57:05 min)
- 02.04.1968 Jimi Hendrix Experience: Live At Paul Sauve Arena, Montreal (47:41 min)
- 10.05.1968 Jimi Hendrix: Fillmore East, New York (53:21 min)
- 25.05.1968 Jimi Hendrix: Teatro Brancaccio, Rome, Italy (48:46 min)
- 26.05.1968 Jimi Hendrix: Palasport, Bologna, Italy (42:50 min)
- 30./31.05.1968 Jimi Hendrix: Monster Konzert, Hallenstadion, Zurich, Switzerland (1h 40:45 min)
- 03.08.1968 Jimi Hendrix: Moody Coliseum, Southern Methodist, Dallas, Texas (57:29 min)
- 14.09.1968 Jimi Hendrix: Hollywood Bowl, Radio-Bootleg (2h 59:27 min)
- 28.11.1968 Jimi Hendrix: Philharmonic Hall, NYC (1h 13:56 min)
- 30.11.1968 Jimi Hendrix: Cobo Arena, Detroit (1h 15:03 min)
- Jimi Hendrix: Live In Denmark 1968 (51:28 min)
- Jimi Hendrix: Live In Columbia (45:22 min)
- Jimi Hendrix: Live N.Y. Cafe Au Go Go (49:37)
- Jimi Hendrix: Live In San Francisco (37:34 min)
- Jimi Hendrix: Acoustic Jams (32:35 min)
- Jimi Hendrix: In Sessions with Stephen Stills (1h 04:25 min)
- Jimi Hendrix Experience: Live In New York (1h 13:16 min)
- B.B. King & Jimi Hendrix: The King's Jam Live (1h 03:28 min)

1969

- 08.01.1969 Jimi Hendrix: Lorensbergs Cirkus, Gothenburg, Vaster Gotland, Sweden (1h 22:13 min)
- 10.01.1969 Jimi Hendrix im Interview mit Niels Olaf Gudme
- 10.01.1969 Jimi Hendrix: Live At Rabalder Theatre Copenhagen (4h 20:07 min)
- 14.01.1969 Jimi Hendrix Experience: Live In Munster, Münsterlandhalle, Münster (59:55 min)
- 17.01.1969 Jimi Hendrix: Live In Frankfurt (1h 05:26 min)

- 19.01.1969 Jimi Hendrix & Eire Apparent: Stuttgart, Liederhalle Beethoven-Saal (1h 01:27 min)
- 23.01.1969 Jimi Hendrix: Live In Berlin Sportpalast (55:18 min)
- 24.02.1969 Jimi Hendrix: Royal Albert Hall, London (diverse Einzel-Tracks)
- 17.03.1968 Jimi Hendrix, Paul Butterfield, Harvey Brooks & Buddy Miles At Cafe Au Go Go, 152 Bleecker Street, Greenwich Village
- 07.04.1968 Wake At Generation, Generation Club, NYC (41:47 min)
- 20.04.1969 Jimi Hendrix: Memorial Auditorium, Dallas, Texas (56:48 min)
- 03.05.1969 Jimi Hendrix: Maple Leaf Gardens, Toronto (1h 12:21 min)
- 16.05.1969 Jimi Hendrix Experience: Live In Baltimore (57:11 min)
- 18.05.1969 Jimi Hendrix: Madison Square Garden, NYC (1h 15:37 min)
- 25.05.1969 Jimi Hendrix: Live At San Jose Pop Festival (1h 09:43 min)
- 22.06.1969 Jimi Hendrix: Live At The Newport Festival (21:46 min)
- 29.06.1969 Jimi Hendrix Experience: Live In Denver, Colorado (1h 00:17 min)
- 08/1969 Jimi Hendrix, Gypsy Sun & Rainbows, Shokan House Rehearsals, Boiceville, N.Y. mit Band-Proben für den Woodstock-Auftritt (diverse Mitschnitte)
- 18.08.1969 Jimi Hendrix at Woodstock (diverse Mitschnitte)
- 01.09.1969 Jimi Hendrix Experience: Live at Stockholm 1969 (56:00 min)
- 27.11.1969 Jimi Hendrix: Live At Rhode Island Auditorium (1h 02:52 min)

1970

- 01.01.1970: Jimi Hendrix: Filmore East', New York. 1. Show (ca. 60 min.)
- 25.04.1970 Jimi Hendrix: Los Angeles Forum (1h 25:54 min)
- 26.04.1970 Jimi Hendrix Experience: Live At Cal Expo Outdoors Festival (50:08 min)

- 02.05.1970 Jimi Hendrix: Dane County Memorial Coliseum, Madison, Wisconsin (1h 29:05 min)
- 08.05.1970 Jimi Hendrix: Live In Norman Oklahoma (1h 07:01 min)
- 30.05.1970 Jimi Hendrix: Berkeley (diverse Mitschnitte)
- 13.06.1970 Jimi Hendrix: Baltimore Civic Center (1h 12:11 min)
- 27.06.1970 Jimi Hendrix: Boston Garden, Boston (1h 08:34 min)
- 30.08.1970 Jimi Hendrix: Isle Of Wight (diverse Mitschnitte)
- 31.08.1970 Jimi Hendrix: Stora Scenen, Grona Lund, Tivoli Garden, Stockholm, Sweden (1h 45:58 min)
- 01.09.1970 Jimi Hendrix: Gothenburg, Schweden. Tipp: ‚Hey Baby/ Land Of The New Rising Sun' (1h 30:14 min)
- 02.09.1970 Jimi Hendrix: Vejlby Risskov Hall, Aarhus, Denmark (24:47 min)
- 03.09.1970 Jimi Hendrix: K.B. Hallen, Copenhagen, Denmark (1h 31:42 min)
- 04.09.1970 Jimi Hendrix: Deutschlandhalle Berlin Germany (1h 05:05 min)
- 06.09.1970 Jimi Hendrix: Love and Peace Festival Fehmarn (03:17 min) Vom Fehmarn-Festival findet man außerdem diverse dokumentarische Beiträge – sehr interessant!
- 16.09.1970, London, UK. Jimi Hendrix als Gast bei Eric Burdon & War auf der Bühne des Ronnie Scott Club.

Seine letzten bekannten Audio-Aufnahmen. (1h 32:12 min) ★

★ THANK YOU

Alan Tepper
Albert Collins
Albrecht Piltz
Andreas Willers
Arnd Müller
Beautiful People
Billy Corgan
Bruno Fritz
Carla Schild-Kreindl
Carlo May
Carlos Santana
Caspar Brötzmann
Christoph Felder
Christy Doran
Claus Boesser-Ferrari
Dieter Posnanski
Dietmar Schmischke
Eckhard Bergmann
Frank Heinrichs
Gero Probst
Günter Zint
Günther Reis
Günther Thömmes
Harry Hohmann
Hellmut Hattler
Helma Kaldewey
Holger Klassen
Innes Sibun
Jack Bruce
Jacque Bernhart
Jan Urbanek
Jeff Beck
Jimi Hendrix
Jo Jena
Joe Satriani
Kalla Piel

Kalle Paltzer
Klaus Wolfgang Niemöller
Marcus Deml
Marian Menge
Martin Lejeune
Michael Frank
Michael Landau
Michael Rüsenberg
Mido Fayad
Mike Falkowski
Mike Stern
Monika Dannemann
Nguyên Lê
Noel Redding
Paul Leonard
Paul Schommer
Peter Bursch
Peter Grandl
Peter Wölpl
Reeves Gabrels
Rich Schwab
Richie Sambora
Rob Becker
Robin Trower
Roger Drosdatis
Roland Kron
Rory Gallagher
Sebastian von Haugwitz
Steve Lukather
Terje Rypdal
Trampert Family
Thomas Blug
Tim Kokje
Tobias Hoffmann
Uli Jon Roth
Uriz von Oertzen
Wolfgang Kehle
Xaver Luderböck ∎

AUTOR

Lothar Trampert liebt Rock, Jazz, Funk, Klassik, Blues, R&B und mehr, außerdem Gitarren, Fotografie, Fahrradfahren, Katzen und gutes Wetter. Er hat Musikwissenschaft & Kunstgeschichte studiert, als freiberuflicher Journalist und Autor gearbeitet, war 30 Jahre lang Redakteur eines Musiker-Fachmagazins, hat mehr als 400 Interviews mit Künstlerinnen & Künstlern aller Genres geführt und über fast genau so viele alte Gitarren und Bässe geschrieben. Unter dem Pseudonym Jan Urbanek hat er 2024 den autofiktionalen Roman "Popsog" veröffentlicht, erschienen in der edition.subkultur, Berlin.
Auf paleblueice.com stellen Lothar Trampert und Jan Urbanek regelmäßig neue Musik-Veröffentlichungen vor. Und mehr.

KONTAKT

jimihendrixbuch.de
instagram.com/jimihendrixbuch
paleblueice.com
janurbanek.de

Ich freue mich über Kritik, Korrekturen, Anregungen & Einladungen zum Kaffeetrinken. ★